Biblische (Er)Kenntnis

Günter Renkel

Biblische (Er)Kenntnis

Leitfaden der Dogmatik für Nichttheologen

von Friedrich Thiele

Christliche
Verlagsanstalt
Konstanz

Bibel · Kirche · Gemeinde, Band 11

Was sollen die Symbole auf dem Umschlag des Buches bedeuten? Selbstverständlich haben sie unmittelbaren Bezug zum Inhalt der Dogmatik und wollen als solche dem Kundigen schon Hinweise geben:

1. Die dem persönlichen Siegel Martin Luthers entnommene *Lutherrose* entstand zu dessen Lebzeiten, wahrscheinlich um 1530 oder 1540. Dieses Symbol deutet den für eine evangelische Dogmatik unerläßlichen Bezug auf die Reformationszeit an.

2. Das *Hugenotten-Kreuz* ist etwa eineinhalb Jahrhunderte jünger und wurde später das entscheidende Erkennungszeichen von reformierten Christen in Europa. Inhaltlich deutet es Leiden, Tränen der verfolgten Christen an, die als solche Zeugen für Jesus Christus sind. Die angehängte Taube ist das Symbol des Heiligen Geistes. Die Wahl dieses Symbols will dem Kundigen deutlich machen, daß das reformierte Erbe als die andere Seite der Reformationszeit in der Dogmatik ebenfalls eine Rolle spielt. Das Hugenottenkreuz signalisiert auch eine besondere Beziehung zwischen Glaubenslehre und dem Festhalten am Bibelwort.

3. Das aus der Neuzeit stammende Symbol der *Ökumene* spricht die Kirche im bekannten Bild eines Schiffes an, dessen Herr und Steuermann Jesus Christus ist.

1. Taschenbuchauflage 1978

Satz: IBV Lichtsatz KG, Berlin
Druck: Druckerei Max Jacob KG, Konstanz
Bindearbeiten: Christliche Verlagsanstalt GmbH, Konstanz
Printed in Germany
ISBN 3 7673 7611 3

Inhaltsübersicht

Vorwort

Diese ‚Laiendogmatik' ist eine Lehre der christlichen Wahrheit und des Glaubens. Sie setzt keine Fachkenntnisse voraus. Weil Dogmatik bestrebt ist, das Eigentliche und Wesentliche von Gott und seinem Wirken auszusagen, geht sie jeden Christen an und gehört in den Rahmen der Gemeinde‚bildung'. Eine Laiendogmatik zielt auf Gemeindeglieder ab, die nicht Theologie studierten und die nach den Inhalten der biblischen Wahrheit fragen. Sie führt in die theologischen Gedankengänge ein, die hinter dem Gottesdienst und den Amtshandlungen, hinter dem kirchlich-diakonischen Handeln, dem Evangelisieren und Missionieren stehen. Dazu gehört das Nennen und Erklären einiger wichtiger, zuweilen auftauchender Fachausdrücke.

Umfassendes Nachdenken über die aus der Bibel gewonnenen Inhalte der christlichen Erkenntnis führt zu einem auf die heutige Zeit bezogenen Gesamtsystem der Dogmatik. Der historische Bezug ist durchgehend festgehalten. Die Gegenwart mit ihren gesellschaftlichen, wirtschaftlichen, kulturellen und weltanschaulichen Gegebenheiten steht überall im Hintergrund. Das gilt bei einem solchen Leitfaden der Dogmatik auch für die Fülle dogmengeschichtlicher Überlieferung. Wer die oft schwierigen Einzelheiten der Deutung dogmatischer und konfessioneller Unterscheidungen studieren will, wende sich den ausführlicheren akademischen Glaubenslehren zu.

Die vorliegende Darstellung macht zwar eine von der Gegenwart mitbestimmte zeitgebundene inhaltliche Aussage durch ihre Gesamtgliederung, sie ist aber darin nicht zwingend. Das ergäbe eine dogmatische Engführung oder Schulrichtung, um die es hier nicht gehen soll, sofern vom besonderen Hören auf verschiedene Kirchen in der Ökumene abgesehen wird. Daher sind auch die einzelnen Kapitel jeweils in sich geschlossen, obwohl das Ganze in einer bestimmten systematischen Ordnung steht.

„Biblische (Er)Kenntnis" als Titel und Leitgedanke deutet auf die unbedingte Zusammengehörigkeit von Bibel und christlicher Glaubenslehre, von ‚Exegese' und ‚Dogmatik' hin. Die Bibel wird dabei nicht etwa als Steinbruch angesehen, aus dem die für ein Lehrgebäude passenden Stücke ungeprüft herausgebrochen werden. Hinter den herangezogenen Schriftstellen stehen exegetische Befunde.

Im deutschen Sprachraum fehlen derzeit solche Glaubensdarstellungen. Und bei uns wächst eine Generation heran, die trotz Religionsunterricht (in dem oft vom subjektiven Ansatz und einem religiösen Bedürfnis einzelner ausgegangen wird, um von daher Leitbilder zu entwickeln) und trotz kirchlicher Unterweisung kaum noch vorgegebenes Wissen über Bibel und Christentum besitzt. Das gab es bei uns jahrhundertelang nicht. Infolgedessen schwindet in erschreckendem Umfang die Erkenntnis und Einsicht in die unaufgebbare Bedeutung des christlichen Glaubens für unsere Zeit und Umwelt. Das vorliegende Angebot will hier wieder einige Voraussetzungen schaffen. Dogmatik (ein zu Unrecht verpöntes Wort) ist kein ‚Herrschaftswissen', sie geht alle an und will – im Sinne von 2 Kor 1,24 – zur Freude verhelfen.
Auf einen wissenschaftlichen Apparat samt den Quellenangaben für die Zitate ist verzichtet worden. Der Kundige wird sie kennen, der Wißbegierige wird weiterforschen. Die ausführliche Inhaltsübersicht hat zugleich die Aufgabe eines systematischen Registers.

Das Buch geht zum Teil auf eine Serie in der Zeitschrift „Die Schwester/Der Pfleger" zurück. In ihr waren evangelische und katholische „Christen im Gespräch" über den Glauben. Wenn diese Laiendogmatik ebenfalls Christen zum Gespräch über die Großtaten Gottes und unsere biblische Erkenntnis anregt, hat sie ihre Aufgabe erfüllt.
Einen dreifachen Dank möchte ich noch aussprechen. Der erste gebührt Herrn Direktor Oskar Schnetter aus Vellmar, dem Begründer und Leiter der Evangelischen Buchhilfe. Auf seine Anregung hin wurde die Laiendogmatik veröffentlicht. Er vermittelte erste Kontakte zur Christlichen Verlagsanstalt in Konstanz, der ich für die Herausgabe und verlegerische Betreuung Dank schulde. Und

schließlich habe ich meiner Familie, besonders meiner Frau Marga, für viel Geduld und Nachsicht zu danken; denn das Buch entstand in ungezählten Freizeit-Stunden.

Kassel, im Sommer 1977 *Friedrich Thiele*

I. Das Bekenntnis der Christen

Bevor die biblische Lehre vom Glauben der Christen entfaltet wird, empfiehlt sich eine Besinnung darüber, ob es nicht verhältnismäßig gleichgültig sei, welcher Glaubensrichtung oder Religion jemand angehört. Immerhin ist fast jeder evangelisch oder katholisch, lutherisch oder reformiert, griechisch-orthodox oder anglikanisch, Muslim oder Schintoist, Agnostiker oder Atheist, weil er zufällig in einer bestimmten Gegend auf unserem Erdball, und zwar als Kind ganz bestimmter Eltern mit einer wiederum vorgegebenen Weltanschauungs- und Glaubenstradition geboren wurde. Dürfen wir daraus folgern, es sei unwichtig, was einer glaubt und zu welcher Konfession er gehört?
Die zu beantwortende Frage ist damit angesprochen. Im folgenden wird eine einführende Antwort gegeben, die allerdings auf der – gedanklich begründeten und später ausführlich zu beleuchtenden – Grundlage beruht, daß für uns nur die christliche Glaubenserkenntnis das Bekenntnis auf dem Weg zum Heil ist und nur diese Botschaft zur Wahrheit führt.

1. Christlicher Glaube und die Religionen

Einen ganzen Bücherschrank füllen die Werke um das Problem der Religion, insbesondere in bezug auf den christlichen Glauben. Was haben Christentum und die Religionen gemeinsam? Sind sie prinzipiell gegensätzlich? Oder gibt es überhaupt wesentliche Unterschiede? Ist Christentum eine von mehreren Möglichkeiten der hinter den Dingen stehenden Wahrheit? Während sich beide Seiten einig darin sind, daß Atheismus und Nicht-Religiosität menschliche Irrwege und falsch sind, scheint es sonst wenig Übereinstimmendes zu geben. Wie verhalten wir Christen uns gegenüber den anderen Religionen? Muß zum Beispiel der Missionar grundsätz-

lich intolerant sein? Ist Toleranz nicht vielmehr eine christliche Tugend, die auch gegenüber anderem Glauben anzuwenden ist?
Auf die *unterschiedlichen Darstellungen* kann nicht eingegangen werden. Unsere Aufgabe ist, den Problemkreis abzuschreiten. Dabei können nur einige Sektoren angesprochen werden.

1.1. *Wort und Begriff Religion*

Der römische Philosoph Cicero führte das Wort Religion ein. Er leitete es von *relegere* ab und meinte damit das unerläßliche Befolgen von Riten im Verkehr zwischen Menschen und Göttern. Später hat Augustinus das Wort von *religare* (= anbinden, nämlich des Menschen an Gott) abgeleitet. ‚Religio' bezeichnete bei den Römern jene Grenze zwischen dem Sakralen (als Eigentum der Götter) und dem Profanen.
Schon das Wortverständnis deutet auf den Menschen und seine Umwelt hin, die er vom Heiligen, vom Mysteriösen, vom Jenseitigen oder vom Rätselhaften durchwoben sieht. Der Mensch äußert sich demgegenüber aktiv und verehrend in Gebräuchen, Regeln, Kulten, Symbolen, Mythen und Zeremonien. Das gilt bis in unsere Tage hinein und beschränkt sich keineswegs auf religiöse Gemeinschaften, sondern bekundet sich in der sogenannten Drogenszene, im astrologischen Bereich oder dort, wo wie im Sportbetrieb die Spielregeln regelrecht zelebriert werden. In jeder Gestalt von Religion ist der Mensch bestrebt, sich in Verbindung zu bringen mit Mächten, die er in und über sich walten spürt. Um ihnen nicht wie eine Feder im Wind ausgeliefert zu sein, bemüht er sich um Regelung der Beziehungen, will er nicht im reinen Feststellen stecken bleiben. Religion (in welcher Gestalt auch immer) gehört zu allen Zeiten zum Menschsein und ist keinesfalls ein allmählich aussterbendes, vorwissenschaftliches Welterkennen. Wo die Religion verworfen wird, werden Surrogate dafür entwickelt, zu denen Weihen, Kultzentren und Transparente gehören.
Ist das *Christentum eine Religion?* So muß jetzt gefragt werden. „Wenn wir unter Religion den Versuch der Menschen verstehen,

sich in dieser Welt heimisch zu machen, sich zu rechtfertigen, sich Gott gleichzustellen, dann gehört das Evangelium natürlich in eine völlig andere Welt. Meinen wir jedoch Offenbarung, Gottesverehrung, Gehorsam gegenüber dem Göttlichen, dann müssen wir erkennen, daß es gewisse Gleichheiten und Ähnlichkeiten gibt zwischen christlichen und anderen Anschauungen." So urteilt der Engländer Stephen Neill und folgert, daß ein Nachdenken über Glaubensfragen unausweichlich in Dogma (= Lehre), Institution (= Kirche), Tradition (= Überlieferung) und Kultur einmündet. So ist Religion „eine Erfahrung und sollte nicht versuchen, mehr zu sein... Nichts kann den Menschen davon abhalten, das, was er erfahren hat, gedanklich zu durchdringen und zu verstehen suchen." Solche stetige Besinnung um den eigenen Glauben darf nicht aufhören; denn er ist immer in Gefahr, im Weltlichen – das den Menschen und sein Dasein total umgibt – aufzugehen. Das wußten alle Philosophen; denn es gibt fast keinen, der in seinem Denken an der Religion und an Gott vorbeigeht.

1.2. Religiöse Elemente im Christenglauben

Das Alte und Neue Testament sind als die entscheidenden Quellen der christlichen Überlieferung eingebunden in die Umwelt, wie sie zur jeweiligen Entstehungszeit der einzelnen Schriften war. An vielen Stellen sind deshalb die Umwelt-Religionen erwähnt und kritisiert. Die religionswissenschaftlich arbeitende Theologie hat außerdem eine Menge von *Parallelitäten* zutage gefördert. Hierbei ist – recht verstanden – von *Elementen* der Kontaktnahme und Einwirkung Gottes in der Welt zu reden. Doch Gemeinsamkeit der Themen und Fragen sowie Ähnlichkeiten im Kult mögen höchstens *Anknüpfungspunkte* zum Gespräch bilden. Das praktizierte Paulus bei seinem Besuch in Athen und in der Rede auf dem Areopag (Apg 17).

„Die vom Neuen Testament aus den Heidentum aufgenommenen religiösen Vorstellungen sind nicht schon darum christlich, weil sie im Neuen Testament stehen. Andererseits sind sie nicht schon deshalb ohne jeden Funken göttlichen Geistes oder göttlichen Wirkens, weil sie aus dem Heidentum stammen und ursprünglich ganz von ihm umschlossen sind. Wo die Trennungslinien jeweils laufen, kann nicht im voraus entschieden werden. Es klärt sich bis zu einem gewissen Grade mit der Näherbestimmung dessen, was für die christliche Botschaft wesentlich ist." (H. Graß).

Mit solchen Abgrenzungen und Abklärungen nähern wir uns einer Antwort auf die Frage, ob das Christentum etwas mit den Religionen zu tun hat oder nicht. Hier ist zu *unterscheiden:* die eine Antwort ist *qualitativ* und erklärt: Christenglaube und die anderen Religionen sind gänzlich zu unterscheiden, letztere gehen in die Irre. Ähnlichkeiten im Kult oder Namen und Bezeichnungen sind demnach zufällig. Die andere Antwort ist *quantitativ* und meint, die Religionen sind unzulänglich, sie haben jede allenfalls bruchstückhaft die göttliche Wahrheit und ermangeln alle der Suffizienz (d.h. Vollgenügsamkeit) der biblischen Botschaft. Das Christentum sei unbedingt die höchststehende Religion.

Auf diesem Wege gelangt der Christ leicht zu einem *unangemessenen Überlegenheits-Bewußtsein.* Aber schon die Bevölkerungszunahme auf der Welt und das Näherrücken der Menschen zueinander mit den neuerdings beginnenden Gesprächen der Weltreligionen untereinander machen bescheiden. Auch Zahlenvergleiche nützen nichts. Es gibt derzeit 800 Millionen Christen, 370 Millionen Hindus, 400 Millionen Muslim (= Mohammedaner), 150 Millionen Buddhisten, 14 Millionen Juden und einige andere Religionen. Trotzdem bleibt ein Gegensatz zwischen den ‚Fremdreligionen' und dem Christenglauben. Sie werden einander wesensverschieden und fremd bleiben, „bis das Menschengeschlecht aus den Exilen der ‚Religionen' in das Königtum Gottes eingesammelt wird" (M. Buber).

1.3. Christenglaube gegenüber Fremdreligionen

Einerseits ist der Mensch grundsätzlich religiös. Er ist „das religiöse Tier", wie der Engländer Edmund Burke (gest. 1797) meinte, er ist „unheilbar religiös", wie der Russe Berdjajew formuliert. Wo sind aber andererseits die erwähnten Unterscheidungen und Abgrenzungen? Ohne deren genaue Kenntnis müßten wir unseren eigenen *Glauben relativieren,* was Lessing mit seinem Gleichnis von den drei Ringen tat. Oder wir müßten auf den Bereich der Psychologie verweisen, wie sie in großer Breite mit Sigmund Freud einsetzte.

Drei wesentliche, *fundamentale Unterscheidungen* gibt es:

1.3.1. Das Gottesverständnis

Auf der Weltkirchenkonferenz in Uppsala redete H. Berkhof davon unter dem Begriff der *„Endgültigkeit* (Englisch: finality) *Jesu Christi".* Die Religionen reden von Göttern, die aber zum Es und zu leeren Prinzipien entrücken. Einzig die biblische Botschaft verkündigt, daß *Gott Mensch geworden* ist. Das ist einmalig, endgültig im gesamten Verlauf der Weltgeschichte. „Keine einzige Zeile des Neuen Testaments ist ohne den Glauben an die Endgültigkeit Christi geschrieben." Die Fremdreligionen – wie man abgrenzend die nichtchristlichen Religionen nennt – und die moderne säkulare Welt lehnen den Endgültigkeitsanspruch Christi als des Herrn der Welt und als Gottessohn ab. Das ist ihnen ein Ärgernis, und darum treiben sie bis heute ungezählte Christen ins Martyrium. „Wir haben keine andere Wahl: entweder wir bekennen Christus als endgültig oder wir bekennen ihn überhaupt nicht. An diesem Punkt können wir mit den großen Religionen und mit dem Säkularismus nicht den geringsten Kompromiß schließen" (H. Berkhof).

Statt einer womöglich synkretistischen (d.h. Religionen vermischenden) Annäherung kann neben einem menschlich gebotenen Wohlverhalten für Christen nur der Gehorsam gegenüber Jesu Missionsbefehl mit der Kunde vom wahren Heil für alle letztes Ziel der Kontakte sein.

1.3.2. Das Erlösungswerk

In Jesus Christus kommt Gott zu uns Menschen, um uns zu befreien von unserer totalen Verkehrtheit, Sünde genannt. *Wir selber schaffen die Befreiung nicht,* wie es sämtliche Fremdreligionen mit ihrer oft alles aufopfernden Sehnsucht unentwegt versuchen. Im zentralen Weltereignis der *Kreuzigung und Auferstehung* Christi aber offenbart sich eine universale Wirklichkeit mit wiederum endgültiger Bedeutung. Zwar bestreiten und verwerfen die Religionen und säkularen Weltanschauungen diese Botschaft; wir aber verlassen uns darauf und gewinnen dadurch Leben und Freiheit. Der Intellekt kann hier nichts beweisen. Der Glaube erfährt es, bekennt es und sieht „objektive Früchte einer Änderung der Dinge und Verhältnisse zum Reiche Gottes hin" (H. J. Fritzsche). Gottes Heiliger Geist öffnet uns die Augen dafür. Anders können wir die Wirkung der Endgültigkeit Christi nicht erkennen – und die Religionen können es erst recht nicht, weil sie die Voraussetzung, nämlich das Erlösungswerk Christi, nicht kennen.

1.3.3. Das Handeln

Auf diesem Gebiet erscheint die Auseinandersetzung mit den Fremdreligionen ebenfalls schwierig. Hier gilt, was Paulus sagt, daß „Christus des Gesetzes Ende ist" (Röm 10,4). Daraus folgert viel. „Das Evangelium befreit zu echter Sachlichkeit und macht die Kräfte frei für die eigentliche Arbeit des Tages, statt daß sie in sinnlosen kultischen Anstrengungen sowie in der Sicherungshysterie der Opfermentalität leerlaufen und heißlaufen" (H. G. Fritzsche). Hier gilt es nicht, heilige Schriften zu vergleichen, sondern die Realitäten in der Welt zu erforschen. Dabei ist der alte Fehler zu vermeiden, jeden Abendländer, der getauft ist, als Exponenten des Christentums anzusehen und von daher zu (ver)urteilen. Dasselbe gilt für Angehörige der Fremdreligionen, unter denen es ebenso mehr oder weniger Fromme gibt.

Hier eröffnet sich die *Fülle ethischer Fragen* und *alltäglicher Aufgaben* in Familie und Gesellschaft, in Staat und Umwelt, im Verlauf des Einzellebens und in den globalen Entwicklungen. Der Christ weiß genauso wenig wie andere, „wohin die Reise im einzelnen geht"; aber er braucht sich vor keiner Zukunft zu fürchten, weil Jesus Christus „alle Tage bis ans Weltende bei uns" ist (Mt 28,20). Der Christ weiß auch, daß *Gottes Heil allen Menschen gilt.* Aus diesem Grunde wird er jedermann – also auch dem Angehörigen einer anderen Religion – als Mitmensch und Nächster begegnen. Er wird in dieser Hinsicht *tolerant* sein und bleiben. Das schließt den Respekt und, wo es nötig ist, auch die Reverenz gegenüber dessen Glauben ein. Doch das Fundament seines Glaubens, die Wirklichkeit der Offenbarung Gottes in Christus, wie sie uns in der Bibel dargelegt ist, kann er niemals verlassen. Das ist ein unersetzlicher und einzigartiger Grund und Ausgangspunkt für sein Tun.

2. Bekenntnis und Konfession

Bei uns herrscht Religionsfreiheit, und zur Zeit kann jeder denken und äußern, was er will. Seine Grenze findet er allenfalls dort, wo sein Reden beleidigend wird oder wo jemand falsche Aussagen macht, sie unterschreibt oder beeidigt. Infolgedessen redet mancher gedankenlos nach, was andere sagen. So macht sich auch mancher kaum Gedanken darüber, was er im Gottesdienst beim Glaubensbekenntnis oder in den gesungenen Chorälen gemeinsam mit den übrigen Gliedern seiner Konfession ausspricht. Sein Mitwirken bringt ihm weder Vor- noch Nachteile. Das ist nicht überall so und war nicht immer der Fall.

2.1. Entstehung des Bekenntnisses

Religionsfreiheit wird von den jeweiligen staatlichen Machthabern gewährt oder beschnitten. Vor wenigen Jahrzehnten war es entweder hilfreich oder lebensgefährlich, die Grußformeln „Heil Hitler“ oder „Heil Moskau“ auszusprechen. Ähnliches galt zur Zeit der römischen Kaiser. Ihre Gerichte verlangten zur Kontrolle der Ergebenheit die Erklärung *kyrios kaisar* = (absoluter) Herr ist der Kaiser (in Rom). Damit war alles Nötige gesagt; die Unterwerfung war erklärt, der Bürger verhielt sich danach. – Nun geschah es, daß die ersten Christen anfingen, als Bekenntnis zu sagen *kyrios Christos* = der (allem überlegene) Herr ist Christus. Damit war ihr Glaube umfassend bekannt, und zwar so, daß die eigene Stellung dem Kaiser gegenüber unmißverständlich war. Die römischen Gerichte verurteilten solche Bekenner in großer Zahl und übergaben sie dem Henker. Denn in dem Satz „kyrios Christos" kam deutlich zum Ausdruck: es gibt in aller Welt nur einen, der das Sagen hat, dem auch die Imperien und Staaten unterworfen sind. Er ist Jesus der Christus (vgl. das Petrusbekenntnis Mk 8,29 und die drei Parallelstellen).

Dieses sehr knappe Bekenntnis ist also rechtsgültig und rechtswirksames Geständnis, das Folgen hat. Von den Zeiten der alten Kirche an ist es zugleich ein *tapferes Einstehen für den Glauben* an Jesus Christus. Bis heute wirkt das weiter: Bei uns ist es leichter, einen roten Stern zu tragen oder irgendein Luxus-Symbol zu zeigen als schlicht zu bekennen: Mein Gott und Herr heißt Jesus.

2.2. *Entfaltung des Bekenntnisses*

Für Christen gilt das unzweideutige Bekennen zu Jesus Christus als ihrem Herrn. Über die persönliche Haltung dabei und über das Wann und Wo erklärt 1 Petr 3,15: „Verehrt den Herrn Christus in euren Herzen und seid stets bereit zur Verantwortung vor jedermann, der von euch über den Grund eurer Glaubenshoffnung Auskunft verlangt."

Hinzu kommt etwas Wichtiges, das viele sogenannte Namenchristen weder bedenken noch beachten. Paulus formuliert es (in Röm 10,9f.) und erklärt: Beides gehört zusammen: sich mit dem Mund – also öffentlich – zu Jesus zu bekennen und die feste Glaubensüberzeugung, daß Jesus durch Gott von den Toten auferweckt worden ist. Paulus fügt hinzu: „Denn mit dem Herzen glaubt man und empfängt die Gerechtigkeit, mit dem Munde bekennt man sich dazu und wird so gerettet." Diese Form des *Bekenntnisses äußert sich* nicht zuletzt *in Freude*, ja in Jubel. Die Erklärung dafür: wer zu Christus gehört, ist gerettet, ist frei. Er lebt aus der wirkenden Vollmacht (= ‚exousia') Christi und hat die Zusage einer unvergänglichen Hoffnung auf ein Leben in Ewigkeit. Solche Menschen erfahren erstaunliche und wunderbare Dinge in ihrem Leben und wissen:

das ist von Gott gewirkt. Daher fordern z. B. die Psalmen häufig zum Singen, Loben und Jubeln auf. „Singet dem Herrn alle Welt und lobet seinen Namen; erzählt unter allen Völkern von seiner Herrlichkeit und verkündet täglich sein Heil!" (Ps 96,1ff.). Aus diesem Grunde wird weltweit Evangelisation und Mission mit so viel Freude und Einsatz betrieben. Zum Bekenntnis gehört, „daß laut dein Ruhm besungen werde", wie M. Jorissen in seiner Umdichtung von Ps 66 sagt. Und wenn das offene Einstehen für Jesu Sache vor aller Welt Spott und Verfolgung, ja Märtyrer-Leiden einbringen, geschieht es dennoch aus großer Freude.

Das soeben angeführte Wort *Märtyrer* bedeutet dasselbe wie Bekenner. Wörtlich heißt es Zeuge sein, und zwar wieder vor Gericht für Jesus und sein Wirken. Für uns schwingen im Wort Märtyrer sofort die Verfolgung und das Leiden um Jesu willen mit. Beides gehört zusammen. In den grauenvollen Christenverfolgungen aller atheistischen Staaten bis zur Stunde, in den Ausweisungen von Missionaren aus alter Missionsarbeit in Übersee oder in den Schikanen und Verspottungen von Christen im eigenen Land kommt der Zusammenhang von Bekennen und Leiden (= Martyrium) deutlich zum Vorschein.

Das ausgesprochene *Bekenntnis blieb nicht bei der Kurzformel* „Christus ist der Herr" stehen. Schon neutestamentliche Texte erweiterten den Satz durch *Ergänzungen,* die meist das Werk und Wirken Christi beschreiben. Bekannt sind die Christushymnen in Phil 2,5–11 und in Kol 1,13–20. Später entwickelten sich *längere Satzgefüge,* wie wir sie in unseren überlieferten *Glaubensbekenntnissen* kennen. Das Mittelalter, namentlich die Reformationszeit, verfaßte *ausführliche Schriften* zum Bekenntnis, z. B. die Augsburger Konfession, die Konkordienformel, die 39 Artikel der Anglikanischen Kirche, den Heidelberger Katechismus, das Westminster-Bekenntnis, das Niederländische Bekenntnis oder (im römisch-katholischen Bereich) die Dokumente des Tridentinum.

Solche ausführlichen Darstellungen des Glaubensinhaltes erfüllen mehrere Zwecke. *Zuerst* waren sie sorgfältig abgewogene Darstellungen dessen, was als Glaube an Jesus Christus zu verstehen ist. Dabei war vieles zu erklären und gegenüber anderen Ansichten ab-

zugrenzen. Durch Unterschriften der Verfasser und durch Inhaber staatlicher Gewalt wurden viele reformatorische Bekenntnisse zu *verbindlichen, rechtsgültigen Texten,* die im damaligen Staatsrecht große Bedeutung erlangten. *Sodann* wurden die ausführlicheren Bekenntnisse die Grundlage zur religiösen Unterweisung des Volkes. Wir lernen daher im Konfirmandenunterricht Teile aus unserem *Katechismus* kennen, aber auch aus der *Bibel* und unserem *Gesangbuch.* Letzteres ist weithin die Verbindung von Glaubenserkenntnis und gesungenem Bekennen.
Hier ist eine Anmerkung am Platz. In jüngster Zeit erkannten, meist jüngere, Gemeindeglieder die Bedeutung des Bekenntnisses für den Glauben. Sie bemerkten auch, daß jede Zeit in ihren Worten die bleibende Grundwahrheit vom Herrsein Jesu Christi auszusprechen versuchen müsse. Manche der hierbei entstandenen *Glaubensbekenntnisse der Gegenwart* leiden jedoch trotz zuweilen großartiger Formulierungen daran, daß sie zu eilig, zu wenig fachkundig und auch zu ‚ideologisch' verfaßt wurden. So wenig wie eine Krankenpflegeschülerin operieren oder ein Schlosserlehrling ein Auto konstruieren kann, vermag ein Laie in den wenigen Tagen einer Rüstzeit ein neues, allgemeine Gültigkeit beanspruchendes Bekenntnis zu verfassen.
Jedes christliche Bekenntnis muß sich vor allem auf das strengste *am Maßstab der Bibel prüfen* lassen; denn die biblischen Aussagen sind die entscheidende, letzte Norm für unseren Glauben, und damit auch für unsere dogmatischen Ausagen, in denen das Bekenntnis der Kirche – und der Kirchen – zum Ausdruck kommt. Lehrreiche Beispiele dafür aus der Neuzeit sind die Barmer Theologische Erklärung von 1934, das Bekenntnis der Batakkirche von 1951 und das Bekenntnis der Vereinigten Presbyterianischen Kirche in den USA von 1967.

2.3. Konfession und Konfessionen

Nach dem Gesagten läßt sich zusammenfassen: Konfession heißt wörtlich auch ‚Bekenntnis'. Als Folge der erwähnten rechtsgültigen

Bekenntnistexte, die Könige und Fürsten in ihren Ländern als Glaubensgrundlage für alle Untertanen verbindlich einführten, entwikkelten sich die *Konfessionen*. Einige erwuchsen aus dem Widerstand gegen die Regel, daß der Herrscher den Glaubensstand zu bestimmen habe. Mit diesem Begriff der Konfessionen leben wir heute, danach fragen die Formulare oder Steuerkarten unserer Tage. Früher kam es infolge der Abgrenzungen und unterschiedlichen Aussagen zu Streit, zu Kriegen, zu unendlich viel Kummer. Mit dem Zeichen des Kreuzes, dem Symbol der Liebe, ging man gegeneinander vor und lebte sich auseinander.

Wir dürfen das heute nicht vorschnell abtun. Wir können nur *leiden unter unseren konfessionellen Trennungen,* aber im Blick auf den gemeinsamen Herrn Jesus Christus einander verstehen lernen, einander näher kommen, voneinander lernen. Zum Bekenntnis der Gegenwart Christi gehört „die Bereitschaft, dem Herrn in allen Kirchen zu begegnen, in denen noch das Wort der Bibel gelesen wird" (F. Viering). Unsere Konfessionen und Bekenntnisse bezeugen das Evangelium „als das lebendige Wort Gottes in Jesus Christus", wie die 1973 geschlossene „Konkordie reformatorischer Kirchen in Europa" sagt, und „schließen den Weg zu dessen verbindlicher Weiterbezeugung nicht ab, sondern eröffnen ihn und fordern auf, ihn in der Freiheit des Glaubens zu gehen."

II. Die Heilige Schrift

Das Christentum gehört zu den *Offenbarungsreligionen.* Und einige Generationen nach dem Pfingstgeschehen in Jerusalem wurde es auch zur *Buchreligion;* denn es hat eine Heilige Schrift, die zentrale Bedeutung hat. Zu den Buchreligionen gehört u. a. der Islam (mit dem Koran) oder der Buddhismus (mit dem Tripitaka). Unsere Heilige Schrift ist die Bibel. Sie ist die Grundlage, auf der christliches Nachdenken über den eigenen Glauben erfolgt und von der aus christlich-kirchliches Reden zu prüfen ist. Auseinandersetzungen und Gespräche über das Christentum sowie das Verhalten der Christen müssen sich auf die Botschaft der Bibel zurückführen und an ihr messen lassen. Daher ist es folgerichtig, daß ein Gesamtüberblick der christlichen Erkenntnis, die biblische Erkenntnis und Kenntnis sein muß und will, mit dem Kennenlernen der Heiligen Schrift selber einsetzt.

3. Die Bibel als Menschenwort

Die Bibel ist ein Buch. ‚Bibel' heißt eigentlich nur ‚Buch'; denn so ist das Wort aus dem Griechischen zu übersetzen. Ist die Bibel jedoch ein Buch wie jedes andere auch? Hier trennen sich bereits die Geister. Die einen werden sagen: Selbstverständlich ist die Bibel *ein Buch wie jedes andere auch.* Es wird ediert in einem Verlag, gesetzt in einer Druckerei. Es ist gebunden und so weiter.
Andere bestehen darauf, daß die Bibel *sich von allen anderen Büchern unterscheidet.* Sie wird ja die Heilige Schrift genannt. Wer sie also lesen will – wenn das nur viel mehr geschähe! –, muß sich innerlich und tunlichst auch äußerlich entsprechend einstellen. In den meisten Gottesdiensten erhebt sich folgerichtig die Gemeinde, wenn ein Abschnitt aus der Bibel verlesen wird. Damit erweist man der Bibel – genauer: dem Wort Gottes – die nötige Ehrerbietung. Jetzt haben wir bereits drei verschiedene Ausdrücke für ein und dasselbe: Bibel – Heilige Schrift – Wort Gottes.

In den folgenden Gedankengängen werden wir uns um eine Klärung dessen bemühen, was es mit der Bibel, der Heiligen Schrift, dem Wort Gottes auf sich hat. Der erste Gedankengang wird sich dabei beschränken auf eine Darlegung dessen, daß die Bibel als Gotteswort zunächst für uns als Leser und Hörer *Menschenwort* ist. Anders ausgedrückt: wir betrachten die Bibel unter dem Gesichtspunkt, daß sie ein Buch ist, das wir wie jedes andere im Bücherschrank stehen haben können, in dem wir lesen können und sollen, das eine normale Entstehungsgeschichte hat.

3.1. *Entstehungsgeschichte*

Wenn in manchen Zeitschriften regelmäßig eine *Liste der Bestseller*, also derjenigen Bücher steht, die derzeit am meisten vertrieben werden, dann fehlt stets der wirkliche Bestseller. Die Bibel wird von allen Büchern auf Erden weitaus am meisten gedruckt, verteilt, verkauft. Allein 1975 waren es rund 100 Millionen Exemplare.
In der vor uns liegenden Gestalt kennen wir die Bibel seit dem 4. Jahrhundert (immerhin). Doch im wesentlichen stand das, was in ihr als Schriften aufzunehmen sei und was nicht, schon um das Jahr 200 fest. Seither (endgültig seit der Reformationszeit) ist der *Bibelkanon* festgelegt, das bedeutet, Anzahl und Umfang der biblischen Schriften liegen fest. Sie bilden die maßgebliche (so wörtlich kanonisch) Richtschnur für den christlichen Glauben.
Doch, so mag jetzt gefragt werden, wieso war man sich einst nicht gleich darüber im klaren, was zur Bibel gehörte und was nicht? Die Antwort ergibt sich aus der Entwicklungsgeschichte der Bibel. Man muß bedenken, daß sie eine *große Sammlung von vielen Einzelschriften* ist. Unter diesen war das meiste ursprünglich mündliche Überlieferung. Eines Tages schrieb jemand den Bericht oder die Ordnung (also das Gesetz) auf. Das geschah einst auf *Tontafeln.* In den weichen Ton ritzte ein Schreiber mit einem Stift den Text und ließ das Ganze an der Sonne trocknen. Solche Bücher waren sehr dick. Zugleich nötigte dieses Verfahren von vornherein zur Konzentration auf das Nötigste und Wichtigste.

Später erfand man das Schreiben auf anderen Materialien. Die ältesten erhaltenen Bibelhandschriften sind auf *Pergament und Papyrus* geschrieben. *Pergament* besteht aus fein zubereiteten Tierfellen, in der Regel von Ziegen, Schafen, Kälbern. Es ließ sich gut beschreiben, war aber teuer. Einige wiedergefundene uralte Pergamenthandschriften lassen sich deshalb immer noch nicht aufrollen und lesen, weil die alten Tierfelle inzwischen eine zusammenhängende Masse wurden. Unsere Wissenschaft und Technik hat noch kein Verfahren, diese Pergamente lesebereit zu entrollen. Darauf warten die Gelehrten also noch. Neben dem Pergament findet sich vor allem der *Papyrus*, das aus einer Staude entstandene ‚Papier' (daher der Name; eigentlich ‚das Gewächs vom Nil'). Papyrusstreifen ließen sich beliebig viele zusammenfügen und aufrollen zu jenen heute noch bekannten Buchrollen.
Eine Sammlung biblischer Schriften füllte vor vielen Jahrhunderten gleich einen ganzen Raum. Noch heute lesen die strengen Juden in ihren Synagogen-Gottesdiensten die Propheten- und Gesetzestexte oder die Psalmen nur aus den großen Thora-Rollen vor. Zur Aufbewahrung hat die Synagoge besondere Räume. Und wenn eine solche Rolle verbraucht oder beschädigt war, vernichtete man sie nicht etwa. Sie kamen in Kammern, worin sie (bis heute) zur ewigen Aufbewahrung regelrecht feierlich beigesetzt werden. In unserer Zeit hat man solche vermauerten Kammern wiedergefunden, oft verborgen unter Schuttbergen. So geben die alten Handschriften Aufschluß über die Bibeltexte, wie sie einst geschrieben wurden.
Mehr als *tausend Jahre dauerte es*, bis von den ersten Aufzeichnungen der Bibel her das ganze Buch komplett war. Die einzelnen Verfasser der vielen Bibelteile waren Menschen ihrer Zeit, ihrer Völker, ihrer Sprache. Sie waren dem Denken und Erleben ihrer Zeitgeschichte unterworfen. Alles das findet in den Bibeltexten einen Niederschlag. Selbstverständlich beeinflußte ihre Umwelt sie. So hängt zum Beispiel schon das erste Kapitel der Bibel damit zusammen, daß seine Verfasser in einer Umgebung lebten, in der die alte babylonische Philosophie das Denken beherrschte. Das zeigt sich bis in die Gliederung, ja bis in einzelne Gedanken hinein.
So kam es, daß gegen Ende des vorigen Jahrhunderts manche For-

scher meinten, der erste Schöpfungsbericht sei nichts anderes als eine Abschrift der alten babylonischen Weltentstehungs-Mythen. Und doch zeigt sich, daß die Bibel bei oft scheinbarer Übereinstimmung mit Gedanken ihrer Umwelt ihren völlig anderen Charakter hat und ihr Besonderes unmißverständlich kundtut.

3.2. Verbreitungsgeschichte

Nachdem im dritten bis vierten Jahrhundert die Bibel endlich in ihrem endgültigen Umfang vorlag, wurde sie verbreitet. Heute geschähe das mit Hilfe von Massenkommunikationsmitteln, meistens durch Druck. Damals aber gab es nur ein einziges Verfahren: der Text mußte mit der Hand geschrieben werden. Durchschläge gab es auch nicht. Dies Abschreiben war jahrhundertelang eine *Hauptaufgabe der Mönche,* die zu den wenigen Menschen gehörten, die schreiben (und lesen!) konnten. Damit es schneller ging, gab es schon früh Schreibsäle, in denen einer vorlas, also diktierte, und die anderen nachschrieben.

Wen wundert bei dieser Methode, daß es zu *Schreibfehlern* kam? Wenn dann ein oder zwei Exemplare solcher Abschriften von Kleinasien nach Rom gelangten, um dort wieder – mit weiteren Schreibfehlern – abgeschrieben zu werden, ist leicht zu verstehen, daß sich manche Fehler lange erhalten haben. Fachtheologen bemühen sich, denjenigen Text aus den verschiedenen Varianten herauszufinden, den der jeweilige Bibelschrift-Verfasser selber schrieb. Eine kluge und methodisch zielsichere Verfahrensweise entwickelte die Wissenschaft dafür. Deshalb braucht niemand zu meinen, in seiner Bibel stünde immer noch nicht der Text (richtiger: die treffende Übersetzung), den Jesaja, Amos, Matthäus oder Paulus einst geschrieben hätten. Es ist schon der ursprüngliche Bibeltext, nur in der jeweiligen modernen Übersetzung.

Mit der epochalen, genialen Erfindung Johannes Gutenbergs kam die *Buchdruckkunst* in die Welt. Etwa 1455 wurde der Bestseller aller Bestseller, also die Bibel, erstmals gedruckt. Die *Wirkungen* der Bibel in der Welt sind ohne Beispiel. Das gesamte Abendland mit sei-

nem Kulturkreis, ebenso die slawische Kultur, sind nur durch den beherrschenden Einfluß der Bibel geworden, wie sie wurden. Dabei denken wir noch gar nicht an den christlichen Glauben, sondern an die säkularen Entwicklungen in Kultur, auch Technik und Forschung oder Philosophie. Ohne die Bibel gäbe es heute auch nicht die hochdeutsche Sprache. Luthers Bibelübersetzung wirkte hier einigend.
Die *Zahl der Übersetzungen* der Bibel oder von Bibelteilen (etwa das Neue Testament) erreichte inzwischen 1280 Sprachen. Es fehlen noch Übersetzungen in Sprachen, die meist nur von 30000 oder noch weniger Menschen gesprochen werden.

3.3. Wirkungsgeschichte

Mit solcher Überschrift nähern wir uns wieder dem, wie Christen eigentlich und vornehmlich mit der Bibel Umgang pflegen. Der Soziologe Eugen Rosenstock-Huessy schreibt dazu: „Die Bibel ist nicht ein Buch. Sie ist nicht Literatur. Oder vielmehr: In der Bibel stehen Bücher, und die Bücher gehören den verschiedensten literarischen Gattungen an. Aber deshalb, weil sie von uns zur Literatur gestempelt werden, stehen sie nicht in der Bibel! Liest man die Bibel als Literatur, so liest man nicht die Bibel. Nein, die Bibel ist die Geschichte des Schöpfungsgottes in einer sich immer schon geschaffen wähnenden Welt; das Fundament der Bibel ist der Kampf gegen einen Wahn... Wo die Heiden in die Urnebel starren, sagt das Herz: Täglich erfahre ich ja Gottes Schöpferhände... Die Bibel ist ein streng empirisches (Erfahrungen einbeziehend) Buch. Nur lehrt sie Erfahrungen, auf die es ankommt."
So ist die Bibel das von Menschen geschriebene Buch, in dem aber Gott durch seinen Geist wirkt. Man kann die Bibel lesen in voller Anerkennung der naturwissenschaftlichen Forschungsergebnisse, aber in der Gewißheit, daß sie der Wirklichkeit unserer Welt und Menschheit nicht widerspricht, sondern eine Kraftquelle unvergleichlicher Art ist. Die Bibel behandelt das Menschenleben in seinen Höhen und Tiefen in voller Realität, aber im Scheinwerferlicht

Gottes. So überrascht nicht, daß im ausgehenden zwanzigsten Jahrhundert endlich wieder die *Bibel als lohnende Lektüre entdeckt* wird, und zwar nicht zuletzt von Jugendlichen in aller Welt. Besonders eindrücklich ist das zu beobachten in jenen Ländern, die den Druck und die Verbreitung von Bibeln ganz oder fast gänzlich verhindern. Die dort Regierenden haben regelrecht Angst vor der Bibel – und das ist begründet; denn schon immer begann die Bibel da, wo man sie zu lesen und zu bedenken anfing, beim einzelnen, bei Gruppen und schließlich bei ganzen Völkern revolutionierend und reformierend zu wirken.
Gewiß wird die Bibel nach wie vor ein Buch sein, aus dem die Althistoriker mit viel Interesse Kunde über die Menschen, Staaten, Sitten und Lebensverhältnisse des Vorderen Orients vor zwei- bis dreitausend Jahren erhalten. In ihr wird vieles enthüllt, „was moderne Soziologie, Philosophie und Psychologie in einer anderen Sprache ähnlich auszusagen versuchen" (T. Brocher). Für die Christen ist die Bibel darüber hinaus das Buch, in dem solche Menschen reden, die Zeugen der Großtaten Gottes waren. Diese Bezeugung aber gilt für alle Zeiten. Die Bibel ist die *Urkunde* für die wahren Beziehungen Gottes zur Welt und zu uns Menschen. Insofern ist sie *vollkommen ausreichende Quelle des Glaubens*. Weder Hinzufügungen noch Kürzungen sind erlaubt und nötig. (vgl. Offb 22,18f; auch Apg 20,20).

4. Das Alte Testament

Vor einigen Jahrzehnten meinte mancher, im Unterschied zum durchweg lesbaren und interessanten Neuen Testament sei das Alte Testament ganz zu verwerfen; denn es sei als die heilige Schrift des Volkes Israel *ein Judenbuch*. Daher solle sich ein ‚Deutscher Christ' mit solcher Lektüre am besten überhaupt nicht befassen. Das war eine ideologisch begründete, aber wissenschaftlich und kirchlich völlig abwegige Behauptung. Das Alte Testament ist *für Judentum und Christentum gemeinsame Offenbarungsurkunde*. Dort heißt es allerdings „Gesetz, Propheten und Schriften." Der Ausdruck Altes

Testament für diesen Bibelteil taucht im 2. Jahrhundert auf (bei Melito von Sardes). Erst nach der Zerstörung Jerusalems war der *alttestamentliche Kanon* – also sein heutiger Bestand – fixiert worden. Die in alle Welt vertriebenen Juden erhielten damit ihr einigendes Band.
Und die Christen banden sich ebenfalls an die Schriftensammlung, von der Jesus sagte (Joh 5,39), „sie ist es, die von mir Zeugnis gibt" und die ewiges Leben enthält. Überdies ist das Abendland (das neuzeitliche Europa) ohne das Alte Testament mit dem Gott der Juden nicht zu verstehen. Neues und Altes Testament hängen also eng zusammen, und nach christlicher Erkenntnis ist keines ohne das andere wirklich zu verstehen.
Im allgemeinen fallen uns heutzutage *allerhand Geschichten* bei der Erwähnung des Alten Testaments ein. Einige sind sehr bekannt, andere wenig oder nur unzusammenhängend. Wir hören diese Geschichten im Religionsunterricht, Konfirmandenunterricht, im Kindergottesdienst oder in Predigten. Nicht wenige alttestamentliche Berichte wurden verfilmt.
Das alles reicht jedoch nicht aus, um das Alte Testament, seinen Inhalt und seine Bedeutung für uns zu erfassen.

4.1. Als Geschichtsquelle

Die Texte des Alten Testaments (= AT) haben einen geschichtlichen Hintergrund. Wer das alte Israel kennenlernen will – und damit den damaligen Orient –, der muß das Alte Testament zur Hand nehmen. Bis heute in die Jahre des Streites zwischen modernem Israel und Jordanien, Syrien oder Ägypten macht sich bemerkbar, daß das Land Israel eine *Verbindungsbrücke zwischen Asien und Afrika ist. Europa* kommt noch hinzu. Hier stoßen nicht nur militärische, sondern auch völkische, kaufmännische und politische Interessen aufeinander. In den einzelnen alttestamentlichen Schriften findet sich eine Fülle von religions- und kulturwissenschaftlichen Hinweisen. Im einzelnen verteilen sie sich auf – rund gerechnet – die tausend Jahre vor Christi Geburt.

Einigermaßen übersichtlich bekommen wir im Alten Testament Israels frühe Geschichte dargestellt. Dabei ist der *verschiedenartigste Charakter und Zweck der Texte* zu beachten. Es finden sich echte Erzählungen, feierliche Liturgien, Gesetzessammlungen, vereinzelt auch Märchenmotive, amtlich-königliche Verzeichnisse über Regenten und Ereignisse, wir stoßen auf Lieder und kunstvolle poetische Textformen. Das Alte Testament enthält Segens- und Fluchsprüche, Verträge, Briefe, Kriegsberichte, Sprichwörter und uralte Weisheitssammlungen; es enthält Predigten, Klagelieder und Liebeslieder, ja vereinzelt solche Texte, von denen gelegentlich behauptet wurde, es handele sich dabei um Stilformen der Pornographie (was nur gesagt werden kann, weil man die Abzielung dieser dunklen Kapitel übersehen will).
Dies alles sind *literarische Formen* in den (heute) *39 Schriften* des Alten Testamentes. Und stets zeigt der Text die Verbindung zum geschehenen Ereignis und (soziologisch) bestimmten jeweiligen Lebensbereich. Der Fachmann nennt das den *Sitz im Leben.*
Der Bibelleser muß ihn zu ergründen suchen, um das Gemeinte zu verstehen und um Weisung für sich selbst daraus zu erhalten. Trotz der Fülle unterschiedlicher Quellenaussagen läßt sich ein roter Faden erkennen. Die Geschichte Israels ist „wie jede menschliche Geschichte ihrer äußeren Erscheinung nach rätselhaft und vieldeutig"; doch sie ist darin völlig eindeutig, „daß *hier Gott* als der Herr der Welt sich eines Volkes als Werkzeug bedient hat, damit einmal ‚allen Geschlechtern auf Erden Segen zuteil werde' (Gen 12,3)... Mit diesem Selbstzeugnis erklärt sich die Geschichte Israels nicht nur als einmalig..., sondern als schlechthin einzig in ihrer Art unter der Geschichte der Völker. Daß dieses *Selbstzeugnis* gültig sei, läßt sich nicht mehr beweisen" (M. Noth).
Beweisen meint den Nachweis des reinen Historikers, der aber nichts über die Wahrhaftigkeit und Wirklichkeit des Berichteten aussagt. Fest steht: in großen Zügen ist die Geschichte Israels im Alten Testament zutreffend dargestellt als eine Abfolge von Hauptereignissen, nämlich die Zeit der Sklaverei in Ägypten, Sinai-Geschehnisse, Wüstenzug, Landnahme in Kanaan, politische Machtentfaltung unter David, Salomo und Nachfolgern, spätere

Entmachtung und Deportation des Volkes, Rückkehr in die Heimat, Leben unter benachbarten Großmächten, von denen die Römer die letzten waren und während deren Herrschaft (unter Augustus) Jesus geboren wurde.

4.2. Die Sprache

Bis auf wenige Stellen ist das Alte Testament *in Hebräisch geschrieben.* Das ist die uralte semitische Sprache Kanaans, die mit dem Arabischen verwandt ist.
Hebräisch liest man von rechts nach links (umgekehrt wie bei uns); daher schlägt man die hebräische Bibel hinten auf, wenn man den Anfang sucht. Ursprünglich wurden nur die Konsonanten aufgeschrieben, die Vokale (also a,e,i,o,u) fehlten. Sogar die alten Hebräer gerieten dabei während des Lesens ihrer heiligen Schrift manchmal in Verlegenheit, und man fügte schließlich die Vokale in Form von kleinen Winkeln, Kreuzen oder Punkten hinzu.

4.3. Der Hauptinhalt

Man hat Mühe, eine Inhaltsangabe des Alten Testaments zu machen, wenn einfach beim ersten Kapitel angefangen und dann bis zum Propheten Maleachi durchgegangen wird. Die Forschung wies längst nach, daß das zweite Kapitel der Bibel (von Gen 2,4b ab) etwa vierhundert Jahre älter ist als das erste! Zum Vergleich: Wäre Gen 1 heute geschrieben, würde das folgende Kapitel schon zur Zeit der Reformation verfaßt worden sein. Aber nicht alle Schriften im Alten Testament klaffen zeitlich so weit auseinander.
Zuerst lesen wir die *Urgeschichte,* einen Bericht über die vorhistorischen Ereignisse der Welt und Menschheit. Dann folgen die *Vätergeschichten,* also Darstellungen über Abraham, Isaak und Jakob. Dem schließen sich die Erzählungen der Josephsgeschichte an, die mit der Reise von Jakob nach *Ägypten* endet. Dort wurde aus der

Großsippe nach alttestamentlicher Darstellung ein Volk. Die Texte des Alten Testamentes sagen darüber jedoch nichts. Historisch klarer wird alles, was sich um die Eroberung des Landes in Kanaan dreht. Das *Königtum* Davids und seines berühmten Sohnes Salomo folgen.

Salomo baute den prunkvollen Tempel, der später zerstört wurde. Sein Reich zerfiel in ein Nordreich (Israel) und ein Südreich (Juda). Die Schriften erwähnen ‚gute' und ‚böse' (das heißt gottlose) Könige. Schließlich werden die besiegten Juden *nach Babylon* deportiert (im Jahre 586 vor Christi Geburt). Nach siebzig Jahren kehrten ihre Nachkommen in die alte Heimat zurück und bauten mühevoll den Tempel in Jerusalem wieder auf, aber bei weitem nicht so prächtig wie unter Salomo (vgl. auch Apg 7).

Während der Jahrhunderte vor der politischen Katastrophe der Verbannung, in Babylon und zum Ende der Verbannung traten *Propheten* auf. Das waren (meistens) Männer, die im Auftrage Gottes das Volk warnen und mahnen mußten. Sie griffen manchmal die religiöse Gleichgültigkeit der Leute an, ein andermal den selbstsüchtigen Luxus reicher Bürger, dann wieder die politische Torheit einiger Könige, deren Diplomatie nur Unheil bewirkte. Einige der Propheten kennen wir recht genau. So wissen wir zum Beispiel viel über Jeremia, der schon von Geburt an zum Propheten bestimmt war, sich aber weigerte, für Gott der Sprecher zu sein. Denn das brachte ihm nur Nachteile, Kummer, Schmerz und Spott ein. Ist es heute viel anders? Die Mahnung zum Glauben und zum Guten wollen wir Menschen nie gerne hören; darum folgen so viele den Schönrednern, die im Alten Testament falsche Propheten genannt werden.

Nicht wenig Raum nimmt im Alten Testament der Teil ein, den man *poetische Schriften* nannte. Am besten ist darunter der *Psalter* bekannt. Die 150 Psalmen sind das Gebet- und Gesangbuch des alten Israel. Die *reinen Gesetzestexte* (zum Beispiel Exodus 21–23, Levitikus usw) werden von uns Christen im Unterschied zum strengen Juden heute kaum beachtet. Vieles darin trifft für uns nicht mehr zu. Doch in ihrer theologischen Bedeutsamkeit sind sie immer noch zu beachten.

4.4. *Die heutige Bedeutung*

Durchgehend ist die Botschaft des Alten Testaments diejenige von *Gottes unwandelbarer Treue* zu seinem (Sinai)-Bund, und zwar über alle menschliche Unwürdigkeit und Untreue hinweg (vgl. u. a. das Credo in Dt 26,5–9). Wenn die Kirche von einer *Heilsgeschichte* redet, meint sie damit, daß sich in unserem Menschenleben „die Existenz des Geheiligten realisiert." Die erwähnten Geschichten aus dem Alten Testament sind Beispiele und theologische Modellfälle für das *segnende und rettende Heilswirken* Gottes in unserem Erdendasein. Es zieht sich deutlich erkennbar durch die tausend Seiten des Alten Testamentes hindurch.

Deshalb findet ein Kranker und Verzweifelter in den Psalmen wirklich Tröstung, Stärkung und Wegweisung. In den Problemen der alten Israeliten finden wir unsere eigenen wieder und erfahren, daß und wie Gott uns weiterhilft.

Die Bedeutung des Alten Testamentes besteht sodann darin, daß es Quellentext für den Glauben an *Gott als den Schöpfer ist*. Das bedeutet, Gott ist Subjekt, Ursprung, Anfang unserer Welt und all dessen, das darin ist. Dann bezeugt uns das Alte Testament folgerichtig *Gott als den Erhalter* unseres Lebensraumes. Damit hängt die unvergleichliche Entfaltung dessen zusammen, was heutzutage *Anthropologie*, also die Lehre vom Menschen heißt. Doch Gottes Wirken unmittelbar ablesen zu wollen, gelingt uns nicht. Das Alte Testament ist eben ein Buch aus vielen Einzelschriften, das auch falsch und damit unverstanden gelesen werden kann.

Gott verbirgt sich nach wie vor hinter normalen Ereignissen, deren große Zusammenhänge erst erfaßt, wer sich durch Wirkung des Heiligen Geistes die Augen öffnen läßt. Dieser erkennt auch das Christuszeugnis im Alten Testament. Dazu gehören aber die offenen Augen. In dem köstlichen und doch ernsten Bericht von Bileam (zu Deutsch: Volksverderber) in Num 22 zeigt sich das. Der kluge Bileam merkt Gottes Widerstand nicht und will seinen Plan durchsetzen; aber seine Eselin, auf der er reitet, ‚sieht' den Engel Gottes und gehorcht. „Da sprach Bileam: Ich habe gesündigt; ich hab's ja nicht gewußt." Der Esel hatte recht. So geht es uns leider auch oft: Wir haben's nicht gewußt, weil wir meinten, es gäbe Wichtigeres und Interessanteres als beispielsweise das Alte Testament und das, was für uns darin geschrieben steht.

4.5. *Die Apokryphen*

Als *Anhang zum Alten Testament* haben nach lutherischer Tradition manche unserer Bibelausgaben eine Anzahl weiterer Schriften. Es sind die nur in der griechisch geschriebenen Septuaginta (des Alten Testaments) überlieferten Apokryphen. Die römisch-katholische Kirche hat einige von ihnen – ins Lateinische übersetzt – seinerzeit ins Alte Testament als kanonisch eingegliedert. Dabei wurde der alexandrinische Typus vom Kanon übernommen. Die griechisch-orthodoxen Kirchen haben erst 1672 einen Teil der Apokryphen als kanonisch, also als zur Bibel gehörig, anerkannt.
Im gesamten protestantischen Bereich gilt bis heute allgemein Martin Luthers Urteil, die Apokryphen seien wohl nützlich und gut zu lesen. Das sollte auch geschehen; doch es gibt sogar Theologen, die sie niemals ganz gelesen haben. Aber die Apokryphen sind der Bibel nicht gleichgehalten. Ihre theologische Bedeutung tritt hinter die beiden Testamente zurück.
Es gibt auch *Apokryphen des Neuen Testamentes,* die vorwiegend nur von Interesse für die Bibelwissenschaft sind. Sie bringen nichts Wichtiges über das Neue Testament hinaus. Und was sie Spezifisches enthalten, ist offenkundig ‚unbiblisch'. Daher kamen sie nirgends zum Neuen Testament hinzu, dessen Umfang (= ‚Kanon') bei allen christlichen Kirchen gleich ist.

5. Das Neue Testament

Seit rund 1870 Jahren lesen die Menschen ein Buch von etwa 350 Seiten Umfang. Mehr als 18 Jahrhunderte lang haben Tag für Tag Hunderte, Tausende, später Millionen von Menschen in diesem Buch gelesen. Der Ausdruck lesen ist hierbei unzureichend; denn an diesem Buch, das Neues Testament genannt wird, wird gearbeitet. In der Gegenwart gibt es ein paar Hundert Menschen auf Erden, die *hauptberuflich* nichts anderes zu tun haben, als *am Neuen Testament zu arbeiten,* darin zu forschen, darüber nachzudenken und die Ergebnisse mitzuteilen.

Die Besonderheit dieser Tatsache wird klar, wenn man sich vergegenwärtigt, es gäbe für andere Bücher im Umfang von drei- bis vierhundert Seiten in aller Welt Menschen, die sich ausschließlich um den Inhalt des Buches bemühten. Man hielte das gar nicht aus. Schon mehrmaliges Lesen treibt einen bald an die Grenze, wo es langweilig wird und wo man beim besten Willen nichts Neues mehr kommentierend, erklärend und hinweisend zu sagen wüßte.

Niemanden überrascht es da, wenn ganz vereinzelt Menschen auftreten, die schließlich nach jahrzehntelanger Arbeit mit dem Neuen Testament dieses Buch genauestens kennen. So geschah es in den dreißiger Jahren, als eine Gruppe Studenten in Tübingen zusammen mit ihrem Professor Adolf Schlatter eine Bibelarbeit halten wollte. Jemand merkte, daß der Professor keinen Text des Neuen Testaments bei sich hatte und wollte ihm aushelfen. Adolf Schlatter wehrte ab und sagte: „Solch ein kleines Büchlein wird man doch wohl noch auswendig kennen!" Schlatter gehörte zu jenen, die den deutschen und auch den griechischen Urtext des Neuen Testaments von der ersten bis zur letzten Seite auswendig kannten. Ein Bibelkenner – und jeder rechte Christ ist einer – wird im Laufe seines Lebens weite Partien besonders des Neuen Testaments sehr genau kennen und vieles auswendig wissen.

Die Forschungsarbeit am Neuen Testament befaßte sich auch statistisch mit *seinem Wortbestand.* Es sind – im griechischen Urtext natürlich – 137490 Wörter, die sich auf 5436 Vokabeln verteilen. Unter diesen verschiedenen Vokabeln sind allein 1934 Wörter, die je nur ein einziges Mal vorkommen. Diese Zahlenangaben mögen genügen, um auf wissenschaftliche Methodensysteme hinzuweisen, die hier ihren Anfang nahmen und zu bedeutsamen theologischen Resultaten gekommen sind.

5.1. *Der entscheidende Inhalt*

Geht man vom soeben erwähnten Wortbestand des Neuen Testamentes aus, um nach seinem wesentlichen Kern zu fragen, so stößt man darauf, daß das Entscheidende auch am meisten genannt wird (natürlich unter Absehung von Wörtern wie der, die, das, und, sein). So finden wir 905mal den Namen *Jesus* genannt. *Christus* erscheint 529mal. Und nehmen wir einige der wichtigsten Titel und Bezeichnungen hinzu, ergibt sich ferner: *Gott* steht im Neuen Testament 1314mal, *Herr* 718mal, *Vater* 415mal, *Sohn* 380mal und *Geist* 379mal. Mit anderen Worten: der Leser des Neuen Testamentes wird auf den etwa 350 Seiten 4640mal auf den dreieinigen Gott und auf Jesus Christus verwiesen.

Wer vom Neuen Testament reden will, muß von Jesus Christus reden. Die Evangelien und Apostelbriefe sind nur dann wirklich verstanden, wenn man in ihnen *sucht, „was Christum treibet"*, wie Luther es ausdrückte. Sehr früh nach den Ereignissen um Jesu Kreuzigung auf Golgota erzählte man sich die Worte und Taten Jesu. Besonders die Geschehnisse um sein Leiden, Sterben und Auferstehen wurden festgehalten. Das zeigen schon die *vier Evangelien* Matthäus, Markus, Lukas und Johannes. Sie haben alle einen sehr ausführlichen Teil mit Berichten der Passions- und Auferstehungsereignisse. In den folgenden *Briefen der Apostel*, die von den Empfängern in Rom, Kleinasien oder Griechenland gesammelt und durch Abschreiben vervielfältigt wurden, dreht sich auch alles um Jesus Christus, der Herr ist, also denjenigen, der zu bestimmen, zu leiten, aber auch zu trösten und zu verheißen weiß. Ohne ihn gibt es kein Christsein, keine Gemeinde, kein zeitliches und ewiges Heil.

Die mehr als 1500 *Zitate aus dem Alten Testament* im Neuen dienen ebenfalls dieser ‚Mitte der Bibel'; sie haben die Verheißung Jesu Christi, seine Bedeutung und Wirksamkeit zu betonen. Schon von dieser engen Verzahnung der beiden Testamente her ist es ausgeschlossen, sich nur dem Neuen Testament zuzuwenden, weil das Alte überholt sei.

5.2. Zur Entstehungsgeschichte

Die heutige Forschung lehrt mit geringfügigen Abweichungen eine einheitliche Ansicht über die Entstehung des Neuen Testamentes. Zunächst *überlieferten die Christen mündlich* Jesu Worte, Taten und auch seine sprachlich knapp und geschliffen erzählten Gleichnisse. Hinzu kamen die bereits erwähnten Berichte über sein Leiden, Sterben und Auferstehen. Das wurde zum Hauptinhalt der Verkündigung der Jünger und ihrer Unterweisung an diejenigen, die sich zur Taufe und Aufnahme in die Gemeinde bereitfanden. Oft war es recht wenig, was man wissen mußte. Schließlich gab es fast nichts Schriftliches und kaum des Lesens Kundige. Deutlich wird die Situation aus der Anweisung, die noch ein halbes Jahrtausend später die missionierenden Wanderprediger unseren germanischen oder anderen Vorfahren gaben: Von den eingesetzten Gemeindepriestern verlangte man – sozusagen als Fachwissen – mindestens Kenntnisse um die Geschichte mit Jesus, insbesondere Kreuzigung und Auferstehung, sodann auswendig das Vaterunser, die Zehn Gebote und das Glaubensbekenntnis. So entstanden unsere Gemeinden und Kirchen!

Etwa zwanzig Jahre nach Jesu Kreuzigung schrieb Paulus seinen ältesten erhaltenen Brief, den 1. Thessalonicherbrief. In den darauf folgenden 15–20 Jahren entstanden die anderen *Paulusbriefe.*

Erst um das Jahr 70 – also knapp 40 Jahre nach der Kreuzigung Jesu – entstand das Markus-Evangelium. Ihm folgten nach weiteren je zehn Jahren Matthäus und Lukas. Erst um das Jahr 100 entstand das *Johannesevangelium,* das sich von den ersten dreien, die man wegen ihrer Verwandtschaft in Gliederung und Inhalt ‚Synoptiker' nennt, unterscheidet. Die Entstehung der Synoptiker erklärt sich nach der heutzutage vorherrschenden wissenschaftlichen Theorie so: Es gab eine mündliche (bald vereinzelt auch schriftlich fixierte) sogenannte *Markusquelle,* in der sich Berichte über Taten Jesu fanden. Hinzu kam eine *Logienquelle* = Redenquelle. Das war also eine Zusammenstellung von Reden und Sprüchen Jesu, wie wir sie beispielsweise in der sogenannten Bergpredigt finden. Die Kapitel 5–7 von Matthäus sind keine reguläre Predigt, wie wir sie verstehen.

Die Bergpredigt ist eine Sammlung von ‚Kernworten' Jesu (um es verkürzt so zu bezeichnen), die später zusammengestellt wurden. Dabei ist zu berücksichtigen, daß die Worte *Jesu, der Aramäisch sprach,* ins Griechische zu übertragen waren.
Aus diesen beiden Text‚quellen' schöpfte Markus und schrieb sein Evangelium. *Matthäus* und *Lukas* stützten sich auf Markus und ergänzten den Text durch weitere, gemeinsame Quellentexte. Daher sind diese Evangelien viel länger als das von Markus, doch die Gliederung behielten sie bei. Jeder fügte noch Abschnitte hinzu, die nur bei ihm vorkommen. Lukas hat am meisten davon. *Johannes* ging eigene Wege. Doch auch bei ihm läßt sich eine Entwicklungsgeschichte im Text erkennen.
Die Endgestalt der Evangelien wurde von einem Mann redigiert, den die Fachleute Endredaktor nennen. Seinen Text haben wir heute in unseren Bibeln. Um der wissenschaftlichen Redlichkeit willen ist allerdings hinzuzufügen, daß die Behauptung solcher Endredaktion eine sogenannte Hypothese ist; man vermutet also aus den festliegenden Ergebnissen, daß es jemanden gegeben habe, der die Evangelien abschließend bearbeitete. Merkwürdig ist, daß viele Forscher sich keine Gedanken darüber machen, wer dieser namenlose Endredaktor gewesen sein mag, ja ob es ihn überhaupt gab.
Die ausführliche *Apostelgeschichte,* in der das Geschehen in der Christenheit unmittelbar nach Jesu Auferstehung und den folgenden Jahren der ersten Generation berichtet wird, stammt vom Verfasser des Lukasevangeliums. Hier ist der *Name des Verfassers* bekannt, was bei einer Reihe von neutestamentlichen Schriften nicht der Fall ist. So weiß man zum Beispiel nicht, ob der ‚Johannes', der das Evangelium schrieb, auch die Johannesbriefe und die Offenbarung verfaßte. Wahrscheinlich stammen einige der Briefe, die unter dem Namen Paulus eingereiht sind, von seinen Schülern. Unter anderem erkennt man das aus den eingangs angedeuteten Untersuchungen des Wortbestandes und der verwendeten Begrifflichkeit. Dabei sind auch die Adressaten zu berücksichtigen. Es gab die Gruppen der Judenchristen und der Heidenchristen. Jeder lebte in anderer Tradition und Umwelt und mußte daher jeweils anders angesprochen werden.

5.3. Die Mitte der Zeit

Zum Gesamten und zum Einzelnen der 27 Schriften im Neuen Testament können wir nur auf das Wichtigste hinweisen. Dazu gehört ein *Blick auf die Zeit* der Wirksamkeit Jesu *und den Ort* seines Auftretens. Palästina, also Galiläa, Samaria, Judäa und die Nachbargebiete, liegen im *Berührungspunkt dreier Kontinente:* Afrika, Asien und Europa. Das ist mehr als zufällig. Hinzu kommt, daß Jesus Christus *in einer Zeit* auftrat, die die ‚Mitte der Zeit' genannt wurde. Das zeigen schon die Texte im Neuen Testament; denn sie führen auf die Tage von Karfreitag bis Ostern hin, und sie gehen davon aus. Anders gesagt, das Neue Testament steht genau am Drehpunkt zwischen dem ersten Kommen Jesu (seine Geburt in Bethlehem) aus dem Volk Israel und dem für die Vollendung seiner Kirche noch ausstehenden zweiten Kommen Jesu. Das ist dann das Ende der Geschichte, wovon besonders das letzte Buch der Bibel, die *Offenbarung* des Johannes, handelt. Daß die Epoche Jesu von Nazareth auch historisch eine sogenannte ‚Achsenzeit' innerhalb der Welt- und Kulturgeschichte der Erde war, läßt sich nachweisen.

Indem wir unser Datum *nach Christi Geburt* richten, deuten wir diese weltgeschichtliche Wende an. Treffender ist der bekannte lateinische Ausdruck hierfür, den wir häufig als Abkürzung kennen: A. D. = Anno Domini = im Jahre des Herrn. In dieser Formel kommt nochmals gerafft zum Ausdruck, daß Jesus Christus wirklich Mitte, Inhalt und Ziel des Neuen Testamentes ist und daß er unser ‚Herr' ist. Wir werden unser eigenes Christsein daran messen können, ob wir Jesu Herrsein über uns und für uns anerkennen oder nicht.

6. Die Bibel als Gotteswort

Das bisher Gesagte war im wesentlichen eine Aufzählung von allerhand Tatsachen (in kleiner Auswahl), die für das Buch, das ‚Bibel' heißt, hilfreiche Erläuterungen sind. Das ist eben so; jeder kann es

nachprüfen; für die Religionswissenschaft ist das nötig zu wissen; für die theologische Auslegung muß man dieses Handwerkszeug bereitliegen haben, um die Bibeltexte sachgerecht erklären (Fachausdruck: exegesieren) zu können.
Bisher gehörte noch kein christlicher Glaube zum vordergründigen Verständnis. Doch bei dem Satz: Die Bibel ist wesentlich auch Gottes Wort, scheiden sich die Geister, die Ansichten. Hier wird das Nachdenken im engeren Sinne erst theologisch. Das bedeutet jedoch, daß es um kein bißchen weniger wissenschaftlich oder gar weniger vernünftig ist als profanes geistiges Arbeiten.

6.1. Sie handelt vom Gottesgeschehen

Alles Leben, alle Schöpfung, alles Geschehen in der Weltgeschichte hat seinen Ursprung im Wirken Gottes. Er wirkt zum Heil der Welt und der Menschen. Darin offenbart er sich. Davon gibt die Bibel *Zeugnis und Kunde*. Die Schriften des Alten und Neuen Testamentes sind voller Kundgebung des Wirkens Gottes. Es umfaßt den Bund Gottes mit Noah, die Entwicklung des Volkes Israel, die Zeit Jesu, die Entstehung der ersten Gemeinden in Kleinasien und in Europa ebenso wie die Ausbreitung der Christusherrschaft „bis an der Welt Ende." Ebenso gilt das auch für die vielen Stellen in der Bibel, an denen Gott selbst zu Menschen ‚redet'.
Was ist hier ‚Gottes Wort' und ‚Stimme'? Haben Menschen es gehört und dann aufgeschrieben, so wie ein Regent Erlasse und Befehle herausgibt, die aufgeschrieben und befolgt werden sollen? Wir werden hierauf sogleich eine Antwort zu geben haben. Zuerst gilt es festzuhalten: Für die Bibel ist Gott schon immer da, und er tritt mit uns in Verbindung. Niemand wird bestreiten können, daß Menschen von jeher Gottes ‚Stimme' durch die Bibel vernommen haben, ihr gehorchten und danach tätig wurden. So entstanden Gemeinden, Kirchen und viele Generationen von glaubenden Christen.

Fragt jemand nach einem *Beweis* für diese Behauptung, mag er sich die Kirchengeschichte und die Geschichte des Abendlandes ansehen. Es mag ihm auch zu denken geben, daß heute noch Tausende von Menschen bereit sind, ganze Partien der Bibel abzuschreiben, weil sie keine Bibel erwerben dürfen oder können. Für die Wirksamkeit und damit Wirklichkeit Gottes hinter der Bibel spricht, daß wirkliche Christen ohne das Wort Gottes aus der Bibel nicht leben.

6.2. Die Inspirationslehre

Mancher war der Ansicht, wenn die Bibel also Gottes Wort und Stimme ist, hat er ihren Text diktiert. Auf alten Bildern ist dieser Gedanke dargestellt: Da sitzt der Prophet oder Apostel, hat seine Feder gespitzt, Schreibzeug vor sich und bringt zu Papier, was der Geist Gottes ihm diktiert. Der Prophetenberuf wird damit zu einer Art *Stenotypisten-Tätigkeit.* Kein Wort oder Buchstabe darf aus eigenem Denken kommen. Danach dürfte es auch keinerlei Fehler oder Irrtümer in der Bibel geben, ja nicht einmal Druckfehler.
Manche wieder sagten, alle Grundgedanken seien von Gott eingegeben, also ‚inspiriert', nur die wörtliche Gottesrede sei original. Infolgedessen gab es noch vor kurzem Bibeln, in denen alle Gottesreden und Jesus-Worte rot gedruckt wurden.
So ist es nicht. Hätte Gott sich im Bibelwort auf diese Weise festgelegt, wäre er gewissermaßen in die Hände der Menschen geraten. Wir verfügten über ihn. Und *mit dem Bibelwort* ließen sich andere *unter Druck setzen.* Nicht selten geschah das auch. Leider verbaute solches Denken manchem bis heute den Blick für die ihn unbedingt angehende Botschaft Gottes in der Bibel. Die Rede von der Inspiration des geschriebenen Bibelwortes durch Gottes Geist meint, daß die ganze Bibel mehr ist als ein Geschichtsbuch oder als eine Sammlung von Anweisungen zum rechten Leben. In der Bibel liegen *stets Gotteswort und Menschenwort ineinander.* Wir können es weder voneinander trennen noch vermischen.
Was von Gott kommt, „von Gott eingegeben" ist (2 Tim 3,14–17; vgl. auch 2 Petr 1,19–21; dort ist auf das Alte Testament Bezug genommen!), ist im Bibeltext im einzelnen nicht herauslösbar. Das darf auch nicht sein; denn die Verfasser der Bibelschriften – treffen-

der gesagt: die Zeugen der Wahrheit und der Botschaft Gottes sind *erfüllt von seinem Geist.* Als solche schreiben sie. Dabei wird einmal dieser Teil der Bibel, einmal jener Teil höchst wichtig und lebendig. Während vor 450 Jahren für Luther zum Beispiel der Jakobusbrief wenig zentral zu sein schien und er ihn sogar eine „stroherne Epistel" nannte, fängt diese kleine Schrift heute besonders an zu wirken. Was von Gott kommt und uns in der Bibel angeht, das ist historisch und kritisch-analytisch nicht herauslösbar.

Gott wirkt in der Weltgeschichte, und die Bibel redet davon. Er greift immer wieder in die Geschichte vieler einzelner ein. Gleichzeitig qualifiziert Gott vieles Geschehen und wendet es so, wie er es haben will, wie es seinem Heilsplan und Ziel entspricht. Wir erkennen nicht alles gleich als gottgewirkt, aber damit ist es nicht weniger wirksam. Wer mit Medikamenten umgeht, weiß um solcherart Wirksamkeiten, die nicht direkt und nicht geradlinig sichtbar sind. Daher haben wir auch keinen eindeutigen *Auslegungsschlüssel* ('hermeneutisches Prinzip'), mit dem wir die Bibel als Gottes Wort voll verstehend erschließen könnten. Dieses Wort und seine Wahrheit ‚packt' uns seinerseits. Gott sei Dank! Ohne das Wirken des Heiligen Geistes in uns bleiben die wesentlichen Aussagen der Bibel unverständlich. Der Heilige Geist macht die Bibel erst zur ‚heiligen' Schrift.

6.3. Zum Wort gehört Antwort

Ein entscheidender Punkt ist noch zu nennen. Jemand kann die ganze Bibel genau nach ihrem Inhalt kennen und doch nicht vom Gotteswort ‚gepackt' sein. Das geschieht leider oft. Wie kommt das? Jeder Mensch wird unentwegt und vielfältig angesprochen und gefordert, sei es durch andere, sei es durch Aufträge, durch den Beruf, durch Aufgaben, durch Bewältigen einer Krankheit. Er muß reagieren. Wir können uns ‚taub stellen' und nichts tun; wir können aber auch der uns ansprechenden ‚Stimme' folgen. Alles in unserem Leben verlangt Antwort.
So ist es auch mit dem Bibelwort als Gottesstimme, die uns an-

spricht. „Das aber ist die Stimme Gottes, daß mir das Leben unter dem Eindruck all der konkreten Zumutungen, Ansprüche und Dinge, die mir in die Hand gegeben sind, bevorsteht, daß es mich in die Schranken fordert, mir zum Problem wird, mich aufruft, alle Kräfte des Leibes, der Seele und des Geistes aufbietet, daß es mich zutiefst beunruhigt, mir zu einer Frage wird. Das ist die Stimme Gottes, daß es mich eines Tages überfällt und mich nicht wieder losläßt, was *Verantwortung* heißt" (G. Harbsmeier).
So bleibt die Bibel als Gotteswort immer und für jedermann *aktuell*. In jeder Bibellektüre und Schriftauslegung (etwa in einer Predigt) kann das geschehen: daß ich gepackt werde von dem Wort, von der Stimme Gottes, die aus dem „alten Bibelbuch" plötzlich zu mir spricht. Dieses Wort Gottes ist unserer Zeit sogar weit voraus, denn es zielt auf die Vollendung des Planes Gottes mit uns Menschen und der Welt, die noch nicht erreicht ist, auf sein Reich hin. Der Hörer des Wortes wird *jedesmal vor die Entscheidung* gestellt: nehme ich das an oder nicht? Fühle ich mich gefordert oder gelangweilt? Weiß ich mich gestärkt und getröstet oder bleibe ich in Verzweiflung, Angst und Kummer? Findet bei mir die Behauptung, es sei Gottes Stimme in dem, was ich höre und lese, Glauben oder Widerspruch?

Hier gibt es *nur ein Entweder-Oder*. „Denn das Wort Gottes ist lebendig und wirksam und schärfer als jedes zweischneidige Schwert und dringt bis dorthin durch, wo Mark und Bein, das heißt Seele und Geist, zusammentreffen; und es ist ein Richter der Gedanken und der Gesinnung des Herzens" (Hebr 4,12). So gefährlich ist der Umgang mit der Bibel, aber auch der Versuch, sich an Gottes schöpferischem Wort vorbeizudrücken, was letzten Endes nicht gelingen wird, spätestens wenn es um die Entscheidung über Tod und Leben geht.
Was Gott von mir denkt, ist entscheidend, und nicht umgekehrt. So gewinnt Gott durch sein Wort Anspruch auf mich und hat Macht über mich. Es unterscheidet sich hierin grundlegend von jeder Weltanschauung, für die ich verantwortlich sein könnte und die ich handhaben kann. Gottes Wort jedoch hat (umgekehrt) uns völlig in der Hand. Deshalb ist auf Gottes Wort unbedingt Verlaß. Davon

handeln viele Psalmen (z.B. Ps 1;119). Sie besingen unermüdlich die Zuverlässigkeit des Gotteswortes. Und deshalb betet Paul Gerhardt: »Treib unsern Willen, dein Wort zu erfüllen."

7. Prophetie

Er war Hirte und züchtete Maulbeerbäume. Er lebte im israelitischen Südreich etwa um 760 vor Christus. Aus seinem Heimatort Tekoa zog der Judäer über die Grenze nach Norden, wo er in zwei oder drei Orten Unruhe stiftete, namentlich waren es die Hauptstadt Samaria und die Grenzstadt Bethel. Sein Name war *Amos*. Einer im Wohlstand lebenden Bevölkerung, die äußerlich nichts zu beklagen hatte, kündigt er Unheil an.

Die Bedrückung der Armen, den weltgebundenen Luxus der Begüterten, eine weitverbreitete Unsittlichkeit und mit dem allen verbunden eine Gleichgültigkeit gegenüber Gott prangert Amos in scharfen Reden an. Wie kommt er dazu? Wer hat ihn beauftragt? Er bezeichnete sich keineswegs selbst als Prophet, sondern Gott nahm ihn einfach von seinen Herden fort und gab ihm den Auftrag: Geh hin und weissage meinem Volk Israel (Am 7,14f.). Amos mußte das tun. Als man ihn angriff und sein Reden unverschämte Willkür nannte, war seine Antwort: Wenn Gott jemanden schickt, sein Bote zu sein, „wer sollte nicht Prophet werden?" (Am 3,8). Später erfährt man nichts mehr von Amos.

Hundert Jahre später wuchs in einem Vorort von Jerusalem der Sohn eines Priesters auf, dem eines Tages in einer Vision (= Schauung) von Gott erklärt wurde, er sei schon vor seiner Geburt „zum Propheten für die Völker" bestimmt worden. Seine Aufgabe sei, den Untergang der Metropole und des jüdischen Königshauses anzukündigen. *Jeremia* – um ihn handelt es sich – will nicht. Er hat Ausreden, die Gott abweist: „Sage nicht, ich bin zu jung, sondern du sollst gehen, wohin ich dich sende und predigen alles, was ich dir gebiete" (1,6f.). Seine Aufträge und Reden brachten ihm meistens Spott und Prügel ein. Kein Wunder, daß er eines Tages streikte: „Herr, ich habe mich überreden lassen" (20,7). Aber Jeremia muß weiterhin Gottes Bote bleiben. Doch außer dem angekündigten (und eingetroffenen) Untergang durfte er schließlich auch Trost- und Heilsworte Gottes weitersagen.

Jesaja war ein Mann, der im Jerusalemer Tempel von Gottes Größe überwältigt wird und sein Bote werden muß. Er hat Zugang zum Hof und mahnt wiederholt den König. Weil auch er nicht nur Glück verheißt und den Leuten nach dem Munde redete, feindeten ihn die Mächtigen im Volk an. Je nachdem ihm Gott befahl, waren seine Sprüche Unheils- oder Heilsrede, Mahnung oder Trostwort.

Es ließen sich weitere Prophetengestalten nennen. Oft standen die von Gott gesandten Propheten gegen die ‚Berufs'propheten. *Elia* hatte einmal (1 Kön 18) gegen 400 Baals-Propheten als einzelner zu stehen. Weil Gott mit ihm war, besiegte er sie alle. Der Prophet *Nathan* hatte dem mächtigen König David ins Gewissen zu reden. Der priesterliche *Ezechiel* sprach zu seinem Volk in der babylonischen Gefangenschaft. Nach dem Exil traten *Haggai* und *Sacharja* auf. Die Aufzählung von Beispielen muß genügen um zu zeigen, daß die Propheten nicht blutlose Gestalten sind, von denen es keine deutlichen Vorstellungen gibt. Was aber ist ihnen gemeinsam? Und was ist ihre Bedeutung für uns heute?

7.1. Rufer im Auftrag Gottes

Die wenigen Beispiele verdeutlichen, daß in der alttestamentlichen Prophetie Männer (vereinzelt waren es auch Frauen) zu reden hatten, was Gott den Menschen in ihrer jeweiligen weltgeschichtlichen Situation zukunftweisend kundtun wollte. Das war – religionsgeschichtlich betrachtet – zu jener Zeit nichts Besonderes. Die Gottespropheten unterschieden sich wesentlich von den berufsmäßig angestellten Propheten der Königshäuser dadurch, daß sie zu warten hatten, wann und was Gott ihnen weiterzusagen aufgab. Deutlich ist in den schriftlich festhaltenen Prophetenbüchern – denn viele Sprüche mußten aufgeschrieben werden – zu erkennen, wann der Prophet den Gottesspruch sagt (oft eingeleitet durch „So spricht der Herr") und wann er seine eigene Ansicht dazugibt.

Die Frage, wie diese Boten Gottes Wort empfingen, läßt sich schwer beantworten. Wir müßten dazu fortfahren, aus den uns erhaltenen Schriften Hinweise zu sammeln. Deutlich ist jedenfalls: sie hörten oder schauten das, was sie zu sagen hatten. Häufig schildern sie in ihren Botschaften die Bilder – gewissermaßen Träume, aber Wahrträume! –, die sie gesehen und vernommen hatten.

7.2. Themen der Prophetie

Weil Gott zu den Menschen zu ihrem Besten sprechen wollte, findet sich eine Vielfalt von Formen und Inhalten. In *Droh- und Mahnreden* werden politische und soziale oder persönliche Angelegenheiten angerührt. Sehr oft hat die Mahnung seelsorgerlichen Charakter mit dem Ziel, die Menschen zur Vernunft, zur Umkehr und zum Vertrauen gegenüber Gott zu werben.
Großes Gewicht hat die *Heilsprophetie.* Das Heil und Wohl, das von Gott herkommt und von ihm gewirkt wird, haben die Propheten anzusagen und anzukündigen. Oftmals wird dem Hörer klargemacht, daß das Heil nicht in seiner Würdigkeit oder seinem Gehorsam liege, sondern es ist die Liebe Gottes zu den Menschen und sein treues Einhalten des geschlossenen Bundes (den die Leute immer wieder gebrochen haben), die hinter der Heilszusage stehen. Eindrücklich wird betont, daß *Gottes Wort nicht „ins Leere" geht*, sondern wirkt, was es ankündigt (Jes 55,11).
Eine Reihe von Prophetien weisen in eine nähere oder fernere *Zukunft.* Über viele Worte wird gerätselt, seitdem sie gesprochen wurden. Man denke an die Apokalyptik, etwa des Daniel. In dieser endzeitlichen, *eschatologischen* Prophetie wird betont, daß Gott seinerseits Treue hält, daß er gegenüber allen Göttern = Götzen den Anspruch behält, der einzige Gott zu sein, dem deshalb Ehre gebührt, weil er Heil und wahren Frieden bei allen und für alle will. Dazu führt er seinen Plan aus; die Weltgeschichte läuft zu dem Ziel hin, das er ihr gesteckt hat, auf sein Reich zu.

7.3. *Prophetie und Neues Testament*

Lange Zeit waren die alttestamentlichen Propheten verstummt; man besaß die Sammlung ihrer Sprüche, es traten aber keine neuen Propheten mehr auf. Erst mit *Johannes dem Täufer* wird das Prophetenamt wieder sichtbar. Auch *Jesus* wird von manchem als Prophet angesehen; das lehnt er jedoch ausdrücklich ab. „Die Propheten reichen bis auf Johannes, von da an wird das Evangelium vom Reich Gottes gepredigt" (Lk 16,16).

Das Neue Testament erklärt, Jesus aus Nazaret ist derjenige, auf den die gesamte voraufgehende Prophetie hinweist. „Heute ist dies Wort (des Propheten) erfüllt vor euren Ohren" (Lk 4,21). Jesus ist das Ziel, in ihm und mit ihm wird das Heil und die Seligkeit heraufgeführt (1 Petr 1,10ff.). Erst von der Verkündigung Jesu her, der darin ein ‚prophetisches' Amt wahrnimmt, und von seinem Sterben und Auferstehen her werden viele Worte der alten Propheten ins rechte Licht gerückt und einsichtig. Davon spricht das Neue Testament (z.B. Mt 11,4ff.; Gal 4,4). So wird das Alte Testament im Neuen in großer Freiheit zitiert und als Beleg herangezogen.

7.4. *Das prophetische Amt der Christen*

Die Zeit der Propheten ist seit 2000 Jahren vorbei. Doch die Funktion dieses Amtes besteht noch: Gott will seinen guten Plan jedermann bekanntmachen. Er hält seine Zusagen, er beansprucht die ihm zukommende Ehre. Das haben wir weiterzutragen. Darin besteht der *prophetische Dienst* der Gemeinde Jesu.

„Sie dient – und das heiße nun also: sie liebt, sie missioniert, sie evangelisiert – je in dieser und dieser Zeit, je in dieser und dieser Phase des allgemeinen Weltgeschehens, je unter den Menschen, die, dieser Phase entsprechend, am Weltgeschehen diesen und diesen aktiven und passiven Anteil haben, so und so in ihm handeln und leiden, so und so Schiebende und Geschobene sind. Sie hat mit ihrem Dienst *überall und jederzeit und allen* Menschen dasselbe *ewige Wort Gottes* zu bezeugen... Die Gemeinde dient nicht wie unter einer Glasglocke, unter der sie selbst von den jeweiligen und ihrem Geschehen, vom Wirken und Leiden der jeweils lebenden Menschen abgeschlossen wäre... Weil der Gegenstand ihres Dienstes das ewige Wort Gottes ist, geschieht es gewissermaßen in der Mitte jeder Zeit", sagt Karl Barth und verdeutlicht dieses prophetische Amt der Christen – das sich darin in nichts von dem der wirklichen Propheten unterscheidet – mit dem Hinweis: „Kein Tun der Staatsmänner und der Völker, der Massen und ihrer Sprecher und Vertreter, der Gelehrten, Künstler, Techniker und Feldherren irgendeiner Zeit kann gründlicher zeitlich sein als das Tun der christlichen Gemeinde, wenn sie in ihrem Dienst tätig ist. Und eben sofern es in diesem gründlichen Sinn zeitlich ist, wird es prophetisch. Es beruht ja auf der *Wahrnehmung des gekommenen und kommenden Reiches Gottes*. Es besteht wesentlich darin, dieses Reich anzuzeigen." Damit verbindet sich die Prophetie mit dem Evangelium.

8. Evangelium

Im allgemeinen Bewußtsein wird das Eigenschaftswort *evangelisch* viel mehr gebraucht als das Hauptwort. Dann engt man es gleich ein auf eine der großen Konfessionsrichtungen. Bei der Frage nach dem Evangelium haben wir uns von solcher Verengung abzuwenden und den ganzen Horizont des Begriffes auszuleuchten.

8.1. Zum Wortverständnis

In der *altgriechischen Zeit* war Evangelium (wörtlich = eu-angelion d.h. *frohe Kunde*) die Botschaft, die ein Melder über einen Sieg oder ein schönes, gutes Ereignis zu verkünden hatte. Die Meldung über einen militärischen oder sportlichen Sieg, auch eine Hochzeit, Geburt oder königliche Thronbesteigung war ‚Evangelium'.
So feiert eine uralte Altarinschrift den Geburtstag des Kaisers Augustus mit den Worten: „Endlich ist die Zeit vorüber, daß man es bereuen mußte, geboren zu sein. Die Vorsehung hat diesen Mann

(Augustus) mit solchen Gaben erfüllt, daß sie ihn uns und den kommenden Geschlechtern *als Heiland* gesandt hat... Von seiner Geburt an beginnt eine neue Zeitrechnung." Wo immer diese Botschaft ertönt, beginnt neue Zeit.

Im *christlichen Gebrauch* entwickelte sich das Wort zu doppelter Bedeutung. Einmal ist das Evangelium – ähnlich wie im hellenistischen Sinne – der *Vorgang des Verkündigens* vom christlichen Glauben. Das geschieht in der Predigt, im seelsorgerlichen Gespräch, in der Missionsarbeit unter Nichtchristen (=Heiden), im einzelnen Zuspruch.

Sodann ist Evangelium der *festgelegte Text*, an den sich das Verkündigen zu halten hat, der den Inhalt des Mitzuteilenden festhält. Wir kennen ihn insbesondere in den vier Evangelien des Neuen Testamentes.

8.2. Sein Stellenwert

Für den biblischen Zeugen hat das Evangelium über den guten, einen Neubeginn proklamierenden Charakter der Botschaft hinaus zugleich eine heilswirkende Macht.

8.2.1.

Im *Alten Testament* begegnet uns das Evangelium ebenfalls im Sinne von Freudenbotschaft. Zum Beispiel in Jes 52,7: „Wie lieblich sind auf den Bergen die Füße der Freudenboten, die Frieden verkünden, Gutes predigen, Heil verkündigen." Oder beim gleichen Propheten Kap. 40,9ff.: „Erhebe deine Stimme mit Macht und sage: Siehe, da ist Gott der Herr! Er kommt gewaltig und wird herrschen. Er wird seine Herde weiden wie ein guter Hirte." Im Unterschied zu menschlichen Machthabern gehören beim Gotteswort immer das Sprechen und das Geschehen, das Gebieten und das Ausgeführtwerden zusammen.

Die alttestamentlichen Boten bringen eine Heilsbotschaft, wonach sie den Gefangenen Freiheit, den Trauernden Trost, den Niedergeschlagenen Aufrichtung, den verwüsteten Städten Wiederaufbau, dem Fremden Eingliederung und den Ausländern Landbesitz zu melden haben (Jes 61). Solches ‚Evangelium' ist stets *Botschaft von Gott,* der es gut mit uns meint. Das bedeutet, der Hörer vernahm die Kunde nicht etwa nur aus dem (intellektuellen) Abstand heraus zur Erweiterung seiner Information. So lesen wir heutzutage meistens die Zeitung. Über einiges wird dann geredet, aber bald vergessen, verdrängt. Anderes wird sofort vergessen, weil es einen selbst nicht betrifft. Anders ist es beim Evangelium: der Bote meldet Gottes Spruch und Wollen, der wirkliche Hörer ändert danach sofort sein Leben. Die Botschaft ist zugleich Hilfe.

8.2.2.

Möglicherweise hat *Paulus* den Begriff in den *neutestamentlichen Wortschatz* eingebracht; denn er wirkte und schrieb in jener erwähnten römischen Denkwelt unter den überheblichen Kaisern. Und im Neuen Testament verwendet Paulus das Wort Evangelium am meisten. Bei ihm ist es nicht nur eine gute Nachricht und Siegesbotschaft. Es ist die Zusammenfassung dessen, das Gott in Jesu Lebenslauf gewirkt hat zum Heil der Menschheit. Wo dieses Evangelium weitergesagt wird, *bewirkt es zugleich* Glauben oder Ablehnung, Rettung oder Gericht. „Da dieses Evangelium *keine menschliche Erfindung* ist (Gal 1,11), sondern da Gott bzw. Christus selbst durch seine Boten, die Apostel, redet, sind Evangelien und Apostolat eng aufeinander bezogen" (U. Becker).
Das *Neue Testament* ist diejenige Schrift unter aller Literatur, die das Evangelium bringt. In überwältigender Einseitigkeit trägt es nur das eine Thema, aber vielstimmig, vor: Jesus Christus ist der Herr der Welt, und mit ihm ist die Gottesherrschaft nahe gekommen. Im *Markusevangelium* (1,14f.) steht das gleich zu Anfang: „Jesus predigte das Evangelium Gottes und sprach: Die Zeit ist erfüllt, das Reich Gottes ist herbeigekommen." Bedeutsam ist die sich unmittelbar anschließende Aufforderung: Ändert euch und glaubt das Evangelium." Diese Freudenbotschaft (vgl. Mt 13,16) gehört mit Jesus selbst fest zusammen. Mit anderen Worten: Jesus ist anfangs sowohl der Bote wie der Gegenstand, der Inhalt des Evangeliums. Deshalb handeln die neutestamentlichen Evangelien von Je-

sus, der aus Nazaret kam und seinen Weg auf Erden bis ans Kreuz nahm. So steht das Evangelium „immer quer zur Welt" (G. Picht).

Hier ist ein altes Bemühen zu erwähnen. Bekanntlich ist es trotz mancher Geschichten um und mit Jesus *nicht möglich*, eine Biographie von ihm, ein *Leben Jesu zu rekonstruieren*. Diese Verlegenheit führt dazu, daß in neuester Zeit wieder einmal die törichte Behauptung aufgestellt wurde, Jesus habe gar nicht gelebt. Hier ist übersehen, daß die neutestamentlichen Evangelien gar keine Geschichtsschreibung sein wollen. Andererseits sind die Berichte von und mit Jesus dem Christus weder Märchen, Legenden oder reine Beispielerzählungen. Sie handeln durchaus von dem historischen Jesus, nur bekommen wir seine Person niemals in den Griff, wie wir es etwa bei Caesar, Luther, Goethe oder Churchill vermögen. Wie andersartig die Darstellung in den Evangelien aufzufassen ist, zeigen die mehrfach dargestellten Ereignisse, bei denen jeder Evangelist seine Sicht und Akzentuierung der Bezeugung eines Vorganges wiedergibt.
Ebensowenig sind die Evangelien Schriften, die uns ablesbare Bestimmungen, Gesetze und feste Lehrregeln geben. So eindeutig das Neue Testament für uns gültige und fordernde Aussagen hat, auch diese bekommen wir nicht in den Griff, indem wir harte Gesetze daraus machen, nach denen zu leben wir bestrebt sein müßten. Wir berühren hier die bekannte Frage nach *Gesetz und Evangelium*. In unserem Glauben an Jesus Christus und sein Reich haben wir es nicht mit einer Art Parteiprogramm zu tun, nach dessen Richtlinien, Forderungen und Bestimmungen wir nur die Verhältnisse und uns selbst zu bessern hätten. Und wo das nicht gelingt, drohen Strafen oder man wird einfach abgehängt. Das ist ein Mißverständnis des Evangeliums, das viele Menschen in unserer Zeit (und zu allen Zeiten) als eine christliche Weltanschauung mißverstehen. Kein Wunder, wenn es dann als langweilig und – noch schlimmer – als erfolglos beurteilt wird. Wir schaffen die Erfüllung gesetzlicher religiöser Forderungen ohnehin nicht. Das Evangelium teilt uns gerade das Gegenteil davon mit. Es ist „die Kunde, daß Gott am Werk ist. Gott hat von sich aus über die Zukunft der Menschheit entschieden...

Das Evangelium ist *ganz und gar Gottes Geschenk:* sein gutes, gnädiges Wort. Wo es laut wird, entladen sich die Energien seiner Macht und Gnade" (G. Gloege).

8.3. Zum Unterschied gegenüber der Religion

Die zuletzt angestellten Überlegungen der Unterscheidung zwischen Gesetz und Evangelium führten einige protestantische Theologen zur Ablehnung des christlichen Glaubens als eine Religion. Die Verkündigung des Evangelium dient *nicht* der *Befriedigung religiöser Bedürfnisse* (also persönliches Wohlergehen, ewiges Glück, Vergeltung). Evangelium ist auch *keine Angelegenheit des Gefühlslebens,* etwa in dem Sinne, daß man an sentimentalen Weihnachtsliedern, an ‚feierlichen' Gottesdiensten oder anspruchsvollen Oratorien sein Gemüt christlich erbaut und sich damit schon begnügt.
Schließlich will das Evangelium *nicht* wie in den Religionen die allgemeine *Lebensangst durch ein System abgesichert fernhalten* (so geschieht es bis hin zum Buddhismus, was seine modernen europäischen Anhänger nicht merken). Auch das starre Festhalten an überlieferten Formen und Kulten liegt auf dieser Linie. Wo das Evangelium laut wird und wirkt, da kommt Bewegung in die Menschen und ihre Strukturen. Die christliche Botschaft ist deshalb *immer offen* nach vorn, in die *Zukunft.*

8.4. Evangelium als Lebensermöglichung

Eine weitere Beleuchtung dessen, was das Evangelium ist und bewirkt, ist in der *Erwählung des Sünders durch Gott* zu sehen. Wir berühren damit die *Rechtfertigungsbotschaft,* und das bedeutet: Gott spricht uns frei. Wir sind von Gott angenommen, so wie wir sind. Bedingungen gibt es nicht, außer der, das Geschenk anzunehmen. „*Tut Buße*", sagt Markus und meint damit, wendet euch jetzt endlich und ein für allemal Gott mit seiner Fülle und Hilfe zu. Ihr selbst schafft es ja doch nicht. Ihr werdet durch Christus bekehrt.

Das Evangelium schafft uns also wirkliches, gutes Leben. Es macht uns zugleich frei und bereit, für Jesus Christus tätig zu werden, ihm im *Dienst der Nächstenliebe* anzugehören, auch wenn wir dafür leiden müssen. Denn die frohe Botschaft ist nicht weltfremd und schwärmerisch, sondern weltnahe, weltüberwindend und friedenschaffend.

9. Bibel und Tradition

„Ein Quidam sagt: ‚Ich bin von keiner Schule;
kein Meister lebt, mit dem ich buhle;
auch bin ich weit davon entfernt,
daß ich von Toten was gelernt.'
Das heißt, wenn ich ihn recht verstand:
‚Ich bin ein Narr auf eigne Hand.'"

Dieses Gedicht stammt von Goethe, der es *„den Originalen"* widmete. Sein Grundgedanke ist: Da gibt es Leute (irgendwen = Quidam), die behaupten, sie hätten alles aus sich, allenfalls in ihrer Gruppe durch Selbsterfahrung und Diskussionen erarbeitet. Sie denken nicht daran, Bücher zu studieren. Sie kümmern sich nicht um das, was frühere Generationen dachten, taten, schafften, überlieferten. Alles ist neu, aus der eigenen Zeit und aus der eigenen Natur zu prägen, wodurch das eigene Leben bestimmt wird. Goethes Urteil hierzu ist kurz: Narren auf eigene Faust.
In dem Gedicht wird ausgedrückt, daß alle Welt aus Traditionen lebt und ohne sie gar nicht existieren kann. Wer das bestreitet oder abtun will, bekundet lediglich, daß ihm ein wesentliches Moment wahren Menschseins abgeht. *Traditionslos lebt das Tier*. Überall, wo revolutionäre und radikale Formen das Glück und Heil für die Menschheit bewirken wollen, wird die Tradition verleugnet. Man will mit der *Überlieferung*, den alten Sitten und Bräuchen, mit dem,

was vorher war, nichts zu tun haben. Der Blick ist nur nach vorn in eine neue Zukunft gerichtet. Die Folge ist, daß solche Menschen häufig beim Psychiater landen. Dort wird ihnen geholfen, indem unter anderem ihre Vergangenheit aufgearbeitet wird, indem also die tatsächlich vorhandene Tradition untersucht und auf ihre Bedeutung hin durchforscht wird.

Was hat solche Besinnung nun mit dem Christsein, mit der Bibel und unserem Glauben zu tun? Die bisherige Überlegung will zeigen, daß es ohne Verbindung nach rückwärts, ohne Überlieferung, ohne Tradition im Menschendasein überhaupt nicht geht.

9.1. In allen Kirchen ist Tradition

Wer um das bisherige Neben- und Gegeneinander von evangelischer und katholischer Kirche weiß, kennt die vergröbernde Behauptung: bei den Katholiken lebt die Kirche aus der Tradition, bei den Evanglischen wird das verneint, sie lebt allein aus dem Wort Gottes. Die katholische Kirche (und noch viel stärker das Judentum) gründet viele Glaubensaussagen und -formen auf die überlieferte Tradition; die evangelische Kirche hat als Richtschnur ausschließlich die Aussagen der Bibel und lebt aus dem Geisteswirken. *Jahrhundertelang stritten* sich die Theologen beider Konfessionen darüber. Dabei bildeten sich – wie das in solchen Fällen geschieht – extreme Haltungen heraus.

9.1.1.

Die eine Seite – die katholische – formuliert ein *Traditionsprinzip:* Das Konzil von Trient legte fest, daß die Bibel zwar so etwas wie ein grundlegendes Gesetzesbuch ist; aber in der sogenannten Tradition ist die ununterbrochene Verbindung mit den Jüngern Jesu, mit den Aposteln und also mit den biblischen Urkunden hergestellt. Was damals in den Bibeltexten gesagt wurde, hat ‚die Tradition' zeitgemäß verwandelt, in kirchliche Gesetze, Ordnungen und Angebote umgegossen. Was Papst und Bischöfe jeweils proklamieren, ist entscheidender Glaubensinhalt.

9.1.2.

Die andere Seite – die evangelische – wehrte sich heftig dagegen und behauptete, nicht durch Gesetze, nicht durch Dogmen, nicht durch Menschensatzungen (selbst wenn sie von ganz oben, vom Papst herkommen) wird die Kirche lebendig erhalten und werden die Menschen als Christen geprägt. Sondern *Gott wirkt unmittelbar* durch seinen Geist. Den kann man durch die Bibeltexte unmittelbar erkennen und erfahren.

Schon Martin Luther merkte, daß es so extrem nicht geht. Die erste Ansicht gefiel ihm nicht, weil dann in Menschenhand gelegt wird, was Glaube und wahres Christsein jeweils sind. Die zweite Ansicht verwarf er aber als Schwärmerei. Sein Kompromißvorschlag lautet: Das in der Bibel geschriebene Wort Gottes *ist die grundlegende* und unantastbare *Norm*. Die später folgenden Bekenntnisschriften (also die verschiedenen Katechismen, mit denen bis heute die Gemeinden bekanntgemacht werden) sind *von der Bibel abgeleitete Norm*. Sie sind nur maßgebende Auslegungen.

Ganz unrecht hat die alte katholische Kritik an Luthers Ansicht nicht, wenn sie behauptet, das sei auch eine ‚Tradition'. Bibelkommentare und Bekenntnisschriften sind Tradition. Im Bibelbuch selbst ist die traditionelle Überlieferung nicht zu verkennen! Denn die Bibel umfaßt ältere und jüngere Teile; aus dem Alten Testament wird im Neuen viele Male zitiert, es beruft sich auf „das Gesetz und die Propheten", also auf Tradition. Dieses Traditionsverständnis gibt es seit dem Ende des 2. Jahrhunderts und war wichtig zur Abgrenzung gegenüber Irrlehren.

Die lange Geschichte der Bibelauslegung ist ein kräftiger Hinweis auf das Vorhandensein von Traditionen in den evangelischen Kirchen. Wer sich allzu streng allein auf das Wort der Schrift beruft, gerät in die Gefahr, die Bibel zu einem Instrument, zuweilen möchte man sagen, zu einer Waffe zu machen, deren sich einer bedient.

Selbstmächtig läßt sich mit Bibelworten auf alles und jedes eine Antwort finden. Der Fromme nimmt damit auch die Tradition in eigene Regie. Dem Sektierertum ist damit Tor und Tür geöffnet.

9.2. Ohne rechte Tradition geht es nicht

Im Jahre 1963 befaßte sich der Ökumenische Rat der Kirchen mit dem Problem der Tradition. Er legte als Hilfe zum Verstehen fest, bei dem Begriff Tradition sei dreifach zu unterscheiden:

9.2.1.

TRADITION (mit großen Buchstaben zu schreiben) meint die Offenbarung Gottes in Jesus Christus durch den Heiligen Geist. Das ist ein schwer beladener theologischer Satz, der erklärt werden muß, soll er nicht zur frommen Phrase werden. *Grundsätzlich hat Gott die Zügel* allen Geschehens in der Hand. Er wendet sich uns Menschen zu, um uns Hilfe und Frieden, Heil und Glück, geordnetes Beieinander und liebendes Füreinander zu schaffen. In der Person Jesu Christi erleben und erfahren wir das. Sein Geist wirkt in uns, damit wir Gottes Nähe merken, erleben und entsprechend handeln.

9.2.2.

Tradition (normal geschrieben und als Einzahl) ist alles das, was in der Heiligen Schrift, im Evangelium niedergelegt ist. Die über ein Jahrtausend hin entstandene Bibel ist als vor uns liegendes Buch das Resultat eines höchst komplizierten Traditions- und Überlieferungsvorganges. Wir erfahren daraus bis heute, wie der Geist Gottes Menschen ergreift und eines Tages erklären läßt: Ich halte mich von jetzt an zur Gemeinde Jesu, ich bin Christ, ich bete zu Gott, ich lebe nach seinen Ordnungen, ich hoffe auf ihn zu aller Zeit. Der *Geist aus den Evangelien* der Bibel ist bis auf mich tradiert, überliefert worden. An diesem Stromkreis – um einen Vergleich zu wählen – bin ich angeschlossen, aus diesem lebendigmachenden Stromkreis erhalte ich Kraft, Freude, Mut, Trost und Hoffnung, auch die Fähigkeit zum Dienst am Nächsten sowie die Befähigung, ein erträglicher Mitmensch zu sein. Dieser Stromkreis zieht sich durch alle Jahrhunderte und Länder hin. In der Predigt und in den Aufforderungen zum Glauben vollzieht sich diese zweite Form der Tradition.

9.2.3.
Traditionen (Mehrzahl) sind schließlich die im Laufe der Geschichte verschieden ausgeprägten *Überlieferungen der verschiedenen Kirchen* nach ihren konfessionellen, liturgischen oder hierarchischen Erscheinungsbildern. Wenn wir also die Fülle der unterschiedlichen *Konfessionen* vor uns haben – und sie sind häufig extrem auseinander in ihren Gottesdienstformen, ihrem Denken und Verhalten –, dann sind das Ausprägungen unterschiedlicher Traditionen. Und alle haben, falls sie nicht nachweisbar den Inhalt des biblischen Ausganges verlassen haben, Anteil an der göttlichen TRADITION, in der Gott jede Kirche die ihr eigene Ausprägung finden ließ.

9.3. Was nützt solche Tradition?

Um es gleich zu sagen: wir dürfen solche Tradition in den verschiedenen Kirchen und aus den biblischen Schriften als Quellstrom des Glaubens nicht verachten. Doch mit einfachem Fürwahrhalten, womöglich noch gegen vernünftige Einsicht, ist es dabei nicht getan. Wir kommen nicht umhin, das Evangelium immer wieder zu hören und zu befragen. Das ist die *bleibende Aufgabe jeder Bibelauslegung* und Bibelbetrachtung. Und „glücklich ist der, der seine Lust hat am Wort des Herrn und darüber Tag und Nacht nachdenkt" (Ps 1).
Aus diesem folgt noch etwas, das mancher heutzutage meint einfach übergehen, ja überspielen zu dürfen. Eine ernstgenommene Tradition, die sich nicht auf starre Formen und Formeln, sondern auf den ursprünglichen Sinn bezieht, erwartet eine gewisse *Treue*. Damit ist gemeint, daß wir zum Beispiel nicht ohne weiteres aus unserer Tradition als Evangelische oder als Katholische, als Baptisten oder als Orthodoxe ausbrechen können. Wir gehören in eine überlieferte Ordnung, in der sogar traditionelle Formen uns nicht nur lieb geworden sein mögen, sondern die ihren je besonderen, bleibenden Wert haben. Davon reden auch die meisten (landes)kirchlichen Grundordnungen. Unsere Traditionen sind uns Halt und so-

zusagen die Straße, auf der wir gewöhnt sind, gehorsame Nachfolger Jesu Christi zu bleiben. Wenn andere durch Christi Geist einen anderen Lebensweg geführt werden, vermag das für einen selbst Anregung und Hinweis auf die Vielfalt der Lebenswege mit Gott zu sein. Auf jeden Fall werden wir ‚durch die Tradition' im Glauben gehalten.

Mit dem Hinweis auf die Treue zur je eigenen Glaubenstradition ist nicht dem Abschließen verschiedener Glaubenssysteme das Wort geredet. Gerade in unserer Epoche erfahren wir die Durchlässigkeit der sich begegnenden Glaubenstraditionen. Und in einer Zeit zunehmender Mischehen, der Gastarbeiter und des leichten Ortswechsels werden Rangfolge und Gewichtung in den Traditionen besonders nötig sein.

III. Der Glaube

„Wer's glaubt, wird selig!" sprechen Spötter und Zweifler angesichts einer unwahrscheinlichen Begebenheit. Christen gewöhnen sich häufig die hinter der Redewendung stehende Denkweise auch an und ahnen nicht, wie ihr religiöses Glaubensverständnis davon mitgeprägt ist, leider falsch. Das Verfängliche liegt in dem nur halb ausgeschriebenen Wörtchen Es; denn der Satz „Wer glaubt, wird selig" ist sachlich, dogmatisch richtig.

Die Verdeutschung des Begriffes Dogmatik als Glaubenslehre leistet der verkehrten Denkrichtung Vorschub, weil der Glaube letztlich nicht in dem Sinne lehrbar ist, daß er wie ein Wissensstoff gelernt, abgefragt, aufgesagt und behalten zu werden vermag. Deshalb vermeidet der Titel der vorliegenden Laiendogmatik das Wort ‚Glaube', das im folgenden Abschnitt auf seine biblisch-maßgebende Bedeutung hin befragt wird. Dabei ergeben sich sogleich Gedankengänge auf die Felder der Vernunft in ihrer Beziehung zum Glauben und der Wunder, deren Wirkbereich zwar überall, doch nur vom Glauben her durchschaut und erkannt werden kann.

10. Der Glaube und sein Wachsen

Erklärungen dazu, was Glauben ist, sind schnell bei der Hand. Aber ebensoschnell sind die Schwächen in den landläufigen Ansichten über Glauben zu spüren. So ist *schier unausrottbar die seltsame Vorstellung,* Glaube fange dort an, wo Denken und Wissen aufhören. „Das kann man nicht mehr verstehen, das muß man eben glauben." Oder „Wenn die Wissenschaft aufhört, fängt der Glaube an". Solche Sätze haben alle gemeinsam, daß sie nicht von ferne treffen, was Glaube nach christlichem Verständnis ist.

10.1. *Zur psychologischen Seite des Glaubens*

Die erwähnten Ansichten im alltäglichen Verständnis deuten auf eine Seite des Phänomens Glauben hin, die von untergeordneter Bedeutung im Verständnis des Christentums ist, auch wenn ganze Wissenschaftszweige damit arbeiten. Viele Grund- und Urwahrheiten des Menschengeschlechtes entstammen der ‚Volksseele' und sind über Jahrtausende hinweg in Märchen, Sprüchen, Sagen und Mythen überliefert. Schon von daher ist der Satz, *Glaube sei Privatsache, falsch.* Die soziologisch erkannte Wechselwirkung zwischen der Einzelperson und der historischen Entwicklungslinie seiner Gesellschaft führt geradlinig zur psychologisch feststellbaren Mannigfaltigkeit, die sich im Glauben ausdrückt. Die seelischen Urerlebnisse, gepaart mit dem klaren Verstand, geben dem Glauben Kraft und Mut. Der Wille des Menschen wird zum Glauben-Wollen hin aufgerufen. Manche Glaubensinhalte – zum Beispiel die Gewißheit der Vergebung, das deutliche Wissen um die Legitimität einer Berufung – gehören psychologisch in den Bereich des Gefühles oder in den der Instinkte. Die Glaubensentscheidung für das Mitleben in einer bestimmten Gemeinschaft und für die Bejahung des Sterbens hat eine subjektive Seite, in der solche Entscheidung von jemandem für sich übernommen wird.

10.2. *Zur theologischen Grundlage des Glaubens*

Wer vom christlichen, biblischen Glauben reden will, hat nach dessen spezifisch christlichem Inhalt zu fragen. Der *Begriff,* wie er sich *im Alten Testament* findet, stammt ursprünglich aus der Bausprache. Er bedeutet seiner Wortwurzel nach soviel wie *Fundament haben* oder grammatisch treffender: Grund haben lassen. Jes 7,9 ist ein schönes Beispiel dafür. Dort hat der Prophet Jesaja seinem König Ahas, der wegen einer kriegerischen Bedrohung seine Festungs- und Wasserversorgungs-Anlagen inspizierte, zu melden: Laß das sein; denn Gott wird dem Volke Juda anders helfen. Jesaja fügt dem Gottesspruch an (in einem hebräischen Wortspiel): „Glaubt ihr

nicht, so bleibt ihr nicht". In unserer Sprachwelt könnte so gesagt werden: Der Boden wird halten, du brichst nicht ein. Probiere es mit der Zusage Gottes!
Ein bekanntes Gleichnis zum Erklären dessen, was Glaube meint, steht *im Neuen Testament* am Schluß der Bergpredigt Jesu. Er beendet sie mit dem Hinweis (Mt 7,24ff.): „Wer diese meine Rede hört und tut (= befolgt) sie, gleicht einem klugen Mann, der sein Haus auf Felsengrund baute." Jetzt kann kommen, was da wolle, das Haus mag vom Architekten gebaut sein, wie es Absicht, Geldbeutel und Baumaterial ermöglichen, es steht unter allen Umständen fest. Wer aber – so fährt Jesus fort – sein Haus auf Sandboden errichtet, muß eines Tages, wenn Stürme und Überschwemmungen kommen, erleben, daß sein vermeintlich so stabil gebautes Haus einstürzt. Es hatte kein gutes Fundament.
Glaube nach christlichem Verständnis ist also *zuallererst eine Basis*, ein Fundament, auf dem wir unser Leben erbauen können. Die Architektur – ohne Bild: die Konfession, das theologische Verständnis, einzelne aus dem persönlichen Geschick erwachsene Lebensansichten – kann sehr verschieden sein. Entscheidend ist das feste Bleiben und Verharren auf dem guten Glaubensgrund. Hier wäre Glaube der Gravitationskraft vergleichbar. Selbst die schärfsten Stürme ideologischer oder intellektueller Angriffe vermögen den auf festen Grund gebauten Christenglauben nicht zu erschüttern. Das ist zu berücksichtigen beim Feststellen der unübersichtlichen Vielfalt von Glaubensäußerungen bei den Menschen jeglicher Herkunft nach Beruf, Staat, Denken, Begabung oder Alter. Entscheidend ist hier allemal das Fundament.
Ergänzend ist hierbei zu sagen, daß „gegenüber Entwürfen, die den Glauben entweder im Gefühl oder im Denken des Menschen sichern wollen, der biblisch verstandene Glaube letztlich ungesichert bleibt" (O. Michel). Das hängt damit zusammen, daß wir zwar unser Leben auf jenes erwähnte Fundament gründen können und sollen; aber wir haben den ‚Grund' nicht im Besitz oder zu unserer beliebigen Verfügung. Das liegt daran, daß der *Gegenstand unseres Glaubens* Jesus Christus ist, der uns ‚glauben läßt' (vgl. Erklärung zum Dritten Artikel in M. Luthers Kleinem Katechismus).

10.3. Glaube als Christusglaube

Indem die Christenheit in ihrem Bekenntnis einleitend spricht: *Wir glauben an* Gott, den Vater, den Sohn und den Heiligen Geist, kommt darin die *unverfügbare Garantie* zum Ausdruck. Der ‚Gegenstand' unseres Glaubens – die Basis – ist der lebendige Christus, der Herr über alles Menschengeschehen. Wer Jesus vertraut, erfährt, wie gut er bei ihm aufgehoben ist, wie fest dieses Vertrauensfundament ist. Deshalb bezieht sich unser Glaube nicht in erster Linie auf Sachverhalte oder historische Zusammenhänge, sondern er ist personbezogen. Er bezieht sich auch nicht auf Glaubenssätze und -lehren, mögen sie noch so richtig (= orthodox) sein, sondern er bezieht sich auf den, von dem jene Glaubenssätze sagen, er – nämlich Gott in Christus – habe das zerstörte Verhältnis zu den Menschen und unter ihnen wieder in Ordnung gebracht.
Früher unterschieden die Theologen den Glauben nach drei Seiten hin, nämlich als Kenntnisnahme, Zustimmung und Vertrauen.

10.3.1.

Kenntnisnahme: Wer auf der Basis Jesus Christus leben will, muß zuerst einiges davon kennen und wissen. Auch in der Kirche und Theologie meinen Millionen von Menschen, sie kennten alles hier zu wissen Nötige. Daher brauchten sie nicht in der Bibel darüber nachzulesen oder sich womöglich in Gottesdiensten durch die Predigt ihre Kenntnis vermitteln zu lassen. Hier liegt es ähnlich wie mit den dilettantischen Möchtegern-Medizinern, die ihre Ansichten aus Illustrierten oder sonstwo herholen. Zum Glauben gehört, daß einer seinen *Verstand braucht* und zur Kenntnis nimmt, was das Evangelium uns über dieses Lebensfundament ‚Glauben' sagt.

10.3.2.

Zustimmung: Hier liegt die Aufgabe beim Menschen, der dem Angebot wenigstens zustimmen muß, der das gratis erhaltene Geschenk der Vergebung und Lebensbefreiung zumindest auch annehmen muß (in der *‚Wiedergeburt'*). Was nützt mir ein riesiges Sparkonto, wenn ich niemals Gebrauch von ihm mache! Das Glaubenskonto aber will bewegt werden, unser Glaubensgrund Jesus Christus will beachtet und anerkannt werden. Im Neuen Testament findet sich oft die Verbindung von Glauben und Jesus-Nachfolge, von Annahme der Vergebungszusage und gehorsamem Bleiben bei diesem Herrn mit seinem Geschenk. Mit solchen Hinweisen wird fraglos bei manchem die *Grenze des intellektuell Faßbaren* gestreift; doch hier beginnt die Zustimmung zum Glauben an Jesus. Erst wer – um das Bild von oben nochmals aufzunehmen – sich auf diesen Boden begibt, kann feststellen, ob der Grund auch hält.

10.3.3.

Vertrauen: Mit dem zuletzt Gesagten berührten wir schon das Wesen des Glaubens als Vertrauen. Hier taucht das einseitige, volkstümliche Verständnis auf, das vom blinden Glauben redet und meint, wenn der Verstand nicht mehr weiterkommt, „muß man halt glauben". So primitiv ist das mit dem Vertrauensakt nicht. Wer sich für Jesus Christus entschieden hat, wer also glaubt, erfährt die Vertrauenswürdigkeit Gottes. Hier gilt das banale Wort vom Probieren, das über Studieren gehe. In dieses Vertrauen fließen immer Lebenserfahrungen ein, die ermutigen, trösten, frohmachen, im Entscheiden gewiß machen. Der vertrauensvolle Glaube läßt den Christen *aktiv werden.* Der von Paulus in den ersten und in den letzten Versen seines langen Römerbriefes wie eine Klammer verwendete Ausdruck vom *„Gehorsam des Glaubens"*, den es unter allen Menschen aufzurichten gilt, deutet auf diese tätige Seite des Christenglaubens hin.

10.3.4.

Dieses Trio faßt der Heidelberger Katechismus in seiner Frage 21 zusammen. *Wahrer Glaube* ist danach „nicht allein eine *gewisse Erkenntnis*, dadurch ich alles *für wahr halte*, was uns Gott in seinem Wort geoffenbart hat, sondern auch ein *herzliches Vertrauen*, welches der Heilige Geist durch das Evangelium in mir wirkt". Zum Glauben gehört unbedingt das Element des Gehorsams hinzu, mit andern Worten: wahrer Glaube ist nicht etwas, das jemand hat und worauf er sich ausruhen kann, sondern der Glaubensgehorsam verwirklicht sich in der Nachfolge Christi. Das meint auch Hebr 11,1, die einzige Bibelstelle, die eine Definition von Glauben gibt.

10.4. *Das Wachsen im Glauben*

Der vollendete Glaube fällt ebensowenig vom Himmel auf uns Menschen wie die Kunst des Klavierspielens. Paulus praktiziert diese Erkenntnis bei seinen Missionsgemeinden. In 1 Kor 3 schreibt er der Gemeinde: „*Milch* habe ich euch zu trinken gegeben und *nicht feste Speise*; denn ihr konntet sie noch nicht vertragen. Auch jetzt könnt ihr's noch nicht, weil noch Eifersucht und Zank unter euch sind und ihr nach menschlicher Weise lebt." Dieses Wachsen im Glauben hat H. Thielicke einmal vergleichend umschrieben: „Ich weiß noch, wie das war, als ich auf das Gymnasium kam. Ich hatte die Aufnahmeprüfung bestanden und war von Stolz geschwellt, daß ich nun ‚dazugehörte'. Da waren die Oberprimaner, die – aus meiner kindlichen Perspektive gesehen – vor Gelehrsamkeit fast zu bersten schienen, während ich kümmerlicher Dreikäsehoch noch kein lateinisches Wort kannte... Immerhin gehörte ich nun dazu. So ist es auch mit der Gemeinde Jesu: Daß Jesus von Nazareth ein Mensch ist wie du und ich und daß er zugleich noch etwas anderes ist – eben das, was das Wort ‚Gottes Sohn' etwas hilflos daherstammelt –, das erfahre ich vielleicht, wenn ich lange in seiner Schule gewesen bin. Aber ich gehöre schon zu ihm, wenn ich nur den ersten Hunger und Durst nach der Gerechtigkeit in mir habe. Und wenn ich auf ihn zutrete und zu ihm sage: ‚Herr (wer du auch immer seist, du weißt ja besser als ich, wie sehr ich noch im Dunkeln tappe), Herr hilf mir!'; dann bin ich schon in seine Scharen eingereiht und gehöre ‚dazu'. Darum lassen Sie die Gottessohnschaft Christi, lassen Sie Ostern und Himmelfahrt ruhig auf sich beruhen. Denn jede Lehre, so hat Luther einmal gesagt, hat ihr Alter, ihre Zeit und ihre Stunde. Gieren Sie nicht nach der Reifeprüfung, wenn Sie noch ein Sextaner sind."

Mit diesen Sätzen klingt deutlich an, was wir im Lebensalltag ohnehin praktizieren. Klar muß aber bleiben, daß unser Wissen und

Denken durch den Christenglauben nicht ausgeschaltet sind: auch der Sextaner hat zu denken und zu lernen! Die inhaltliche Problematik bewegt die Christen in jeder Generation. Und jeder Theologe, der sich auf eine Predigt vorbereitet oder einen Bibeltext bedenkt, stößt immer wieder auf die Fragen, bei denen sein Intellekt die Heilsbotschaft in Weltanschauung auflösen könnte und würde, wenn er nicht gehalten wird auf dem Fundament, das Jesus Christus heißt. Selbst der kluge und glaubensstarke Apostel Paulus beendet einmal einen geistig höchst anspruchsvollen Gedankengang mit den Worten (Röm 11,33): „O welch eine Tiefe des Reichtums, der Weisheit und der Erkenntnis Gottes! Wie unbegreiflich sind seine Entscheidungen und unerforschlich seine Wege!"

Wachsen im Glauben (der Ausdruck steht 2 Kor 10,15 in besonderem Zusammenhang; vgl. auch 2 Thess 1,3; Eph 4,15; Kol 2,19 und 2 Petr 3,18) ist aber nicht (nur) ein intellektueller Vorgang. Es ist das Festwerden auf dem Grund und Fels, der Christus heißt. Es ist das lebenslange Bleiben bei ihm, in dessen Gefolgschaft Erfahrungen mit dem Glauben gemacht werden. Denn Wachsen der Christen im Glauben hängt unauflösbar mit Christus zusammen, von dem – im vorliegenden Zusammenhang – paradox erscheinend, aber zutreffend Johannes der Täufer (Joh 3,30) sagt: „Er muß wachsen, ich aber muß abnehmen". Der Täufer deutet auf das beginnende und somit wachsende Reich Gottes in Christus hin. Sein Satz kann aber als Regulativ zur Qualität unseres Wachsens im Glauben verstanden werden: wir wachsen nur „in Christus" als Christen.

Aus diesem Glaubensgrund erwachsen unterschiedliche Äußerungen des christlichen Lebens. Denn hier gilt (in Abwandlung eines Gedankens von Augustin): Glaube und tu, was du willst.

11. Glaubensgewißheit und -anfechtung

In Ostberlin steht ein Bronzedenkmal, das den Reformator Martin Luther überlebensgroß darstellt. Es ist die Luthergestalt, wie man sie kennt: trutzig, mit einer Hand auf die offene Bibel zeigend, unerschütterlich. Und aus seinem Leben gibt es Berichte, die dasselbe erweisen. Luther ist auf den kaiserlichen Reichstagen ebenso fest in seiner Glaubenshaltung wie im Augenblick seines Todes. Ganz zuletzt fragte ihn noch ein Freund, ob er auch unmittelbar vor dem Eingang zum Richterstuhl Gottes bei dem bleibe, was er viele Jahre mit großem Nachdruck geglaubt und bekannt habe. Luther antwortete deutlich mit Ja. „Und wenn die Welt voll Teufel wär und wollt uns gar verschlingen, so fürchten wir uns nicht so sehr, es soll uns doch gelingen", heißt es in seinem bekannten Lied von der Festen Burg.

Ist Glauben an Gott, an sein Wort, an sein Wirken, an sein Heil also etwas ‚Unerschütterliches'? Religiöser Glaube drückt sich in einer *großen Gewißheit* aus; da gibt es nichts zu zweifeln, man kann sich auf die Aussagen seines Gottes verlassen. Andere Religionen liegen schief, sie haben nicht den wahren Glauben.

Bei solchen Sätzen drängt sich ein Unbehagen auf. Ob das so stimmt? Haben denn alle anderen Menschen unrecht, die nicht den christlichen Glauben haben? Wenn wir einen Bibeltext zu Rate ziehen, gelangen wir alsbald in die Probleme der Textkritik, das bedeutet: was schrieb denn Paulus eigentlich über die Fragen des Heils, des Glaubens, der Zukunft? Erhalten wir die Botschaft wirklich zutreffend übersetzt und überliefert durch 2000 Jahre hindurch? Schon schleichen sich Ungewißheit und Zweifel ein. Martin Luther hat diese Not gekannt. Bevor er als jener Glaubensheros bekannt wurde, quälte er sich als Mönch lange und geradezu selbstzerstörend mit der Frage herum: „Wie kriege ich einen gnädigen Gott?"

Um den Sprung in unsere Epoche zu machen, fragen heute viele nur noch: „Gibt es überhaupt einen Gott?"

11.1. *Was ist Gewißheit im Glauben?*

Bevor wir den Glauben auf seine Tragfähigkeit, also auf sein im Vorhergehenden erwähntes Fundament näher untersuchen, müssen wir uns klarmachen, was mit ‚Gewißheit' gemeint sein soll. Man kennt im *allgemeinen Sprachgebrauch* verschiedene Aspekte der Gewißheit: sie kann auf (1) *Anschauung* und unmittelbares Erleben gegründet sein. Doch schon beim Bericht über einen Verkehrsunfall gehen die Ansichten auseinander. (2) Gewißheit kann *mathematischer und experimenteller Natur* sein. Doch heute weiß man, daß beispielsweise das Phänomen Licht je nach Anordnung des physikalischen Experimentes als etwas Körperhaftes oder als etwas Wellenförmiges beschrieben und erkannt werden kann. (3) Gewißheit kann *ethischer und moralischer Natur* sein; man verläßt sich auf das Wort und die Zusage eines Bekannten. Doch „Vertrauen ist gut, Kontrolle ist besser", meinte einst Lenin und hat damit eine menschliche – ganz zu schweigen politische – Sachlage treffend erkannt.

Daneben stehen nun die *speziell christlichen Glaubensgewißheiten.* Man kann ihre Erscheinungsformen ebenfalls systematisieren. So tut es H. Ott: „a) Der Glaube hat überhaupt keine wirkliche Gewißheit, sondern bloß eine illusorische, eingeredete. Er entspringt einem *Wunschdenken* und ist eine bloße Vermutung, welche durch Autosuggestion zur festen Behauptung verfälscht wird. b) Der christliche Glaube hat Gewißheit aufgrund eines *Beweises* (z.B. Gottesbeweis oder rationaler Beweis für die prophetische Autorität und Zuverlässigkeit der biblischen Aussagen). c) Der Glaube hat Gewißheit aufgrund von *direkter Erfahrung* (Gotteserlebnis). d) Der Glaube hat Gewißheit aufgrund von *Erfahrungen anderer,* welche vertrauenswürdig erscheinen." Vermutlich genügen uns diese Feststellungen immer noch nicht, denn sie sind nach wie vor in der Nähe anthropologischer Überlegungen angesiedelt.

Glaube, dem Gewißheit eignet, ist eine Art von *Entweltlichung.* Er stützt sich nicht mehr auf Sicherungen, Überzeugungen und Erfahrungen des Menschenlebens. Er ist bereit, „aus dem Unsichtbaren und Unverfügbaren zu leben, also *völlig neue Maßstäbe* anzunehmen von dem, was Tod und Leben heißt, und das Leben zu empfangen, das Jesus gibt und ist".

11.2. Woher kommt die Anfechtung des Glaubens?

Unsere Vernunft gibt uns viele Anlässe, am Christenglauben zu zweifeln. Bald trauen wir ihm nicht mehr recht. Wo es um Ewigkeit

und Zukunft, Schuld und Vergebung, Heil und Heilung geht, werden wir schnell unsicher und zweifeln. Wir kommen mit Fragen: Lohnt sich überhaupt das Frommsein? Was nützt der Gottesdienstbesuch? Und wenn das alles gar nicht wahr ist? Ob es nach meinem letzten Atemzug tatsächlich weitergeht? Wo gibt es Beweise für die Ewigkeit und für Gottes Nähe? Hat die Kirche mit ihren Vertretern immer noch recht? Ist das Ganze nicht nur ein jahrhundertealtes und höchst kluges, aber überholtes System einer nicht recht faßbaren Machtgruppe? Hat infolgedessen das Beten Sinn?
Je mehr wir derartige Fragen stellen, je mehr wir also vom *Podest unseres Verstandes her* – gleichgültig ob als einzelne oder als Gruppe – urteilen, um so stärker halten wir uns an die Maßstäbe innerweltlicher Ordnungen. Die Glaubensanfechtung kann insofern auf das Stützen auf eine falsche Basis zurückgeführt werden. Wo der Boden unsicher ist, kann man nicht fest auftreten und ohne Angst gehen. Letztlich ist jede Stütze auf die Erscheinungen in Raum und Zeit mit der darin befindlichen (vom Leben bewegten) Materie unzuverlässig. Da läßt sich an vieles denken. Auf *Geld* ist kein Verlaß, es schwindet dahin oder reichte von vornherein nicht, auch unterliegt es der Inflation. Auf *Gesundheit* ist kein Verlaß. Sie läßt im Laufe des Lebens nach, sie ist durch entsprechende Lebensweise einige Zeit zu erhalten oder durch medizinische Kunst und Pflege wiederherzustellen, aber nur, um danach erneut angegriffen zu sein. Mit *Freunden* ist bekanntlich in Notzeiten auch keine Lebensversicherung abzuschließen. Unsere *Körper- und Geisteskräfte* sind unzuverlässig und hinfällig.
Alles das will und möchte angefochtener Glaube benutzen, um dennoch Gewißheit zu erlangen. Doch es bleibt dabei: im innermenschlichen und Umweltbereich treiben wir dahin und geraten in die sogenannten Anfechtungen des Glaubens, welche Verzweiflung und Gottesferne als Ergebnis haben. Und auf dem Wege dahin liegt der *Kleinglaube*. Er ist eine Glaubensbemühung, die – so meint es der neutestamentliche Text, z. B. Mt 14,31, wörtlich – zu kurz schießt, die nicht ganz hinreicht, die sich irgendwo noch auf eigenes Vermögen und Können stützt, anstatt sich total auf Gottes Zusage zu verlassen. Die Glaubensanfechtung hat also ihren Grund in unserer

menschlichen Unzulänglichkeit, in unserer Sünde, welche Gottesferne, also Verlassen der Basis Gott ist.

11.3. *Wie ist die Glaubensgewißheit zu begreifen?*

Grundsätzlich ist die Gewißheit des Glaubens nicht zu begreifen, weder mit dem Verstand noch mit Händen, sondern sie *ist ein Geschenk* Gottes, das aus der Liebe Christi zu uns erwächst, „auf daß alle, die an ihn glauben, nicht verloren gehen, sondern ewiges Leben" (Joh 3,16) und damit innere Festigkeit, Seligkeit und zuversichtliche Hoffnung haben. „Wenn ich nur Gott habe, so frage ich nichts nach Himmel und Erde" (Ps 73,25). Wer sich indessen denkerisch, das bedeutet vom wissenschaftlichen Fach der Theologie her mit diesen Fragen befaßt, muß eine Antwort formulieren.
Zum Glauben gehört Gotteserfahrung hinzu, die als solche eine Entscheidung gegen die Welt und für Gott ist, der uns Menschen jedoch in der Welt (der wir selbstverständlich nicht entzogen werden) bewahrt und begleitet. In den verschiedenen Gleichnisreden vom Hirten und seiner Herde – die ihren Hirten genau kennt – drückt die Bibel das aus. Solche Glaubensgewißheit, sagt H. Ott, „ist nicht abgestützt auf etwas Vergangenes, sondern *offen zur Zukunft*, auf neue Bewährungen und Begegnungen hin. Der im Glauben seines Gottes gewisse Mensch wartet auf neue Prüfungen, auf neue Erfahrungen und Aufträge, und eben darin auf neue Bestärkungen seiner Gewißheit... Sie bedeutet, daß der Mensch nicht mehr anders kann, als auf diesem Wege zu bleiben. Er hat Gott nicht hinter sich, sondern immer auch und vor allem vor sich: Gewißheit heißt *Warten auf Gott*".
Wie ist diese *Gewißheit als Vertrauen auf Gott* erfahrbar? Wie ist Gott erfahrbar, der uns als der gute Hirte festhält? Ott antwortet: „Gott ist mir, wie jedem Menschen, als Schöpfer und Erhalter meines Daseins der Allernächste. Darum erkenne ich ihn sogleich (wieder), das heißt, ich identifiziere ihn als den Schöpfer und Erhalter meines Daseins, welcher immer schon bei mir war, sobald er mich wirksam anruft."

Paulus formuliert in Gal 5,1 innerhalb eines Gedankenganges über Bindungen und Freiheit (wobei die Bindungen uns in Angst und Glaubensanfechtung treiben) den Appell zum Leben in wahrer Glaubensfreiheit – hinter der die entschlossene Lebensorientierung von Christus her steht: „Zur Freiheit hat uns Christus befreit! So steht doch fest und laßt euch nicht wieder ins Sklavenjoch einfangen".

Das klingt leicht. Tröstet es uns zu wissen, daß Jesus selbst sein ganzes Erdenleben hindurch der Versuchte und damit Angefochtene war? Doch schon in der Versuchungsgeschichte (wo der Teufel ihm Fallen stellt, die alle plausibel erscheinen; bei Mt 4, auch Lk 4) ist die Antwort des Glaubens allemal energische Hinwendung zu Gott, seinem Wort und seinen Zusagen. Damit läßt sich in jeder Lebenslage wirklich leben.

12. Die Wunder

Wenn jemand im Fernsehen vor Millionen Menschen geheimnisvoll Löffel verbiegt, ‚wundern' sich viele. Die Wunder jedoch sind vielen problematisch geworden, auch wenn „das Wunder des Glaubens liebstes Kind" (Goethe) ist. Wo es Wunderbares gibt, wird das angezweifelt oder mit naturwissenschaftlichen Thesen erklärt, selbst wenn ein unerklärbarer Rest bleibt. Diese Ansicht setzte in der Zeit der Aufklärung ein, als man übernatürliche Selbstbezeugungen Gottes in der Welt und Geschichte abzulehnen begann. Das Wunder verfiel damit auch dem Urteil, vernunft- und naturwidrig zu sein. Man schloß allenfalls eine Art Kompromiß: Für den Naturbereich galten ursächlich-mechanische Ordnungen (sie sind inzwischen durch die Physik weithin widerlegt!), der geistige Bereich sei hingegen final-teleologisch (d.h. auf ein Ziel und Ende gerichtet) bestimmt.
Die Naturwissenschaften suchen also stets nach denknotwendigen Bedingungen, wobei sie mit vielen Aussagen der Theologie zusammenstoßen. Die Frage der Wunder gehört für die Naturwissen-

schaft zum ungeklärten Rest, der teils kleiner wird, teils durch weiteres Forschen immer wieder neue Inhalte bekommt. Wunder selbst bleiben merkwürdige Erscheinungen, die aus dem normalen Leben herausfallen. Beim Befragen des Themas Wunder muß also sorgfältig eine Reihe von Hüllen um das vorgegebene Phänomen abgenommen werden, bevor man am Kern angelangt ist.

12.1. *Haltung gegenüber der Wunderfrage*

12.1.1.

Religionsgeschichtliche Untersuchungen zeigen verschiedene Haltungen gegenüber der Wunderfrage:

- Es gibt eine *magisch-übernatürliche* Sicht, die Gott zum Zauberer herabwürdigt.
- Daneben stehen *abergläubische* Haltungen, die alles Naturgeschehen unmittelbar als von Geisterherrschaft bestimmt ansehen.
- Sodann treffen wir ein *mystisches* Verständnis an, bei dem jegliches Geschehen zum Wunder erklärt wird.
- Schließlich muß hier noch eine zweiflerische, ja ablehnende Haltung gegenüber der Frage nach Wundern genannt werden, die im *Nihilismus* ihre ausgeprägteste Weltanschauung bekam.

12.1.2.

Wie ist nun die *Haltung des Christen* zum Wunder? Er erkennt und bekennt grundsätzlich mit der Bibel, daß Gott „allein Wunder tut" (Ps 72,18; 136,4 u.ö.). Der glaubende Mensch vertraut darauf, „daß Gottes Macht nicht am Ende ist, wo menschliche Möglichkeiten erschöpft sind ... Die Wundergeschichten aller Evangelien wollen zeigen, daß Jesus diese Erwartungen nicht enttäuscht, und daß diese Macht ihm gegeben ist" (G. Bornkamm).
Wer sich als Christ mit der Wunderfrage befaßt, muß ein *Fünffaches* berücksichtigen:

- Kritische Abgrenzung gegenüber Mirakel, Spekulation und Oberflächlichkeit.

- Persönliche Glaubensentscheidung, das heißt Anerkenntnis der Überlegenheit Gottes und seines Wirkens in der Welt.
- Sich-Stellen dem Anspruch im Wunder, das auf einen selber abzielt.
- Weil Wunder Mittel der Verkündigung in der Bibel sind, ist beim Reden über sie große Zurückhaltung geboten und sind deren Wirkungen zu beobachten.
- Wunder preisen Gottes Geheimnis und die Tatsache des Zusammenhanges zwischen Jenseits und Diesseits, zwischen Transzendenz und Immanenz.

12.2. *Fehlgehende Erklärungsversuche*

Es gibt vier Hauptarten von Versuchen, die biblischen Wunderberichte zu begreifen. Diese Erklärungsbemühungen sind keine gangbaren Wege, man muß sie jedoch kennen.

12.2.1.

Die *rationalistischen Umdeutungen* ziehen alle Wunderberichte auf die Ebene der sichtbaren Umwelt herab. Dabei ergeben sich zuweilen groteske Deutungen, die sich sogar wissenschaftlich arbeitende Theologen leisteten. Zwei Beispiele: Jesus sei beim Meerwandeln (Mk 6,45ff.) den Jüngern auf einem dicken Brett entgegengeschwommen, das er durch sein Körpergewicht unter die Wasseroberfläche drückte. Petrus sah es nicht und versank beim Versuch, ohne Brett auf dem See zu gehen. – Bei der Hochzeit zu Kana (Joh 2) habe Jesus das Wasser mittels einer Art Brausepulver heimlich in Wein verwandelt. – Solche Deutungen zeugen von enger Bindung an ausschließlich naturgesetzliches Kausaldenken. Das gleiche gilt hierbei für Verbindungen mit sogenannten Astral-Zusammenhängen; auch das ist irrige Auslegung.

12.2.2.

Die *spiritualistische Umdeutung* vergeistigt und verinnerlicht die Wunder. Einzelzüge der Berichte werden sinnbildlich (allegorisch) ausgelegt. Heilung eines Lahmen bedeutet danach Heilung vom lahmen Glaubensleben.

12.2.3.

Die *fundamentalistischen Erklärungen* schließen in ihrer Buchstabengläubigkeit allzu kurzschlüssig oft vom Wunder auf die Existenz Gottes. Gott ‚kann' eben alles. Die Absicht, dem Bibeltext treu so zu folgen, führt manchmal zu allerhand Ungereimtheiten.

12.2.4.

Der ebenfalls immer noch anzutreffende *theistische Deismus* verbannt Gott in ein Jenseits neben der Welt, von wo aus er nur gelegentlich in den Ablauf von Natur und Geschichte eingreift. Gott wird dann für den glücklichen Ausgang von Katastrophen bemüht, bei deren Eintreten er – nach solcher Denkweise – scheinbar gerade abwesend war. Diese Schlußfolgerung verdeutlicht, wie fatal hier das Gottesverständnis ist.

12.3. Zum Wesen des Wunders

Die gesamte Weise von Gottes Wirken in der Welt ließe sich unter den Begriff Wunder fassen. Es ist allemal eine Aussage über Gottes Herrsein, und das ist unbegrenzt. Somit erstreckt sich Gottes Souveränität über Natur und Materie, über Mensch und Weltgeschichte, ohne aber deren Eigengesetzlichkeiten (was immer das sein mag) unterworfen zu sein. Der Christ gründet sein Vertrauen auf die Gewißheit von Gottes lenkendem Schaffen, das heilt, rettet und befreit. Aus diesem Grundsatz läßt sich hinsichtlich des Wunders einiges für uns folgern.

12.3.1.

Wunder und Glaube gehören zusammen, aber nicht im erwähnten Sinne Goethes, wonach das Wunder „des Glaubens liebstes Kind" ist. Der Glaube ist das neue Sein des Menschen in Christus. Ein solcher Mensch erkennt, daß er es mit dem Wunderbaren schlechthin zu tun hat. Die Gemeinde Jesu lebt aus dem Wunder, das ihr vornehmlich in der Wirkung des Heiligen Geistes im Wort Gottes begegnet. Für einen Außenstehenden aber, sofern er überhaupt dem Hinweis auf die Spuren eines Wunders traut, ist es seltsam, ja ärgerlich und töricht (vgl. 1 Kor 1,20–24). Der Akt des Glaubens ist die *Reaktion auf das wunderbare Wirken Jesu* als des Herrn über den Kosmos.

12.3.2.

Vor unbefangener *Harmonisierung zwischen Glaube und Naturwissenschaft* ist aber zu *warnen.* Heute gibt es Naturwissenschaftler, denen die *Denkmöglichkeit* von Wundern kein Problem ist; denn Materie und Natur ‚ist' nicht (statisch), sondern ‚geschieht' (dynamisch) und ist vorwärtsgewandt. Deshalb steht für die führenden Naturwissenschaftler ihr eigenes Fach nicht mehr *gegen* die Theologie. Theologisch ist, vom Herrsein Gottes ausgehend, beim Reden vom Wunder im Weltgeschehen festzuhalten: im Leben des einzelnen wie in der Entwicklung ganzer Geschichtsepochen läßt Gott oft verschiedene Ketten von Ursachen und Ereignissen an bestimmten Punkten so zusammenlaufen, daß sich eine staunenerregende und wunderbare Wirkung ergibt. Der Unglaube mag es Zufall, Mutation, Geschick oder anders nennen; der Glaube hingegen preist Gott, „der seine Wunder überall und große Dinge tut" (nach dem Paul-Gerhardt-Lied „Nun danket alle Gott").

12.3.3.

Ein Wunder *kann nicht erzwungen werden,* wie es nach dem Bericht von Mk 8,11ff. von den Leuten verlangt wird. Solches Begehren weist auf versucherische Feindschaft gegen Christus hin und ist sündhaftes Verlangen. Wunder sind freies Widerfahrnis von Gott her. Sie haben die Neuschöpfung des Menschen (auch des ‚todkranken' Patienten in der Klinik) zum Ziel und sind deshalb nur von Jesus her (und nicht: auf ihn hin) zu verstehen.

12.3.4.

In den Wundern *bricht Gottes Herrschaft in unser Dasein* ein. Sie dienen dem Verwirklichen des Reiches Gottes. Sie fordern den

Glauben heraus und tragen zeichenhaften Charakter. Sie sind nicht ausschließlich Bilder, Zeichen oder Symbole, sondern sind sozusagen *Ausrufezeichen,* die einem voraufgegangenen Satz Nachdruck verleihen. Dieser Satz heißt: Jesus Christus wirkt im Heiligen Geist heute bei uns; er baut sein Reich in aller Welt, und seine Spur wird dem Glaubenden überall tröstlich erkennbar.

12.3.5.

Die biblischen Wundergeschichten zielen immer auf das ab, was in Wort und Tat des jeweiligen Berichtes als Bedeutung und Wirkung gemeint ist: der *neue Äon dringt in diese unsere Welt ein.* Oder mit der Bitte eines Liedes umschrieben: „Ewigkeit, in die Zeit leuchte hell hinein."

Hier sind *zwei falsche Richtungen* zu meiden: Wer diese abzielende Bedeutung bei der Erklärung von Wunderberichten übersieht, zieht sie in die Niederungen des Mirakels herab und bleibt beim Staunenerregenden und Ungewöhnlichen einer Erscheinung haften, wobei der Eindruck davon bald wieder spurlos entschwindet. Die zweite Fehlrichtung: Wer die Wunderberichte ausschließlich in ihrer Bedeutsamkeit als absolutes (= von allem losgelöstes) Zeugnis versteht, muß sich fragen lassen, ob er das Bekenntnis zu Gott als den Vater, Sohn und Heiligen Geist nicht zu einem rein innerweltlichen Denkschema verkürzt.

12.4. *Zum Inhalt und Gegenstand des Wunders*

Das Wichtigste ist zu nennen. Dabei sind zugleich Folgerungen aus dem Vertrauen auf Gottes wunderbares Wirken und Handeln zu ziehen.

12.4.1.

Das „Zeichen des Jona" (Lk 11,29: gemeint ist ein Hinweis Jesu auf die alttestamentliche Geschichte vom Propheten Jona, der auf See von einem Riesenfisch verschluckt und nach drei Tagen wieder unversehrt an den Strand ausgespieen wurde) ist im Evangelium der

Hinweis auf Kreuzestod und Auferstehung des Gottessohnes, ist das *grundlegende* und bestimmende *Wunder der Offenbarung* Gottes. In der ganzen Weltgeschichte findet sich zu ihm keine Analogie. An der Stellung zu diesen Zeichen entscheiden sich der Glaube und das Leben jedes Menschen.

12.4.2.

Die freimachende Auswirkung dessen ist beim einzelnen Menschen das *Wunder der Sündenvergebung.* Als solches ist es ein Geschehen wider die Natur. Der Mensch „ist eine neue Kreatur, das Alte ist vergangen, siehe (das Ausrufezeichen!), Neues ist geworden" (2 Kor 5,17). Vom Wunder der Weihnacht nimmt dieses Geschehen seinen Ausgang.

12.4.3.

Im Wunder des Reiches Gottes erfährt die Gemeinde in mancherlei Form und Geschehnissen „die himmlische Gabe" und „schmeckt" die „Kräfte der zukünftigen Welt" (Hebr 6,4f.). Mit anderen Worten: durch die Verkündigung, die Predigt, erfährt sie das *Wunder der Wirkungen Gottes* stets von neuem.

12.4.4.

Der seinen Herrn und Gott bekennende Glaubende wird bald zu der Frage getrieben, die im Neuen Testament in solchem Zusammenhang mit Wundergeschehnissen wiederholt geäußert wird: *Was sollen wir tun?* Die Antwort des gehorsamen Glaubens darauf ist das Praktizieren des *Wunders der Liebe zum Nächsten* in jeder Gestalt und an jedem Ort. Der Geist Gottes befähigt und bewegt dazu. Denn Nächstenliebe und Fernstenliebe geschehen nicht von selbst, sind durch keine Kausalitätskette nachweisbar oder gar erzwingbar. Liebe jeder Gestalt und Weise ist immer wieder von neuem Wunder, das in Gottes Liebe zur Welt seinen Urquell hat. So sind auch eine Klinik, ein Heim für Behinderte oder die offene Sozialarbeit letzten Endes und angesichts unserer menschlichen Selbstsucht ‚Wunder'.

12.4.5.

Im *Lobpreis* der *wunderbaren Liebe und Treue Gottes zu uns* übt die Gemeinde seine Verherrlichung und verkündigt die Überlegenheit seines Herrseins. Die Wunder Gottes zu allen Zeiten und an allen Orten sind zugleich *Zeichen der kommenden* Erlösung und Vollendung.

12.4.6.

Im *Wort Gottes*, in *Taufe* und *Abendmahl* und im *Gebet* begegnet der Christ immer wieder dem *wunderbaren Wirken seines Herrn.* „Wir überschreiten darum mit jeder Erinnerung an Gott, mit jedem Kultakt den gesamten Bereich der Natur" (A. Schlatter). Gegen allen äußeren Schein und entgegen der rationalen Erklärung mancher Ereignisse weiß der Christ darum, daß Gott wunderbar regiert und *sein gnädiger Wille über ihm ein ständiges Wunder* ist, das nicht aufgehalten werden kann.

13. Offenbarung und Vernunft

Vom Glauben und seinen Anfechtungen führt über die Wunderfrage eine Denklinie zur menschlichen Vernunft und zur Offenbarung Gottes hin. Daher steht das alles in einem gemeinsamen systematischen Bezug.

Im Bereich des kirchlichen Lebens wird häufig von Offenbarung geredet. Der Ausdruck für sich allein genommen ist manchem unverständlich und erscheint verschwommen. *Allgemein* formuliert *meint Offenbarung im Christentum*, daß es sich dabei nicht um eine menschliche Sache handelt, sondern um ein Wirken und Reden Gottes in der Welt, sozusagen von außen her. Doch schon regt sich *unsere Vernunft, wird mißtrauisch* und protestiert.

Der Atheist Milan Machovec schreibt in seinem Buch „Jesus für Atheisten", jede Offenbarung „ist immer eine ‚Offenbarung' für jemanden, sie dringt nicht einfach in die Köpfe der Menschen wie etwa der Komet in die Planetensphäre, sondern bemächtigt sich allmählich des Verstandes und des Gefühls, der Moral und des Willens. Sobald jedoch der Glaube den Bereich des Willens erfaßt hat, beginnt derjenige, von dem man ursprünglich Glauben verlangt hat, selbst Glauben zu fordern, wird derjenige, dem etwas geoffenbart wurde, selbst zum Offenbarenden. So war es auch im Fall Jesu." Reicht diese Ansicht aus?

13.1. *Offenbarung in der Bibel*

Die evangelischen Theologen betonen unterschiedlich hinsichtlich dessen, was unter ‚Offenbarung' zu verstehen ist. Sie gehen davon aus, daß es sich um ein „Hervortreten Gottes aus der Verborgenheit" handelt. Gott enthüllt sich, läßt sich erkennen. Paul Tillich sieht hier vorwiegend ein erkenntnistheoretisches Problem. Das heißt, Offenbarung ist ihm „das Sichtbarwerden des Seinsgrundes für die menschliche Erkenntnis". Mit anderen Worten: unsere letzten Lebensfragen und Lebensgeheimnisse, die uns alle unbedingt angehen, erhalten durch die Vernunft keine hinreichende Antwort und Gewißheit, die Offenbarung aber deckt uns „den Grund" auf. Sofort wird sie wieder zum Geheimnis oder überhaupt nicht erkannt, wo es an Glauben fehlt. So wie wir Gott niemals in den Griff bekommen, ist es auch mit seiner Offenbarung in der Welt.

13.1.1.

Im *Alten Testament* zeigt sich bereits, daß ‚Offenbarung' nicht in Formeln beschreibbar ist, sondern *höchst vielgestaltig*. Wir erfahren von Visionen und Träumen, von Aufträgen und Ereignissen, von Prophetie und Eingebungen. Der fliehende Jakob schaut Gott auf einer Himmelsleiter und erfährt die Zusage der schützenden Begleitung; der heimkehrende Jakob nötigt dem Engel in einem Ringkampf die Zusage des Segens ab. *Mose* sieht einen flammenden Dornbusch und hört aus ihm Gottes Stimme und Auftrag zur Befreiung seines Volkes. Später empfängt derselbe Mose auf dem Berg Sinai die Tafeln mit den grundlegenden *Zehn Geboten*. Der Prophet *Elia* erfährt Gott im Flüstern des Windes. *Jesaja, Ezechiel, Hosea* und wie sie alle heißen, bekamen Gottes Wort und Befehl oder Mahnung in Visionen und Auditionen (Schauungen und akustischen Erkenntnissen). Sie mußten es weitergeben und schrieben es auf.

Der *Unterschied zu* anderen *Religionen* und zu Mythen wird im Alten Testament deutlich. „Wo Gott als frei erwählender Personwille in die Geschichte eintritt, da läßt er keinen Zweifel darüber, daß seine Einzigkeit, Erhabenheit und Heiligkeit jedes menschliche Eindringen in sein Geheimnis ausschließt, soweit er nicht selbst sein verborgenes Wesen offenbar machen will" (W. Eichrodt). Selbst Gottes Freund Mose durfte ihn niemals sehen. Unter den *Offenbarungsmitteln* im Alten Testament gewinnt das *Wort Gottes* die beherrschende Stellung. Die Jenseitigkeit und Gegenwärtigkeit Gottes kommen darin zum Ausdruck, seine Nähe und sein Abstand. Wir lesen die Propheten und verstehen sie oder auch nicht.

13.1.2.

Auch im *Neuen Testament* ist Offenbarung ein Geschehen, wonach Gott handelnd, wirkend und Erkenntnis vermittelnd ins Bewußtsein der Menschen kommt. Subjekt ist immer Gott. Gegenüber dem Alten Testament wird jetzt *alles auf Jesus Christus* und sein Evangelium *konzentriert*. Er ist das „fleischgewordene" Wort des Lebens. Doch wieder ist die Fähigkeit, diese Tatsache zu erkennen, nicht der menschlichen Vernunft überlassen. Der Unglaube sieht und hört zwar, doch merkt er nichts (Jes 6,9f. wird fünfmal im Neuen Testament zitiert!). Wichtig bleibt zu wissen, „daß Gott sich schon von Anfang an in seiner Schöpfung geoffenbart hat, daß wir das aber erst und einzig in Jesus Christus recht zu erkennen vermögen" (E. Brunner).

Das Johannesevangelium betont stark, daß und wie *Jesus „der Offenbarer" Gottes* ist. Dabei werden „Gott und sein Sohn nicht zum Gegenstand metaphysischer Lehre" (H. Conzelmann). „Wir bekommen nicht eine Lehre über Gott, sondern werden Gott selbst konfrontiert, und zwar in der Welt, nicht erst am Endpunkt eines Aufstieges zu ihm."

Besonders deutlich wird diese Offenbarung Gottes in der *Passionsgeschichte Jesu*. Für die *Vernunft* ist der Tod des Gottessohnes am

Kreuz Unsinn und Torheit. Alles kommt darauf an, wie jeder einzelne die Kunde vom Kreuzestod und der Auferstehung des Sohnes Gottes erfährt und versteht. Gerät einer dadurch in Bewegung? Wird er gepackt und selber Zeuge dieses Geschehens? Der vom Geist Gottes gewirkte Glaube bewährt sich in Gehorsam und Liebe. Die Offenbarung *bewährt sich* in der Weltgeschichte, im Leben der Kirche in aller Welt, im Menschenleben. In ihr bekundet sich die *Herrlichkeit Gottes* (seine ‚Doxa'), von der die Bibel häufig spricht.

13.2. *Aspekte der Offenbarung*

Mit einigen Hinweisen sei aufgezählt, welches der Umfang und der den Menschen betreffende Bereich dessen ist, was wir hier mit Offenbarung Gottes bezeichnen.

13.2.1.

Offenbarung ist als in der Bibel vielfach bekundetes Handeln Gottes ein *Geschehen in unserer Welt und Geschichte.* Wir kennen Gott nur als den, der sich offenbart. Angefangen beim Entstehen unseres Kosmos, über das Zentralereignis der Welt in Tod und Auferstehung Jesu bis zu den Ereignissen unserer Zeit und unseres Lebens: überall wirkt Gott. Wer die Möglichkeit von Gottes Offenbarung bezweifelt, bestreitet damit auch die Wirklichkeit und das Gegenüber Gottes zu uns. Doch Gott geht auf uns Menschen zu; er fordert Stellungnahme, die in jedem Fall ihre Auswirkungen hat.

13.2.2.

Die Offenbarung spitzt sich auf *Jesus von Nazaret* zu, der als der Offenbarer verkündigt und geglaubt wird. Gott als der Freie und als unser Herr macht uns Menschen zu seinen Partnern, bleibt aber der grundsätzlich Überlegene. Wir erfahren von Jesus Christus und seinem Handeln für uns *soviel, wie zu wissen nötig* ist. „Die Offenbarung macht soviel offenbar, wie der Mensch zur rechten Gestaltung seines Lebens und Erringung seines Heils wissen muß. Hinsichtlich dessen aber darf es *keine Unklarheit* geben, etwa ob nicht ein verborgener Gott einen ganz anderen Dekalog (Zehn Gebote) gelten läßt als den offenbarten" (H. G. Fritzsche).

13.2.3.

Die Offenbarung Gottes wird in der irdischen Verlaufszeit *weitergegeben* einmal im Wort der *Heiligen Schrift und* dann in der *Verkündigung*. Diese sind die Mittel der Offenbarung, zu denen beim Glaubenden Erfahrungen hinzukommen, etwa im Gebet (das aber wiederum aus dem Bibelwort erwächst).

13.2.4.

Der in seiner Offenbarung wirkende Geist Gottes nimmt auch unsere *Vernunft in Anspruch*. Von der Offenbarung in Christus kann ‚vernünftig' gesprochen werden. Doch besteht eine Wechselwirkung zwischen der Vernunft und dem offenbarten Glauben. Ziel ist, den Menschen mit seiner Vernunft vom Gottesgeist durchwirken zu lassen, damit er seinerseits wieder von Gottes Offenbarung redet und selbst gehorsam und als freier Mensch danach lebt. Die Vernunft wird immer jene Schlangenfrage aus der Sündenfall-Geschichte parat haben: „Sollte Gott gesagt haben?" Und der durch die Offenbarung Gottes orientierte Glaube wird immer antworten: „So spricht der Herr. So wird es geschehen." Die Vernunft ist grundsätzlich ‚überholbar' und auf Gott auszurichten. Ein bekannter Liedvers drückt das so aus: „Das ewge Licht geht da herein, gibt der Welt ein' neuen Schein. Es leucht' wohl mitten in der Nacht (der Todverfallenheit) und uns des Lichtes Kinder macht." Damit ist die Offenbarung als das „Licht der Welt" beschrieben im Gegenüber zur Aufklärung durch menschliche Vernunft und den sogenannten Fortschritt. Dieses Licht schafft den wahren „*Frieden* auf Erden" und ist *höher* als unsere Vernunft, es *bewahrt* aber unsere Herzen und unsere Sinne (Lk 2,14 und Phil 4,7; vgl. auch Jes 60,1f.).

13.2.5.

Viele meinen, ihnen *offenbare sich Gott in der Natur*. Daher ziehen sie einen Waldspaziergang dem Gottesdienstbesuch vor. Nun ist

Gott durchaus in der Natur erfahrbar. Von sich aus zeigt die Natur uns harte Gesetzlichkeit und Willkür (tückische Krankheiten zeigen das), aber auch Stimmung und kreatürliche Schönheit (etwa im Urlaub). Wir kennen Ernte und Mißernte, Naturkatastrophen und Erholungsgebiete. Bei alledem ist Gott aus der Natur nicht ohne weiteres zu erkennen. Doch gewissermaßen hintennach kann der vom Bibelwort geprägte Christ die Spuren der Offenbarung Gottes in der Natur – und auch in der Weltgeschichte – erkennen. Ebenso erkennt der Fromme mit den Gottlosen jedoch auch die Spuren des die Natur gegen jede Vernunft zerstörenden und ausbeutenden Menschen.

13.2.6.

So ist das *Offenbarungsgeschehen als Geheimnis* festzustellen. Es bleibt bei der eingangs erwähnten Selbstbekundung und Überlegenheit Gottes in seiner lichtvollen Herrlichkeit. Nur der weiß etwas von dieser Wirklichkeit, der an ihr existentiell teilhat. Offenbarung ist da, wo Jesus als der Herr über alle und alles bezeugt wird (1 Kor 12,3). Sie entdeckt (im unmittelbaren Sinne des Wortes: ent-deckt) die Liebe Gottes zu uns.

IV. Gott

In diesem Buch betreiben wir Theologie, zu deutsch: Gottes-Lehre. Unsere Haltung dabei kann nur diejenige sein, zu der einst Mose durch Gott aus dem brennenden Dornbusch aufgefordert wurde: „Tritt nicht näher heran; ziehe deine Schuhe von den Füßen; denn der Ort, auf dem du stehst, ist heiliges Land" (Ex 3,5). Die Gefahr, das zu vergessen, ist groß. Der nach USA emigrierte jüdische Soziologe Eugen Rosenstock-Huessy berichtet, er habe einmal einige Studenten ehrfurchtslos ‚über Gott' reden hören. Zornig fügt er an: Es waren Theologiestudenten. Von da bis zur inzwischen vergangenen Gott-ist-tot-Theologie ist kein großer Schritt. Öfter ermahnt uns die Bibel zur „Furcht des Herrn", welche Anfang der Weisheit und Quelle des Lebens ist (Ijob 28,28; Ps 111,10; 2 Kor 7,1 u.ö.). Nur in dieser Haltung dürfen und wollen wir Theo-logie betreiben und ‚über' Gott reden, der „vom Himmel herniederschaut zu sehen, ob einer (noch) nach Gott fragt"; denn nur Toren leugnen ihn (Ps 14,1f.) gänzlich.

14. Wer oder was ist Gott?

14.1. Gott ist

Er war ein Genie. In der Mathematik entwickelte er wichtige Lehrsätze, er erfand eine Rechenmaschine, entdeckte das Gesetz der kommunizierenden Röhren in der Physik, auch den Luftdruck. Er war ein überragender Psychologe und ein Schriftsteller. Als *Blaise Pascal* – von ihm ist die Rede – im August 1662 starb, fand ein Diener in seine Kleider eingenäht ein Pergament, und in diesem ein gefaltetes Blatt Papier, das von Pascal eigenhändig geschrieben war. Auf dem Blatt stand obenan eine genaue Datum- und Zeitangabe, „seit ungefähr abends zehneinhalb bis ungefähr eine halbe Stunde nach Mitternacht".

Und was stand auf dem Blatt, das man *das Memorial* nennt? Pascal schrieb: „Gott Abrahams, Gott Isaaks, Gott Jakobs. Nicht der Philosophen und der Gelehrten. Nur auf den Wegen, die das Evangelium lehrt, ist er zu finden. Ich habe mich von ihm getrennt. Möge ich nicht auf ewig von ihm geschieden sein.“ Er schrieb noch mehr auf dem Blatt, was hier unberücksichtigt bleiben muß. Es ist seine tiefe Freude über den wiedergefundenen Gott.
Das war vor dreihundert Jahren. In unseren Jahren lebt auch ein großer Physiker und Philosoph, der in einem Institut für Friedensforschung wirkt. Es ist *Carl Friedrich von Weizsäcker*. Er schrieb in der „Geschichte der Natur“: „Gott ist nicht in der Hand des Menschen, sondern der Mensch ist in der Hand Gottes. Der Gott ist nicht stets und nach dem Belieben des Menschen zugänglich. Er offenbart sich, wo er will, wann er will und wie er will. Die Bilder, unter denen die Menschen dies gedacht haben, mögen uns bloß als Gleichnisse gelten. Aber die Sache selbst ist eine Erfahrung. Man kann die Religion ablehnen, aber man kann sie nicht übernehmen und zugleich die transzendente Gottheit aus ihr streichen“.
Wenige Tage bevor er durch ein Flugzeugunglück in Afrika umkam, schrieb der UNO-Generalsekretär *Dag Hammarskjöld:* „Allmächtiger, verzeih meinen Zweifel, meinen Zorn, meinen Stolz. Beuge mich durch deine Gnade, richte mich auf durch deine Strenge.“ In gleicher Weise dachte der weltbekannte Raketenspezialist *Wernher von Braun*, worüber die Presse schwieg.
Gewiß, es gibt auch andere Sätze und Ansichten zu dem, wer oder was Gott ist. Ein *Atheist* wird sagen, Gott ist ein menschlicher Traum, und zwar von sich selbst, so wie er vollkommen sein möchte. Der Mensch wird dieses Ziel aber nie erreichen oder erst in ferner Zukunft, wenn die Gesellschaft entsprechend verändert wurde, indem das Denken von einem Jenseits endlich auf die diesseitige Wirklichkeit gelenkt sein wird. Solches Mühen erbringt jedoch niemals den Beweis, daß es Gott nicht gibt.
Andere Bestreiter Gottes behaupten, sie brauchten die „Hypothese der Gottheit“ nicht (Laplace) und die Rede von Gott sei nur ein raffinierter Trick der seit Jahrtausenden herrschenden Priesterkaste. Damit ängstigt man die Menschen, macht sie sich hörig und ver-

weist jeden skeptischen Frager stets auf die Zukunft, ins nicht faßbare Jenseits, an ein geheimnisvolles, übermächtiges Wesen. Jedenfalls ist Gott verborgen. Wundert es da noch, daß schließlich der Gedanke auftauchte, die scheinbar ständige Abwesenheit Gottes deute nur darauf hin, daß es *ihn überhaupt nicht gibt?* Gott ist tot! So rief um die Jahrhundertwende Friedrich Nietzsche. Und heute reden es viele nach. Das ist ihnen nicht zu verdenken in einer Zeit, die auf allen Gebieten die Wissensgrenzen enorm hinausschob, in einer Zeit, die sowohl die fernsten Sterne wie komplizierteste Lebensvorgänge im Organismus physikalisch und chemisch erklärt.

In *unseren Tagen wird die Frage nach Gott* in eigenartiger Schärfe gestellt. *Gott ‚ist'*, das ist der Inhalt des christlichen Glaubens. Nun geht es darum zu wissen, was damit gesagt ist. Denn darüber, wer oder was Gott ist, haben sich schon dreitausend Jahre lang die Theologen und auch die Philosophen Gedanken gemacht. Es gibt großartige ‚Gotteslehren', es gibt äußerst interessante Gedankengebäude über Gottes *Wesen* und über Gottes *Eigenschaften*. Es gibt eine Reihe von sogenannten *Gottesbeweisen* und es gibt ebensoviele philosophische Widerlegungen. Wir können uns mit solchen Darlegungen hier nicht befassen. Immerhin sei gesagt, daß wir gelernt haben, wie bald eine ausgebaute ‚Lehre' über Gott, die nachweisen will, daß er da ist und wie er ist, nur in die Gehege menschlicher Logik, ja Wortklauberei gerät und darin zerpflückt wird. Wir haben allen Grund, beim Erschrecken über unser Unvermögen, Gottes An- oder Abwesenheit zu deuten, ihn selbst zu erwarten. Denn wenn wir beschreiben wollen, daß und wie er ‚ist', konstruieren wir nur einen in unsere Zeitlichkeit projizierten „Gott der Philosophen". Genau das taten die Freunde Ijobs mit ihren Theorien über Gott, denen die lebendige Begegnung mit ihm fehlte.

14.2. Gott als der Heilige und Überlegene

Während sich die Umwelt der *alttestamentlichen Zeit* die ‚Götter' (in großer Zahl) als personhafte Wesen vorstellte, die auf das Weltgeschehen und Geschick der Menschen Einfluß nahmen, ist die

Rede von Gott in Israel eindeutig auf den *einen* Gott bezogen. Das gilt auch für den Gebrauch des hebräischen Begriffes *elohim* (= Gott), der ein Plural ist. Gemeint ist immer der Gott, der im Vollsinne des Wortes nur Gott ist. Das zeigt sich auch im hebräischen Namen Gottes, nämlich *Jahwe*. Dieser Name wird Ex 3,14 gedeutet: ich bin, der ich bin; ich handle, als der ich handle. Gott handelt zum Heil für sein Volk. Mehr als das: er ist der Herrscher über alles, seine Herrlichkeit erfüllt die ganze Erde (Jes 6,3).
Der Glaube an die *Überlegenheit* Gottes führt dazu, daß Gott als der *Heilige* angebetet wurde. Damit ist umrissen, daß eine scharfe Trennung zwischen den Bereichen der göttlichen Macht und menschlichen Umwelt sowie menschlichen Verhaltens gezogen ist. Dennoch gibt es Kontakt zwischen beidem. Ist er richtig, findet sich der Mensch auf der Seite des Nehmenden, Gehorsamen (das ist die ethische Komponente darin), Dankenden, die unwandelbare Treue Gottes zu seinen Heilszusagen Lobenden.
Gottes Überlegenheit und Heiligkeit ist so groß, daß der fromme Jude bis heute den Gottesnamen Jahwe niemals ausspricht. An jeder der weit über 7000 alttestamentlichen Stellen, an denen Jahwe steht, liest er Elohim (= Gott) oder Adonai (= Herr). So kam es, daß vor etwa zweihundert Jahren Unkundige in der hebräischen Bibel das Wort *Jehova* meinten lesen zu müssen. Diese Bezeichnung gibt es in der Ursprache der Bibel überhaupt nicht.
Die alttestamentliche Frühzeit stellte sich trotz alledem Gott *personhaft* (anthropomorph) vor. Es ist die Rede von seiner Liebe und seinem Zorn, von seiner Untreue und seinem Bereuen. Eine umfassende Definition, also eine Lehre von Gott, hat das Alte Testament nicht. Gott ist – besser: Gott wirkt –, mehr wird nicht zu sagen gewagt; einen Bericht von einer Entstehung Gottes erwartet der Fromme zu Recht schon gar nicht. Dergleichen haben alte Mythen und heidnische Göttergeschichten die Fülle.

14.3. Gott als der Nahe und Helfer

Der heilige Gott ist uns nahe gekommen. Davon handelt die Weihnachtsgeschichte. Gott als der Vater Jesu Christi ist „bei uns alle

Tage". „Denn Gottes Beschluß ist, in Christus die ganze Fülle wohnen zu lassen und durch ihn alles mit sich selbst zu versöhnen" (Kol 1,19f.). Wer diesem Gott glaubt und vertraut, wird und muß sich von allen anderen Vertrauensgrundlagen – sprich Göttern – abwenden. Selbst auf den eigenen Verstand, der durchaus zu gebrauchen ist, ist letztendlich kein Verlaß, aber auf Gott, den Heiligen Geist. „Du sollst keine anderen Götter neben mir haben!", so bestimmt es das Erste Gebot. Damit ist keine göttliche Eifersucht ausgedrückt oder engstirnige Einseitigkeit verlangt. Damit ist eine Art – um ein Bild zu gebrauchen – Verkehrsordnung gegeben: In diese Richtung ist zu fahren; dann kommst du ans Ziel; auf dieser Bahn in Richtung Gott fährst du sicher! Alles andere ist falsch und lebensgefährlich. Anders ausgedrückt: wer an Jesus Christus, dem Sohne Gottes vorbeilebt, irrt nicht nur, er ist auch so töricht wie jemand, der auf der Autobahn in verkehrter Richtung fährt.
Gott ist der „Baumeister des Alls" (Hebr 3,4), zugleich der Erhalter und Herr der Welt (Apg 17,24; Offb 10,6). Als solcher kommt er uns nahe und bleibt uns Helfer.

14.4. Gott in unserer Welt

Wie bringen wir diese wenigen biblischen Andeutungen über Gott mit dem in Einklang, was die Moderne dazu denkt? Wir hören mehr von einer Welt ohne Gott, Stadt ohne Gott, Betrieb ohne Gott, Politik ohne Gott, Gesellschaft ohne Gott. Wer dann ratlos fragt: Gibt es Gott?, macht ihn zu einem Gegenstand – zumindest seines Nachdenkens – und da ist nur zu antworten: In diesem Sinne ‚gibt es' Gott nicht. So kann Gott von den Christen auch nicht verteidigt werden, wenn jemand wissenschaftlich (was ist das hier letztlich?) nicht mehr weiter weiß. Gott ist kein Lückenbüßer für unser Nichtwissen, so wie er nicht das Drohmittel ist, mit dem Christen unter Hinweis auf Höllenstrafen in Angst versetzt werden dürfen. Beides ist Unsinn und eine Beleidigung des lebendigen Gottes.
Das Wort Gott ist weder eindeutig noch der christlichen Verkündigung reserviert, die von Gottes Einwirken in unser Leben handelt.

Aber Gott wird dem Menschen nie durch dessen Reden und Handeln verfügbar. Gott bleibt der *verborgene Gott.*
Es gibt einen Atheismus, also eine *Gottlosigkeit aus Enttäuschung.* Wie mancher nahm Gott beim Wort und erlebte doch den Tod eines nahestehenden Menschen, wurde doch betrübt durch ein böses Schicksal, starrte entsetzt auf die großen politischen oder Naturkatastrophen. Wo bleibt da *der liebe Gott?* Solche Gott-Losigkeit ist nur mangelnde Kenntnis dessen, was die Bibel über Gott, seine Majestät und seinen Willen aussagt. Jedes Leiden stellt – gerade von Gott her! – an die Christen die Frage: Was können wir gemeinsam tun, um die Dinge und die Verhältnisse so zu verändern, daß dergleichen Unheil verhindert wird? Wie können wir dem Gebote Gottes gehorsam sein, ihn lieben, fürchten und ehren? Wie können wir vom reinen, fromm-scheinenden „Herr, Herr-Sagen" fortkommen und hin zum Tun dessen, was Gott uns sagt? So verlangt es Jesus (Lk 6,46). Und so erfahren wir die Wirklichkeit Gottes in unserer Welt. Ihn jedoch näher zu beschreiben, gelingt uns nicht. Wir bleiben bei seinen sich uns mitteilenden *Eigenschaften* stehen, deren Auswirkungen dem Glaubenden erkennbar werden können.

15. Gott ist Vater

Welche Assoziationen weckt bei uns der Begriff Vater? Wahrscheinlich erinnern wir uns zuerst des eigenen: er war (oder ist) streng, vielbeschäftigt, hart; fürsorgend, unterhaltsam, geduldig; hilfsbereit, selbstsüchtig, überarbeitet, jähzornig; ein Paschatyp, Pantoffelheld, Patriarch, pflegebedürftig. Genug der Möglichkeiten in einer Aufzählung. Wir könnten sie noch lange fortsetzen und dabei allerhand Kombinationen oder Additionen einführen. Über all dem steht noch, daß jeder von uns einem Vater sein Leben verdankt. Und schließlich korrespondiert der Begriff Vater noch mit dem der Mutter.
Welche Beziehungen vermögen wir von diesen Gedankenverbindungen her zu Gott als dem Vater zu schaffen? Je nach Meinung, Erziehung und Ansicht über religiöse Dinge läßt sich in die Aufzäh-

lung mit der Behauptung hineingreifen: Gott als Vater ist streng jenseitig, er ist der liebe, väterliche Helfer in allen Lebenslagen, er ist als Vater wesensgemäß schaffender Anfang und überlegener Lenker aller Geschicke unter den Menschenkindern. Das alles erscheint aber etwas *schnellfertig*, ja billig. Dabei wird Gott zu einer Art Projektion unserer Gedanken, innersten Prägung und Verspannungen. Auf diesem Wege wurde Gott oft zum Gegenstand psychoanalytischer Betrachtung. Niemand braucht sich zu wundern, daß Gott der Vater in unserer Gesellschaftsform schwer ankommt. Der in der Antike verbreitete Vatername für den einen oder höchsten Gott hängt mit der patriarchalischen Gesellschaftsstruktur jener Zeit zusammen. „Von den Erfahrungen unserer eigenen Zeit ausgehend, würden wir wohl kaum den Namen ‚Vater' wählen, um das *göttliche Geheimnis als Person* zu nennen. Aber nun ist der Vatername kein austauschbares Symbol, sondern er identifiziert den persönlichen Gott als den Gott Jesu, als den Gott, den Jesus den Vater nannte. Mit dem apostolischen Bekenntnis Gott den Vater zu nennen, bedeutet nicht, den uns am angemessensten erscheinenden Namen für die Wirklichkeit Gottes zu wählen, sondern es bedeutet, daß wir uns zu dem Gott Jesu bekennen" (W. Pannenberg).

15.1. Gottes väterliche Herrschaft

Nicht erst in der Beziehung zur Gotteskindschaft erkennen wir Gott als den Vater. Er ist es auch dort, wo solche abhängige Kindschaft weder erkannt noch anerkannt ist. Es ist Gottes *„eigenständige Qualität"*, Gott ist Vater „von Ewigkeit her". Er ist damit nicht etwa in ein Verhältnis zu bringen, als sei er Urquell und innerster Kern der Welt.

Der Vaterbegriff im *Alten Testament*, angewendet auf Gott, weist zuerst hin auf seine völlige Überlegenheit, sein mächtiges Schaffen. „Alle Welt fürchte den Herrn, und vor ihm scheue sich alles, was auf dem Erdboden wohnt. Denn wenn er spricht, so geschieht's; wenn er gebietet, so steht's da" (Ps 33,8f.). Im gleichen Psalter stehen aber viele Hinweise auf Gottes Vaterschaft als eines Erziehenden, hilfreich Leitenden, Beschützenden: „Wie sich ein Vater über Kinder erbarmt, so erbarmt sich der Herr über die, die ihn fürchten" (Ps 103,13). So bleibt letztlich im Beziehungsbegriff ‚Vater' symbolisch ausgesprochen, daß Gott den Menschen erhält und ihn zur Vollendung leitet. (Wenigstens angedeutet sei hier ein neuerdings von Amerika her aus dem englischen Sprachraum aufkommendes Fordern, Gott dürfe nicht länger ‚maskulin' (!) beschrieben werden. Viele reden und schreiben deshalb nur noch von ‚he/she'. Dergleichen läuft letztlich auf Mißverstehen der weiblichen Emanzipation hinaus und übersieht den theologischen Gehalt des Begriffs Vater.)

Im *Neuen Testament* zeigt sich unter anderem auch der zukünftig handelnde Vater. „Euer Vater weiß, daß ihr Nahrung und Kleidung nötig habt" (Lk 12,30 par). Entscheidend ist hierbei, daß der handelnde Gott uns Menschen *Vergebung zusagt:* „... damit auch euer himmlischer Vater euch eure Übertretungen vergebe" (Mk 11,25). Jesus zeigt uns in manchen Reden, daß Gott derjenige ist, der an der Umkehr, an der sogenannten Buße eines irrenden Menschen und Sünders Freude hat. Im Gleichnis vom verlorenen Sohn wird das deutlich: Der Vater wartet schon lange, um den endlich heimkehrenden Sohn aufzunehmen. Das geschieht mit offenen Armen, und sogleich wird ein Freudenfest gefeiert. Der Sohn wird vom Vater ‚bekehrt'.

15.2. Gott als ‚Papa'

Solche Bemerkung klingt fraglos lächerlich, ja geschmacklos. Doch sie steht im Neuen Testament, und zwar in einer Aufforderung Jesu an uns, genauso unser Vaterverhältnis zu Gott auszuprägen. Nur kennen wir in unseren Bibelübersetzungen nicht den Ausdruck ‚Papa' (oder ‚Vati'), sondern dort heißt es *Abba* (Mk 14,36; Röm 8,15; Gal 4,6). Jesus wählte das aramäische Wort aus der Kindersprache und machte es zur Anrede an Gott. Wir sollen sie brauchen, insbesondere, wenn wir beten. Was steckt hinter dieser zunächst befremdlich auf uns wirkenden Aufforderung?

Weder im Alten Testament noch im übrigen Judentum findet sich diese Abba-Anrede für Gott. Sie bekundet *höchstes Vertrauen und enge Verbundenheit*. Die deutsche Übersetzung ‚Papa' meint dasselbe: Wie Jesus in allen Lebenslagen und Situationen sich völlig mit dem Vater verbunden wußte, so können wir es auch sein. Das Vertrauen des Kindes zu seinem Vater erstreckt sich – sofern es nicht gestört ist – auf alle Lebensbereiche des Heranwachsenden. Der Vater hilft, belehrt, schützt, fördert und begleitet. In einem gewissen Lebensalter meint das Kind, der eigene Papi kann alles, weiß alles, schafft alles.

Sollte solche Haltung vorbehaltloser Zuversicht nicht in unserem Gebet selbstverständliche und stete Grundlage sein? Noch enger können wir uns die Zuneigung Gottes zu uns nicht vorstellen. „Wir sind Gottes Kinder" (Röm 8,16), das folgt aus dem Vatertum Gottes.

15.3. Gott der Vater als Schöpfer

Der Anfang unseres apostolischen Glaubensbekenntnisses heißt: „Ich glaube an Gott, den Vater, den Allmächtigen, den Schöpfer des Himmels und der Erde." Hier ist die Verbindung zwischen dem zweifelsfreien Vertrauen zu Gott und dessen Überlegenheit *als Schöpfer* ausgedrückt. Das schließt ein, daß er in der Gegenwart und in aller Zukunft *der handelnde Vater* ist und bleibt. Dieses Handeln bezieht sich auf uns und unsere Welt; es ist ein liebendes Handeln, „weil er's tun kann als allmächtiger Gott und auch tun will als ein getreuer Vater" (Heidelberger Katechismus).

Die systematische, wissenschaftliche Glaubenserkenntnis bezieht Gottes Schöpfersein auf unsere natürliche Umwelt, auf die Geschichte und auf die menschliche Existenz. In allen drei Bereichen ist Gott-Vater der Bestimmende, Beherrschende, Begleitende.

15.3.1.

Wir erfahren die *Umwelt, die Natur als unendlich*. Die Schöpfungsdarstellung bei Ijob 38 und 39 zeigt das in einer Fülle von Fragen Gottes an den sich klug und wissend dünkenden Menschen.

Doch er kann „auf tausend nicht eins antworten" (9,3). Gott überschaut die Welt und ihre Zusammenhänge; wir Menschen sind demgegenüber ‚beschränkt', selbst wenn wir komplizierteste Computer-Rechnungen aufstellen. Im Kosmos, von dem die Bibel sagt, Gott habe ihn *„aus nichts" erschaffen* (2 Makk 7,28; Ps 33,6.9; Röm 4,17), erfahren wir immer nur unsere Endlichkeit, die Gottes Überlegenheit unterstreicht.

5.3.2.

Unserem Verstand fällt es schwer, zu erahnen, was es bedeutet, daß Gott mit dem Anfang der Schöpfung *auch die Zeit geschaffen*, gesetzt hat. Die Zeit, als die vierte Dimension, gehört zu uns. Wir wähnen, Herr unserer Zeit zu sein, bemerken aber bald, daß wir „keine Zeit haben", sie nicht bremsen oder horten können. Doch Gott wirkt durch die Zeit an uns und für uns. Er setzt uns Fristen, läßt uns Jahre und Jahrzehnte gewähren, indem er auf unsere Hinwendung zu ihm wartet. Aber er begrenzt unsere Zeit auch wieder. In den Zeiten *läuft die Geschichte* der Völker und der einzelnen Menschen ab. Gott lenkt sie, oft indem er uns Menschen wirken läßt. Das ist dann meist auch danach.

15.3.3.

Schließlich erfahren wir Menschen uns als einzelne in der *Existenz vergänglicher Wesen*. Wir bleiben gebunden an Raum und Zeit. Beim Erobern des Weltraumes durch Astronauten (wie gering sind die Aussichten!) ist das Hauptproblem die Unzulänglichkeit des Menschen und seines Organismus. Wir mögen sicher noch einiges erreichen und schaffen; doch wie beim Turmbau zu Babel stoßen wir an Grenzen, die Gott uns setzt. Das braucht nicht nur negativ und pessimistisch zu klingen. Wir haben innerhalb der uns gesetzten Grenzen viele, noch längst nicht ausgeschöpfte Möglichkeiten, der Vollendung menschlicher Existenz entgegenzuarbeiten. Das ist ein Stück auf dem Wege zur Vollendung des Reiches Gottes, in dem eine Gotteskindschaft als Ordnung gilt, die nicht Untergebene und Knechte meint, sondern allen Christen gleiches Kindesrecht gibt bei Gott, der der „himmlische Vater" ist und bleibt.

16. Gott ist Sohn

Schwer vorstellbar ist, daß es einst zu einem regulären *Krieg um den Buchstaben ‚i'* gekommen ist. Es war im vierten Jahrhundert und hatte einen ernsten Hintergrund. Schon damals ging es um *die Frage:* Wer oder was ist *Jesus Christus?* Wer oder was war Jesus von Nazaret? Diese Fragen – die heute noch gestellt werden – hängen zusammen mit den Fragen: Welche Verbindung besteht zwischen Gott und Jesus, dem ‚Sohn'? Ist Jesus Gott? Ist er vergöttlicht? Wurde er nach dem Kreuzestode wie Gott zum ‚Gott'? War er schon vor seiner Geburt Gott, oder war er ein Mensch wie wir alle auch, dem lediglich eine besondere Beziehung zu Gott eigen war? Und wenn Jesus Christus auf das engste mit Gott in Verbindung gebracht werden muß, wie haben wir uns das vorzustellen? Ist er mehr Gott oder mehr Mensch? Ist er nur zum Teil göttlich – etwa sein Verstand, seine Vernunft –, und alles andere ist Mensch an ihm? Ist er überhaupt nur Gott, wobei sein Menschsein der Maske eines Schauspielers vergleichbar wäre, indem er nur so tut, als sei er auch Mensch?

Und wenn wir in den vier Evangelien Gottes Wort lesen, handelt es sich dabei um Worte Jesu, die er als eine Art Herold, also an Stelle Gottes sprach? Oder sind seine Worte so gewichtig, daß sie für uns ohne Abstriche den Rang von Gottesworten haben? Vielleicht sind es nur die klugen Betrachtungen eines auffallenden Menschen, der vor zwei Jahrtausenden lebte und dessen Wirksamkeit als Religionsstifter bis in unsere Jahre hinein weitergeht? So sieht auch der Islam im Koran die Gestalt Jesu, dem dort der Platz eines zeitgenössischen Propheten zugewiesen wird.

Genug der Fragen, von denen einige reichlich weit hergeholt zu sein scheinen. Sie sind es nicht; denn *hinter jeder der Fragen steckt ein Problem,* ein Programm, das in der christlichen Kirche schon oft eine Rolle spielte, das zu Kirchenspaltungen und bis zum eingangs erwähnten Kampf um den Buchstaben ‚i' führte. Damals stritten sich die Parteien darum, ob Jesus Christus mit Gott ‚wesenseins' (griechisch = homoousios) oder mit Gott ‚wesensgleich' (griechisch = homoiousios) sei. Jahrhundertelang befaßten sich die

klügsten Köpfe des Abendlandes mit dem Geheimnis um die Person Jesu Christi. Ihre Überlegungen füllen ganze Bibliotheken. In der Fachtheologie gehören diese Probleme zu den kompliziertesten in der langen Dogmengeschichte überhaupt.
Mit den eingangs gestellten Fragen sollen hier in Vereinfachung die Forschungsrichtungen angedeutet sein. Was in unserer Generation über Jesus von Nazaret und Gott gedacht, geäußert und geglaubt wird, war in der langen Kirchengeschichte alles schon da. Je nachdem, wie unsere Antworten ausfallen, zeigt sich, welche Glaubenshaltung als Christen wir einnehmen.

16.1 Das Leben von Jesus

Jeder auch nur halbwegs gebildete Mensch müßte in unseren Landen die Biographie Jesu kennen. Er ist die Schlüsselgestalt unserer modernen (abendländisch-westlichen) Welt und der Geschichte. Deshalb gehört die Kunde von Jesus in den schulischen Religionsunterricht.
Was wissen wir aber nun über das Leben Jesu? Als Quelle dient uns die Bibel; einige außerbiblische Quellen bringen außer einem bunten Legendenkranz nichts Neues. Die *Biographie von Jesus aus Nazaret* ließe sich in folgendem Steckbrief raffen: Jesu Geburt wird durch Engel angekündigt. Die ohne jede Beteiligung eines Mannes schwangere Maria wird von ihrer Freundin Elisabeth als „Mutter ihres Herrn“ überschwenglich begrüßt. Während dieser Monate muß Maria die lästige Reise nach Bethlehem machen, wo sie im Notquartier eines Stalles mit Jesus niederkommt. Um des Kindes willen müssen Maria und Joseph für längere Zeit nach Ägypten fliehen, wohnen aber später in Nazaret, wo Jesus durch besondere Begabung auffällt. Als etwa 30-jähriger geht er auf Wanderschaft und läßt sich von Johannes im Jordan taufen. Dabei erscheint Gott in Gestalt einer Taube und ruft, Jesus sei sein lieber Sohn. Von da an lesen wir von Jesus in den Evangelien, wie er im Lande umherzog, Jünger sammelte und stets allerhand Leute um sich hatte. Er predigte überaus fesselnd vom nahe herbeigekommenen Reich Gottes.

Er gab sich mit vielen Kranken und Behinderten jeder Art (mit Lahmen, Blinden, Tauben, Besessenen, Aussätzigen) ab, die er heilte.

Wir erfahren von anderen Wundertaten wie das Verwandeln von Wasser in Wein, vom Laufen auf dem Meer, vom Befehl an den Sturm und an einen Baum. Jesus sättigte mit nur wenigen Broten und Fischen einige Tausend Menschen. Sogar ein paar Tote erweckte er wieder zum Leben. Mit der Prominenz, die sich darüber ärgerte, daß die Leute Jesus für den Messias hielten und er das seinerseits nicht zurückwies, geriet Jesus häufig in Streitgespräche. Den Machthabern wurde er schließlich so lästig, daß sie seine Beseitigung planten. Trotz Warnung begab sich Jesus zum Passahfest nach Jerusalem, wo er nach einer befremdlich wirkenden Aktion im Tempel bald in einem Park mit übertriebenem Polizeiaufwand in der Nacht verhaftet wurde. Er bekam einen kurzen Prozeß, der auch noch manipuliert werden mußte, um das angestrebte Todesurteil zu erwirken. So kommt Jesus ans Kreuz. Diesen Tod hat er in den Monaten zuvor dreimal vorausgesagt und dazu erklärt, das ‚muß' so sein, um den Auftrag Gottes zur Rettung der Menschen zu erfüllen. Das besonders versiegelte und bewachte Grab Jesu wird bald geöffnet und leer gefunden. Jesus ist von den Toten auferstanden. Er erschien seinen Jüngern und Freunden, denen er nochmals sagt, daß sein Weg nach dem Willen Gottes verlaufe. Einige Wochen danach nimmt er auf einem Berg von den Jüngern Abschied und wird vor ihren ratlosen Gesichtern himmelwärts entführt. Aber – so sagt er ihnen unmittelbar vorher noch – er sei bei ihnen alle Tage bis ans Ende der Welt.

16.2. Das Erscheinungsbild Jesu

Neben die biblische Lebensgeschichte von Jesus, wie wir sie soeben skizzierten, läßt sich ein Bild stellen, wie es in unserer Besinnung über ihn ebenfalls zu zeichnen ist. Damit wird eine andere Seite betont, die ebenso zu beachten ist wie der vorher gezeichnete Steckbrief Jesu.
Der Theologe H. Zahrnt zeichnet dieses Bild folgendermaßen: „Da

wird einer in einer Notunterkunft geboren, in der Ecke auf einer Strohschütte, und die ersten, die sich für ihn interessieren, sind Landarbeiter, die Proletarier der Zeit. Dann muß er mit seiner Familie sofort in die Emigration... Bevor er mit seiner öffentlichen Wirksamkeit beginnt, verzichtet er ausdrücklich auf alle jene Mittel und Attribute, die einem politischen Führer oder sozialen Revolutionär Erfolg versprechen: auf Macht, Brot und Spiele... Ohne einen Titel oder ein Amt für sich in Anspruch zu nehmen, will er nur die Sache Gottes in der Welt durchsetzen – dafür erscheint es ihm ‚höchste Zeit'. Aber mit dem Anfang ist im Grunde schon entschieden, daß seine Sache schiefgehen muß... Er zieht als Wanderprediger durch das Land, ohne Paß und ohne festen Wohnsitz. Er predigt denen, die es mit Gott schwer und von Theologie keine Ahnung haben. Er ist frei von allen Vorurteilen. Er hält sich zu denen, die die Gesellschaft ausgeschlossen hat, zu dem moralisch Verdächtigen und den politisch Unzuverlässigen, und setzt sich mit ihnen zusammen an einen Tisch. Aber er geht genauso in die Häuser der guten Bürger, der Theologen und Frommen. Ihm ist allein an den Menschen gelegen... Er hält sich an die Kinder, nicht an die Juristen. Seine eigene, sehr fromme Familie erklärt ihn für verrückt... Mit den kirchlichen und politischen Behörden gerät er in Konflikt: sie suchen ihn in bewährter Zusammenarbeit zu liquidieren... Einer aus seinem engsten Umkreis denunziert ihn, die Stimmung der Masse schlägt im Nu gegen ihn um, und auch seine letzten Anhänger setzen sich von ihm ab. Von allen verlassen, hat er Angst vor dem Sterben. Mit den üblichen Methoden geistlich-politischer Justiz wird der Prozeß gegen ihn durchgepeitscht. Die Anklage lautet auf Gotteslästerung und Hochverrat, das Urteil auf Tod. Völlig verlassen geht er den Weg an den Galgen, sehr still, sehr gehorsam, aber eben doch an den Galgen. Er wird gehenkt zusammen mit zwei Verbrechern und stirbt mit den Worten ‚Mein Gott, warum hast du mich verlassen?'"

Jesus Christus paßt also in keinerlei Schema, *er provoziert* buchstäblich *alle* Menschen. Und damit wird er in Tat und Wort – schon rein religionswissenschaftlich betrachtet – der *Beweger der ganzen Welt*.

16.3 *Die Aufgabe Jesu*

Anstatt bei Einzelheiten der geschilderten zweifachen Biographie Jesu zu verharren, ist uns entscheidend, inwieweit mit alledem die These „Gott ist Sohn" in den Blick kommt. Entscheidend ist also die Herstellung der *Verbindung zwischen Gott und Jesus Christus* auch in unserem Denken.

In der *Reihe von Würdebezeichnungen Jesu* gibt es nur zwei, die er selbst für sich verwendet hat, nämlich die des ‚Sohnes' und des ‚Menschensohnes'. Der Hinweis auf den *Sohn Gottes* durchzieht das Evangelium von Jesu Taufe an („Dies ist mein lieber Sohn...") bis hin zum Verhör vor der Kreuzigung („Bist du der Christus, der Sohn des Hochgelobten? – Ich bin's"). Einige weitere Zitate zur Verbindung ‚Gott und Gottessohn': „Ich tue den Willen des, der mich gesandt hat, und vollende sein Werk" (Joh 4,34). „Ich und der Vater sind eins" (Joh 10,30). „Alle Dinge sind mir übergeben von meinem Vater; und niemand erkennt den Sohn, als nur der Vater; und niemand erkennt den Vater als nur der Sohn und wem es der Sohn offenbaren will" (Mt 11,27).

Über das *Selbstbewußtsein Jesu* wurde viel gerätselt. Wir stehen hier vor einem Geheimnis seiner Verkündigung und seines persönlichen Anspruches. Soviel ist jedenfalls sicher: Jesu Verbindung zu Gott als dem Vater wird in den Begriffen der Sohnschaft ausgedrückt. Damit ist eine engstmögliche ‚Einheit' ausgesprochen . Wer von Gott redet, muß auch von Jesus Christus sprechen. Und wer von Jesus Christus redet, spricht damit von Gott. Gott ist Sohn.

Jesu Aufgabe war und ist, uns alle in das Verhältnis einer Bruder- und Schwesterschaft zu ihm und damit in ein *Kindschaftsverhältnis* zu Gott zu bringen. Er wird erreicht durch Jesu Werk, also durch seinen Opfertod um unseretwillen. In ihm eröffnet er allen Menschen das entscheidende Angebot: Ihr könnt aus Not und Tod, aus Angst und Schuld herauskommen! Ihr könnt wahre Freiheit und Wahrheit erleben, erfahren! Wer sich dieses Angebot nur anhört, merkt und erlebt nichts. Wer sich jedoch vornimmt: Ich will dabeisein und folge diesem Angebot, der wird schließlich auch intellektuell die Wirklichkeit und Großartigkeit dieses einzigartigen Angebotes einsehen und nicht mehr missen wollen.

16.4. *Die Schlüsselstellung Jesu Christi*

Für den Israeliten, für das Alte und durchgehend auch für das Neue Testament steht im Höhepunkt des göttlichen Erlösungsgeschehens der Messias. In der heutigen Forschung gibt es immer wieder Stimmen, die bezweifeln, ob Jesus ein *messianisches Selbstbewußtsein* gehabt habe. Sie vermögen aber ihre negative Behauptung nicht schlüssig zu beweisen. Immerhin sind hierbei seine Jünger, deren Sicht wir aus dem Neuen Testament vor uns haben, mit ihren Äußerungen in die Überlegung einzubeziehen. Von ihnen kommt der Appell zum „schlechthinnigen Vertrauen". Die Jünger wendeten, besonders nach dem Ostergeschehen, auf Jesus das Prädikat Messias an, dessen griechische Übersetzung *Christus* ist. Dieser Titel hat im heutigen allgemeinen Bewußtsein die Qualität eines Eigennamens in Verbindung mit dem Namen Jesus.

Seitdem jeder männliche Zeitgenosse mit „Herr" angeredet zu werden pflegt, entleerte sich das Wort Herr seines ursprünglichen Gehaltes. Für die Bibel bleibt *‚der Herr' nur Gott*. Und Jesus, der Sohn, wird ebenfalls als ‚der Herr' bezeugt. Jesus ist „mein Herr und mein Gott"(so Thomas in Joh 20,28). Zum christlichen Glauben gehört unverrückbar, daß Jesus Christus *der Herr = Herrscher* ist über alle Mächte, die sichtbaren und unsichtbaren, über die Schöpfung und das Geschehen in der Geschichte unserer Welt, über die Gemeinde und jeden einzelnen. An Jesus kommt niemand vorbei, er mag ihn kennen, ihn lieben oder verachten, er mag ihn nicht kennen oder gar verfolgen. Im Herrennamen Jesu wird eine Beziehung hergestellt, die uns verpflichtet und bindet. Sie schenkt uns aber auch eine Beziehung zum Heil, zur Heilung und zur Heiligung, die sonst nirgends in der Welt unter den Menschen zu finden ist. Jesus ist der *Heiland*. Beweise dafür gibt es millionenfach, und zwar mitten unter uns. Hiermit wird zusammenhängen, daß im Neuen Testament (jeweils in besonderen ‚Schlüsseltexten') die mit Abstand am häufigsten zitierte alttestamentliche Stelle Ps 110,1 ist: „So spricht der Herr zu meinem Herrn: Setze dich mir zur Rechten und deine Feinde leg ich als Schemel dir unter die Füße". Jesus Christus ging diesen Weg, der das Heil der Welt bedeutet und bewirkt. Als der Heiland ist er der Herr.

An Autos konnte man vor einigen Jahren in unseren Straßen Aufkleber lesen: „Wenn dein Gott tot ist – nimm meinen. Jesus lebt!" Diese Formulierung in modischer Gestalt drückt aus, was hinter unserem Thema „Gott ist Sohn" alles steckt. Und die eingangs aufgereihten vielen Fragen bleiben aktuell und verlangen Antwort.

17. Gott ist Geist

„Der Mann muß vor ein Gericht, er hat Gott gelästert!" So widerfuhr es vor 400 Jahren jemandem, den die hohen Behörden nach seinem Glauben befragten. Er antwortete: „Ich leugne ja gar nicht die heilige Dreieinigkeit. Ich verstehe, was Gott der Vater ist, und glaube an ihn. Ich verstehe ebenso Gott den Sohn. Aber ich verstehe nicht, was mit Gott dem Heiligen Geist gemeint ist." Da meinten seine Inquisitoren: „Er kennt immerhin zwei Personen des dreieinigen Gottes, das ist schon mehr, als wir kennen" und ließen ihn frei.

Heute gibt es Glaubensprüfungen anderer Art, in denen Glaube an die Überlegenheit und Unbezwingbarkeit ideologischer Systeme verlangt wird. In den Verfassungen nicht weniger Staaten wird jeder Bürger verpflichtet, sich dem Geist dieser Ideologien nicht nur äußerlich, schon gar nicht heuchlerisch, sondern von ganzem Herzen auszuliefern. Der christliche Glaube verlangt so etwas nicht. Er bekundet aber vor jedermann: Gott ist Geist; als solcher ist er überlegen; er teilt uns Menschen seinen Geist zu; wir können im Geiste Gottes wahres Leben führen. – Doch was bedeutet das alles?

17.1. Geist als göttliches Subjekt

In allen Religionen ist die Rede vom Geist. Die Bibel verwendet den *Ausdruck Geist vielfältig.* Der ganze Katalog ist in wenigen Sätzen nicht annähernd zu erfassen. Beim Suchen einer allgemeinen Linie deutet sich ein Grundprinzip an.

17.1.1.

Geist ist *wesensgemäß etwas Lebendiges.* Wenn er bei Menschen in ihrem Verhalten, Können oder Denken erwähnt wird, geht es dabei stets um Leben. Der lebendige Geist tritt in Kräften verschiedenster Form und Äußerung in Erscheinung. Sein Wirken ist voll befreiender Überraschungen.

17.1.2.

Geist ist nach biblischer Darstellung etwas, das *von Gott ausgeht und kommt.* Die Geschöpfe leben von ihm, sie vergehen beim Entzug von Gottes Geist: „Du sendest aus deinen Odem (= Geist), so werden sie geschaffen, und du erneust die Gestalt der Erde. Nimmst du ihnen ihren Odem und Atem, so vergehen sie und werden zu Staub" (Ps 104,29f.).

17.1.3.

Geist ist *Personifizierung Gottes.* Vereinfacht ausgedrückt läßt sich das so verstehen: Wir bekennen Gott als den ‚Vater' und Gott in Jesus Christus. Der Geist Gottes ist „der Schlüssel zur christlichen Existenz nach Christi Erhöhung" (Trillhaas). Gott wirkt in Jesus Christus das Heil für uns Menschen. Das ist ein historisches Faktum. Aber auch der Geist Gottes, der Heilige Geist, ist geschichtlich. Er wird uns „gegeben", und wir „empfangen" ihn (Röm 5,5; 8,15). Paulus, der eine ausführliche Geistlehre entfaltet, erklärt: „Der Herr ist der Geist; wo aber der Geist des Herrn ist, da ist Freiheit" (2 Kor 3,17). Das besagt, wir Menschen bekommen zwar Gottes Geist, er bleibt aber unserer Bewältigung und unserem Zugriff entzogen.

17.2. *Geist als Resonanz Wirkender*

In den voraufgegangenen Feststellungen rühren wir an Tatsachen, die letztlich unserer Beweismächtigkeit entzogen sind. Wir werden immer wieder auf die Wirkungen des Geistes verwiesen, die wir erfahren, erleben und erkennen können.

17.2.1.

Der Geist Gottes erfüllt Menschen und versetzt sie auf das Fundament des *Glaubens*. Auf ihm vertrauen sie Gott und erleben – oft selbst aufs höchste verwundert – Kraftwirkungen und Heilungsereignisse. Wir antworten auf Gottes Geistwirken besonders im Gottesdienst. *Gottesdienst* ist wesentlich solches Antworten; denn „in ihm wendet sich die Kirche zu dem letzten Grund ihres Seins, zu dem Schöpfer der Geistgemeinschaft, zu dem Gott, der Geist ist. Wo immer er im persönlichen oder gemeinschaftlichen Erleben erfahren wird, da sind die, die ihn erfahren, vom göttlichen Geist ergriffen; denn nur Geist kann Geist erfahren, wie nur Geist ‚die Geister unterscheiden' kann" (P. Tillich).

17.2.2.

In 1 Kor 12–14 hat Paulus einen *Katalog über Geistwirkungen* aufgestellt. Er nennt das Zungenreden, redet von predigender und prophetischer Schriftauslegung, vom Aufbau der Gemeinde, zu der Leitungsveranlagungen (= Geistesgaben, Charismen) ebenso gehören wie die Vielfalt der Hilfeleistungen, zum Beispiel in der Diakonie, oder sogar Verwaltungsaufgaben. Mitten in seinem Katalog hält Paulus seinen Exkurs über die besondere Geistesgabe, über die wahre Liebe zum Nächsten.

17.2.3.

Als diejenige Macht, die die Weltgeschichte lenkt und jedes Einzelschicksal führt, wird der Heilige Geist Gottes gelegentlich als „*Unterpfand*" bezeichnet (2 Kor 1,22). Damit ist dem Christen eine *Garantiezusage auf die Zukunft* gegeben. Im Wirken des Geistes geht Gott mit uns Menschen auf das derzeit noch nicht vollendete Ziel zu. Wir Menschen, die wir unter den Kategorien der Todeszeitlichkeit existieren, erhalten eine Zusage über unseren letzten Atemzug hinaus. Weil der Geist wesensgemäß Leben ist, besagt diese Zusage Leben in einer von uns noch nicht vorstellbaren Zukunft.

17.3. Geist als Vermittler von Gnadengaben

Gottes Geist wirkt in der Welt unter uns, und zwar in Gestalt von Gaben, von Gnadengaben (Charismen). Gottes Geist versetzt uns in das Kindschaftsverhältnis zu ihm. Christi Allmacht und Allgegenwart erfüllt die Welt in den unter Menschen ausgeteilten Geistesgaben. Die Berichte vom *Pfingstereignis* sind dafür die Initial-Begebenheit.

Die neutestamentlichen Briefe wählen hinsichtlich der Geistwirkungen das *Bild von den Früchten* (in deutlichem Unterschied zum Erfolg durch Leistungen!). Gal 5,16–26 handelt davon, wie der Geist gegen das Fleisch (als Gegenbegriff des Vergänglichen und Zerstörerischen) gestellt wird. Neunfach sind die Geistfrüchte dort aufgezählt, wobei zu bemerken ist, daß jedesmal ein Beziehungsbegriff gewählt ist. Denn Christ sein und entsprechend leben kann man nicht für sich ganz allein. Es heißt dort: „Die Frucht des Geistes ist Liebe, Freude, Friede; Geduld, Freundlichkeit, Güte; Treue, Sanftmut, Enthaltsamkeit."

Aus den mancherlei Geistesgaben Gottes an den Menschen sind einige Grundgaben herauszuheben.

17.3.1.

Liebe ist die größte Gnadengabe. Hinwendung zum anderen ist Abbild der Liebe Gottes. Liebe ist daher Grundgebot. Sie ist nichts Spielerisches, sondern im wörtlichen Verständnis des Begriffes Bemühung.

17.3.2.

Friede ist die nächste Gnadengabe. Im Frieden wird zwischen Gott und Mensch, zwischen Mensch und Mensch, zwischen Mensch und Kreatur alles in Ordnung gebracht. Wie der Gottesfriede letztlich wirkt, das geht über Menschenverstand hinaus (Phil 4,7). Aufgabe des Christen und der ganzen Gemeinde ist, den gemeinten Gottesfrieden zu verkündigen, zu praktizieren und zu fördern. Damit ist ein Riesenprogramm in Familie, Beruf, Staat und Gesellschaft angesprochen.

17.3.3.

Freiheit schenkt uns Gottes Geist. Sie ist die wahre Unabhängigkeit von den Begrenzungen und Einengungen unseres Lebens. Diese Freiheit führt unmittelbar zur *Freude,* welche selbst „in allem Leide" (wie es ein Choral formuliert) bleibt. Der Geist Gottes befreit zugleich alles in der Geschichte Gewordene stets zum Neumachenden hin; er führt uns immer mehr an die Vollendung der Freiheit heran, die uns versprochen ist. Als der *Paraklet,* als der Beistand, Tröster und Helfer – wovon das Johannesevangelium hinsichtlich des Gottesgeistes spricht – verschafft er uns Freiheit des mutigen Bekennens und Bleibens beim Glauben als Christen.

17.3.4.

Das *Gebet* ist unter den Früchten des Geistes noch herauszugreifen. Es geschieht nur recht, wenn es „im Heiligen Geist" vollzogen wird, um den wir zu bitten haben. Damit ist erneut der Zusammenhang mit der Gotteskindschaft angedeutet, die eine Abhängigkeit begründet, aber eine solche, über die man nur glücklich sein kann. Denn im Geist greifen wir vertrauensvoll nach dem Geschenk der Nähe, der Hilfe und Lebensweisung durch Gott den Heiligen Geist.

17.3.5.

Als Vermittler von Gnadengaben befähigt der Gottesgeist die Empfänger mit dem Endziel des *Aufbaues vom Reich Gottes.* Neben den erwähnten „Früchten des Geistes", wie Paulus sie aufreiht, zählt die Bibel auch *Begabungen* durch den Geist auf. Eine Schlüsselstelle ist Jes 11,1ff., die sich allerdings auf den Messias bezieht (hinzu kämen wegen der Beteiligung von jedem Menschen Hinweise auf Ez 36,26–28; Ps 51,12 u.a.). Der Geist Gottes wirkt (1) Weisheit des Verstandes und Einsicht in die Situation, (2) Ratschläge im Sinne einer planenden Entscheidungsfindung und mutige Tatkraft, (3) im Glauben gründende Gotteserkenntnis und vertrauensvolle Gottesfurcht.

18. Die Dreieinigkeit

Was über Gott zu sagen und zu entfalten war, ist mit einem Abschnitt von der Dreieinigkeit – oder mit dem Fachausdruck: von der *Trinität* zusammenzufassen. Einige Theologen übergehen die Lehre von der Trinität, weil sie angesichts der komplizierten Entwicklungsgeschichte des Trinitätsdogmas zu dem Urteil kommen, sie habe keine besondere Bedeutung für den Glauben. Andere meinen, die Ehrfurcht vor dem heiligen Gott gebiete gerade hier äußerste Zurückhaltung. Doch völliges Schweigen ist sicherlich unangemessen. Wir versuchen, das hier Nötige in jener Haltung des Kirchenvaters Augustin darzulegen, der seine Trinitätslehre mit einem Gebet um Vergebung schließt für das, was er nicht wahrheitsgemäß gesagt haben sollte.

18.1. 3 = 1

Während in der Mathematik die Gleichung 3 = 1 unsinnig ist, erscheint sie theologisch zutreffend. Das Wort ‚Dreieinigkeit' (im katholischen Bereich sagt man Dreifaltigkeit) umschreibt die Zusammenstellung 3 = 1.

Gemeint ist Gott, der uns nach biblischer Erkenntnis als Vater, Sohn und Geist begegnet. Die neutestamentlichen Zeugen reden deutlich von *Jesus Christus* als dem *präexistenten* Logos, also von Christus, der vorzeitlich, vorräumlich und vorkreatürlich ‚schon' bei Gott ist (vgl. Joh-Prolog; Phil 2,5–11; Röm 8,32; Eph 1,4 u. ö.). Paulus und die Urgemeinde beteten zum erhöhten Herrn Jesus Christus als zu Gott. Weniger direkt aber unübersehbar sagt das Neue Testament vom *Heiligen Geist*, er sei Gottes Geist der Wahrheit (Joh 14,17); er ist Gottes Geist und Christi Geist (beides in Röm 8,9). Bekannt sind ferner die dreigliedrigen Formeln im Taufbefehl (Mt 28,19) und die trinitarisch aufgebaute Gnadenbitte im Gruß von 2 Kor 13,13. Immer ist von dem einen Gott die Rede, wie er sich uns offenbart. Die Gemeinde gestaltete allmählich eine Lehre von der Dreieinigkeit daraus, womit sie sich sowohl vom Monotheismus (= Ein-Gott-Lehre) als auch vom religiösen Polytheismus (=

Viel-Götter-Lehre) abgrenzte und wodurch sie ihre Predigt des Evangeliums rein und lauter erhielt (G. C. van Niftrik).
Im Laufe der Theologiegeschichte, die sich bei diesem Lehrstück am Neuplatonismus besonders formte, wurden als Erkenntnishilfen *Spuren der Dreieinigkeit* außerhalb der biblischen Botschaft gesucht. Es gibt eine Reihe von beachtenswerten Feststellungen. Karl Barth erklärt, Gott ist dreieinig „in unzerstörbarer Einheit, aber auch in unzerstörbarer Verschiedenheit", und zwar als der Offenbarer, die Offenbarung und das Offenbartsein. Wir werden sodann verwiesen auf das Geschehen zu Karfreitag, Ostern und Pfingsten, auf Gottes Heiligkeit, Barmherzigkeit und Liebe. Gott ist der Schöpfer, der Erlöser (oder Versöhner) und der Neuschöpfer. Aus der Fülle von Vergleichen seien nur genannt das alte Quelle/Fluß/See-Beispiel, die drei chemischen Aggregatzustände fest, flüssig und gasförmig und der musikalische Dreiklang.
Begrifflich quälten sich die Theologen mit den Ausdrücken drei *Personen* (das lateinische Äquivalent für griechisch *Hypostasen*) und den drei *Seinsweisen* (= Substanz oder Wesen) für Gottes Dreieinigkeit. Jedes gedanklich-logische Erfassen-Wollen ist angreifbar. Aber bei ‚Eins gleich drei' beziehungsweise ‚Drei gleich eins' muß christliche Theologie bleiben. Denn die *Einheit* ist zu wahren, weil wir Gott kennen als den einzigen Gott. Und zugleich ist in seiner *Dreiheit*, wie sie uns die Bibel offenbart, eine falsche Einzelheit und Einsamkeit – wie sie u. a. der Islam vertritt – abgewehrt.

18.2. Zur Bedeutung der Trinitätslehre

Es geht um Gottes Gottheit, um die Frage, *wer* ist Gott, und zwar Gott „für sich" (mit dem Fachausdruck: um seine ‚Aseïtät'). Indem wir aus der Bibel erfahren, Gott ist für uns und für diese Welt da, ehren wir ihn gleichzeitig als den, der zuvor und jenseits davon „für sich" da war, ist und sein wird.
Die traditionelle Trinitätslehre hat die Aufgabe, zwei gegenstrebige biblische Aussagen in eins zu bringen, nämlich einerseits die Erkenntnis, daß Jesus Christus und der Heilige Geist mit dem Vater

zugleich beide Gott sind, und andererseits die Erkenntnis, daß Gott ein einziger Gott ist. Ferner ist die Spannung zwischen der Jenseitigkeit Gottes (seine Transzendenz) und seinem Kommen in unsere sündige Welt (seine Kondeszendenz) in der Trinitätslehre angesprochen. Mit anderen Worten: Gott wird in Jesus Christus Fleisch und Mensch, bleibt aber Geist und Gott. „In Jesus entfremdet sich Gott von sich selbst und bleibt trotzdem mit sich selbst eins, er wird ganz der Unsere und bleibt doch ganz der Andere, er läßt sich von uns greifen und bleibt doch der Ungreifbare" (H. G. Pöhlmann). Beim Geschehen auf Golgota am Kreuz wird das besonders deutlich: der Sohn schreit zum Vater, indem er ihm seinen Geist anbefiehlt. Gott leidet und stirbt, wird als Sohn auferweckt durch Gott den Vater im lebendigmachenden Geist.

Menschliche Logik versagt hier, sie kann nur die Zeugnisse der Offenbarung nebeneinanderstellen. Etwas hilft die alte Unterscheidung, daß die *Werke der Dreieinigkeit „nach innen"* – sozusagen innergöttlich – *geteilt* sind, *„nach außen"* – in Beziehung zur Welt und zu uns – aber *ungeteilt.* Mit modernem Vokabular ausgedrückt: Das In- und Miteinander der drei Seinsweisen (oder Personen) im Wesen Gottes hat eine unangemessene Analogie in Verfahren unserer Arbeitswelt. Dort braucht man innerbetrieblich Arbeitsteilung, nach außen jedoch tritt das Team in gemeinsamer Verantwortung und mit einer Stimme auf. Die Trinitätslehre bindet alle Bereiche der Wirksamkeit unseres einen Gottes zusammen. Wir Menschen erleben den einen Gott dreifaltig. Und die Trinitätslehre leitet uns an zum rechten Verständnis der Heiligen Schrift, die mit höchster, unableitbarer Autorität zu uns spricht.

„Schließlich könnte noch dies zu sagen sein", fügt H. G. Fritzsche seiner Trinitätslehre an: „Es geht nicht so sehr darum, daß der Christ an die Trinität glaubt, sondern darum, daß er *trinitarisch glaubt*, und d. h.: in der Einheit der drei Glaubensartikel und in bewußtem Vermeiden jeder Einseitigkeiten, die Gott zum Prinzip, zum Götzen oder zum Talisman machen." Das Bekenntnis zum dreieinigen Gott ist eine kritische Sonde für Schriftgemäßheit unseres Christenglaubens. Das Festhalten an der Dreieinigkeit Gottes ist daher unverzichtbar.

V. Schöpfung und Erhaltung

Die Bibel setzt im Alten Testament mit einem Schöpfungsbericht ein. Das erscheint folgerichtig bei einem Denken auf der Zeitlinie. Literarisch gehört Gen 1, wie schon erwähnt, bei weitem nicht zu den ältesten Texten der Heiligen Schrift. Das soll uns als Hinweis darauf dienen, daß in einer Dogmatik das Lehrstück vom Schöpferwirken Gottes durchaus nicht am Anfang der Besinnung stehen muß. Zuvor ist anderes zu bedenken, und hernach muß deutlich geworden sein: Unsere Aussagen über Gottes Schöpfung und sein erhaltendes Wirken sind nicht rückwärtsschauende Reflexionen (wie es zum Beispiel Naturwissenschaft, Soziologie oder die Geschichtswissenschaften von ihren Ansätzen her entfaltend unternehmen), sondern hier bedenken wir eine uns unmittelbar und gegenwärtig betreffende Wohltat Gottes, die uns eine besondere Zukunft eröffnet.

19. Die Schöpfung des Kosmos

Wir glauben an Gott, den Vater, den Schöpfer des Himmels und der Erde. So beginnt unser apostolisches Glaubensbekenntnis. Durch den Glauben erkennen wir das Schöpferwirken Gottes (Hebr 11,3). Damit grenzt sich die Theologie sogleich von allerhand Rückschauen ab, in denen Kosmogonien (Weltentstehungsmythen) dargeboten werden. Biblischer Glaube buchstabiert sorgfältig die Eingangsworte der Bibel, womit er sich von verschiedenen Schöpfungslehren absetzt, die ein höheres Alter als die Schöpfungsberichte in der Bibel haben. Letztere sind neben Gen 1 und 2 noch Ijob 38f., Ps 104 und 119 (um nur einige ausführlichere Texte zu nennen); und aus dem Neuen Testament wäre zu nennen Joh 1,1ff.; 1 Kor 8,6; Kol 1,15ff.

19.1. Der Schöpfer

Statt auf dem Wege der Geschichts- oder naturwissenschaftlichen Forschung aus Untersuchungen in der Umwelt Rückschlüsse zu ziehen, setzen wir ein bei dem Appell aus Jes 40,26: „Hebt eure Augen in die Höhe und seht! Wer hat dies geschaffen?" Die Antwort führt zur Erkenntnis, daß der Schöpfer ‚vor' der Welt sein muß, die insofern nicht ewig ist. Der Ewigkeitsbegriff kann zu falschem Denken verleiten. Gen 1 setzt wohl ein mit den Worten: *„im Anfang"* schuf Gott, schließt damit sachlich aber ein, daß mit dem Raum auch die Zeit durch Gott geschaffen und gesetzt ist. Jenseits – um die Präposition der Zeit ‚vor' zu vermeiden – der Schöpfung ist weder Raum noch Zeit. Heutigen Physikern ist solche Aussage nicht mehr fremd; sie wissen, daß Zeit eine Daseinsform der Materie ist. Wir sagen im theologischen Bezug: Zeit und Raum erhielten durch den Schöpfer einen Anfang. Beides sind grundlegende Schöpfungsordnungen und Voraussetzung für alles Weitere.

Den Ausdruck *schaffen* (hebräisch = bara) verwendet das Alte Testament ausschließlich für Gottes souveränes Schaffen, das durch sein Wort geschieht. Solche Beschränkung des Vokabulars ist von Bedeutung, sie setzt Gott allem frei gegenüber. „Alles ist von ihm und durch ihn zu ihm" (Röm 11,36). Im Begriff ‚schaffen' durch Gott drückt das biblische Zeugnis zugleich jene berühmte *„Schöpfung aus nichts"* (creatio ex nihilo) aus. Auch darin setzt sich Gott von jedem bekannten außerbiblischen Weltentstehungsbericht ab, die sämtlich irgendeinen Stoff vorgegeben haben müssen, woraus die Gottheit eine Welt bilden kann. Doch unser Gott ruft – gedanklich unlogisch für uns! – Nichtexistierendes ins Dasein. (Vgl. Röm 4,17; Ps 33,6.9; Jes 48,12f; auch 2 Makk 7,28, woher der Ausdruck creatio ex nihilo stammt.) Gott ist somit der „schlechthin freie Schöpfer", wie er der „schlechthin freie Versöhner und Vollender" ist (O. Weber).

19.2. Die Mannigfaltigkeit des Kosmos

Wir dürfen uns über einen derart überlegenen Gott freuen, der in seiner Freiheit sich nicht nur als der Schöpfer allmächtig erweist.

Der *unmittelbaren Schöpfung* – sozusagen dem Bereitstellen des Stoffes, aus dem die Welt ist – folgt in einer geordneten *Folge von Akten,* was die dogmatischen Väter die *mittelbare Schöpfung* nannten. Gen 1 erfaßt das in seinem Bericht von den sechs Schöpfungstagen. Hier mag sich die Erforschung der Erdentwicklung mühen; sie bringt unseren biblischen Glauben niemals in Verlegenheit, weil das Gespräch hierüber auf verschiedenen Denkebenen verläuft. Die Reihenfolge jener sechs ‚Tage' – die unumkehrbar ist – ist durchgehend eine Entmythologisierung heidnischer Weltentstehungstexte. Die Berichte in Gen 1 und 2 geben aber auch jede Freiheit zu verantwortbarem Forschen und Entdecken und zur Kultivierung der Erde; worin ihr Bezug zur Wissenschaft, Forschung und zur Ethik zutage tritt.
Gott wirkt in seiner Welt weiter. Es ist der unergründliche Kosmos, der möglicherweise unendlich ist. Theologisch wichtig bleibt, daß Gottes Wille auf jeden Fall *Kosmos, zu deutsch: Ordnung* meint und darauf abzielt. Das Aufbauen der Welt (also Erde, Sonnen, Monde, Sterne, Galaxen) ist die Überwindung des *Tohuwabohu,* jenes Chaos, von dem Gen 1,2 (mit den deutschen Worten „wüst und leer") redet. Hier setzt die ‚Kosmetik' Gottes an. Und obschon der „ganze Kosmos im Argen liegt" (1 Joh 5,19), bleibt es Geheimnis des überlegenen Schöpfers, der die Weltvollendung im Reich Gottes heraufführt, also nicht Chaos, sondern Kosmos will und verheißt: „Siehe, ich mache alles neu" (Offb 21,5). Das ist die Vollendung des Schöpfungssatzes „Es werde Licht", was Offb 22,5 wieder aufgreift.
Wir sehen, zwar gestört und selber zerstörend, die unser Denken weit überschreitende Fülle und Mannigfaltigkeit im Makrokosmos und im Mikrokosmos. Ob die Wissenschaftler die feinsten Mikroskope oder die größten Weltraum-Teleskope ansetzen: immer stoßen sie auf neue Überraschungen in der Vielfalt von Gottes Schöpfung.

19.3. Gott hat mich geschaffen

... samt allen Kreaturen. So führt Luther in seinem Katechismus die Schöpfung auch des Menschen ein und drückt damit aus, daß Gottes Schöpferwirken über die unübersehbare Voreltern-Kette hinweg ein sich ständig vollziehendes Schaffen ist. Wir Menschen gehören wesentlich in Gottes Schöpferplan hinein. Wir sehnen uns als Geschöpfe, die unter vielen Unzulänglichkeiten leiden, mit allen Kreaturen (also Tieren und Pflanzen!) nach der vollen Erlösung. Woher soll sie aber kommen, wenn nicht aus der Überlegenheit und Freiheit Gottes selbst? Schöpfung und Erlösung gehören zusammen. Zuletzt soll alle Kreatur an der Herrlichkeit Gottes in der Fülle einer neuen Erde und eines neuen Himmels teilhaben. In dieser Richtung ist das Urteil von Gen 1 mitzuverstehen, daß Gott alles gnädig (vgl. den Aaronitischen Segen in Num 6,24ff.) ansah und für *„sehr gut"* erklärte.

20. Gottes Erhalten

Wenn wir glaubend bekennen, Gott habe alles aus nichts geschaffen, kann ein Denkfehler auftauchen. Man könnte folgern, Gott habe sich nach Abschluß der Schöpfung – „am siebenten Tage" – zur Ruhe gesetzt und sich zurückgezogen. Die Welt liefe nunmehr nach eigenen Gesetzen (wie eine aufgezogene Uhr) weiter. Solche im Deismus vertretene Sicht drängt Gott an den ‚zeitlichen' Rand, und der Mensch gerät in Gefahr, sein zu wollen wie Gott. Das wehrt die Lehre von der Providenz, von der Erhaltung durch Gott ab, der das Werk seiner Hände nicht fahren läßt. Jetzt fällt der Blick auf die Entwicklung der Welt und Menschheit, auf die Mitwirkung des Geschöpfes, das Gott freigesetzt und beauftragt hat. Schöpfungslehre und Erhaltungslehre sind gleichsam die beiden Seiten desselben: dort wird mehr die Ursächlichkeit (das Kausierte), hier mehr die Zweckbestimmtheit (die Finalität) der Schöpfung betont. Wir bedenken jetzt also die „allmächtige und *gegenwärtige* Kraft Gottes, durch welche er Himmel und Erde samt allen Kreaturen gleichsam mit seiner Hand noch erhält und regiert" (Heidelberger Katechismus 27). Unsere Geschicke laufen nicht blind ab.

20.1. Gott und das Schicksal

Jede Zeitung, die wir aufschlagen, berichtet über Schicksale, und zwar von einzelnen, Familien, Völkern, Kontinenten. Die Alten redeten schon vom Buch des Schicksals, nach dem sich alles richten muß. Aber Schiller bäumte sich dagegen auf und behauptete „nur der Starke wird das Schicksal zwingen". Und wie ist es mit der Sturm- und Flutkatastrophe in Ostasien? Oder mit dem Autounfall, dessen grausige Folgen in der Ambulanz und unter den Todesanzeigen zu sehen sind? Das „blinde Schicksal" – jetzt wandelt es sich zum ‚Zufall' – kann aus dem Armen den Totomillionär, aus einem Aschenputtel eine Prinzessin machen. Wieviele Jungmädchenträume kreisen wohl um dieses Thema?

Was hat der christliche Glaube damit zu schaffen? Kommt Gott nicht in große Verlegenheit, wenn er etwa gegen das Schicksal auch nichts machen kann? Wolfgang Borchert hat es dramatisch 1945 dargestellt, indem er den ‚lieben Gott' als hilflosen Greis hinstellte, der das alles auch nicht gewollt hat. Wir merken schon: das ist keine christliche Antwort; so ist das Problem um Schicksal und Erhaltung nicht zu greifen.

20.1.1. Typen der Schicksalserfahrung

Gott begegnet dem Menschen in seinem Schicksal. Diese Behauptung muß begründet werden. Dabei ist es zu billig, einfach zu sagen, das Gute und Böse, Schöne und Unangenehme komme von Gott, er schickt es uns Menschen. Wir haben uns zuerst die *Typen an Schicksalserfahrung* zu vergegenwärtigen.

(1) Vieles im Leben macht uns stutzig, wir durchschauen die Zusammenhänge nicht, wir erfahren das rätselhafte Schicksal. Es kann – wie schon erwähnt – glückhaft oder traurig sein. Wir erkennen allenfalls, daß hinter den Geschehnissen reale *Hintergründe* stehen.

(2) Es gibt ein *Müssen, eine Schicksalsnotwendigkeit*, der sich niemand entziehen kann. Das findet sich bei den berühmten Gestalten der Geschichte (z. B. Napoleon) ebenso wie im Leben des sogenannten einfachen Mannes. Er ist getrieben, eine Sache zu tun. Der Maler oder Bildhauer ‚muß' sein Werk gestalten.

(3) Das *tragische Schicksal* ist eine Erscheinung, in der Not und Untergang gerade den sich unerhört Mühenden treffen können. In einer Art Naturereignis verfällt der Mensch diesem Schicksal. All sein Mühen bleibt vergeblich. Jeder Arzt, jede Schwester kann dafür viele Beispiele liefern. Das Team im Operationssaal müht sich schier verzweifelt um den Patienten, und doch versagen plötzlich Kreislauf und Herz; alles war vergeblich.

(4) Eine vierte Art von Geschick ist das *rächende Schicksal.* Die Weltgeschichte ist voll davon. Jeder verlorene Krieg wird vom Sieger in dieser Hinsicht mit beurteilt. „Strafe muß sein" sagt der Volksmund hierzu. Man muß die Suppe auslöffeln, die man sich einbrockte. Doch wiederum fragen wir: Und was hat das mit Gott, der doch die Liebe ist, zu tun? Muß die Rache immer weitergehen? In Süditalien scheint bis heute ein Gesetz der Blutrache zu bestehen, das kein Ende hat. So geht es doch wohl nicht weiter.

(5) In Asien entwickelte man Gedanken, die mehr von einer *Schicksalsordnung* handeln. Alles ist planhaft bestimmt, vorher geregelt. Es läuft nur noch wie in einem gigantischen Film ab, wobei jeder seine im voraus festgelegte und bis in die Einzelheiten vorgesehene Rolle spielen muß. Das gesamte Miteinander gibt den Menschen Zuversicht und Geborgenheit. Wie gefährlich das werden kann, zeigte im Zweiten Weltkrieg das Denken mancher Nazis, die bei Rückschlägen meinten, der Führer werde es zum Besten wenden.

(6) Schicksal wird sodann als *Zufall* aufgefaßt. Unberechenbar und absichtslos trifft jemanden das Los. Er kann eine Niete oder einen Gewinn ziehen. Verlangt wird nur vom einzelnen, das Beste aus seinem Los, seinem Geschick zu machen. Der Zufall wird zur Lebensaufgabe umgemünzt. Zufällig verpaßte jemand seinen Zug, traf dabei aber seinen zukünftigen Ehegefährten. Zufällig las Albert Schweitzer ein Missionsblättchen, welches bewirkte, daß er seine Professur aufgab und der berühmte Urwalddoktor wurde.

(7) Schließlich gibt es noch eine Schicksalsform, die ein *inneres Tunmüssen* genannt werden kann. Luther sagt, Gott habe ihn in sein Werk getrieben, wie einen blinden Gaul. Hier wird bei unseren Typen von Schicksal zum erstenmal direkt gesagt, daß hinter allem Geschick doch Gott wirkt.

Schicksalstypen sind Erscheinungsformen, in denen Gott uns begegnen kann, wodurch er sein Weltregiment ausübt. Dietrich Bonhoeffer sagt dazu, daß Gott uns nicht nur als Du begegnet, sondern auch „vermummt" im Es, und das ist das von uns erfahrene Schicksal. Man könnte es deuten als Masken, hinter denen sich Gott verbirgt.

20.1.2. Schicksal und Vertrauen

Die Rede von Schicksal und Vorsehung, die wir nur andeuten konnten, führt uns zu dem, daß wir Gott auch in allen Lebensrätseln und dunklen Zufällen *vertrauen können.* Die Gedanken Gottes sind solche der Liebe und nicht des Leides. „Ich weiß wirklich nicht, was Gott mit diesem oder jenem Rätselhaften will, aber ich vertraue dem, der es weiß; ich selbst weiß nur eines: daß er in allem, auch dem dunkelsten, der Liebende bleibt. Ich weiß es ganz einfach deshalb, weil dieser eine Mensch Jesus Christus keinen anderen Gedanken als den der Liebe in sich trug... Ein Kind aber, das den lieben Gott um ein Schaukelpferd oder um gutes Wetter für den Ausflug bittet, macht die Weisen zu Narren, weil es mit seinen kleinen Händen auf das größte Gut weist, auf das Herz des himmlischen Vaters." (H. Thielicke)
Der Heidelberger Katechismus beantwortet die Frage nach der Vorsehung Gottes und dem, was uns das wohl nützt, so: „Daß wir in aller Widerwärtigkeit *geduldig,* in Glückseligkeit *dankbar* und aufs Zukünftige *guter Zuversicht* zu unserem getreuen Gott und Vater sein sollen."

20.2. Gott hält die Zügel in der Hand

Zu allen Zeiten bemühte man sich nachdenkend, Gottes Wirken in der Welt zu erkennen und zu begreifen. Dabei pflegte man schließlich eine Gliederung einzuhalten, die auch unserer Zeit verständlich ist, weil in ihr der Umkreis des Mitzudenkenden erfaßt ist.

20.2.1.

Zuerst stellt man Gottes *allgemeines Regieren* fest, das sich näher bestimmen läßt:

Gott *lenkt* (1) die Welt und die Geschicke der Menschen. Am Ende der alttestamentlichen Josephs-Geschichte heißt es dazu zusammenfassend: „Ihr gedachtet es böse mit mir zu machen, aber Gott gedachte es gut zu machen, um zu tun, was jetzt am Tage ist, nämlich am Leben zu erhalten" (Gen 50,20). Gott lenkt danach alles so, wie er es haben will. „Da kann man halt nichts machen", könnte der Volksmund sagen und fatalistisch (heidnisch!) reagieren.
Gott *läßt zu* (2), was sich in der Natur und unter den Menschen ergibt. Die Menschen haben dabei ihre eigene Willensfreiheit behalten; sie können deshalb auch das Böse tun.
Gott *verhindert* (3) jedoch auch manches, das zum Unheil führen würde. Nur wissen wir nicht, welche Logik dahinter steckt. Vieles erscheint uns unbegreiflich. Auch das kennt jeder: mancher Plan will einfach nicht gelingen und zustandekommen. Später sagt man: Wie gut, daß es damals nicht so weit kam. Wer zum Beispiel das abgestürzte Flugzeug beim Abflug verpaßte, wird das erkennen können.
Gott *begrenzt* (4) Entwicklungen, Geschehnisse in Natur und Geschichte, unter Völkern und beim einzelnen Menschen (beispielsweise die Zahl seiner Lebensjahre). „Bis hierher sollst du kommen und nicht weiter; hier sollen sich legen deine stolzen Wellen" (Ijob 38,11).
Gott sorgt dafür, daß „die Bäume nicht in den Himmel wachsen". Mit anderen Worten: unser Tun ist begrenzt durch Lebensraum, durch die Sprache, die Gesundheit oder Krankheit, das Lebensalter, die Umwelt. Die Weltgeschichte ist – wie jeder Staatsmann weiß – keinesfalls das Resultat politischer Kunst. Jemand sagte einmal, die Völker ahnten nicht, mit wie wenig Verstand oft die große Politik gemacht wird. Wir wissen darüber hinaus: „Gott sitzt im Regimente und führet alles wohl."

20.2.2.

Neben dem allgemeinen Regieren Gottes erkennt man Gottes *Mitwirken* bei allem, was in der Welt geschieht. Gott begleitet das ansonst freie Handeln des Menschen; in und unter unserem Tun wirkt Gott mit, obwohl wir oftmals dasjenige durchsetzen, was uns zum

Nachteil und zur Schuld gedeiht. In diesem Gedanken wird versucht, die überlegene Allwirksamkeit Gottes mit der Freiheit des Menschen in Einklang zu bringen. Zwar ist es für das Denken problematisch, daß Gott sich dem geschichtlichen Geschehen mehr oder weniger anpaßt; doch die dem einzelnen Menschen nicht überschaubaren Voraussetzungen und Gegebenheiten jeder historischen Begebenheit sind hierdurch an Gott gebunden. Dasselbe gilt für die Verbindung von natürlicher Kausalität und dem göttlichen Wirken wie schließlich für die Folgerungen unserer Handlungen (die Gott wohl, aber nicht wir überschauen). Tröstlich bleibt grundsätzlich, daß wir nicht allein sind, weil Gott uns nahe ist in seiner Liebe.

Wir sind keine Marionetten, die sozusagen am Faden von Gottes Leiten hängen und eben so zu zappeln haben, wie er es will. Gott erwartet von uns vielmehr, daß wir von unserer Freiheit Gebrauch machen. Wir sollen Erfindungen und Entdeckungen machen, wir müssen die Probleme auf Erden und in der Gesellschaft tatkräftig in die Hand nehmen und zu bewältigen versuchen. Dabei sind wir „*Gottes Mitarbeiter*" (1 Kor 3,9) und haben als solche Verantwortung. Die Anwendung unserer Medikamente oder Operationsmethoden, das Ergebnis unserer Erziehungs- und Ausbildungsmethoden, die Praktizierung unserer Methoden zum Zusammenleben (in Kommunalgemeinden, im Staat, im Betrieb, im Hochhaus), alles dieses hat weiter zu geschehen. Gott ‚respektiert' sein Geschöpf und läßt ihm Freiheiten, auch die zum Bösen, aber er begleitet uns dabei, indem er uns Fortschritte erreichen läßt. Die Entdeckung eines neuen, hervorragenden Medikamentes läßt sich genau durch die Laboratorien hin verfolgen; und doch wird der Christ die Hände falten und beten: Gott, wir danken dir, daß du uns dies erreichen ließest.

20.2.3.

Drittens erscheint uns selbstverständlich, daß Gottes *Erhalten und Bewahren* zu den Formen seines Erhaltens gehören. Denn wenn wir uns Gott nur ferne denken, irgendwo „über den Wolken" oder „überm Sternenzelt" (wie Goethe sagte), könnten wir auch gleich einen persönlichen Gott abstreiten und „die Vokabel Gott" zu einem philosophischen Prinzip umdeuten. Bei Gottes Bewahrung reden wir von den uns meist nicht durchschaubaren Hilfen, die zerstörerische Kräfte fernhalten oder andererseits das menschliche Entscheiden und Handeln zum Guten beeinflussen. Biblisch ausgedrückt kommt hier Gottes *Bundestreue* zum Vorschein. Dazu ist einiges wenigstens anzudeuten.

20.2.4.

Vom *Bund und Bundesverhältnis* zwischen Gott und uns Menschen spricht die Bibel oft. Der Begriff meint im engeren Sinne einen juristischen Tatbestand: eine die Partner verpflichtende Vereinbarung wird getroffen, an die sich beide Seiten zu halten haben. Wir wissen um den grundlegenden *Bundesschluß am Sinai*. Dort hat Gott mit dem Volk Israel, durch die Person des Mose vertreten, einen Bund geschlossen, zu dem die Zehn Gebote gehörten. Inhalt des Bundes war die Erklärung Gottes, er wolle unverbrüchlich seinem Volk helfen und ihm alles Gute zuführen. Die Bedingung auf der Menschenseite ist (nur!), dieses Angebot anzunehmen und Gott dafür wenigstens dankbar zu bleiben. Das war ein Bund, den die Menschen unbegreiflicherweise nicht hielten, obwohl sie hundertprozentig beschenkt wurden. Trotzdem begann Gott von neuem, er sagte einen neuen Bund zu (vgl. Jer 31,31ff.). In Jesus Christus ist er erfüllt worden. „Dies ist", proklamierte Christus als der Vermittler des neuen Bundes in der Einsetzung des Abendmahles, „das neue *Testament* (= der neue Bund) in meinem Blut" (1 Kor 11,25). Wer Gottes Bund hält, lebt im Segen, wer ihn verwirft, gerät unter den Fluch.

Der Bundesgedanke sagt über Gott mit den Menschen etwas aus. „So wie es keinen Gott-an-und-für-sich gibt, sondern nur einen Gott, der der große Bundespartner des Menschen ist, so gibt es auch den Menschen-an-und-für-sich nicht, sondern nur den Menschen zusammen mit Gott, den Menschen, der Bundesgenosse sein darf" (Ellen Flesseman-van Leer).

Das glauben die Christen seit jeher. „Alles, was entsteht, ist wert, daß es zugrundegeht", behauptet Mephisto im Faust von Goethe.

Die Bibel dagegen redet vom Bewahren. Die alte Geschichte vom Noah-Bund und dem *Regenbogen als Zeichen Gottes* besagen: Gott hat trotz aller Menschenschuld und menschlicher Zerstörungswerke garantiert, daß der natürliche Bestand des Weltgebäudes vorerst erhalten bleibt (Gen 9,1 ff.). Bei aller verständlichen Sorge um die Selbstzerstörung der Lebensmöglichkeiten auf unserem Globus (Atombombe, Umweltverschmutzung und vieles andere) bleibt die Gewißheit von Gottes Erhalter-Willen und Erhalten-Können bestehen (vgl. auch Sir 50,24–26).

21. Gottes gute Absicht – woher das Böse?

Klaus hatte beim CVJM mitgeholfen, nach dem Fest Weihnachtsbäume einzusammeln. Der Spendenerlös war für die Aktion ‚Brot für die Welt' bestimmt. Klaus war dabei unglücklich vom Wagen auf den Hinterkopf gefallen; sein Befinden wurde schlimm, und nach wenigen Tagen mußte ein fröhlicher neunjähriger Junge zu Grabe getragen werden. Anders verlief es bei Michael, dem 15jährigen, geistig behinderten und völlig sprechunfähigen Jungen. Er stürzte aus einem Fenster des ersten Stockwerkes, erholte sich aber schnell von seinem Schädelbasisbruch. Heute lebt er wieder vergnügt unter seinen Freunden im Heim für geistig Behinderte. Was können wir beurteilend zu den beiden Schicksalen sagen? Läßt sich der christliche Glaube in das Nachdenken darüber einordnen? Welcher *Sinn* steckt jeweils dahinter? Oder ist der *Zufall* (was das im einzelnen auch sein mag) nur durch Untersuchung von Kausalketten einigermaßen zu erklären, wobei der Satz „Gott sitzt im Regimente" entweder nicht Platz hat oder als Gotteslästerung abgewiesen wird? Auch die Theologie hat eine Antwort zu versuchen.
Uralt ist das darin steckende Problem, das in der philosophischen Fachsprache *Theodizee* heißt. Wie läßt es sich fassen, erklären, möglicherweise lösen?

21.1. *Die Ausgangsfrage*

Im ersten Kapitel der Bibel stehen beim Schöpfungsbericht zugleich Urteile, sozusagen Zensuren, die Gott selbst vergibt. Gott sah das

Geschaffene im Kosmos an und stellte fest, daß es „gut", ja „sehr gut" sei. Doch unsere menschliche Erfahrung steht schroff dagegen. Deshalb wagen wir es (vgl. auch Gen 18,27) danach zu fragen, wieso Gott so etwas zulassen kann. Warum läßt Gott dann soviel Elend, Schrecken und Kummer zu? Täglich lesen wir von Konflikten im Vorderen Orient oder in Südamerika, von Straßenunfällen oder Familientragödien, von Erdbeben oder Hungersnöten. Warum Krieg, warum Krebskrankheit, warum Geisteskranke, warum Menschenrechtsverletzungen, warum Bösartigkeiten oder Schikanen? Die ältere und moderne Literatur (z.B. Goethe, Dostojewski, Borchert, Brecht, Solschenizyn) ist erfüllt von diesen Problemen. Ins Transzendente übertragen wendet sich die *Zweifelsfrage* an der Güte von Gottes Schöpfung und Regierung hin zum Forschen nach dem *Sinn* in den Dingen und in der Weltgeschichte. Unversehens gerät Gott der Weltenrichter gewissermaßen auf die Anklagebank. Der fromme Mensch ist bemüht, jenes Urteil aus der Schöpfungsgeschichte zu bestätigen, er versucht eine *Rechtfertigung Gottes* (das bedeutet wörtlich Theodizee). Aber da kann doch etwas nicht stimmen, wenn wir den überlegenen Gott meinen ‚reinwaschen' zu sollen, oder wenn wir nur versuchen, bei allen Welträtseln dahinterzukommen. Bei alledem kommt es auf die Grundlage und Haltung des Fragenden an. Wo sie nicht Gottes Ehre unangetastet läßt, verstricken wir Menschen uns nur in weitere Schuld und Ausweglosigkeiten.

21.2. *Außerchristliche Lösungsversuche*

21.2.1.

Religionsgeschichtlich: Gott schickt uns Menschen Gutes oder Böses, je nach unserem Verhalten und wie es sein Wille ist. Wir haben uns dem einfach zu ergeben: das ist *Kismet,* wie es der Islam nennt. Im Hinduismus ist an dieser Stelle das *Karma,* welches unerbittlich über Welt und Mensch funktioniert. Im Hellenismus redet man von *Moira und Haimarmenä* (Lebenslos, Schicksal), dem jedermann sich gehorsam und ergeben zu fügen hat. Die primitiven Dämonenreligionen vertreten einfachen *Fatalismus:* was geschieht, nimmt man ergeben und voller Angst einfach hin. Viele erwarten wenigstens Vergeltung für Unrecht oder Lohn für Gutestun noch in diesem Erdenleben, während andere sich damit auf ein Jenseits vertrösten lassen. Auf jeden Fall irren die Götter nicht.

21.2.2.

Philosophisch: Hier gehen die Denker von der Voraussetzung einer göttlichen Allwirksamkeit aus, wonach das Böse in der Welt erklärt wird. Leibniz meinte beispielsweise, wenn die Welt im Schöpfungsurteil „sehr gut" sei, müsse die uns bekannte Welt wohl die *bestmögliche* sein. Die *Kausalkette* wird geschlossen: physisches Übel (wie Krankheit, Notlagen, Tod) sind die natürliche Folge kreatürlicher Endlichkeit und Vergänglichkeit. Moralische Übel sind die tragische Folge der kreatürlichen Freiheit, die wir mißbrauchen. Von Hegel, aus dem der Dialektische Materialismus seine starren Folgerungen zog, wird gelehrt, daß Gottes Ratschluß auf das Glück des einzelnen keine Rücksicht nehmen könne; das Ganze der *Evolution* ist im Blick zu behalten. Auf dieser Linie hieß es daher bei den Nazis: „Du bist nichts, dein Volk ist alles." Ende des 18. Jahrhunderts schrieb Immanuel *Kant* zu Recht eine Studie „über das Mißlingen aller philosophischen Versuche in der Theodizee". – Daher kommt es vielfach zum Atheismus aus persönlicher Enttäuschung. Die Frage, so unbescheiden und anmaßend sie von uns Menschen her auch ist, bleibt und bewegt uns. Schon in der Geschichte vom *Sündenfall* (Gen 3) verheißt der Teufel (wohlgemerkt er) dem Menschen, er sei in der Lage „zu wissen, was gut und böse ist". Im Bewußtsein solcher Erkenntnis und Begrenzung vermögen wir aus christlicher Sicht dennoch zu manchen Einzelfragen Antworten zu geben, die helfen wollen.

21.3. Biblische Antworten

Eine Reihe von biblischen Belegstellen befragend, soll im folgenden der Problemkreis umrissen und die gemeinsame Richtung gesucht werden, in der wir uns zu orientieren haben.

Jer 18,1–12 berichtet, daß der Prophet in der Töpferwerkstatt beim Zuschauen, wie dem Meister ein Gefäß mißriet und er einfach ein anderes aus dem Ton machte, zu lernen hat: Gericht und Gnade beim einzelnen und in der Weltgeschichte sind Zeichen, Signale, die der Glaubende nicht übersehen darf. Gottes Regiment wird auf jeden Fall anzuerkennen sein. In dem Hintergründigen des erlebten Beispiels soll die Hinwendung (sozusagen Bekehrung) zu Gottes Herrschaftsanspruch, dem ein barmherziges Lenken der Geschicke eignet, bewirkt werden. (vgl. auch Am 3,6–8.)
Psalm 42f: Der schier verzweifelte Psalmsänger „dürstet nach Gott, nach dem lebendigen Gott". In seiner Qual und Not wendet er sich energisch an Gott, der ihm schon Recht schaffen wird. Wer bei Gott ausharrt, wird niemals enttäuscht und schließlich Hilfe finden.
Psalm 73: Dem Frommen und Gerechten geht es schlecht; dem Großmaul und Halunken geht es gut! Wer kennt das nicht? Wen ärgert das nicht? Wie ist das nur möglich? Warum läßt Gott solche himmelschreiende Ungerechtigkeit zu? – Die Fragen des Psalmisten sind auch unsere Fragen. Er wollte unbedingt dahinterkommen, um es zu begreifen, und wandte sich dazu an Gottes Wort in der Bibel. Seine Testsonde war das Beobachten des Lebensausganges jener satten, gesunden und dünkelhaften Gottlosen. Und siehe da, sie rasen ihrem Untergang entgegen „und nehmen ein Ende mit Schrecken". Und der Fromme? Was auch kommen mag, „dennoch bleibe ich stets bei dir, Gott; denn du hältst mich fest". Also nicht Erklärung des Bösen, sondern Bleiben bei dem guten Angebot Gottes ist die Lösung der Frage.
Jes 57,1f. spitzt die Situation noch mehr zu und ist wiederum außerordentlich aktuell: „Der Gerechte ist umgekommen, und niemand ist da, der es zu Herzen nimmt; und fromme Leute sind hingerafft, und niemand achtet darauf. Ja, der Gerechte ist weggerafft durch die Bosheit und (nun kommt die Wende!) geht zum Frieden ein." Später in Vers 20f. heißt es dann zusammenfassend über die Unruhe der Gottlosen, deren „Wellen Schlamm und Unrat auswerfen", sie „haben keinen Frieden".
Ez 18 spricht den gnadenlosen Schicksalszusammenhang an, in

dem sich Israel im babylonischen Exil des 6. vorchristlichen Jahrhunderts befand. Die anderen, die Umstände, die Vergangenheit, die Väter haben angeblich die Schuld. Wir kennen das in den Ausdrücken Kollektivschuld oder Sippenhaft. Doch Gott erklärt, ihm liege nichts „am Tode des Gottlosen", sondern vielmehr an seiner Besinnung auf den Weg zum Leben, den ihm Gott durch seine Boten weist. Gott hat allemal und für jeden einen guten Ausweg (aus dem Labyrinth der schuldhaften Verstrickungen) bereit.

Ps 2 bringt die typisch menschliche Warum-Frage. Im Warum stoßen wir an unsere Grenzen des Könnens, Vermögens, Denkens. Die Menschen toben daher und lehnen sich gegen diejenigen auf, die Gott schützen will. Doch Gott lacht nur darüber. Weil Gott überlegen ist, kann er Humor haben und „einst" (wie es dort heißt, womit bereits auf Jesus Christus hingewiesen wird) mitreden, handeln und die Weltgeschichte entscheiden. Gott wartet auf seinen ‚Kairos', das heißt auf den von ihm für richtig erachteten Zeitpunkt zum Heilshandeln.

Hebr 1,5 ff. und 5,5 beziehen sich auf den erwähnten Ps 2. Von Gottes ‚Regierungsweise' in der Welt wird geredet, wobei die Engel als dienstbare Geister eine Aufgabe haben. Später spricht der Hebräerbrief, der sich an Flüchtlinge und Heimatlose unter den Menschen wendet, von der Gottesruhe, zu der die Christen kommen sollen. Sie brauchen niemals zu verzweifeln, auch wenn kein Mensch begreift, was die ‚seltsamen' Lebenswege und Lebenswirrungen letztlich bedeuten. In den Kapiteln 11 und 12 werden bekannte Beispiele dafür aufgezählt. Und allemal heißt die Lösung des Problems: Richte deinen Blick und Sinn ganz nach dem Herrn Jesus Christus, er ist Ausgangspunkt und Ziel des Glaubens.

1 Petr 1,13 ruft mitten in politischen und wirtschaftlichen sowie persönlichen Wirren auf, mit nüchternem Verstand sich „ganz auf die Gnade" Christi zu verlassen. Manche Schwierigkeit (= ‚Feuersglut') dient nur zur Prüfung und Läuterung. Damit haben Christen ohnehin nur Teilhabe am Leiden Christi (Kap 4,12 ff.). Auf jeden Fall hat „der Gott aller Gnade" zum Ziel, die Seinen nach einer kurzen Zeit des Leidens in die Herrlichkeit seines Reiches zu berufen.

Phil 3, 18–21 kann folgerichtig davon reden, daß diese Welt im Vergehen ist, in Fortführung unseres Gedankenganges also eine Art Medium darstellt, in dem die Menschen, denen sich Gottes Liebe zuwendet und die diese Liebe akzeptieren, keine rechte Heimat mehr haben. Deren Heimat- und Bürgerrecht befindet sich im Himmel, auf Gottes Seite im unstörbaren Frieden.
Mt 28, 18–20 gehört auch in diese Aufzählung. Es ist die Abschiedserklärung Jesu bei seiner Himmelfahrt. Er proklamiert und stellt fest: Mir ist alle Vollmacht und Gewalt im Himmel und auf Erden gegeben. Gehet hin und sagt das allen Menschen, damit sie es zu ihrem Besten beherzigen. Töricht, wer dem sich nicht anschließt; der bleibt den Rätselhaftigkeiten dieser Weltzeit verhaftet und kommt in ihnen um.

21.4. Eine christliche Folgerung

Die Aufzählung von biblischen Beispielen könnte zum Gedanken verleiten, das alles sei letztlich nur eine Variante des eingangs abgewiesenen Fatalismus. Das stimmt nicht. Wenn auch die anklagende Frage nach dem Leid (etwa in der ausführlichsten Belegstelle der Bibel, im Buch Ijob) unerbittlich gestellt wird, sie mündet in der Gewißheit von Gottes Hilfe und seinem Appell, jetzt im Erdenleben sich auch entsprechend zu verhalten. Die *Paradoxie bleibt* für uns gedanklich bestehen: Neben dem grundlegenden und festzuhaltenden Gedanken von Gottes Allwirksamkeit, mit der er sein gutes Ziel verfolgt, steht die Tatsache des Phänomens von Sünde und Übel in der Welt, das vorgegeben erscheint und Teil der Gesamtwirklichkeit ist. „Es ist biblische und kirchliche Lehre, daß die Erkenntnis der Sünde durch das Gesetz Gottes gewirkt wird" (O. Weber). In unserem Zusammenhang besagt das: in seinem Licht werden wir zum Handeln – also zu ethischer Entscheidung – aufgerufen.
Nicht untätiges Gehenlassen, sondern energischer Kampf gegen das Böse und seine Folgen in der Umwelt ist uns aufgetragen. Wir werden nicht aus der Verantwortung entlassen, unsererseits nach bestem Wissen und Gewissen, mit allen verfügbaren Kräften und Mitteln die vielfältigen *Übel in der Welt zu beseitigen trachten.*

Dazu sind die Technik und Entwicklungshilfe, Sozialgesetzgebung und Krankenpflege, der Kampf gegen die Umweltverschmutzung und gegen den Analphabetismus, das Informationsbemühen der Massenmedien, eine ethisch fundierte Pädagogik und selbstlose Politik uns verfügbare Mittel. Der theologische Beitrag in alledem darf jedoch nicht daran vorübergehen, die Wurzeln des Übels in der Welt zu erkennen und aufzudecken. Es äußert sich in der menschlichen Überheblichkeit, in Neid, in Habgier und in der Selbstsucht mit den vielen Varianten.

Das alles ist – anders ausgedrückt – zugleich unsere Schuld und Sünde. Hiergegen richtet sich das Wort von der *Buße im Evangelium,* der Aufruf zum Umsinnen und Umkehren, das Preisen von Gottes Abwenden vom Zorn und von seiner, diesen weit überwindenden tröstlichen Hilfe (Jes 12,1f.).

Und im Blick auf das Ganze der Welt mit ihren Rätseln, die einen Widerspruch zwischen Gottes guter Absicht und der Tatsache des Bösen in der Welt aufzudecken scheinen, ergibt sich für uns jenes *Doppelte,* das Dietrich Bonhoeffer in der Formel *„Widerstand und Ergebung"* faßte: *Widerstand* gegen das Böse mit seinen verheerenden Folgen in aller Welt und bei uns Menschen so intensiv und aktiv wie möglich. Jedoch auch *Ergebung,* wenn wir an die Grenzen unserer Macht stoßen und spüren, daß Gottes Weg offenbar anders verläuft, als wir es vermeinten.

22. Engel und Dämonen

Unsere moderne Zeit hat die *Rede von den Engeln* ins Märchenhafte, in die bildende Kunst, ins Mythische oder den Bereich des Kinos (der blaue Engel, ein süßer oder scheinheiliger Engel) *verdrängt.* Und das *Dämonische verwies man* in die Regionen des Aberglaubens, Sektiererischen oder in bestimmte politische Zusammenhänge. So schrieb H. Thielicke gleich nach dem Zweiten Weltkrieg: „Wir sind in unserer Zeit viel zu sehr mit dämonischen Mächten in Berührung gekommen, wir haben viel zu deutlich gespürt und gesehen, wie Menschen und ganze Bewegungen verführt und gesteuert wurden von geheimnisvollen, abgründigen Mächten ... Wir haben allzuoft beobachtet, wie ein fremder Geist in manche Menschen fahren und sie ... bis in die Substanz hinein verwandeln konnte, wie er sie zu Grausamkeiten, Machträuschen und Wahnsinnsausbrüchen zu bringen vermochte, derer sie vormals niemals fähig zu sein schienen." Auf dieser Linie wird ‚der' Böse = Satan umgedeutet allenfalls in ‚das' Böse, womit es alsbald in die Forschungsbereiche der heutigen *Psychologie und Tiefenpsychologie* gerät. Und dort weiß man allerhand zu sagen über dergleichen Projektionen und Personifikationen seelischer Inhalte.

Die erwähnten Bereiche, in denen man heutzutage die Begriffe Engel oder Dämonen gemeinhin anzuwenden pflegt, lassen wir auf sich beruhen. Sie können theologisch allenfalls illustrative Bedeutung bekommen. Eines sei aber ausdrücklich betont: Zwar rechnet die Bibel in allen ihren Partien mit der Existenz von Engeln und Dämonen oder Teufeln, doch sie sind *kein selbständiges Thema,* in dem es etwa Teufelspredigten geben könne (was gewisse Sektierer mit merkwürdiger Wonne pflegen) oder in dem ein Christ seinen Glauben und seine Hoffnungen auf Engel setzen dürfe.

Daß hier die Engel mit den Dämonen zusammen erwähnt werden, hat systematische Gründe; sachlich stehen die Dämonen klaftertief unter den Engeln ohne Verbindung zu ihnen.

22.1. *Wohin gehören Engel und Dämonen?*

Ohne nun auf Engelspekulationen näher einzugehen, die im Laufe der langen Kirchengeschichte bekanntlich erhebliche, teils phantastische Blüten trieben (bis hin zur Behauptung ganzer Rang- und Organisationsstufen unter den „himmlischen Heerscharen"), ist festzuhalten, in welchem *theologischen Denkrahmen* die Rede von Engeln (und Dämonen) einzuordnen ist. Die biblische Rede davon – und das muß unser Ausgangspunkt sein – ist eingebettet in das damalige Weltbild. Dabei spielte die *Luft* eine wichtige Rolle, weil man sie als den Raum zwischen Himmel und Erde, also auch zwischen Gott und Christus einerseits und uns Irdischen, uns Menschen andererseits ansah. Dort treiben die Dämonen – nach damaligem Denken – ihr (Un)wesen, von dort her kommen die Engel auf die Menschen zu. Somit befinden wir uns, systematisch gesehen, im Nachdenken über Gottes Schöpferwirksamkeit, die in den Erkenntnissen über sein Regieren der ganzen Welt und deren Erhaltung durchgehend fortgesetzt wird. Die Engel haben dabei eine Fülle von Funktionen wahrzunehmen, von denen wir einige nachzeichnen können.

Der überlieferte Engelglaube hängt also mit einem Weltverständnis zusammen, das weit über dasjenige hinausgeht, was unsereiner unmittelbar erfaßt, sieht, berechnen oder begreifen kann. Schon im alten Nizänischen Bekenntnis ist nach wie vor gültig formuliert, Gott ist Schöpfer und Herr über *alles, was sichtbar und unsichtbar ist.* Vieles einst Unsichtbare hat die Forschung und Naturwissenschaft bereits sichtbar gemacht. Damit ist vieles Rätselhafte, worin man früher direktes Wirken von Engeln oder Dämonen zu vermuten glaubte, naturwissenschaftlich erklärt. Manches wird noch erkannt und beschrieben werden. Aber allemal bleibt ein Rest, eine Frage. Das wissen die ganz großen Physiker genau; und nicht wenige von ihnen verweisen dann sogar auf die Theologie.

„Wir müssen zwar von der Situation ausgehen, in der wir uns befinden", sagt Peter L. Berger in seinem Buch „Auf den Spuren der Engel" und fährt fort: „aber wir brauchen uns nicht von ihr tyrannisieren zu lassen. Wenn die Zeichen der Transzendenz (jenes Unsichtbaren, Jenseitigen) auch nur Spuren sind, nun denn, machen wir uns auf, ihnen nachzujagen. Eine Wiederentdeckung der Transzendenz bedeutet vor allem, daß wir gegenüber der Wirklichkeit Offenheit der Wahrnehmung zurückgewinnen müssen... Denn mitten in ihrem alltäglichen Tag, heißt es im Neuen Testament, ‚haben etliche ohne ihr Wissen Engel beherbergt' (Hebr 13,2)."

Von dieser Warte her sind jetzt einige Einzelzüge zu beschreiben. Dabei sei *zuerst* der Bereich der *Dämonen* umrissen. Karl Barth hat dazu im Gegenüber zu den Engeln (über die er etwa hundert Seiten schreibt) nur wenige Seiten geschrieben und gesagt, wir müssen zwar über die Dämonen reden, doch „ein kurzer, scharfer Blick darauf ist für sie nicht nur genügend, sondern auch das einzig Richtige". Solcher Blick ist ein *Blick des Abscheus*, denn zum Teufel gibt es kein positives Verhältnis, auch wenn ihm Realität und Macht zuzuerkennen ist.

22.2. *Dämonen als Widersacher und Aufrührer*

Es fiel sicher auf, daß wir Teufel, Satan, Dämonen als Begriffe vermischt gebrauchten. Jetzt ist zu sortieren. Der *Teufel* taucht im Neuen Testament als der Feind, der prinzipielle Widersacher, der „Fürst dieser Welt" auf (Mt 25,41 erwähnt seine Engel, sozusagen Diener des Teufels, und bei Lk 10,18 wird gesagt, Jesus habe den Sturz des *Satans* aus dem Himmel geschaut.) Jesus hat ihn besiegt, auch wenn wir noch durch die Menschheitsgeschichte die teuflischen Rückzugsgefechte buchstäblich hautnah erleben und erleiden. So ist unsere Welt nach wie vor das Wirkungsfeld des Teufels; und wer Sünde tut, ist vom Teufel (vgl. 1 Joh 3,8–12).
Zwar findet sich in der Bibel keine Belegstelle dafür, *woher eigentlich* der Böse, Satan, Teufel komme. Er ist eben da. Er ist der Mörder und Sünder, der Lügner und Betrüger von Anbeginn an und schlechthin. Er ist der *oberste der Dämonen* (Eph 2,2; Mk 3,22ff.).

Diese Dämonen wirken unter uns Menschen und auf Erden. „Der Begriff Dämon ist also offenbar Chiffre für Mächte, denen der Mensch, selbst wenn er sie samt den ihnen innewohnenden Gefahren erkennt, machtlos gegenübersteht, die er weder mit seiner Erkenntnis noch mit seinem Willen unter Kontrolle bringen kann, ja die ihn schließlich Handlungen vollziehen lassen, die seiner Erkenntnis oder seinem Willen geradezu entgegengesetzt sind" (L. Coenen). Sie treiben ihr Unwesen in dreifacher Weise, nämlich (1) indem sie Gott als solchen verwerfen und Menschen zu Gottesleugnern machen; (2) indem sie Menschen von der Gemeinde Jesu abwenden und sie das Gute ins Böse, das Menschliche ins Unmenschliche verkehren lassen; und (3) indem sie die Natur- und allgemeine Weltordnung stören und zerstören.
Was ist dagegen zu tun? Wie können wir uns *vor den dämonischen*

Mächten schützen? Die biblische Antwort ist eindeutig: Durch entschlossene Hinwendung zu Gott, Bindung an seine Zusagen, durch Wachsamkeit und Nüchternheit, die aus dem Heiligen Geist kommt, durch (wie es Eph 6,10–18 in einer großartigen Bildrede heißt) Anlegen und Benutzen der „geistlichen Waffenrüstung". Die entschlossene Anrufung des Namens Jesu Christi – den die Dämonen und Satan nicht ertragen können – ist einziges Mittel zur Befreiung von Dämonen jeder Art.

22.3. *Engel als Gottesboten*

Gleiche Wirklichkeit wie den Dämonen kommt den Engeln zu, ja sie sind im Gegensatz zu den ersteren diejenigen, denen aus jenem transzendenten Bereich eine *positive Wirklichkeit* zukommt, während jene Dämonen zum „Nichtigen" gehören. Die Engel haben im biblischen Zeugnis originale Gestalt, und sie begegnen uns in außerbiblischen Dokumenten. Aus alledem haben manche christliche Denker – herausragend unter ihnen Thomas von Aquin, der „Doctor angelicus" – eine Engellehre entworfen. Doch sie alle verschaffen uns keine Engelhierarchien, keine fixierten Gestalten, keine Engel-Definitionen, vor allem verschaffen sie uns keine Antworten auf viele, letztlich nur neugierige Fragen, die wir haben, welche aber der Bedeutung der Engel im christlichen Glauben nichts eintragen.
So kommt es, daß in der Christenheit auch keine Einmütigkeit über die *Engelverehrung* herrscht. Das Auftreten von Engeln in der Heilsgeschichte ist unübersehbar. Sie haben einen besonderen Platz in Gottes Weltplan. Doch weiß sich die evangelische Kirchentradition dadurch im allgemeinen nicht veranlaßt, den Engeln eine herausgehobene Verehrung oder gar Anbetung zuzuerkennen.

22.3.1. Der biblische Befund

Das Alte Testament hat *zwei unterschiedene* Engelvorstellungen: Einmal sind es himmlische Wesen, die *zum Hofstaat Gottes* gehören. Sie haben Gott zu dienen und ihn zu preisen (vgl. Jes 6 und Ez 1). Sie sind von Anbeginn an dabei. Sodann findet sich die Gestalt von einem *Engel Jahwes*, der eine Erscheinungsform Gottes selbst ist. Er schafft den Abstand zwischen uns Menschen und der Heiligkeit Gottes.

In *Neuen Testament* werden Engel 175mal erwähnt. Wo sie auftreten oder erwähnt werden, offenbart sich der Einbruch der jenseitigen Welt in unsere irdische Umwelt. Die Engel sind Vertreter und Boten Gottes. Sie treten besonders bei den Kindheits- und Auferstehungsgeschichten Jesu sowie bei den Stellen über seine Wiederkunft auf. Wiederholt wird die unbedingte Erhabenheit des auferstandenen Christus über alle Engelmächte betont (Eph 1,20f.; Phil 2,9ff.; Hebr 1f.). Er verfügt über sie, denn er hat an der Herrschaft und Herrlichkeit (Doxa) Gottes Anteil.

Die Engel in der Bibel (im Unterschied zu außerbiblischen Berichten) finden sich stets in Begegnungen mit der göttlichen Macht. Sie haben deshalb auch keine eigene Geschichte. „In allen Erzählungen von Engeln ist das Wirken oder das Reden des Engels ein Augenblick, niemals eine kontinuierliche Folge, niemals eine Ereignisreihe ... Diese Eigentümlichkeit aller Engelerzählungen in der Bibel, daß sie nur den Augenblick kennen, weist auf einen weiteren Horizont jenseits unseres in der Zeitlichkeit begrenzten Denkens" (C. Westermann).

22.3.2. Die Dienstfunktionen der Engel

Vieles zur Gestalt der Engel und zu ihrer Stellung bleibt Geheimnis. Sie bekamen nicht die Heilsbotschaft wie die Menschen unmittelbar zu erfahren (vgl. 1 Petr 1,12: „Dinge, in die sogar die Engel hineinzublicken gelüstet"). Doch haben sie aufgrund ihrer ‚Zwischenstellung' zwischen Gott und den Menschen eine *„zweifache Zuordnung"*, nämlich zu Gott und zu den Menschen. Das ist ihre Funktion im Offenbarungsgeschehen. Nach H. Vogel läßt sie sich so einteilen: Sie ist *vierfach*, wobei die erwähnte Zuordnung jeweils doppelt auf Gott und auf uns Menschen gerichtet ist.

(1) Die *lobpreisende Funktion* ist zusammengefaßt in jenem dreimal „Heilig"-Sein Gottes, das in unsere Liturgien eingegangen ist: Die Engel beten den Dreieinigen Gott als erste und nächste ohne Aufhören an. Ihr Lob- und Triumphgesang, der in Chören an „Zahl

vieltausendmal tausend" (Offb 5,11) vollzogen wird, preist Gottes Herrlichkeit und Güte, seine Freude selbst über einen einzigen Sünder auf Erden, der Buße tut, und preist Gottes Heilsplan und dessen Durchführung. Wir sind aufgefordert, dem nachzueifern.

(2) Die *verkündigende Funktion* der Engel (und Erzengel) ist uns aus den Berichten der Evangelien bekannt. Sie finden sich für uns jeweils bei den Grenzstellen der Heilswirkungen Gottes für uns. Sie treten bei den Geburtsgeschichten Jesu ebenso auf wie im Bericht vom leeren Grab Jesu. Sie tun ihren Dienst im Auftrage Gottes für uns Menschen, verlassen jedoch keinen Augenblick den Bereich der Selbstoffenbarung Gottes.

(3) Ihre *diakonische Funktion* offenbaren uns die Engel zuerst dort, wo sie Jesus in seiner Passion dienen, der kam, um sein Leben zur Erlösung hinzugeben. Doch darüber hinaus erkennt der Glaubende die dienende Funktion von Engeln in der Natur- und Weltgeschichte. Die Bibel hat eine Reihe von Berichten, wie Engel einzelne Menschen helfend und schützend begleiten. Und unter uns, also nach der biblischen Zeit, weiß man von manchen Engelerscheinungen und Hilfen durch Engel, die keineswegs in den Bereich der Märchen, Halluzinationen oder des Psychologischen verwiesen werden dürfen. Der Glaube lebt tatsächlich „auf den Spuren der Engel".

(4) Eine *militante Funktion* ist den Engeln insofern zuzuordnen, als sie „im Kampf zwischen göttlichen und widergöttlichen Mächten, der der Heraufführung des Reiches Gottes dient", zu wirken haben (H. Vogel). „Wir werden uns auch hier genügen lassen an der Gnade, die uns damit rechnen läßt, daß wir in Kämpfen, die wir nicht mit Fleisch und Blut zu bestehen haben (Eph 6,12), nicht alleingelassen sind, und daß also diese unsere Geschichte noch eine andere Seite hat, deren Geheimnis allein Gott offenbar ist."

So mündet unser Nachdenken an den Engeln vorbei beim lebendigen Gott, der sich uns Menschen in Jesus Christus offenbart und dem wir alle Ehre zu geben haben, der unser Bestes will.

23. Das Paradies

Umwallung, umzäunter Park oder Lustgarten, das bedeutet der aus dem alten Iran stammende Ausdruck Paradies. Wir denken dabei gleich an einen Ort der Seligkeit und besonderen Schönheit. Der Mensch wünscht sich paradiesische Zustände herbei. Man malt sich sein Paradies nach dem aus, was jemand auf seiner Kulturstufe, in seinem Milieu und Klima als Ziel seiner Träume sich erdenkt. Kein Wunder, daß Paradies-Darstellungen in Wort und Bild häufig Bereiche umschreiben, die uns in unserer Zeit keinesfalls paradiesisch anmuten. Seit dem vorigen Jahrhundert erstreben Ideologien Paradiese auf Erden, die durch Menschenkraft im großen Sprung nach vorn oder in Bewußtseinsänderungen geschaffen werden sollen. Die Kirchen übten demgegenüber Zurückhaltung. Was hat nun aber die Kirche zum Paradies zu sagen?

23.1. Paradies im Alten Testament

Das Wort begegnet dort 47mal und bedeutet meistens Garten und Baumgarten. Besonders häufig erscheint der Begriff in den Schöpfungsberichten. Dort wird in Gen 2 und 3 beschrieben, daß in diesem Garten der *Baum des Lebens* und der *Baum der Erkenntnis* stehe und außerdem das *Wasser des Lebens fließe*. Infolge sündigen Ungehorsams wurden die ersten Menschen aus dem Paradies vertrieben, ohne je zurückkehren zu können.

Im *Spätjudentum* umgab man die unzusammenhängenden Andeutungen über ein Paradies im Alten Testament mit allerhand Spekulationen, in denen die fromme Phantasie im Laufe der Zeit das Paradies immer mehr ausschmückte. Es wird – so sagte man – in der erneuerten Schöpfung wiedergefunden werden. In ihm werden die Seligen und Gerechten in unendlicher Zufriedenheit leben. Vor allem wird man dann in besonderer Gottesnähe sein, weil das Paradies als Gottes Wohnstätte gedacht wurde. Jahwe ist der Eigentümer dieses Parks und läßt ihn von den Engeln bewachen. Der erste Paradies-Garten war für den Menschen, und zwar als eine große „Gabe, von Gottes gnädiger Fürsorge für Menschen angelegt".

23.2. *Paradies im Neuen Testament*

Von den drei neutestamentlichen Stellen, an denen ein Paradies erwähnt wird, kommt zuerst Lk 23,43. Jesus sagt zu einem der *Schächer am Kreuz*, er werde „heute noch" mit ihm im Paradiese sein. Er verheißt ihm Anteil an der Vergebung und an der *Seligkeit*, die mit dem Sterben für ihn gekommen sein wird.
Paulus erwähnt in 2 Kor 12,4 ein Erlebnis, in dem er „entrückt wurde in das Paradies". Dieser Vorgang, den er erlebte, *sprengt die Grenzen rationalen Fassungsvermögens*; es war ein pneumatisches (= geistliches) Widerfahrnis, das mit menschlichen Worten nicht zu beschreiben ist, jedoch hohe Seligkeit zum Inhalt hatte.
Ferner wird in Offb 2,7 beim ersten Sendschreiben dem „Überwinder" zugesagt, er werde vom Baum des Lebens, der im Paradies Gottes steht, zu essen bekommen. Hier ist vom *endzeitlichen Geschehen* die Rede, in dem es Befreiung von Leid, Krankheit, Not und Tod geben wird.
Das Neue Testament hat eine Reihe weiterer Aussagen, in denen gesagt ist, Jesus Christus ist der Wiederbringer des Paradieses, ohne den Ausdruck zu verwenden. Dabei kommt es nicht auf einen paradiesischen Park oder Garten Eden an, sondern auf die Wiederherstellung der zerstörten Gemeinschaft der Menschen mit Gott. Das allein führt zum Heil, zur Seligkeit.

23.3. *Paradies im evangelischen Verständnis*

Besonders aus den neutestamentlichen Angaben wird erkennbar, daß für uns die Rede vom Paradies die bildhafte Umschreibung einer Zukünftigkeit in der Vollendung von Menschheit, Welt und Geschichte ist. Es steht neben dem Bildwort vom „himmlischen Jerusalem". Jede Weise einer Ausmalung des sogenannten Paradieses muß unzureichend sein, ja sie wird als lächerliche Verkürzung abzuweisen sein. Man gerät nur in eine Art von happy-end-Theologie. Damit verliert sich der Glaube in unangemessene Äußerlichkeiten. Wahrscheinlich redet das Neue Testament derart spärlich von ei-

nem Paradies, weil es den Blick auf das Wesentliche bewahrt wissen will.
So vermögen wir das Paradies auch *nicht als einen Ort reserviert zu sehen,* an dem sich nach dem Sterben die Seelen der Seligen, das heißt also derer, die im Frieden mit Gott starben, sammeln. Als Gegen-Ort wäre die *Hölle* zu nennen, der der Platz für diejenigen ist, welche in unvergebener und unvergebbarer Sündhaftigkeit starben.

Ferner ist das Reden vom Paradies nichts, das uns Menschen nach einem Zustand Sehnsucht haben läßt, den wir ‚einst' hatten. Christlicher Glaube ist nie und nimmer rückwärts gewandt. Und wenn das letzte Buch der Bibel den Begriff verwendet, so ist keinen Augenblick an den Zustand gedacht, der im ersten Buch der Bibel in den Schöpfungsberichten erwähnt wird. Die Neu-Schöpfung von Welt und Menschheit ist weit mehr als der Uranfang.
Vier Begriffe mögen andeuten, was das Paradies aussagen will.
(1) Wir werden darin in der *Unmittelbarkeit* zum auferstandenen und wiederkommenden Herrn Jesus Christus sein. Nichts trennt uns dann von ihm. Keine Mauern und Abgründe wird es mehr geben, auch unter uns Menschen nicht. Paradies gehört in die Rede vom *Reich Gottes* und unserer Gotteskindschaft.
(2) In der Botschaft vom Paradies ist ein Hinweis auf die uns zugesprochene *Vollkommenheit* gegeben, in der es keinerlei Mängel, Nöte und Sündhaftigkeit geben wird. Damit wird eines „Jüngsten Tages" auch mancher Beruf überflüssig, wie zum Beispiel jegliche Tätigkeit in der Sozialarbeit, in Kliniken, in der Nothilfe für andere. Alles das wird wegen der Vollkommenheit aller Dinge und Beziehungen unter Menschen mit Gott erledigt und vorbei sein. Bis dahin aber bleiben wir ein *Sündenfall,* also der andere Aspekt realen Menschseins im „Noch nicht".
(3) Durch den „Baum der Erkenntnis des Guten und Bösen" (Gen 2,17) ist ein bedeutsames Zeichen von der *Begrenztheit* menschlicher Entfaltung angezeigt. Zum Paradies gehört ein Verbotsschild! Anders als in der Zügellosigkeit und hemmungslosen Triebhaftigkeit eines märchenhaften Schlaraffenlandes weist dieses Verbot auf eine durch Gott uns gesetzte Grenze hin, hinter der seine Ehre und

überlegene Macht aufleuchten. Das zu wissen, gehört zur Menschenwürde vor Gott und hat seine Bedeutung in jeder guten Pädagogik.

(4) Dem Paradies eignet *Seligkeit*. Wir können sie uns nicht vorstellen, obwohl es eine Fülle von andeutenden Erlebnisberichten darüber gibt, die zuweilen gesammelt und veröffentlicht werden. Ihr Weitererzählen gewinnt kaum jemanden für den Glauben.

Es kommt alles auf die Entscheidung zur erwähnten Unmittelbarkeit des Lebens mit Christus an. Diese hängt am Faktum der *Auferstehung* des Herrn. Doch die Seligkeit ist wahres Leben in Freude, Friede und Liebe. Sie greift über unsere Todesgrenze weit hinaus. Der biblische Glaube an Gott als den Schöpfer und Erhalter schließt ein, daß er auch der allmächtige Vollender ist.

24. Erwählung und Verwerfung

Den Platz der hier anstehenden *Prädestinationslehre* in einer Dogmatik kann man verschieden wählen, je nachdem man den Ton auf Gott als den Prädestinierenden legt (und sie der Gotteslehre zuordnet), oder ob man sie in den Zusammenhang mit der Heilsaneignung bringt. Wir fügen sie ans Ende des Nachdenkens über Gottes Wirken als Schöpfer und Erhalter, der uns geheimnisvoll fern und doch wieder beistehend nahe ist. Die Fragen nach Erwählung und Verwerfung zielen auf den Menschen, von dem im darauffolgenden Hauptabschnitt zu handeln ist. Jede *systematisch einordnende* Entscheidung steht vor der Tatsache, daß alles menschliche Nachdenken Gott und sein Wirken (also die Theologie) immer nur bruchstückhaft und unzureichend im jeweiligen Teilaspekt umschreiben kann.

24.1. *‚Unmögliche Möglichkeiten'*

Über die Prädestination sind allerhand Meinungen im Umlauf. Man meint, Prädestination sei (und trifft damit den buchstäblichen

Sinn) die Vorher-Bestimmung des Menschenlebens in seinem Verlauf, seinem Geschick, seiner Länge, seinem Glück oder Unglück. Vor allem glaubt man das Ziel des einzelnen und seiner Heilsgeschichte damit verbinden zu sollen. Die Astrologie tummelt sich in derartigen Vorherbestimmungen aus. Mit anderen Worten, die Prädestinationslehre redet davon, wieso der eine Mensch einst „in den Himmel", der andere hingegen „in die Hölle" komme. Auf jeden Fall ist alles schon vorher bestimmt und geregelt; letztlich läuft danach alles nur noch wie eine im voraus festgelegte Theatervorstellung ab. Die alttestamentliche Rede vom Segen und Fluch scheint diese Ansicht zu unterstreichen.
Wer die Geschichte der Prädestinationslehre genauer kennt, weiß um die (tatsächlichen und behaupteten) *konfessionellen Unterschiede* dabei. Wir wollen hier nicht auf sie eingehen, weil wir lernten, das jeweils positive Anliegen einer Meinung aufzugreifen und zu verarbeiten. Mit einer naiven Zweiteilung des (mythologisch dargestellten) Jenseits in Himmel und Hölle ist das im christlichen Glauben Gemeinte nicht zu fassen.
Die Erwählungslehre ist eine Antwort auf allgemein-menschliche Fragen. Wir stellen einige solcher Fragen zusammen.

24.1.1.

Zuerst fragen wir nach dem zutreffenden Menschenbild, dem Ideal der Persönlichkeit. Wie sieht ein *sinnvoll verbrachtes Leben* aus? Welcher Mensch führt das richtige Leben? Ist es der Mächtige oder der arme Schlucker, der Bürger oder der Genosse, der Bewohner einer Industriebevölkerung (mit allen Vor- und Nachteilen) oder der Farbige im Entwicklungsland, der manches entbehrt, aber naturgemäß leben kann? Ist es der Jedermann? Ist es der Professor oder der viel zitierte Straßenkehrer? Ist es Mann oder Frau? – Die Richtung der Antwort finden wir in Jesu befreiendem Satz: „Was hilft es dem Menschen, wenn er die ganze Welt gewinnt, aber dabei sein Leben einbüßt?" (Mt 16,26). Nötig zum wahren Menschsein ist die Gerechtigkeit im Glauben und der „Friede mit Gott" (Röm 5,1; Phil 4,7–9).

24.1.2.

Zweitens fragt die Menschheit seit jeher nach dem *Wieso in der Ungleichheit menschlicher Geschicke.* Selbst die Bibel kennt Unterschiede, und zwar auch unter Geschwistern. Wir kennen Kain und Abel, Isaak und Ismael, Jakob und Esau, Saul und David, Maria und Martha. Wie ist es mit dem *göttlichen Lohn* für geübte Nächstenliebe, treue Frömmigkeit, Halten der Gottesgebote, Vertrauen auf die Heilszusagen? Jesus redet in seinen großen Gleichnissen vom Weltgericht (die zehn Jungfrauen, Trennung der Schafe und Böcke, Konsequenzen für diejenigen, die etwas taten ‚in seinem Namen' oder es unterließen. Vgl. Mt 24f.) eindeutig von zukünftigen Unterschieden.

24.1.3.

Drittens kennen wir das *Problem des freien Willens.* Die moderne Psychologie und Biologie wissen Interessantes darüber zu sagen, wobei der freie Wille des einzelnen ebensowenig frei ist wie der ganzer Völker. Bestimmt also doch Gott alles, wenn man nicht den marxistischen Lehren unserer Zeit folgen will, alles sei geschichtlich bestimmt? Solche Denkweise ist jedoch gänzlich unzureichend. Als Christ könnte man sich bequem einreden, man sei ja erwählt zum Heil. Also dankt man Gott selbstgefällig, wie es der Pharisäer im Gleichnis tat (Lk 18,11). Immerhin steht der christliche Glaube dem sogenannten Indeterminismus ferner, nach dem alles nach Zufälligkeiten und innerweltlichen Gesetzen verläuft, als einem Determinismus. Das bedeutet, sofern wir um Gottes *guten* Willen über die Welt und Menschheit wissen und sein Wirken mit Augen des Glaubens (erfüllt vom Heiligen Geist) zu erkennen trachten, merken wir auch etwas von Gottes Bestimmen.

24.1.4.

Viertens gibt die christliche Erwählungslehre – deren Korrelat jeweils die Verwerfung als deren logische Negativform wäre – eine Antwort auf die Frage nach den *Zielen der Menschheits- und Weltgeschichte,* in der der Mensch ein „Spätprodukt der Materie" ist und offenbar dem Ziel einer Entwicklung entgegenstrebt. Hierzu wäre zu sagen, „nicht der Mensch an sich und als solcher ist an den Anfang aller Dinge zu rücken, wohl aber ein Wollen, das Wohlwollen zum Menschen hin, d. h. der Wille, den Menschen als Gegenüber und Bundespartner zu haben. Kurz: Der Bund Gottes mit den Menschen und Jesus Christus als vorgesehener Stifter dieses ‚Testamentes' steht am Anfang aller Dinge" (vgl. 1 Petr 1,20; Jak 1,18; H.-J. Fritzsche).

24.2. *Das Hilfreiche im christlichen Erwählungsglauben*

In neuester Zeit hat Karl Barth die Lehre von Erwählung und Verwerfung, von der Prädestination in strenger Bibelbezogenheit neu beleuchtet. Barth sagt, daß eindeutig bestimmt ist (vgl. bes. Eph 1,3–6; 1 Tim 2,3–6): Gott hat sich durch seine Offenbarung in der Welt kundgemacht, und sein Wille heißt Liebe zu uns Menschen. Gott will keine zwei Menschengruppen (Erwählte und Verworfene), sondern er verwirft die Sünde, die feindliche Haltung gegenüber Gott, die Macht des Bösen in der Welt. Das aber wissen wir aus dem Evangelium: Weil Gott uns Menschen liebt und infolgedessen aus unserer Verlorenheit retten will, sandte er seinen Sohn Jesus Christus. Dieser wurde für unsere Schuld bestraft, und zwar durch den Kreuzestod. Es war ein stellvertretender Tod. Jetzt kann Gottes guter Wille zum Ziel gelangen. „In der Erwählung Jesu Christi", faßt Barth zusammen, „hat Gott dem Menschen das erste, die Erwählung, die Seligkeit und das Leben, sich selbst aber das zweite, die Verwerfung, die Verdammnis und den Tod zugedacht ... Darum heißt Prädestination an sich und per se: Glaube an die Nicht-Verwerfung des Menschen, Nicht-Glaube an seine Verwerfung".

Hieraus ist – in aller Kürze – für uns *praktisch zu folgern:*

(1) Das *Anhören und Annehmen* der göttlichen Zusagen im Evangelium ist Erwähltsein und führt zur *Heilsgewißheit.* Wer den Christusglauben ablehnt, verwirft sich selbst.

(2) Wer also Gemeindeglied und glaubender Christ ist, befindet sich auf dem Wege, nicht mehr sündigen zu müssen. Er ist ein *freier*

Mensch. Er stellt aber seinen eigenen Willen *unter die Leitung des Geistes Gottes,* weil er weiß, von dessen Willen gelenkt zu sein, ist in jedem Falle und lebenslang die beste Entscheidung.
(3) Der Erwählte weiß, seine ganze Existenz ist in *Gottes gutem Plan* sinnvoll und auf ein gutes Ziel hin gerichtet. Selbst wenn wir das vordergründig nicht merken, ja schier verzagen möchten, die Erklärung der Liebe Gottes und seine gnädige Wahl über uns bleibt gültig und genügt.
(4) Der mit Gott verbundene Erwählte wird zu seinem *Mitarbeiter* gerufen. In freier Hinwendung zum Nächsten tut er unverkrampft ‚seine Pflicht' und befolgt das Doppelgebot der Liebe. Erwählung und Ethik gehören zusammen.
(5) Die Erwählung durch den dreieinigen Gott meint die vielen Erwählten, mit anderen Worten die *Kirche.* Auch hinsichtlich der Mit-Gliedschaft der Christen bleibt Christus der rufende, einladende und erwählende Herr. Erwählung und die heilige allgemeine Kirche gehören zusammen.

VI. Vom Menschen

Nun sind ‚wir' an der Reihe. Das allermeiste Gedruckte in der Welt dreht sich um den Menschen. Und fast jeder dreht sich um sich selbst. Schon der Philosoph Protagoras (um 400 v. Chr.) erklärte: „Der Mensch ist das Maß aller Dinge." Der Maßstab, an dem der Mensch seinerseits zu messen ist, ist Gott, wie er sich in der Heiligen Schrift geoffenbart hat, wie er uns Menschen begegnet, beurteilt und begleitet. Von diesem Ansatz her kommt die theologische Lehre vom Menschen, die Anthropologie, zu Aussagen, die sich in wesentlichen Stücken von denjenigen aller Art von Humanwissenschaften unterscheiden.

25. Ursprung und Entwicklung des Menschen

„Mensch!" Das war um 1900 ein Schimpfwort. Weil es jemand einem anderen zugerufen hatte, kam er vor Gericht und wurde gefragt: „Angeklagter, haben Sie die Anrede ‚Mensch' im beleidigenden Sinne gebraucht?" Antwort: „Nein, Herr Amtsrichter, ich wollte damit bloß soviel sagen wie ‚oller Affe'."

Diese Begebenheit zeigt, wie noch vor zwei Generationen seltsam verkrampft über den Menschen gedacht wurde. Und sicher nicht zufällig folgte in diesem Jahrhundert eine weltweite Menschenverachtung erschütternden Ausmaßes: Zwei Weltkriege, Rassenkonflikte und Diktaturen in Ost und West, Morde und Vertreibungen ohne Ende.

Deutungen über die Humanität, also das Menschsein und die Menschlichkeit, gab es schon immer in allen Religionen, in allen Rechtsordnungen und in der Naturwissenschaft. Einmal sah man ihn mehr von der Natürlichkeit her als ein besonders hochentwickeltes Lebewesen, dann löste man ihn von der Natur und sah das Entscheidende im Verstand und in seiner Denkfähigkeit; wieder andere flochten den Menschen als Sonderform in die Entwick-

lungsgeschichte des Kosmos hinein oder betonten, der Mensch ist das einzige Lebewesen mit Religion.
Solche Ansichten und Philosophien beweisen eines: „*,Der' Mensch ist empirisch nicht vorfindbar.* Es läßt sich gewiß biologisch beschreiben, welche anatomischen und physiologischen Eigenschaften dem homo sapiens zukommen. Es läßt sich aber nicht mit Sicherheit sagen, ob die Vielfalt der menschlichen Artbildungen schon abgeschlossen ist... Was uns bekannt ist, das ist eine in sich selber äußerst vielfältig gegliederte Gruppe... ,Der' Mensch – das wäre demnach alles, was sich zwischen den ältesten Funden und dem letzten sich etwa noch herausbildenden Typ bewegen würde" (O. Weber).
Die Theologie sieht keinesfalls einen Widerspruch zwischen ihren Aussagen und den wissenschaftlichen Ergebnissen der allgemeinen Anthropologie. Deren Hypothesen reichen zur Zeit über den Frühmenschen (Neandertaler, dem homo erectus pekinensis) weit hinaus bis zu dem Urmenschen, den sogenannten Hominiden, die vor Millionen Jahren im Tier-Mensch-Übergangsfeld lebten. Wir brauchen darauf nicht einzugehen, weil wir damit noch nicht das wahre Geheimnis des Menschen in den Blick bekommen.

25.1. Der biblische Standpunkt

Wie Naturwissenschaft und Philosophie aus Beobachtung, Vergleichen und logischen Gedankenverbindungen ihre Lehre vom Menschen entwickeln, so hat die Theologie ihren eigenen Standpunkt, sie sieht den Menschen durch die ,Brille' der biblischen Aussagen.
Wahre Erkenntnis des Menschseins hängt mit der Gotteserkenntnis unlöslich zusammen. „Kein Mensch kann sich selbst betrachten, ohne zugleich seine Sinne darauf zu richten, Gott anzuschauen, in dem er doch ,lebt und webt' (Apg 17,28). Denn all die Gaben, die unseren Besitz ausmachen, haben wir ja offenkundig gar nicht von uns selber. Ja, selbst unser Dasein als Menschen besteht doch nur darin, daß wir unser Wesen in dem einigen Gott haben" (J. Calvin).

Nur auf diesem Wege kommen wir zu treffenden Erkenntnissen über den Menschen. Da ist zum Beispiel das Sündersein des Menschen. Mit dem Phänomen der Sünde vermögen letztlich die Psychologie, Soziologie, Naturwissenschaft, Medizin und die politische Entwicklungsgeschichte (etwa der Marxismus-Leninismus) nichts anzufangen. Sie haben an dieser Stelle einen blinden Fleck, obwohl sie je einen Beitrag zu Anthropologie als Lehre vom Menschen beisteuern.
Im Aufnehmen des Evangeliums erkennen wir uns als Menschen, die von Gott bestimmt sind, das zu sein, was man die *„Krone der Schöpfung"* genannt hat. Die lange Entwicklungsgeschichte des Menschengeschlechtes, von der uns die moderne Biologie und Anthropologie hochinteressante Belege geben, ist nach unserer Glaubenssicht eine Geschichte der Führung durch Gott, eine ‚Heilsgeschichte'. Zur „Zeitenwende" kam ‚der Mensch' Jesus Christus. Er hat in seinem Erdenleben die Absicht Gottes mit den Menschen verkörpert. Er hat den „neuen Menschen" durch sein Heilandswerk ermöglicht. Und wer „in Christus" ist, wer sein Leben von ihm her lebt, der ist solche „neue Kreatur", wie sie vom Ursprung her sein sollte (vgl. 2 Kor 5,17).

25.2. Was ist der Mensch?

„... und des Menschen Kind, daß du, Gott, dich seiner annimmst?" (Ps 8,5). In ein paar Stichworten wollen wir die biblische Antwort geben, soweit sie sich auf des Menschen Ursprung und Entwicklung beschränkt.
Eindeutig ist des Menschen *Kreatürlichkeit* mit seiner ganzen Existenz eingebettet in die Natur und durchaus nicht nur für das Jenseits da. Er ist jedoch weder Pflanze noch Tier, obwohl er sich von beidem ernährt und die Medizin sowohl Pflanze als auch Tier benötigt, um den Menschen Heilung und Genesung zu ermöglichen. Der Mensch ist ferner aus *Erde* (Adam bedeutet Erdwesen), also vergänglich und erdgebunden. Trotzdem ist der Mensch von der Animalität zur *Humanität* geführt worden, weil er innerhalb der

Schöpfung durch Gott besonders angesprochen und herausgehoben ist. Das läßt sich sogar literarisch am Stil des ersten Schöpfungsberichtes erkennen, wo in Gen 1,26 der Text auf einmal einsetzt: „Lasset uns Menschen machen." Wie also zum Menschen *Materie* (Chemikalien) und Energie (Elektrizität) hinzugehören, sind hinwiederum gegenüber dem Tier die *Kommunikation* (durch Information, also Sprache und Sprachen) und die *Inspiration* (das Nachdenken, welches aus Einsicht in Vergangenheit, Gegenwart und Zukunft zum gestaltenden Handeln treibt) differenzierende Wesensmerkmale.
Andererseits ist der Mensch keineswegs ausschließlich ein Produkt der Natur. Im großen Evolutionsprozeß des Kosmos, dem Forscher mit immer mehr Einsatz an Scharfsinn, Untersuchungen und Instrumenten nachspüren, ist der Mensch ein *einzigartiges Phänomen*, „das die Evolution nicht nur fortsetzt, sondern auch die Führung übernimmt. Darüber hinaus macht der Mensch das Leben durch seine Freiheit, die er auf verschiedene Weise nutzen kann, risikoreich" (Faith and Order 1967). So sehr aber der Mensch das in Freiheit gesetzte und mit Wahlmöglichkeiten ausgestattete Geschöpf ist, so bleibt auch unausweisbar die Souveränität Gottes über den Menschen bestehen. Die naturwissenschaftliche Abstammungslehre steht zum biblischen Glauben an das Geschaffenwerden des Menschen durch Gott in einem nicht vergleichbaren Verhältnis.

26. Bild und Gleichnis Gottes

Allein der Mensch ist die Kreatur, die nach Gottes Bild geschaffen ist. Seit den Anfängen der christlichen Anthropologie sprechen die Theologen von der „*Gottebenbildlichkeit des Menschen*". Deshalb stellt man sich Gott oft menschenähnlich vor. Diese Denkweise scheint unausrottbar zu sein, obwohl im Dekalog ausdrücklich bestimmt ist: Du sollst dir kein Bildnis von Gott machen und es vor allem nicht anbeten!
Im folgenden wollen wir in großen Zügen einige Linien darlegen,

die zur Gottebenbildlichkeit des Menschen hinzugehören. Allemal wird darin versucht, das geheimnisvolle Wesen Mensch zu erfassen, wie es theologische Anthropologie als Besonderes neben anderen Lehren vom Menschen zu sehen hat.

26.1. Die biblischen Hauptaussagen zur Gottebenbildlichkeit

In der Schöpfungsgeschichte heißt es mehrfach: „Gott sprach... und es geschah." Das ändert sich auf einmal in Gen 1,26ff., indem der Text formuliert: „Lasset uns Menschen machen nach unserem Bilde, uns ähnlich; die sollen herrschen über die Fische im Meer und die Vögel am Himmel, über das Vieh und alles Wild des Feldes und über alles Kriechende, das auf der Erde sich regt. Und Gott schuf den Menschen nach seinem Bilde, nach dem Bilde Gottes schuf er ihn, als Mann und Frau schuf er sie. Und Gott segnete sie, indem er sprach: Seid fruchtbar und mehret euch und erfüllt die Erde, und macht sie euch untertan. Herrscht über die Fische im Meer und die Vögel des Himmels, über das Vieh und alle Tiere und über alles Lebendige, das sich auf Erden regt."
Die meisten Ausleger dieser Bibelstelle sehen darin einen neuen, besonderen Entschluß Gottes zur Erschaffung der menschlichen Existenz. Dabei ist der Plural im einleitenden Gedanken vielfach verstanden als ein Hinweis auf die göttliche Dreieinigkeit.

26.1.1.

Die hebräischen Begriffe ‚Bild' und ‚ähnlich' (oder auch ‚Ähnlichkeit', im Lateinischen imago und similitudo), wurden häufig verteilt gebraucht, indem man von einer *natürlichen und* einer *übernatürlichen* Gottebenbildlichkeit des Menschen redete. Man ist sich heute einig, daß eine Unterscheidung zwischen Natürlichem und Übernatürlichem nicht gemeint sein kann. Der Mensch ist zunächst Kreatur, irdisches Geschöpf.

26.1.2.

Die Gottebenbildlichkeit ist sodann zu verstehen als der Hinweis auf die *geistigen Fähigkeiten* des Menschen. Nur der Mensch kann Wissen ansammeln und seine Gedanken schriftlich festhalten, nur er hat „Seelenkräfte" (Augustin), er ist „religiös-sittliche Person" (Schleiermacher); er hat Vernunft, Willensfreiheit, geistige Prägefähigkeit in Kultur, Sitte und Geschichte; nur der Mensch ist im umfassenden Sinne Wort-Wesen. Nur der Mensch hat das Verlangen nach Selbstverwirklichung als Künstler oder Sportler, als Erfolgsmensch oder Gartenfreund, als Spieler, Weltenbummler oder Forscher.

26.1.3.

Drittens wird die Gottebenbildlichkeit in der *äußeren Gestalt* des Menschen gesehen. Hier berührt sich die Theologie mit Ergebnissen der jüngeren Naturwissenschaft. Die Ausleger verbinden dabei allerdings das Leibliche mit dem Geistigen.
Man denkt an die *aufrechte Gestalt* des Menschen. Dadurch wird der Mensch in die Lage versetzt, seine Arme und Hände frei zu gebrauchen. Sie sind nicht nötig für die Fortbewegung (die dem Menschen wiederum freien Raum verschafft). Die Hand beispielsweise ist zu vielem brauchbar. Sie kann liebkosen und zuschlagen, bauen und zerstören, einladen und abwehren, sie kann heilen und verwunden, sie kann musizieren oder feinmechanisch tätig sein und die Axt oder eine Steinbruchmaschine bedienen, sie kann greifen und loslassen, sie kann schreiben, nähen, begrüßen, boxen, modellieren und vieles andere mehr. Einem Menschenkenner verrät die Hand viel. Alles das vermag nur der Mensch, und zwar deshalb, weil er aufrechter Gestalt ist und seine Hand (mit dem gegenüberstehenden Daumen, wodurch er greifen kann) zu alledem frei und ausbildbar ist. Und der Kopf ist nicht (mehr) zum Zupacken da, sondern zum Denken und Einsetzen der Sinnesorgane.
Wir müssen uns hier einen Exkurs ins Gebiet der Fragen um die *Körperbehinderten* ersparen. Sie sind ein besonderes Beispiel dafür, daß unsere Augen die hinter aller Gebrechlichkeit verborgene Gottebenbildlichkeit des Menschen nicht zu erkennen vermögen.

26.1.4.

Mit der Gottebenbildlichkeit des Menschen soll auch umschrieben werden „der besondere Charakter der menschlichen Existenz, kraft dessen der Mensch Gott gegenüber verhandlungsfähig wird", „der Charakter als *ein von Gott anzuredendes Du* und als ein vor Gott verantwortliches Ich" (K. Barth). Anders ausgedrückt heißt das: nur der Mensch kann einen Gottesglauben, ein religiöses Bekenntnis haben. Unter allen Kreaturen ist es nur der Mensch, der betet, Kirchen baut, Choräle singt und Gottes Wort hört. Des Menschen *Verantwortung*, die Gott ihm auferlegt und *vor* dem er sich zu verantworten hat, *für* sein Handeln und Wirken in der Welt und Geschichte, ist Teil seiner Menschenwürde.

26.1.5.

Schließlich ist in diesem Zusammenhang noch der besondere Auftrag zu nennen, den der Mensch auf Erden hat. Im eingangs zitierten Bibeltext (dem Gen 2,15.19f.) und Ps 8 zuzuordnen sind) ist ausgesprochen: er hat zu herrschen. Das bedeutet nichts weniger als der Auftrag, *Kulturwesen* zu sein. Unentwegt verändern wir Menschen die Erdoberfläche und geben unseren (nichtmateriellen!) Gedanken dadurch Gestalt. Wir sind die Herren über Tier und Pflanze. Gen 1,26–28 ist insofern umfassend, als die Tiere in der Luft, im Wasser, auf und unter der Erdoberfläche, die Haus- und wilden Tiere erwähnt sind.

Ist uns bewußt, daß und wie wir diesen Auftrag beständig ausführen? Eine sogenannte Kulturlandschaft ändert ununterbrochen ihr Aussehen. In alten Städten (etwa Rom, Jerusalem oder Athen) liegen mehrere Schichten von Kulturschutt übereinander. Sieben bis zwanzig Meter unter einer modernen Straße können die Spuren anderer, uralter Straßen verborgen sein. Das alles schuf der Mensch im Verlauf der Zeiten. Alle Technik, Forschung, Kultur und Zivilisation führt die Heilige Schrift auf den erwähnten Urauftrag Gottes an den Menschen zurück, der insoweit „herrschen" und Macht ausüben soll.

Und man ist ergriffen vom Umfang der Ausführung: der Mensch hat inzwischen Atome zertrümmert, Wetter beeinflußt, Siedlungen angelegt, wo er natürlicherweise nicht leben könnte (etwa in der Antarktis oder anfangsweise auf dem Meerboden), den Mond besucht. Und trotzdem gibt es *ebenso viele Grenzen* seines Wissens und Könnens. Wir stoßen an diese Grenzen meist schon beim falschen Verhalten gegenüber dem nächsten Mitmenschen, dem Ehegefährten oder Mitarbeiter. Ja, wir erfahren die Grenzen in unserer Ungeduld und physischen Hinfälligkeit, in unserer Willensschwachheit und Glaubenslosigkeit. Beim Versuch, sie zu überschreiten, werden wir schuldig an Gott, Mitmenschen und an der Umwelt. Die technischen Möglichkeiten werden zur Falle. Gedemütigt erfährt der heutige stolze Mensch durch Kopernikus, daß er ‚nur' am Rande des Alls existiert, durch Darwin, daß er dem Tier ‚verwandt' ist und durch Freud, daß sein Ich am kollektiven Unterbewußten Anteil hat.

26.2. Gottebenbildlichkeit als Aufgabe des Menschen

In der Gottebenbildlichkeit des Menschen, die von Christus abgeleitet ist, dem durch seine Erlösungstat der Mensch gleich sein soll (Röm 8,29 u.a.), geht es um eine ganzheitliche Funktion, man könnte auch sagen eine besondere Richtung, in der das Menschenleben sich bewegt. Dabei ist der Mensch *dreifach bestimmt.*

26.2.1.

Der Mensch ist ein *Einzelner*. Durch das vielfältige Geflecht der Vererbung über zig Generationen hin und wegen der telegrammartig fixierten Moleküle der Desoxyribonucleinsäure (DNS) in den Zellen ist jeder eindeutig programmiert zu diesem Menschen, und zwar in dieser Zeit, in diesem Volk und Haus, in dieser Familie und Umgebung, mit diesen Ausbildungen und diesen Erlebnissen. Der Mensch ist absolut Einzelner und unwiederholbar. Das kann die Zwillingsforschung bestätigen.

Theologisch ist hinzuzufügen: Jeder einzelne ist von Gott gekannt und geliebt. Als Einzelner braucht und soll der Mensch keinesfalls ein Einsamer sein, was die besonders unmenschliche Strafe, die Einzelhaft bei verdunkeltem Kerker, beweist.

Die Taufe, die jeder Christ für sich als Einzelner erfährt, weist ebenfalls auf die Einmaligkeit eines jeden Menschen hin. Die Pervertierung dessen ist ein falscher Individualismus, den manche Bewegungen und politische Systeme heftig bekämpfen.

26.2.2.

In diesen politischen Ansichten vertritt man allerdings ebenso falsch einen Kollektivismus öder und quälender Gleichmacherei. Mit diesem anderen Extrem wird das zweite Merkmal der Gottebenbildlichkeit des Menschen pervertiert. Als Glied der Gemeinschaft, der Gesellschaft, sind wir als Geschöpfe Gottes immer auch *Mitmensch.*

Im Doppelgebot der Liebe zu Gott und zum Nächsten ist das gefaßt. Die Mitmenschlichkeit ist heutzutage ein viel gebrauchtes Wort. Wer aber nur allgemein „in Mitmenschlichkeit macht" (falls es überhaupt ginge) übersieht den Sinn des Auftrages Gottes, der darin liegt, dem Mitmenschen Nächster zu sein, er übersieht die Einzigartigkeit jedes Menschen. Dieser Aspekt der Gottebenbildlichkeit ist von weltweiter Mißachtung der Menschenrechte bedroht; das geschieht häufig indirekt durch einseitige Ausbeutung der ökologisch nötigen Erdreserven. Denn das Mitmensch-Sein berücksichtigt zugleich das Lebensverhältnis des Menschen – auch der Nachkommen! – zur Welt und zu den Dingen.

Der theologische Gesichtspunkt in diesem Gedankengang weist auf die Bedeutung der Gemeinde hin, die grundsätzlich in der Gottebenbildlichkeit mit verankert ist. Ohne diese Glaubensgemeinschaft gibt es kein volles Christsein. Glaube und Religion sind keineswegs nur Privatsache des einzelnen.

26.2.3.

Drittens ist die Gottebenbildlichkeit des Menschen noch bestimmt durch das Existieren des Menschen als *Nächster.* Gemeint ist die Beziehung vom Bruder her zum Bruder hin, vom Ich zum Du (im Unterschied zur größeren Gemeinschaft). Hier sei an das Gleichnis vom barmherzigen Samariter erinnert, in dem der Pharisäer zuerst fragte: „Wer ist mein Nächster?", und Jesus hernach die Frage richtigstellte, indem er sie umkehrte: „Wem bin ich der Nächste?" (Lk 10). In der Begegnung mit dem anderen wird man erst wahrhaft zur Person, mag der andere nun ein Ehepartner, Lehrer, Patient, Kollege, Chef oder Freund sein. Auch hier ist vor einer Pervertierung, nämlich dem falschen Altruismus zu warnen, der – um es mit dem Volksmund auszudrücken – durch Maßlosigkeit des Umsorgens oder des Verziehens eines Kindes dem anderen nur auf die Nerven fällt und ihm letztlich in seiner Entfaltung zur Persönlichkeit schadet.

26.3. Christus als das Bild Gottes

Bei unserem Gedankengang vernachlässigten wir bisher Entscheidendes. Das Neue Testament redet davon, daß *Jesus Christus das Ebenbild Gottes* ist. Er ist der Mensch aus Gott und für Gott. Er ist für uns der Mensch, wie er sein soll, er ist (um es biblisch auszudrücken) der „neue Adam", der neue Mensch. Und „wie viele auf Christus getauft sind, die haben Christus angezogen" (Gal 3,27; auch Kol 1,15; Eph 4,24 u. a.). Was Gottebenbildlichkeit endgültig bedeutet, erscheint in Jesus Christus. Durch ihn hat Gott in das Geschick der Welt und Menschheit eingegriffen, um die Gottebenbildlichkeit (die Imago Dei) zu erneuern. So ist Jesus Christus zum Retter und Heiland (1 Joh 4,14) gemacht.

27. Der Mensch als Leib, Seele und Geist

Wir haben festgestellt, daß es höchst schwierig ist, ‚den' Menschen zu erklären oder zu beschreiben. Daher ist es auch kein Wunder, daß die Schriftsteller aller Zeiten hier ein unerschöpfliches Thema haben. Der Mensch ist weder durch Aufzählung seiner Fähigkeiten und Eigenschaften noch durch seine Abgrenzung vom Tier eindeutig zu definieren. Wenn wir ein Menschenbild als Christen zu entwerfen beginnen, haben wir zuerst und nachdrücklich auf Gott zu schauen, wir haben nach uns Menschen als vor Gott zu fragen. Erst

im „Bilde Gottes" erkennen wir, wer wir sind und wer wir sein sollten.
Die zu suchende Antwort ist von einer Art, die durch menschliche Erkenntnisbemühung und Forschung allein nicht einleuchtend ist. Wir müssen deshalb nochmals betonen: Das Menschsein – vor allem wie es sein soll – hat seinen Ursprung, seine Mitte und sein Ziel in der Person Jesu Christi. Die Bindung an ihn ergibt erst das wahre und volle Menschsein. Und hier findet sich der Übergang zu unserer speziellen Frage nach Geist, Leib und Seele.

27.1. *Über den Ursprung der Seele*

27.1.1.

Volkstümlich verstanden wird gesagt, der Mensch *besteht aus* Geist, Seele und Leib. Im Laufe der Kirchengeschichte gab es eine Reihe von *Erklärungsversuchen,* die in das Geheimnis des Menschen und seine Bindung an Gott eindringen wollten. Sie drehten sich weithin um die Seele und um eine ursprüngliche sündlose Reinheit des Menschen.
(1) Unter dem Einfluß der platonischen Philosophie redete man von einer *Präexistenz* der Seele. Im Augenblick der Zeugung eines Menschenkörpers verbindet sich die Seele mit diesem. Hier ist das Tor zum Einströmen vieler Spekulationen über Verwandlungen, Seelenwanderungen und dergleichen. Die moderne Biologie hat erkannt, wie gescheit die Festlegung des Anfanges vieler Spekulationen auf diesen Zeitpunkt waren. Im Grunde will man das Angebundensein des Menschen in Gottes ewigen Ratschluß wahren, aber verkennt, daß sich dafür erstens in der Bibel kein Anhaltspunkt findet und daß man zweitens damit die sogenannte Seele zu einer Art Sache macht, die zu Leib und Geist hinzukommt.
(2) Der sogenannte *Traduzianismus* will die Vererbung über die Eltern zurückverfolgen und damit die letzte ‚Verwandtschaft' aller Menschen zu allen Zeiten (bis auf Adam) betonen. Hier wird Gott als der Schöpfer an einen Uranfang verbannt. Man braucht ihn nicht mehr; denn die Seele wird natürlich vererbt.

(3) Die *kreatianische Vorstellung* will diesen Fehler vermeiden und Gott unmittelbar beim Entstehen jedes Menschen beteiligen. Man weiß um die Mittelbarkeit der Genealogie, betont aber das Geheimnis der Unmittelbarkeit Gottes im Menschenleben und seine ‚direkte' Mitwirkung beim Zeugungsakt.
Eigentlich sind diese Andeutungen viel zu knapp, um darzustellen, was die alten Lehren positiv wollen und warum sie in der evangelischen Theologie als unbrauchbar beiseite getan werden. Wir kommen auch dogmatisch an die Grenze unserer Erkenntnis. „*Daß* mich Gott geschaffen hat", sagt Luthers Katechismus. Er meint damit die Wirksamkeit Gottes in seiner Welt. Aber auf die Frage nach dem *Wie* haben wir keine Antwort.

27.1.2.

Wenn wir nun jeden Erklärungsversuch der Entstehung einer Seele im Menschen ablehnen, aber am Begriff *Seele festhalten*, erhebt sich die Frage: Was meinen wir damit?
(1) Leib und Seele werden einander nicht gegenübergestellt, sie sind nicht zwei von drei Teilen, aus denen ein Mensch besteht. Hier halten wir uns streng an den biblischen Gebrauch des Begriffes Seele (im Griechischen Psyche). Im Alten Testament (z.B. Gen 2,7; Ijob 14,22; Ps 131,2) ist die Seele „der durch die Verbindung mit einem Leib begrenzte, individualisierte Geist, welcher diesen *Leib beseelt*" (L. Köhler). Im alttestamentlichen Denken ist der ‚Sitz' der Seele das Blut („ein ganz besonderer Saft", wie Goethe zutreffend sagt). Im Neuen Testament nimmt Paulus das auf. Seele bedeutet bei ihm die natürliche Lebenskraft irdischer Art (2 Kor 12,15; 1 Kor 2,14; 15,45).
(2) Man kann nicht sagen: der Mensch ‚hat' eine Seele; sondern es muß heißen: der Mensch ‚ist' Seele mit Geist und Leib zusammen. Seele ist „die *besondere menschliche Lebendigkeit*, die seinem „Ich als strebendem, wollendem, auf etwas gerichtetem eigen ist."
(3) Gewissermaßen als erklärende *Testfrage* stellt sich die nach dem Verbleib der Seele nach dem Eintreten des irdischen Todes. Solche Fragestellung ist unmöglich geworden, weil die Seele nichts Eigenständiges im Menschen ist, sondern sein äußeres, stoffliches Le-

bendigsein und der Sammelbegriff für des Menschen Vernunft, Gefühle und Wille (damit auch das Operationsfeld der Psychoanalyse). Dies alles ist mit dem Tode beendet, es hört auf.

27.2. *Was ist Leib und Geist des Menschen?*

27.2.1.

Wir haben damit einzusetzen, daß der *Leib* des Menschen vornehmlich Gegenstand der medizinischen Bemühung ist. Alles Leibliche ist gebunden an die Erde. Deshalb heißt es auch, der Mensch ist *Staub* (Gen 3,19; Ps 104,29; 146,4). Wer beruflich mit kranken und alternden Menschen zu tun hat, weiß das genau. Es ergreift uns immer wieder. Noch krasser wird diese Seite des Menschseins dort sichtbar, wo einer mit toten Menschen zu tun hat, etwa auf Friedhöfen oder in der Pathologie.

Daneben steht der Begriff des *Fleisches*. Es ist der körperliche Stoff des Menschen, einzig den sieht man von ihm, übrigens nur in seiner Umhüllung, der Haut.

Die Bibel verbindet den Begriff Fleisch in der Regel mit Aussagen über den Menschen als Sünder, als Versager, als hinfällig und ohnmächtig gegenüber Gott, seinem Schöpfer. Dennoch ist der Mensch nicht Sünder, weil er einen Fleischesleib trägt. Christus ist die große Ausnahme der Weltgeschichte: Er war auch Fleisch, doch ohne Sünde. Der Mensch sonst ist von den Mächten dieser Welt getrieben und folgt den „Begierden des Fleisches", die letztlich Feindschaft gegen Gott bewirken (vgl. Röm 8,7 und Gal 5,16; an beiden Stellen steht im Urtext Fleisch oder fleischlich). Im Leibsein und Fleischsein des Menschen wird sein Handeln sichtbar, das sich immer wieder auf eigene Kraft und Macht glaubt stützen zu können. Als Ergebnis zeigen sich die drei fundamentalen menschlichen Wesensäußerungen und Affekte Lieben, Hassen oder Neiden (vgl. Koh 9,6; 1 Tim 6,10).

27.2.2.

Geist schließlich – in der Philosophie übrigens in die Nähe des Redens von der Seele gerückt – ist das Dritte, das zum Menschsein gehört. Geist ist ein äußerst vielschichtiger und vielfältig angewandter Begriff. Wir beschränken uns hier auf seinen Gebrauch beim Menschsein als solchem.

Der Geist in dieser Hinsicht ist keine Qualität, die ihn grundsätzlich vom Tier unterscheidet (ähnlich wie beim Seele-Sein!). Dennoch ist der Geist wesentlich Sache Gottes. Es ist seine dynamische Kraft, die auf den Menschen eindringt und sein Denken, Wollen, Empfinden, Handeln und Unterlassen bestimmt. Von Gott her kommt die ‚Begabung' des Menschen mit Geist.

Im modernen Ausdruck des *Selbstbewußtseins* kann man ihn umschreiben. Technisch ausgedrückt ließe sich sagen: Der Geist (den Gott selbst uns gab) ist der Empfänger in uns, der die Sendung des spezifischen heiligen Geistes Gottes aufnimmt oder abwehrt (Röm 8,15f.). Den Vergleich weitertreibend kann gesagt werden, der Geist ist die Antenne, die sich zum Empfang des Evangeliums öffnet, worin alle Menschen zur Gotteskindschaft gerufen werden.

Der Mensch als das Wesen, das sprechen kann, ist als solches *Wortwesen.* Durch den Geist leben wir vom Wort her und zum Wort hin. Wir sind antwortende Wesen. Wiederum ist der Geist nicht im Menschen auffindbar (wie der Chirurg einen bestimmten Nervenstrang zu finden vermag). Durch des Menschen Bestimmung als Wortwesen zu Gott hin (im Gebet und Lobpreis) und zum Mitmenschen hin (im Gespräch, in Liebe) wird seine Geist-Erfüllung erkennbar.

In einem *schrecklichen Versuch* wurde das einst deutlich. Es soll unter Kaiser Friedrich II. (gest. 1204) gewesen sein, der herausbekommen wollte, welches die allererste Sprache war, die Adam und Eva gesprochen haben sollen. Der Kaiser ließ mehrere Neugeborene streng isolieren und sie ohne jegliche Ansprache, ohne ihnen jemals ein Wort zu Ohren zu bringen, aufwachsen. Die Wärter hatten die Säuglinge nur zu versorgen. Man erwartete, die Kinder würden wohl Hebräisch oder allenfalls Lateinisch reden. Was geschah? Sie kümmerten dahin und starben früh, ohne gesprochen zu haben. Sie wurden – weil sie eben ‚Wortwesen' waren – in diesem wichtigen Bereich ihres Menschseins lebensgefährlich vernachlässigt, also indirekt gemordet.

Der Mensch braucht Wort und Antwort und wenn es (bei Taubstummen oder Gelähmten) wenigstens durch liebevolle Zuwendung geschieht.

27.3. Die Einheit von Geist, Leib und Seele

Zusammenfassend können wir jetzt feststellen, daß der Mensch nicht aus vielen verschiedenen Stücken oder Teilen besteht. Zu dieser Ansicht mag unter Umständen moderne Forschung verleiten. In der Medizin wird man sich von den vorwiegend aufs Leibliche orientierten Fachbereichen her in der Nähe dessen darum bemühen müssen. Chemische, physikalische und biologische Reaktionen finden sich im Menschen. Auch lassen sich Teile ersetzen. Wo aber ist die Grenze erreicht? Wieviel darf man vom Menschen operativ entfernen, um noch zu sagen, es sei ein Mensch? Die Forschung ist hier bereits ungeheuer weit gegangen.

Theologisch bleibt bestehen: Der Mensch hat nicht Leib, Geist und Seele (die Reihenfolge ist gleichgültig), sondern der Mensch *ist* Leib, Geist und Seele. „Als der nach dem Bilde Gottes geschaffene Mensch darf der Mensch in seelisch-leiblicher Einheit aus Gottes freier Güte als geist-bestimmte Kreatur vor seinem Angesicht leben" (H. Vogel).

Trotz dieser strengen Einheitlichkeit wagen wir abschließend eine Art Verteilung der Aspekte. Die *Seele* ist über den Glauben an die Realität des wahren Lebens auf das Jenseits besonders orientiert, ohne das ‚Diesseits' zu vernachlässigen. Der *Leib* ist über die Diakonie – das heißt die Liebestätigkeit der Kirche im weitesten Sinne – im Diesseits orientiert, ohne zu rein innerweltlicher Glückseligkeitsbemühung verkürzt zu werden. Und der *Geist* ist durch die Predigt (als Sammelbegriff für das Angesprochenwerden durch Gottes Wort) gewissermaßen Brücke, Verbindungsglied oder Medium zwischen Diesseits und Jenseits, zwischen den Realitäten von Immanenz und Transzendenz.

28. Der Mensch als Mann und Frau

In Gruppen von Jugendlichen und bei Studenten wurde zuweilen ein kleiner Test angestellt. Jeder nahm Schreibzeug vor, um spontan aufzuzeichnen, was auf das Stichwort hin zu zeichnen war. Die Aufgabe hieß: Malt in knapper Skizze einen Menschen! In wenigen Strichen kann das jeder anfertigen. Die vergleichende Betrachtung anschließend ergab regelmäßig dasselbe Ergebnis. Die Mehrheit hatte eine männliche Figur entworfen, und zwar auch dann, wenn die Testgruppe überwiegend oder ganz aus weiblichen Personen bestand.

Was steckt hinter diesem Ergebnis? Wir wollen uns hier jetzt nicht in die Tiefenpsychologie der Freudschen Schule verlieren. Wir wollen uns auch nicht auf schnellfertige Behauptungen einlassen, nach denen solche Ergebnisse nur Ausfluß einer falschen Erziehung durch Jahrtausende seien, die dem Manne gegenüber der Frau eine Vorrangstellung einräumte.

Zunächst wird bei solchem kleinen Versuch festzustellen sein, daß es *‚den Menschen' überhaupt nicht gibt*. Den Menschen kennen wir nur als Mann und als Frau. Der Hinweis darauf erscheint als eine Binsenweisheit, die zu erwähnen überflüssig ist. So mag mancher denken. Entscheidend ist aber, was das weitere Nachdenken und Erkennen als Folge davon bemerkt.

Sind wir nicht durch und durch bestimmt von der *Geschlechterdifferenzierung*? Wie sähe unser Alltag aus, wenn es das Gegenüber von Mann und Frau nicht gäbe? Hier ist jetzt nicht das gemeint, was zur Erhaltung der Art, des Menschengeschlechtes gehört. Biologisch könnte das in Ähnlichkeit zur Tierwelt im Rhythmus der Brunftzeiten geregelt sein. Nein, hier ist alles das gemeint, was die Geschlechterbeziehung untereinander hervorgebracht hat. Man denke sich nur einmal die Unzahl von Darstellungen des erotisch betonten Ewigweiblichen aus unseren Zeitschriften und Filmen, ja aus der darstellenden Kunst aller Epochen fort! Trotz des Überdrusses bis zum Angewidertsein bei der heutigen Nacktheitswelle würde bei gänzlicher Tilgung Entscheidendes fehlen. Erinnert sei auch an das Thema in den Romanen, Dramen oder Geschichten. Volkstümlich

ausgedrückt wird unendlich oft lediglich dargestellt: Sie kriegen sich – kriegen sich nicht – kriegen sich schließlich doch.
Die Geschlechtlichkeit des Menschen „bezieht sich also nicht nur auf die Geschlechtsorgane und deren unterschiedliche Betätigung und Funktion, sondern sie betrifft immer den ganzen Mann, bzw. die ganze Frau, die geistigen und seelischen Lebensäußerungen ebenso wie die körperlichen. *Menschsein ist geschlechtliches Sein.* Das menschliche Leben auf dieser Welt vollzieht sich deshalb immer in der Polarität: im Gegenüber von Mann und Frau. Weil beide sich aber als Menschen auch entsprechen, weil sie eine besondere und von dem übrigen Leben auf dieser Welt unterschiedene Gruppe sind, bleiben sie aufeinander angewiesen und treten zueinander in besondere Beziehung" (K. H. Wrage). Wir haben diese Grundtatsachen nun theologisch einzuordnen und Konsequenzen anzudeuten.

28.1. Biblische Grundlegung

Schon auf dem ersten Blatt der Bibel ist davon die Rede. „Es ist nicht gut, daß der Mensch allein sei" (Gen 2,18). Alleinsein, also Einsamkeit, ist im tiefsten Grunde unmenschlich. Es ist eine Form der Strafe. Es ist Folge tragischer Verwicklungen. (Robinson Crusoe, der immer noch als Idealgestalt gilt, ist ein Beispiel. Der Schöpfer dieses Romanhelden, Daniel Defoe, kam in seiner Geschichte auch nicht ohne den Nächsten aus, dem er den Namen Freitag gab). Das Alleinsein ist vor allem eine Folge heutiger Lebens- und Wohngepflogenheiten. Die Einsamkeit vieler, insbesondere alter Menschen, ist ein schweres Problem und eine beständige Anklage.
Der Schöpfungsbericht fährt daher fort: „Ich (Gott) will ihm eine Hilfe machen, die ihm entspricht." Dann folgt der Bericht von der Erschaffung der Frau aus einer Rippe des Mannes. Hiermit kommt die Erschaffung des Menschen überhaupt zu ihrem Ziel: das war von Gott gemeint. Wer bei diesem Bericht medizinisch-chirurgische Betrachtungen anstellt, hat das Entscheidende im Text nicht begriffen. Die fast dreitausend Jahre alten Berichte geben in genialer

Schlichtheit Vorgänge wieder, die jenseits der Möglichkeiten unseres Vorstellens liegen. Der Tiefschlaf (Gen 2,21) deutet ebenfalls darauf hin.
Wichtig ist ferner der Bericht von der Begegnung zwischen Mann und Frau. Als der Mann sie sieht, ruft er beglückt aus: „Diese endlich ist Gebein von meinem Gebein (im Unterschied zu allen tierischen Lebewesen) und Fleisch von meinem Fleisch! Diese soll man Männin nennen, denn vom Mann ist sie genommen!" Bekanntlich hat Luther mit seiner *Übersetzung ‚Männin'* nicht den Vorrang des Maskulinen betonen wollen, sondern das hebräische Wortspiel zu erhalten versucht. Mann heißt dort „isch" und Frau heißt „ischa". Im Englischen entspricht dem etwa „man" und „woman".
Diese uralte Urkunde gibt ein kulturelles Stadium wieder, in dem der Frau eine hohe Bedeutung eingeräumt wurde. Diese besondere Stellung der Frau im Vergleich zum Mann, wie sie Gen 2 schildert, ist im gesamten Vorderen Orient unter den Mythen von der Menschenschöpfung einzigartig.
„Es ist bedeutsam, daß wir in unserer gegenwärtigen Kulturepoche im wesentlichen mit dem übereinstimmen, was Gen 2 zu dem Verhältnis von Mann und Frau sagt. Mit der *‚Hilfe, die ihm entspricht'* ist weder das Geschlechtswesen Frau noch die Frau als Arbeitskraft zur Hilfe beim Ackerbau gemeint; jede solche Eingrenzung verdirbt den Sinn dieser Stelle. Es ist die *personale Gemeinschaft* von Mann und Frau in umfassendem Sinn gemeint, zu der sowohl die körperliche wie die geistige Gemeinschaft von Mann und Frau, das gegenseitige Helfen bei der Arbeit, das gegenseitige Verstehen, die Freude aneinander, das Ausruhen aneinander gehören" (C. Westermann).

Jesus nimmt diese Urordnung der Schöpfung in einer Diskussion über Fragen der Ehe, Ehescheidung und Ehelosigkeit auf (Mt 19,3ff.) und erklärt: „Habt ihr nicht gelesen, daß, der im Anfang den Menschen geschaffen hat, schuf sie als Mann und Frau". So haben wir gar keine andere Wahl: Als Menschen existieren wir in dieser Zweiheit. Das ist die einzige Differenzierung, die unveränderlich für uns ist. Andere Unterscheidungen lassen wir entweder hinter uns (z. B. das Stadium des Kindseins), oder sie sind durch die

Geschichte, Schicksale und Kulturen entstanden und von keiner grundsätzlichen Bedeutung. Hierbei denken wir an Völker, Rassen, Nationen, Aufteilung in Klassen und Kasten (Adel, Bürgertum, Parias, Gebildete, Sklaven, Parteimitglieder und andere Willkürlichkeiten). Doch in unserer Geschlechtlichkeit ist der Mann für die Frau und die Frau für den Mann jeweils der andere Mensch. Frau und Mann sind einander im Ursinne *Mit*menschen.

28.2. Folgerungen

Wir können auf sich beruhen lassen, ob dem Mann mehr das Außen und der Frau das Häusliche, ihm mehr die Freiheit, ihr mehr die Abhängigkeit eignet, ihn mehr das Objektive, sie mehr das Subjektive interessiert; er mehr auf Bauen und Schaffen, sie mehr auf Bewahren und Schmücken eingestellt ist. Es gibt viele *Unterscheidungsmerkmale,* die kaum einmal ‚rein' vorkommen und schließlich die Vielfalt der femininen Männer und der Mannweiber ergeben. Der Tiefenpsychologe Jung redete hierbei von der Verteilung auf animus und anima in Frau und Mann, was jeweils unterschiedlich ist und sich entsprechend auswirkt.
Dieses alles hat sich begreiflicherweise in den Religionen, also auch *in den christlichen Kirchen ausgewirkt.* Es sei nur angedeutet, daß bis vor kurzem das Amt des Priesters, Predigers oder Pfarrers ausschließlich dem Manne vorbehalten war. Einzig in protestantischen Kirchen (unter Übergehen von Sekten) wird es neuerdings auf Frauen ausgedehnt. Dahinter stehen grundsätzliche, vom biblischen Verständnis her abgeleitete Entscheidungen. Wir haben aber anzuerkennen, wenn in der römisch-katholischen – und noch viel exklusiver in der orthodoxen – Kirche das Priesteramt vorerst an das Mann-Sein gebunden bleibt. Andererseits gab es von jeher unter den Gottesdienstbesuchern sowie unter den aktiven Mitarbeitern in den Gemeinden mehr Frauen als Männer, letztere sind jedoch in der Regel diejenigen, die neue Aktivitäten bewirkten. Auch das zeigt die lange Geschichte der Kirche. Es sei erinnert an die ersten Jünger und sogleich an die Begleiterinnen Jesu zum Kreuz (vgl. Mt 27,55!).

Dasselbe gilt für die ersten Osterzeugen. Hieraus folgern wir unter anderem: Rangunterschiede zwischen Mann und Frau werden in der Bibel nicht sichtbar. Die selbstverständlichen Kontakte Jesu mit Frauen wirkten in seiner Umwelt schockierend. Ein entscheidender Text ist Gal 3,28, wo Paulus feststellt, in Christus, in der durch seine Liebe gewirkten Glaubensgemeinschaft, gibt es weder Mann noch Frau, Freie noch Sklaven, sondern nur noch gleichwertige, praktizierte Einheit.
Dies ist der Ausgangspunkt dafür, daß Christen einander häufig mit *Bruder und Schwester* anreden. Die Schwester-Anrede entwikkelte sich darüber hinaus zur bekannten berufsspezifischen Bezeichnung für diejenigen, die sich helfend dem Mitmenschen in besonderer Weise zuwenden.

28.3. Mann und Frau sind verschieden

In der Unmittelbarkeit zu Gott – die Theologen sagen „unter eschatologischem Aspekt" – werden grundsätzlich alle Rang-Differenzierungen zwischen Mann und Frau ungültig, beide sind gleich begnadet. Dennoch bleiben ‚Über-Unterordnung-Verhältnisse' im alltäglichen Leben dieser unserer Welt vertretbar. Frau und Mann begegnen einander ja nicht als sündlos Vollendete. Es bleibt – und das beachten die evangelische Ethik und Dogmatik selbstverständlich – die *Spannung zwischen den Geschlechtern,* mit ihren positiven und negativen Seiten, und zwar in Gemeinsamkeit und „dynamischer Partnerschaft" (G. Müller).
Grundsätzlich gehört zu den positiven Dingen die Notwendigkeit der *Erotik.* Leider wird dieser Begriff häufig mißverstanden und als unter anständigen Menschen ungehörig angesehen. Dabei zeigt die Geschichte des Begriffes Erotik (der einer unter den fünf Hauptbegriffen für das deutsche Sammelwort Liebe ist), daß hierin das geschlechtsunterschiedliche Zueinander und Gegeneinander von Mann und Frau lebendig wird. Wer das herrliche Buch von Jürn-Jakob Swehn, dem Amerikafahrer kennt, kennt auch dessen oft gebrauchten Satz: „Es ist eben eine andere Nation, die wo links

knöpft". Die Frauen, die die Jacke anders knöpfen als die Männer, sind in vielen Entscheidungen und Reaktionen anders als die Männer. Das bereichert das Zusammenleben. Reine Männergruppierungen (Armeen, Schiffsbesatzungen, Clubs und Vereine) haben etwas Eigenartiges, ja strenggenommen ,Widernatürliches' an sich. Dasselbe gilt für reine Frauengruppierungen, wie sehr strenge Schwesternschaften und Frauenorden.

Wenigstens andeutungsweise ist hier auf das vielschichtige Problem der (männlichen und weiblichen) *Homosexualität* hinzuweisen. Im vorliegenden Zusammenhang, in dem es nicht um die äußerst schweren ethischen und seelsorgerlichen Aspekte dabei gehen kann, ist festzuhalten: Trotz eines hohen Prozentsatzes von homosexueller Disposition in der Anlage vieler (die aber nicht jedesmal geweckt wird), ist sie eine menschliche Fehlentwicklung, eine Verzerrung des Schöpfungswillens Gottes. Das ist alt- und neutestamentlich eindeutiges Urteil. Der Mensch ist wesensgemäß Mann oder Frau und darin zum anderen Geschlecht hin orientiert.

Zuletzt sei noch auf die Gedankengänge hingewiesen, die in der Bibel den Mann zum *Haupt des Weibes* erklären (insbesondere Eph 5). Die erwähnte Gleichbegnadung und Gleichwertigkeit bleibt unbedingt. Aber in dem durch die Sünde gestörten Miteinander der menschlichen Zweisamkeit bleibt oftmals ein Respekt der Frau vor dem Manne, dem jedoch auf Seiten des Mannes die tragende Liebe korrespondieren muß, wie Jesus selbst sie urbildhaft vorlebte und geboten hat.

Die Erwähnung der Sünde verlangt hier auch die Nennung des natürlichen *Schamgefühles*, einem „Adelstitel des Menschen" (J. Illies). Es ist ein wichtiges Regulativ im Menschenleben auf den verschiedenen Stufen der Lebensalter.

29. Der Mensch als Gemeinschaftswesen

Vor einiger Zeit fand man das Tagebuch einer Verstorbenen. Sie hatte es jahrelang täglich geführt und darin eingetragen, was für sie von Wichtigkeit war, u. a. auch Bemerkungen über ihre Besucher und Gespräche. Doch in den letzten Jahren ihres Lebens fand sich immer häufiger eine Eintragung, die schließlich nur noch zu finden war: *„Niemand kam"*. Sie starb einsam und wurde erst später gefunden.

Niemand kam: das bedeutete Vergessensein, es bedeutete das Abgeschnittensein von einem wesentlichen Stück wahren Menschseins, von der Gemeinschaft. Zur wahren Existenz des Menschen gehört wie sein Mann- oder Frau-Sein auch die *Gemeinschaft*. Wir Menschen leben nur in Gemeinschaften. Wo es nicht der Fall ist, sind das Ausnahmen. Sie weisen darauf hin, daß da etwas nicht stimmt. Man redet demgemäß vom Sonderling, Eigenbrötler, Einzelgänger oder Einzelhäftling, vom ausgestoßenen Asozialen.

Die Schöpfungsberichte mit ihrer Krönung in der Gemeinschaft von Mann und Frau, von Adam und Eva als Urtypen jener Gemeinschaft, weisen darauf hin, daß der Mensch in Gemeinschaft leben soll. *Welche Absichten Gottes* werden hierdurch verwirklicht?

29.1. Gemeinschaftliches Leben und schöpferische Leistungen

Jeder kennt *sogenannte große Persönlichkeiten.* In der Kunst, in der Politik, in der Wissenschaft, in der Gesellschaft, in der Forschung. Mit einem englischen Kürzel spricht man bei solchen lebenden Persönlichkeiten von ‚V.I.P.' = very important persons. Einige von ihnen erhielten den Nobelpreis für ihre hervorragenden Leistungen. Wenn ihre Lebensgeschichte sorgfältig beschrieben wird, zeigt sich, daß die Betreffenden zwar höchst anerkennenswerte Leistungen vollbringen, aber ihr Ziel niemals erreicht hätten, wenn sie nicht innerhalb der Gemeinschaft ihrer Zeit und ihres Kulturkreises gelebt hätten. Das modernste *Beispiel* sind die Weltraumfahrer. Man kennt ihre Namen, findet sie fotografiert in Zeitschriften, verfolgt ihren Weg ins All und um den Mond. Doch sie wären verloren ohne die ununterbrochene Verbindung mit der Zentrale in Texas oder anderswo. Das ganze Unternehmen hängt zusammen mit Tausenden von Leistungen, die voraufgingen. Der Flug zum Mond ist lediglich die jüngste Etappe einer technischen Entwicklung, die sich über Generationen hinzog. Die eben erwähnten ‚hervorragenden' Leistungen sind somit solche Leistungen, die aus allen anderen herausragen und damit allgemein sichtbar werden.

Alle Bemühungen unseres Jahrhunderts, die mit dem *Ausdruck sozial* verbunden sind, weisen darauf hin. Wo man allerdings am lautesten davon redet, wird der Personenkult am penetrantesten getrieben. Seltsam ist der Widerspruch, daß etwa zwei Milliarden Menschen sich Worte über die Gleichheit aller anhören müssen und dabei stets auf riesige Darstellungen einzelner Revolutionäre zu blicken haben.

Die Bibel ist von den ersten bis zu ihren letzten Versen erfüllt davon, daß Gottes Heilsplan auf die große Menschengemeinschaft abzielt. Die ganze Menschheit war ursprünglich eine Einheit. Sie hatte eine gemeinsame Sprache. Das Fehlverhalten der Menschen, ihre eigenwillige Überheblichkeit, störte und zerstörte die Gemeinsamkeit. In der Geschichte vom Turmbau zu Babel (Gen 11) wird das dargestellt.

Doch der Mensch gehört in die Gemeinschaft. In welchem Umfang diese Gemeinschaft zur Zeit des Alten und Neuen Testamentes praktiziert und gelebt wurde, vermögen wir uns heute oft nicht mehr vorzustellen. *Viele unserer Probleme gab es damals nicht,* weil man sie in der Gemeinschaft der Sippe, der Großfamilie, des Stammes, des Volkes regelte. Es handelt sich um Probleme der Versorgung in Krankheit und Alter, um Fragen der Erziehung und Ausbildung, um Formen und Regeln des Zusammenlebens. Für das alles haben wir heutzutage riesige Organisationen mit ungeheurem Geldaufwand nötig.

Insbesondere wird das Gemeinschaftsleben – und damit jegliche schöpferische Kultur – zur Zeit der Erzväter, Propheten und der Apostel durch das Zusammenleben im Volk als *Religionsgemeinschaft* geprägt. Von daher entwickelte sich die Nähe zwischen Priester und König, zwischen Kirche und Staat. Die Trennung voneinander hat tausend Jahre in Anspruch genommen. Und heute stehen wir vor der Notwendigkeit, das Geheimnis der Gemeinschaft durch

viele Maßnahmen abzusichern. In biblischer Sicht handelt Gott als der Gemeinschaft-Stiftende und -Bewahrende. In der Rede vom *Bund*, den Gott von sich aus stiftet und seinerseits auch einhält, wird das erkennbar.
Die Briefe des Paulus zeigen eindeutig, der Mensch ist zwar Gemeinschaftswesen, die Gemeinschaft aber findet ihre Erfüllung nicht in äußerer *societas* oder *koinonia* (so der lateinische und der griechische Fachausdruck). Für Paulus wird sie verwirklicht durch das Leben „in Christo" (2 Kor 5,17), durch das Anteilhaben am Heiligen Geist (2 Kor 13,13) und am Glauben, vor allem im Nachfolgen auf dem Wege Jesu Christi.

29.2. Gemeinschaft führt zur vollen Menschlichkeit

Das ganze Leben verbringen wir in einem vielfältigen Geflecht von Beziehungen, und zwar bewußten sowie unbewußten, hilfreichen sowie gestörten. Wir wollen es uns verdeutlichen.
Das Allerweltswort *Interesse* haben wir einst in der Schulzeit aufgefächert und präzisiert. Es bedeutet nach seinem lateinischen Wortsinn dazwischen sein, dabei sein. Wer beispielsweise Interesse an der Ausbildung zur Krankenpflege hat, bekundet damit eine Anzahl von weiteren Interessen. Es geht ihm überhaupt um den Menschen, um den anderen Menschen. Er möchte von den menschlichen Funktionen und Lebensvoraussetzungen etwas wissen. Sodann will der Pflegende dem Mitmenschen helfen, weil dieser sich nicht alleine helfen kann. Er will ihm durch die Pflege Heilung schaffen. Stets ist er dabei, er interessiert sich.
Heute reden wir viel von *Partnerschaft*. Dabei ist man Teilnehmer an einer Unternehmung, einer Aufgabe. Das läßt sich auch mit dem Wort Anteilnahme ausdrücken, welches wir für die Bekundung unseres Mitleides vorbehalten haben. In jedem Falle wenden wir uns – hoffentlich ungeheuchelt und ganz – dem Nächsten zu und lassen ihn nicht allein. Daß jemand täglich schreiben mußte „Keiner kam", mag schlichte Feststellung sein, ist in Wirklichkeit aber eine schwere Anklage an uns alle.

Sogar das von manchen heute verpönte Wort *regieren* gehört hierher. Es meint das Lenken und Leiten, wie es beim Zusammenleben vieler Leute nun einmal erforderlich ist. Die Form des Regierens, des Managements, ändert sich mit den Zeiten und Gesellschaften. Einst war es absolutistisch, patriarchalisch und autokratisch. Heute ist es demokratisch in verschiedenen Spielformen. Für Christen gibt es zwar bestimmte Vorstellungen, die sich aus seinem Gemeindeverständnis ableiten, aber welche Form gerade an der Reihe ist und ausgeübt wird, hängt von den Gegebenheiten ab. Für den in der Gemeinschaft mit Christus lebenden Menschen ist entscheidend, ob beim Zusammenleben unter den Menchen deren Würde und Rechte geachtet werden, ob die jeweilige Organisation zum Wohl aller Mitglieder eingerichtet ist oder ob sie nur einzelne darin begünstigt und andere benachteiligt. Eine *„Verbindung von Distanz und Gemeinsamkeit"* (D. von Oppen) ist aber nötig, um wahre Gemeinschaft zu gewinnen.

29.3. Liebe schafft und bewahrt Gemeinschaft

Es gibt drei Tatbestände, die das Menschenleben zu regeln scheinen: (1) Gesetze, die nach Ursache und Wirkung fragen; (2) der Wille des Menschen, der seinem Handeln Richtschnur ist; und (3) die Naturgesetzlichkeit, die jedes Schicksal fest bestimmt. Eugen Rosenstock-Huessy macht darauf aufmerksam, daß *jedes Liebespaar diesen ehernen Ordnungen spottet:* Das Verlieben durchbricht überraschend gesetzesmäßige Vorstellungen („Wohin die Liebe eben fällt..."); die Willensfreiheit wird aufgegeben, um sich im Gelöbnis der Trauung an einen anderen zu binden; und was das Schicksal, vornehmlich in verschiedene Geschlechter, getrennt hat, vereinigt sich und wird durch etwas Neues (nämlich Leben) verändert. So entsteht immer wieder neue Gemeinschaft. Zu den Kümmernissen der Kommunen-Experimente gehört, daß sich innerhalb der größeren ‚Gemeinschaft' einzelne ineinander verlieben, d.h. Paare bilden. Das stört die Kommune. Liebe ist eben logisch nicht faßbar und nicht programmierbar.

In 1 Kor 13 wird das *Hohelied der Liebe*, die die höchste Geistesgabe ist, gesungen. Hinter den berühmten Worten von Paulus entfaltet sich ein Riesenprogramm menschlichen Zusammenlebens. Alles *ethische Handeln* muß von daher bestimmt sein. Die wahre Liebe, die sogenannte Agape (das griechische Wort dafür) oder Caritas (der lateinische Ausdruck) ist innerster Antrieb jeder echten *Sorge, Fürsorge und Vorsorge.* Damit befinden wir uns auf dem weiten Feld der sozialen Arbeit. Ob hier die Aufgaben der öffentlichen Sozialbehörden oder die Tätigkeit der freien Wohlfahrtsverbände gesehen werden, jedesmal ist das Praktizieren der Gemeinschaft durch Bemühungen liebevoller Hinwendung gemeint. Ja, sogar das *Besteuern des Einkommens* gehört dahin; denn das ist letzten Endes – sofern es verantwortbar bemessen ist – auch eine Form des Liebesdienstes zum Wohle aller.
Mit Steuergeldern wird für alle das Verkehrsnetz verbessert (damit man besser zueinanderkommt), werden die Ausbildungssysteme verbessert (damit wir das Miteinander auf dieser Welt fördern), wird die Fürsorge für Junge und Alte, Behinderte und Kranke, überlastete Mütter und erdbebengeschädigte Flüchtlinge betrieben (damit sie alle wieder eingegliedert werden in eine zufriedenere Gesellschaft).
Der Mensch als Gemeinschaftswesen: ließe sich nach allem Voraufgegangenen jetzt nicht eine *Gegenthese* aufstellen, die besagt: der Mensch ist *Einzelpersönlichkeit?* Gewiß, dazu wäre viel Wichtiges zu sagen. Jeder wird für sich selber geboren; jeder stirbt seinen eigenen Tod; jeder muß selber essen, um am Leben zu bleiben; jeder fühlt den Schmerz einer Wunde nur an sich; jeder strebt nach Selbsterhaltung; jeder muß den bekannten Kampf ums Dasein zu seinem Teil kämpfen. Und doch gilt unser Satz, daß wir Menschen in die Gemeinschaft gehören, ohne sie nicht zu existieren vermögen und durch sie erst menschlich werden.

29.4. Gemeinschaft ist eine Aufgabe

Die Gemeinschaft von Christen, wie sie das Evangelium meint, bedeutet nicht ein Sich-Bergen im Schutz einer organisierten Gemeinschaft (hinter den Mauern einer Konfession, Gesellschaft, Rasse oder dem Eisernen Vorhang einer Ideologie). Das biblische Wort für Kirche = *Ecclesia* meint das Gegenteil. Wir werden ‚herausgerufen' aus alten Gewohnheiten und Sünden, aus traditionellen Meinungen und bequemen Verstecken in der anonymen Masse.

„Wie können wir dann Christi Forderung, die ‚herausruft', mit der Not der Vielen in Einklang bringen, die um ihres Wachstums willen in eine sichere Gemeinschaft hineingenommen werden müssen?" so fragt E. M. Hoch und antwortet: „Die Lösung des Problems kann vielleicht in den… *Entwicklungsphasen* liegen: dem langsamen Herauswachsen aus der Verschmelzung mit der ursprünglichen Einheit zu der Fähigkeit, sich einer ‚gemeinsamen Welt' zu öffnen, wo man nur gibt oder vielmehr die Fülle des Lebens und der Liebe, die man aus den ewigen Quellen zur Schöpfung gelernt hat, weitergibt. Es zeigt sich, daß die Beschreibung des letzten Stadiums einem wirklichen ‚Christus-gemäßen' Leben sehr nahe käme."

Viel ließe sich noch aus dem paulinischen *Bild von Leib und Gliedern* (1 Kor 12 u. ö.) folgern. Der Leib, dessen Haupt Christus ist, hat viele Glieder. Nicht zuletzt die Psychologie lehrt, daß jedes Glied seine Besonderheit und eigentümliche Aufgabe hat. Paulus sagt daher, Auge und Hand oder Ohr und Füße können nicht zueinander sagen: ich habe euch nicht nötig! Man kann auch nicht zwischen unanständigen und wohlanständigen Gliedern unterscheiden. Sie gehören alle zueinander, und wenn eines leidet, leiden alle Glieder mit (wo es wehtut, und sei es nur an der kleinen Zehe, da tut es am wehsten; sagt treffend Wilhelm Busch hierzu). Ohne Bild gesprochen: Gemeinschaft unter Menschen ist lebensnotwendig. An welchen Platz der einzelne in dieser Gemeinschaft eingeordnet ist, ist zweitrangig. Wenn alle nur „die gleiche Sorge füreinander tragen" (1 Kor 12,25), wird die volle Menschlichkeit gefunden.

VII. Sünde als Gottlosigkeit

‚Nobody is perfect.' Ist dieser Satz, dem manchmal eine humorvolle (ist es Galgenhumor?) Karikatur beigefügt wird, schon alles, was hier zu sagen wäre? „Du hast noch nicht hinreichend bedacht, wie schwer deine Sünde wiegt", ruft zu Recht Anselm von Canterbury aus. Wir wollen es bedenken und dabei – hoffentlich – erschrecken; aber dahinter gleich nach dem Ausweg fragen, auf dem die schwere Tatsache unserer Gottlosigkeit überwunden wird.

30. Der Mensch als Sünder

„Man hat mich hinausgeworfen. Ich liebte ein Mädchen, d.h. ich habe das getan, was bei Euch Weißen und in der Kirche ‚Ehebruch' heißt. Aber dieses Mädchen war weder verheiratet noch an irgend jemand vergeben. Da keiner einen Brautpreis für sie bezahlt hatte (gemäß afrikanischer Sitte), gehörte sie also niemandem, und ich verstehe nicht, wem ich Unrecht getan habe. Auch ich bin ja nicht verheiratet, und ich hatte keinen Augenblick die Absicht, dieses Mädchen, dessen Namen ich nicht einmal weiß, zu meiner Frau zu machen. Meiner Meinung nach trifft also das Gebot ‚Du sollst nicht ehebrechen' auf meinen Fall nicht zu. Deshalb ist es mir auch ganz unbegreiflich, warum die Kirche mich vom Abendmahl ausschließt und sechs Monate Kirchenzucht über mich verhängt.
Einer meiner Schüler hat mich denunziert... Ich sage es Ihnen ganz offen: ich fühle mich nicht besonders schuldig. Ich schäme mich zwar wegen des Geredes der anderen, aber ich halte mich noch für einen Christen. Ihnen wage ich zu sagen, was ich denke, auch wenn Sie sich ärgern. Ist mein Trieb nicht dazu da, daß er befriedigt wird? Sind meine Geschlechtsorgane mir nicht gegeben, damit ich sie benutze? Soll das, was vorhanden ist, nicht auch Verwendung finden? Warum ist es Sünde, von dem Gebrauch zu machen, was Gott geschaffen hat?"
Das sind die einleitenden Sätze eines tatsächlich geführten Brief-

wechsels eines afrikanischen Christen mit Walter Trobisch, der damals in Afrika lebte. Wir sind sofort mitten ins Feld geführt, das mit dem Begriff *Sünde* bezeichnet wird. Mancher umgeht heute auffallenderweise das Wort, sogar in christlichen Texten oder Reden. Was mag das bedeuten? Was ist Sünde?

30.1. Die Bewußtseinslage

Scheinbar ist die Antwort auf die Frage „Was ist Sünde?" schnell zur Hand. Sünde ist z.B. wenn man gegen eines oder mehrere der Zehn Gebote verstößt, wenn man lügt, ehebricht, stiehlt, unredlich ist usw.
Dann wissen wir vielleicht etwas von *Erbsünde*, spüren aber den logischen Widerspruch darin: Für eine Erbanlage (als Sünde) kann ich nicht haftbar gemacht werden. Wenn es andererseits aber mich persönlich angeht und ich dabei schuldig werde, wieso hat das etwas mit Erbe zu tun?
Das Dilemma ist groß. Manche Antwort (Sünde, das sind böse Taten u. dgl.) ist zu billig, ist einfach irrig. So gelten manche früheren Gebote heute nicht mehr. Man bedenke nur einmal den Wandel der Bademode in diesem Jahrhundert. Eine Behörde der letzten Jahrhundertwende würde in unseren Tagen sämtliche Besucher einer Badeanstalt verhaften und wegen gröbster Unsittlichkeit bestrafen lassen. Und die Kirchen hätten dem zugestimmt. Oder was sind böse Taten? „Wer wird seiner Fehler gewahr? Von Schuld, um die ich nicht weiß, sprich mich frei!" (Ps 19,13). Wieso, so wäre fortsetzend zu fragen, kann einer dann schuldig werden?
Eine besondere Not, also Sünde typischer Art, ist, daß viele nicht wissen, was Sünde ist und welche Rolle sie im eigenen Leben spielt. Es ist eine sehr bedrückende Rolle.

30.2. Auswirkungen der Sünde

Wir müssen zuerst erkennen, wie sich Sünde äußert. Es gibt alltägliche Beispiele, die das zeigen. Sündhaftigkeit des Menschen wirkt

sich z. B. aus in gedankenlosen und leichtfertigen Handlungen und Verhaltensweisen. Der moderne Straßenverkehr läßt uns das täglich erleben. Was auf unseren Straßen geschieht, ist oft *grauenvoller Leichtsinn* und eine Gefährdung für viele. Das ist Sünde!
Oder viele Tausend leben *vornehm zurückgezogen* in ihrer Etagenwohnung und meinen, es sei ungehörig, sich um die Belange von Nachbarn zu kümmern. Sie vergessen ihn und erschrecken allenfalls bei der Nachricht, der Nachbar sei vereinsamt und unbemerkt gestorben, oder er habe große Not erlitten, weil sich niemand um ihn kümmerte. Das ist Sünde!
Das Sprichwort sagt: „Mitgegangen, mitgefangen, mitgehangen." Es meint die *Masse der Mitläufer*, z. B. in politischen Dingen: Man ist gegen die Juden, gegen die Neger im eigenen Wohnviertel, gegen die Obdachlosen; man war einst zu Millionen Nazi-Parteimitglied, man wird bei sportlichen Weltmeisterschaften rücksichtsloser Nationalist; man merkt gar nicht, wie weh damit ganzen Bevölkerungsschichten, ja Völkern getan wird. Das ist Sünde!
Oder sind uns die Auswirkungen bewußt, die sich ergeben, wenn man über jemanden nachredet, was *die Leute* behaupten? Wie mancher ist dadurch schon schwer geschädigt worden an Leib und Seele!
Auch im Großen gibt es Beispiele solcher Art. Riesige Wälder sind abgeholzt worden, ganze Tierrassen rottete man rücksichtslos aus, und erst später zeigten sich die Folgen in Form schrecklicher Dürre oder Naturplagen verschiedenster Art, weil das *Gleichgewicht der Natur* durch Mencheneinwirkung gestört worden ist. Das sind Probleme der Ökologie. Wir kennen beispielsweise den ‚Segen' der Erfindung des DDT, von dem inzwischen erkannt wurde, daß es für Menschen höchst gefährlich und Generationen weit schädlich ist. Alles, was wir Menschen tun, ist verquickt mit der Sünde.

30.3. Keimzellen solcher Sünde

Es gibt eine Reihe von Gründen, die zeigen, wieso wir Menschen als solche grundsätzlich Sünder sind. Noch einmal wählen wir ab-

sichtlich solche Phänomene, die scheinbar mit dem unbeliebten kirchlichen Ausdruck Sünde wenig zu tun haben und allenfalls in der Psychologie beheimatet zu sein scheinen.
Wir zählen erneut einiges auf.
(1) Der Mensch ist vergeßlich und gedankenlos. Er sitzt vor dem Fernsehschirm, vergißt aber die nötige Hilfeleistung für andere. Er vertut seine Lebenszeit mit Unnützem.
(2) Der Mensch ist oberflächlich, er sucht Zerstreuung und übersieht Wichtiges.
(3) Der Mensch handelt oftmals, ohne zu wissen, was Recht oder Unrecht ist; er lebt darin schizoid (= seelisch gespalten).
(4) Der Mensch ist letzten Endes ohnmächtig gegenüber sich selbst, gegenüber den Lebensanforderungen, die er dann durch List bewältigen möchte; er ist Sklave der Verhältnisse.
(5) Der Mensch kann – seltsam und ungeheuerlich zu sagen – unmenschlich sein. Tiere vermögen sich ihrer Art nicht ungemäß zu verhalten. Daher irren Verhaltensforscher, wenn sie tierische Art als Vorbild und Hinweis für menschliches Verhalten darstellen. Es gehört gerade zur Würde des Menschen, daß er sich frei entscheiden kann. Leider geschieht das oft in Richtung Unmenschlichkeit.
(6) Der Mensch ist blind für Anforderungen, die an ihn gestellt sind. Das Gleichnis vom reichen Mann und dem armen Lazarus vor seiner Tür ist das klassische biblische Beispiel dafür.
(7) Der Mensch ist sich selbst der Nächste, oder wie es im Lied humorvoll formuliert ist: „Die Menschen sind schlecht... Jeder denkt an sich, nur ich denk an mich." – Hierher gehört letztlich auch das Phänomen der Ipsation (= Selbstbefriedigung).
Genug der Hinweise auf die im Menschen liegenden Keimzellen zur Sünde. Allerdings darf der Ausdruck Keimzelle nicht biologisch und im Sinn der Vererbungslehre mißverstanden werden, damit wir nicht in die eingangs erwähnte Unlogik einer Sünden-Vererbung geraten. Die Rede von der Erbsünde meint jenes Verhängnis, daß Sündigen nicht nur dem bewußten Wollen entspringt, sondern weithin zwanghaft und unbewußt ist. In Röm 7,14ff. wird schier verzweifelt beklagt, daß niemand so ist, wie er vor Gott sein müßte.

30.4. Das Elend des Sünderseins

Nach der Geschichte vom Sündenfall in Gen 3 wollte der Mensch sein wie Gott. Das ist die *große Anmaßung.* Selbst die Gottesboten, die Engel werden nach biblischem Bericht weit unterhalb von ihm angesiedelt. Schon im Namen der sogenannten Erzengel kommt das zum Ausdruck. So heißt einer Michael, zu deutsch: Wer ist wie Gott? Und die Antwortet lautet: Niemand. Der andere heißt Gabriel, zu deutsch etwa: Gottesheld; aber nur mit Gott ist er stark. Der dritte heißt Raphael, zu deutsch: Gott wird den Todgeweihten heilen, der sich selbst nicht helfen kann.

Dreifach ist die Anmaßung des Menschen gekennzeichnet, in der sein Sündersein von Anfang an zum Ausdruck kommt. Das Seinwollen-wie-Gott führt zum (1) *angemaßten Herrsein* und äußert sich darin, daß man Gott sogar als nicht existent erklärt und ohne ihn auszukommen meint. Was auf Erden zu tun ist, hat der Mensch selbst zu bewältigen. In der Geschichte aus Gen 3 bestimmt zuletzt der Mensch, daß auch von der verbotenen Frucht gegessen werden kann.

So folgt das (2) *angemaßte Richtersein.* Der Mensch weiß tatsächlich, was gut und was böse ist, er tritt aber aus dem Gehorsam heraus in die Eiseskälte des Urteilenmüssens, in dem sooft falsch entschieden wird.

Und der Mensch greift zwangsläufig zur (3) *angemaßten Selbsthilfe.* Im erwähnten biblischen Bericht zeigt es sich in dem jämmerlichen Schurz aus Feigenblättern. Er offenbart die ganze Hilflosigkeit und Hilfebedürftigkeit des Menschen. Das klagt einmal der Prophet Jeremia (2,13) heftig in einem Gottesspruch an: Gott, den lebendigen Quell, verlassen sie und graben sich statt dessen in der Wüste löcherige Brunnen, die gar kein Wasser haben können. Damit wird sichtbar, daß Sündigen zugleich Dummheit ist.

Jeder Mensch ist von Anfang an Sünder. Dies zu erkennen, setzt voraus, daß wir Gott selbst und sein Wort anerkennen (so geschah es schließlich auch in der anfangs erwähnten Geschichte, worin einer ein Mädchen liebte).

Die Radikalität und Universalität der Sünde ist des Menschen Verderbnis, das, was man einst mißverständlich Erbsünde nannte. Die evangelische Theologie redet hier lieber von der *Ursünde.* Woher sie kommt, also ihr Ursprung, das ist Geheimnis. Die Bibel schweigt darüber völlig. Die Sünde, das Böse, der Böse, der Teufel, sind plötzlich da und stören, ja zerstören das Leben.

31. Das Wesen der Sünde

Was im Vorhergehenden über den Menschen als Sünder ausgeführt wurde, konnte unter Umständen zu dem Mißverständnis leiten, das alles ließe sich letzten Endes durch Erziehung (des Menschengeschlechts), durch Höherentwicklung, durch natürliche Lebens- und Verhaltensweise unter den Menschen und Völkern oder Klassen zum Besseren wenden. Je nach den Rezepten der einzelnen Ideologien werden dann Programme entfaltet. Selbst für die theologische Rede von der Ursünde oder Erbsünde fände sich schon ein Mittel zur Überwindung. Auf solche Vorschläge, die keinesfalls phantasiert sind, ist aus Kenntnis der Geschichte heraus nur zu antworten: es ist alles schon einmal dagewesen und versucht worden. Wir brauchen nur aus den zwei vergangenen Jahrhunderten die Namen Kant, Hegel, Marx, Nietzsche, Lenin oder Mao Tse-tung zu nennen, dann finden wir solche Ratschläge. Sie helfen letztlich nicht, weil sie von der falschen Voraussetzung ausgehen, daß etwas im Menschen falsch oder böse sei (vielleicht durch die Gesellschaft bis ins Unterbewußte hinein verdorben). Doch auf diesem Wege wird die biblische Realität verkannt, daß der Mensch als solcher Sünder ist. Das ist jetzt zu entfalten.

31.1. Sünde ist personal

Hier ist umzudenken. Das fällt nicht leicht; doch ein eventuell falsches Verstehen der biblischen Vorstellungen, wie wir sie von Kindesbeinen an häufig übernommen haben, hält uns in falschen Ansichten. *Sünde ist niemals etwas* am oder im Menschen. Ein

Internist oder ein Chirurg kann am Gewebe, Knochengerüst, an den Gefäßen, an der Haut oder an den Organen nicht erkennen, ob er einen gottlosen Menschen vor sich hat oder einen frommen.
Es ist auch – theologisch geurteilt – unmöglich zu sagen: Mein Temperament ging mit mir durch. Das machte ich leider falsch! Ich kenne mich selber nicht mehr! Der böse Bock im Kind muß ausgetrieben werden! Wir merken schon: jedesmal *spaltet man sich* selbst und distanziert sich selbst von (!) sich selbst. Solche Distanzierung mag in der Psychoanalyse erhebliche Bedeutung haben. Doch kann dabei unter Umständen auch das eigene Sündenbewußtsein weganalysiert werden, d.h. wörtlich aufgelöst und damit zum Verschwinden gebracht werden. Die Sünde ist aber nur verdrängt, und zwar in eine Tiefe, die menschliches Bemühen nicht mehr erreicht.
Eine alte Geschichte berichtet von dem orientalischen König, der eines Tages Lust bekam, seinen Harem um ein bildhübsches Weib zu erweitern. Weil die Frau lästigerweise einem seiner Generale gehörte, sandte er diesen in den Krieg, sorgte dafür, daß der General fiel und nicht mehr merken konnte, daß seine Frau von einem anderen schwanger war. Kein Mensch hatte etwas gemerkt, außerdem durfte nach damaliger Sitte sich ein König schon allerhand herausnehmen. Einige Zeit später besuchte diesen König ein Prophet und erzählte ihm eine Begebenheit, die sich in seinem Reich ereignet habe. Zornentbrannt ruft der König: „Der Mann, der das getan hat, ist ein Kind des Todes!" Der biblische Bericht fährt sodann fort (2 Sam 12,7): „Da sprach Natan zu David: *Du bist der Mann*. Darum spricht der Herr, der Gott Israels: Warum hast du den Herrn verachtet und getan, was ihm mißfällt?... Siehe, ich werde in deinem eigenen Hause Unheil gegen dich anstiften."
David bricht zusammen. Ps 51 schildert, wie er begreift, seine Schuld erkennt und weiß, gegenüber Gott hat er gesündigt.
Die Beziehung zu Gott ist nicht mehr in Ordnung. Gott hat ihn durchschaut und hat ihn gestellt. David versucht gar nicht erst, was bei uns Menschen sonst gang und gäbe ist, nämlich sich zu entschuldigen. Diese Methode wird schon bei der Geschichte vom Sündenfall angewendet, wo zuerst Adam die Schuld auf Eva ab-

schiebt und diese wieder auf die Schlange verweist. Die Sünde und Schuld werden wie ein Paket abgeschoben. Aber so geht es nicht, weil Sünde eben nicht etwas an oder in uns ist, sondern die Störung der Beziehungen zu Gott und zum Mitmenschen. Sie ist personal. Das geht zurück bis in den Mutterleib, in dem es bereits Betrug geben kann (vgl. Hos 12,4).

Verschiedene der hebräischen Ausdrücke für Sünde hängen sprachlich mit den altorientalischen Vertragstexten und Bundesschlüssen zusammen, in denen Sündigen den Vertragsbruch, seine einseitige Auflösung meint.

Von daher können wir *unmöglich von Puppensünden* reden. Auch der Hinweis auf den ‚lächerlichen' Anlaß zum Sündenfall – das Nehmen der Frucht im Garten Eden – zieht nicht. Wir können – evangelischerseits jedenfalls – die Sünde ihrem Wesen nach nicht in läßliche, geringe, schwere oder Todsünden einteilen. Jede einzelne unrechte Tat oder Unterlassung kommt aus dem ganzen Sündersein (dem Fleischsein des Menschen, wie das Neue Testament häufig sagt) hervor. Nur ein Beleg sei genannt. Jak 2,10 steht: „Wenn jemand das ganze Gesetz hält und nur gegen ein einziges Gebot verstößt, so ist er am ganzen Gesetz schuldig geworden." Und die nicht seltene Ansicht, böse und gute Taten im Leben ergäben (kaufmännisch gedacht) gegeneinander aufgerechnet per Saldo ein gutes Ergebnis und damit die Eintrittskarte in den Himmel, ist ein schrecklicher Selbstbetrug.

Ein Vergleich mag versuchen, das in der Bibel Gemeinte klarzumachen. Wenn jemand mit dem Auto in Frankfurt auf die Autobahn fährt, um nach Hamburg zu gelangen, aber nach Süden Richtung Freiburg rollt, wird er niemals nach Hamburg gelangen. So ist es mit der Sünde: Wir können vorhaben, was wir wollen oder was ratsam ist; wenn die Richtung nicht stimmt, wird alles verkehrt. Die Reise nach Süden mag herrlich sein, in einem komfortablen Wagen vor sich gehen und höchst unterhaltsam sein; sie ist insgesamt falsch, weil die Richtung nicht stimmt. Damit sind auch alle Einzelheiten in ihrer Wertigkeit belanglos geworden.

Im biblischen Gleichnis vom Verlorenen Sohn ist dasselbe gemeint. Der jüngere Bruder schlug die falsche Richtung ein. Er zog fort vom

Vater und landete schließlich im größten Elend, im fernen Land am Schweinetrog. Erst als er sich auf sein Zuhause besann und sich aufmachte, um zu seinem Vater zu gehen, stimmte die Richtung wieder. Schließlich war es egal, ob er vermögender Sohn, Tagelöhner oder geduldeter Gast oder gar nur herankommender Bettler war: Die Richtung zum Vater – ohne Bildrede gesagt: zu Gott – stimmte endlich wieder. Er war umgekehrt, mit anderem bekannten Ausdruck: er hatte *Buße getan* und *sich bekehrt*. Die Verbindung zu Gott war wiederhergestellt.

31.2. Sünde ist zentrifugal

Mit den beiden angeführten Beispielen personaler Verbindung ist das Wesen der Sünde als zentrifugal schon gekennzeichnet. Mit anderen Worten: Sünde ist das Fliehen vom Zentrum, von Gott fort. Der Mensch will selbst etwas darstellen oder sein. Sünde wird daher *vielfältig umschrieben*. Bei Amos ist sie wesentlich Undankbarkeit, bei Hosea Untreue und Lieblosigkeit, bei Jesaja Hochmut, bei Jeremia wird sie mit Verlogenheit und falscher Sicherheit skizziert und bei Ijob erscheint die Sünde in Gestalt von starrer Gesetzlichkeit. Im Neuen Testament geht es mit solchen Hinweisen weiter. Sünde ist bei Paulus Verkehrung, ja Perversion des Verhältnisses zwischen Gott und Mensch. Lukas stellt sie häufig durch Verlorenheit dar; Johannes nennt sie Finsternis, Lüge, Knechtschaft oder einfach Welt.

Wer sich von der Mitte meint lösen zu können, verliert sich immer mehr. Er treibt in Sinnlosigkeit und Angst hinein. Ausweglos und ziellos verläuft solches Leben. Das kennen wir doch! Wie viele Gespräche, die über Vordergründigkeiten nur ein wenig hinausgehen, deuten auf eine oder mehrere Gestalten solcher *-losigkeiten* hin. Wir wollen das Wesen der Sünde noch mit einer, und zwar der entscheidenden Losigkeit bezeichnen: Sünde ist grundsätzlich nichts anderes als Gott-Losigkeit.

Von ihrem Gegenteil her sei Sünde als *Gottlosigkeit* noch einmal angeschaut. Ob wir uns weit von Gott entfernt haben (nie mehr Gebet, nie mehr Gottesdienst, nie mehr Bibellesen, nie das Mühen um Verstehen der biblischen Texte und Aussagen – wohlgemerkt von bösen Taten braucht hier gar nicht erst gesprochen zu werden!) oder ob wir nur einen kleinen Schritt weit von Gott abrückten, auf jeden Fall haben wir ihm den Rücken gekehrt, wir sind gott-los.

Deshalb kennt die Bibel als eine Art *Gegenbegriff* den Ausdruck *Gnade*. Gott ist uns Sündern gnädig, d. h. er wendet sich seinerseits uns zu; er lädt uns ein, ihm zu vertrauen; er vergibt uns, indem er uns zu sich ruft und aufnimmt in die Gemeinschaft der Seinen. Wieder ist dabei gleichgültig – es muß nachdrücklich betont werden – ob jemand reich oder arm, gesund oder krank, klug oder dumm, Weißer oder Schwarzer ist, politisch links oder rechts steht. Wenn er sich nur mit seinem ganzen Leben und Wesen zu Gott hinwendet und dessen Einladung zu seinem Glück und Heil annimmt. Gnade ist seiner hebräischen Wortwurzel nach ebenfalls keine Sache, sondern eine Beziehung. Gnade meint die Verbundenheit zwischen Gott und uns Menschen. Sie muß ununterbrochen und fest sein.

Das Evangelium redet von diesem Angebot zur Verbundenheit, wodurch wir aus unseren traurigen -Losigkeiten herauskommen. Wir selber schaffen das nicht, aber Jesus Christus schafft es. Ps 73,23 umschreibt das. Der Mensch, der von Gott los will, ist „ein Narr und weiß nichts; er ist wie ein Tier vor Gott". Dann geht es weiter im bekannten Wortlaut: „Dennoch bleibe ich stets an dir, Gott." Wieso? Nicht, weil ich fromme Kraftanstrengungen mache, um ‚gerettet' zu werden, sondern (so wörtlich im Psalm): „Du hältst mich bei meiner rechten Hand, du leitest mich, und zwar nach deinem Rat". Vielleicht paßt uns der Rat Gottes nicht, auf jeden Fall schafft er die heilsnotwendige Verbindung und gibt die einzig mögliche Richtung des Lebensweges an. Falsch – also unter Verzicht auf die gnädige Verbundenheit mit Gott – ist die Richtung, welche Sünde heißt.
Alles, was wir im Kapitel über die Sünde sonst noch erwartet haben mögen an Hinweisen auf Übertretungen, Fehltritte oder schandbare oder finstere Verhaltensweisen, sind lediglich Auswirkungen der

Grundentscheidung: Der Mensch als Sünder will fort von Gott und ohne ihn auskommen. Daraus folgt letztlich völliges Scheitern im Leben, nämlich der *Tod*. Er ist (wie Röm 6,23 zusammenfassend sagt) „der Lohn für die Sünde". Dieser Satz hat seine Fortsetzung mit dem erwähnten anderen, sozusagen Heilsbegriff: „Gottes Gnadengabe aber ist das ewige Leben in Jesus Christus unserem Herrn."

VIII. Der Weg des Versöhners

Unser Gang durch die biblische Erkenntnis wird nun betrachten, was Jesus Christus für uns tat und noch tut. Wir werden den *Weg* nachzuzeichnen versuchen, den er zu seinem Versöhnungswerk durchschritt. Es ist der Weg seiner *Erniedrigung und Erhöhung*. Diesen Weg müssen wir in verschiedene Schritte auseinanderlegen, obwohl dabei bereits Mißdeutungen drohen. Denn in Wirklichkeit bleibt alles Handeln von Gott in Christo geheimnisvoll aufeinander bezogen. Die historisch erfaßbaren Daten des Erdendaseins Jesu (sie sind spärlich genug) fassen sein Persongeheimnis nicht. Jesu ‚Entäußerung' zur Knechtsgestalt (Phil 2,7) ist nicht zu trennen von seiner ‚Erhöhung' zum Herrsein.

Die Dogmatik verwendet hier in der Regel die Bildrede von den *‚beiden Ständen'* Jesu, wie sie im Neuen Testament erkennbar werden. Es ist allerdings darauf zu achten, daß aus den Bibeltexten, die Aussagen zum Weg und Werk Christi machen, keine sein Persongeheimnis erfassen-wollende biblizistische Engführung entsteht. Der Kreislauf des Kirchenjahres von der Adventszeit bis zu Pfingsten verleitet leicht dazu. Die ‚Heilsgeschichte' Gottes sprengt aber jeglichen Historizismus.

Die *Gliederung* des folgenden Hauptabschnittes setzt bei der zentralen Aussage von der Menschwerdung Gottes in Joh 1,14 ein. Dann folgt sie dem Wortlaut aus dem Zweiten Artikel vom Apostolikum und schließt mit einem Gedanken aus dem Text vom Nizänum (Nizänisches Glaubensbekenntnis).

32. Gott ist Mensch geworden

Gibt es unter Christen eigentlich darüber ein Gespräch zu führen, ob, daß und wozu Gott Mensch geworden ist? Allenfalls melden sich die Stimmen jener Vertreter der Intelligenz, die mit viel Mühe die christlichen Märchen abbauen möchten. Sie folgern: Jesus ist natürlich Mensch, wie du und ich, weiter nichts. Er ist aus der Masse herausgehoben als Religionsstifter. Der Mann auf der Straße hält Jesus für einen guten Menschen längst vergangener Tage, dessen Gedanken sich bis heute nicht durchsetzen ließen. Und manche ‚fortschrittliche Theologie' erklärt im Gefolge einer solchen Denkweise verschiedene Dogmen für uninteressant und erledigt.

Damit dürfen wir uns nicht begnügen. Im Abschnitt über den dreieinigen Gott bedachten wir den Satz: „*Gott ist Sohn*". Hier fragen wir ergänzend, was es bedeutet, wenn in Joh 1,14 steht: „*Das Wort ward Mensch*" oder genauer ‚*Fleisch*'.

32.1. *Was bedeutet ‚Fleisch'?*

32.1.1.

Fleisch ist selbstverständlich nach biblischem Verständnis auch das, was wir und die Tiere um unsere Knochen haben, was man im Fleischerladen kaufen kann, was der Vergänglichkeit und Verwesung verfallen ist. Fleisch gehört in den Bereich der *Biologie*.

32.1.2.

Fleisch ist sodann die *Verwandtschaft unter Menschen*. Die *ganze Menschheit* als solche meint die Bibel damit. Es heißt zum Beispiel: „Alles Fleisch (= jeder Mensch) kann sich vor Gott nicht rühmen" (Röm 3,20). Weil Menschen fehlerhaft, unzulänglich, versagend, unzuverlässig und vergehend sind, bedeutet Fleisch in der Bibel häufig ganz allgemein die Sphäre des Sichtbaren und Vergänglichen. Für Paulus ist das „Sein im Fleisch" die Gebundenheit an die Mächte dieser Welt des Bösen, der Sünde.

32.1.3.

Daß Gott – das „Wort", der Logos – „Fleisch geworden" ist, besagt also: *Jesus ist Mensch* (geworden), ist in den Bereich der Vergänglichkeit, Schwäche und Sünde vollkommen eingegangen. In Jesus ist Gott selbst unter die Menschen getreten. „Das ist etwas anderes, als was uns in alten Mythen berichtet wird, wenn etwa Zeus oder Apoll in Menschengestalt einen Ausflug auf die Erde machen, um eine kleine Inspektion dieser merkwürdigen menschlichen Rasse vorzunehmen. Denn die unsterblichen Götter, die sich hier vom Olymp herunterbemühen, riskieren dabei nichts... Hier aber verläßt einer die Etappe des Himmels und kommt in unseren vordersten Graben, teilt mit uns die äußerste Verlassenheit, die Höllen menschlicher Angst, die Qualen von Hunger und Durst... Nur ein kleiner Wink hätte genügt, um ihn allem Schlamassel zu entreißen, und die schmerzvolle Umzingelung durch Schuld, Leid und Tod aufzusprengen. Dieser rettende Wink aber, der seiner Hand möglich gewesen wäre, erfolgte nicht, sondern er ließ sich lebend und sterbend in die Hände seines Vaters fallen. Er liebte sich buchstäblich zu Tode" (H. Thielicke).

32.2. Was nützt die Menschwerdung Gottes?

Warum wurde Gott Mensch? So fragte einst Anselm von Canterbury. Zum *Glaubensverständnis* des Christen gehört beides: Einmal ist der Mensch in seiner ganzen Vergänglichkeit und Unzulänglichkeit hinsichtlich seines Wollens, Planens und Vermögens sowie im Blick auf seine Grenzen dargestellt. Er braucht, um davon freizukommen – und wer wollte das nicht? – Befreiung, *Erlösung von außen.* Zum andern gehört zum Glaubensverständnis des Christen, daß diese Befreiungstat wirklich erfolgte, indem Gott selbst eingriff, indem er selber solcher Mensch wurde. Gott ging in die Begrenzung unserer ablaufenden Zeit und unserer hilfsbedürftigen Natur ein.

Wir halten fest: nur auf diesem Wege gelangt die Menschheit an das erhoffte und gewünschte Ziel. „In keinem anderen ist das Heil, es ist auch kein anderer Name unter dem Himmel den Menschen gegeben, durch den wir gerettet (selig) werden sollen, nämlich Jesus Christus" (Apg 4,12).
Die gemeinsame Überzeugung aller, die an Christus glauben, er-

kennt, daß er für uns alle etwas bewirkt hat, daß er uns den *einzigen Weg zum wahren Menschsein* eröffnete. Unterschiedlich wird die Antwort akzentuiert, daß Jesus dies tat und vermochte, weil er allen anderen Menschen etwas voraushat, eine besondere Stellung einnimmt. Oder er wirkt es, weil er ein besonders überragender Mensch und jener Superstar war, als den ihn heutzutage mancher ansieht. Man kann es auch so ausdrücken: Ist Jesus Christus der Heiland (ohne schon nach dem zu fragen, was damit gemeint ist), weil er Gott als den Vater hinter sich weiß und gewissermaßen *von oben her* handelt? Oder ist Jesus Christus der Heiland, weil er als einmaliges Genie der Nächstenliebe den Weg zu Gott hin beschritt und uns zum Nachfolgen einlud? Das wäre ein Denken *von unten her*.

32.2.1.

Je nachdem einer im Bibelzitat „Das Wort ward Fleisch" den ersten oder den zweiten Teil betont, ist die Blickrichtung verschieden. Wer betont, das Wort ward *Fleisch,* sagt etwas über Gott, der zu uns in die Gottferne und Gottlosigkeit kam.
Gott machte sich auf, um uns helfend nahe zu sein, ob wir nun in gleichgültiger Sattheit oder in ruheloser Arbeitsfülle leben, ob wir Nichtmehr- oder Nichtchristen sind, ob wir gequält durch (vorübergehend) Mächtige zu schweigen haben oder ob wir in unwidersprochener Gedankenlosigkeit alles und jedes kritisieren können.
Betont einer jedoch den ersten Teil des erwähnten Bibelzitates, also *Gott* als das ewige Wort ward Fleisch, sagt er etwas über den Menschen, der die Möglichkeit erhält, an dasjenige Ziel zu gelangen, zu dem hin er geschaffen ist. Er kann aus aller Not befreit werden. Der uralte Bund, den Gott mit uns Menschen schloß, gilt für jeden Menschen und wird in Christus erneuert.

32.2.2.

Daß Gott Fleisch geworden ist, gab schon immer *zu Mißverständnissen Anlaß.* Denn Gott, der jedem von uns nahe kommt, ist nicht ohne weiteres zu erkennen. Wo ist Gott denn? Was tut er denn Gutes? Wo hindert er das Unrecht? So und ähnlich fragen viele. Zum

Geheimnis Gottes und seiner Menschwerdung in Jesus gehört, daß er seine Herrlichkeit verbirgt. Sein machtvolles Wort verbirgt er bereits im oft nicht sofort verständlichen Bibeltext. Seine, ganze Kontinente und Jahrhunderte bewegenden Wirkungen beginnen in der Regel abseits vom Weltgeschehen, beginnen aus scheinbarer Schwachheit heraus. Gerade in unserer menschlichen Schwachheit – sofern sie sich ganz und gar auf Gott stützt – wird seine Kraft mächtig. Daß Christus nicht zu Jerusalem im Palast des Herodes oder am Sitz des römischen Statthalters geboren wurde, sondern in einem Stallgebäude in dem Nest Bethlehem, ist typisch für Gottes Wirkweise.

Zu den Mißverständnissen der Fleischwerdung Gottes gehört auch, daß sich der Glaube der Christen psychologisch so auseinandernehmen läßt, daß scheinbar nichts Wunderbares davon übrigbleibt. Der Glaube läßt sich auch soziologisch so durchleuchten und erklären, daß nichts Überzeugendes an Religion zurückbleibt. Viele übergehen den Glauben an Gottes Menschwerdung einfach, weil sie sich mit angeblich wichtigeren oder interessanteren Dingen befassen. Jedesmal ist Gott mißverstanden in seiner Entscheidung, das Menschliche anzunehmen. Dies sind alles Momente der Erniedrigung Gottes in unsere Fleischeswelt.

32.2.3.

Gott, als das Wort, das ‚Fleisch' wurde, *ruft uns zur Solidarität* mit den Kranken und Vereinsamten, den Verbitterten und Lügnern, den Sittenstrolchen und Verzweifelten auf. Jesus tat das auch und erwartete von uns, daß wir sie begleiten, indem wir sie hinweisen auf den Ausweg aus ihrer verzweifelten Lage, auf die Hoffnung für alle. Wir schaffen das nur, wenn wir zuvor selber erkennen, anerkennen und bekennen, daß Jesus Christus seine Vollmacht von Gott hat, von dem er herkommt.

32.3. Maria und die Jungfrauengeburt

Der fleischgewordene Gott ist „geboren von der Jungfrau Maria", sagt das apostolische Glaubensbekenntnis. Was vertreten wir

Evangelischen im Unterschied zur römisch-katholischen Auffassung, nach welcher die Lehre von Maria (Mariologie) einen herausragenden Platz einnimmt?

32.3.1. Die Entwicklung der Mariologie

Unter den sieben im Neuen Testament vorkommenden Frauen mit Namen Maria ist eine *Jesu Mutter*. Eindeutig historische Angaben über sie finden sich in Mk 3,31 ff.; 6,3 par sowie in Apg 1,14. Was über Maria in Verbindung mit Jesu Geburt und Jugend gesagt wird, erscheint als Aussage theologischer Reflexion. Die Angaben über ihre *Herkunft* sind *unsicher;* schon von ihren Eltern und deren Namen weiß die Bibel gar nichts. Erst spätere Legende schuf Berichte über diese Eltern und gab ihnen die Namen Joachim und Anna; denn sie sind ja die Hauptbeteiligten bei der „unbefleckten Empfängnis" der Maria. Das Neue Testament weiß von weiteren Kindern der Maria, also von Geschwistern Jesu, die nicht etwa nur seine Vettern oder Kinder aus einer ersten (angenommenen) Ehe des Josef sind.
Die höchst komplizierte Entwicklung des Trinitätsdogmas führte auch zur Person der Maria, die als „Mutter des Herrn" Anteil am Erlösungs- und Heilswerk Gottes bekommt. Im theologischen Denken tauchte daher sogar schon eine Erweiterung der Dreieinigkeit (Trinität) zur ‚Vierfaltigkeit' (Quaternität) auf, ein für unser Verständnis gänzlich unannehmbarer Angriff auf den Kern der biblischen Glaubenserkenntnis.

32.3.2. Zur Jungfrauengeburt

Das im Glaubensbekenntnis erwähnte „Geboren von der Jungfrau Maria" ist zwar exegetisch weniger gestützt als die dort fehlende Aussage zur Präexistenz Jesu (= Vorherdasein); aber die Lehre von der Jungfrauengeburt ist im biblischen Glauben *unübersehbar und vertretbar,* wenn auch für den Glauben nicht heilsnotwendig. Auch hier steht der Glaube vor dem Geheimnis der wunderbaren Offenbarung Gottes.
Zu keiner Zeit wurde behauptet, Jesus sei gezeugt durch den Heili-

gen Geist, also analog den heidnischen Mythen der Götterhochzeiten. „*Empfangen durch den Heiligen Geist*" meint Gottes einseitiges freies Tun. Während sich vom 5. Jahrhundert an ein Bild von der Heiligen Jungfrau Maria immer stärker entwickelte, setzte sich später die evangelische Theologie häufig schroff gegen eine Beteiligung der Maria am Heilsgeschehen ab. Fraglos ergaben sich beim Eifern um die „reine Lehre" Übertreibungen und das Zurückdrängen des weiblichen Elementes im Protestantismus. Dies ist eine Schwäche, die etwa im Pietismus oder bei Übertritten zum katholischen Glauben oft eine Rolle spielte. Das Erscheinungsbild des Protestantismus ist vergleichsweise immer noch stark vom ‚männlichen Symbolismus' gefärbt.

32.3.3. Bedeutung der Maria für den Glauben

„Es ist ein Gott und (nur) ein Mittler zwischen Gott und den Menschen, nämlich der Mensch Jesus Christus" erklärt Paulus (1 Tim 2,5). Bei aller Hochschätzung der Maria kommt ihr im Neuen Testament keine Sonderstellung gegenüber anderen Menschen zu. „Auch als Mutter Jesu besitzt sie *keinerlei* natürliche oder übernatürliche *Fähigkeit, um Mittlerin oder Miterlöserin* oder Mutter der Kirche oder Mutter des Wortes Gottes usw. zu sein oder zu irgendeinem späteren Zeitpunkt noch zu werden" (E. Klappert). Alles kommt darauf an, daß Jesu Werk ganz *allein* bei ihm liegt, daß unsere Erlösung reines Geschenk von seiten Gottes an uns Menschen ist. Nach dem Neuen Testament ist Maria allenfalls die *Gott-Gebärerin* (vgl. Gal 4,4: dieser Text ist zugleich ein indirekter Hinweis auf die Jungfrauengeburt – und nicht das Gegenteil, wie oft gemeint wird –; denn von wem sonst als „vom Weibe" sollte jemand geboren werden?!). Aber als Gott-Gebärerin ist Maria Instrument des göttlichen Handelns. Eine besondere Verehrung oder gar Anbetung kann ihr deshalb nicht zukommen. Daß bei der Schärfe dieser Aussage die Person der Maria zu sehr in den Hintergrund gedrängt wird, mag hingenommen werden, wenn nur Gott allein die Ehre gegeben wird. „Die Mariologie ist nicht mehr als die *Folie der Christologie*" (L. Vischer). Das bedeutet, sie gehört in die Weihnachtsgeschichte mit zum Hintergrund (ähnlich wie der vielleicht zu

Unrecht beiseite gedrängte Josef), doch im Vordergrund steht allein Jesus Christus, der Herr und Heiland.

Auf dieser Ebene ist festzustellen, daß Maria gewissermaßen als *Typus der Kirche* und der Menschheit *die erste* ist, die das Wort der Gnade in Christus gehört und empfangen hat. Sie ist auch die erste, die glaubend und vertrauend darauf antwortete mit dem bekannten Satz: „Ich bin des Herrn Magd, mir geschehe, wie du gesagt hast" Lk 1,38). Und der voraufgegangene ‚engelische Gruß' (*Hochbegnadete*, voll der Gnade!, eine Bezeichnung, die gleichartig auch auf Stephanus in Apg 6,8 angewendet wird), stellte Maria an den Anfang der Menschen, die im Glauben Gottes Gnadenangebot annehmen. Und Gnade ist keine Substanz am oder im Menschen, die Sünden verdrängt oder unmöglich macht, sondern Gnade ist die vollkommene Verbindung mit Gott und seiner Güte. Daher kann auch keine Sündlosigkeit der Maria gesehen werden. Warum auch?

Über das weitere Leben und das Sterben der Maria weiß man außerhalb der Legendenbildung nichts, auch nichts über ihre Himmelfahrt. Sie tritt in die Gemeinde Jesu ein. Darin ist sie für den Glaubenden ein wichtiges Vorbild. Über sie und das von ihr bekannte Tun nachzudenken, ist außerdem die Eröffnung für eine *angemessene Eingliederung der Frauen in die Gemeinde* und ihrer Rolle im Schöpfungs- und Erlösungswerk Gottes.

33. Gelitten

Gemeint ist hier nicht die Not, mit der wir es Tag für Tag zu tun haben. Überall in der Welt wird ‚gelitten'. Hier ist gemeint, was im Glaubensbekenntnis im zweiten Hauptstück knapp lautet: Jesus Christus hat gelitten.

33.1. Gibt es Maßstäbe für das Leiden?

Bei vielen erwacht jetzt die Frage: Na und? Haben nicht unzählbar viele Menschen zu allen Zeiten gelitten? War deren Leiden häufig

nicht ungleich schwerer, länger und schmerzhafter als das von Jesus? Wieso muß dessen Leiden derart hervorgehoben werden? In den sechziger Jahren befaßte sich der Nicht-Christ H. Preißler mit diesem Problem und hielt der biblischen Botschaft als Spiegel die unvorstellbaren Leiden in den Konzentrationslagern vor. Dazu zitiert er höhnend Röm 12,12: „Seid fröhlich in Hoffnung, geduldig in Bedrängnis, beharrlich im Gebet."
Hinweise auf das, was Menschen schon alles gelitten haben, dürfen nicht vom Thema ablenken, sondern verschärfen es. „Jede *menschliche Passion* – ob verschuldet oder unverschuldet, ob freiwillig oder unfreiwillig, ob heldenhaft oder schwachmütig ertragen, ob für andere wichtig oder unwichtig, und würde sie auch nur im Wimmern eines kranken Kindleins bemerkbar – hat als solche in ihrer Art etwas unendlich Beachtliches, Bewegendes, in ihrer menschlichen Gestalt und in ihrer mehr oder weniger erkennbaren oder auch verborgenen göttlichen Begründung etwas geradezu Erschütterndes." K. Barth, der dies schrieb, fügt hinzu: „Das gilt auch von der Passion Jesu von Nazareth, aber von ihr als einer menschlichen Passion doch nicht grundsätzlich anders als von anderen." Auf die spürbare Wirklichkeit allen Leidens weist auch J. Calvin in seiner Institutio nachdrücklich hin.

33.2. Das Besondere im Leiden Jesu

Wo ist also der Unterschied? Um eine Klarstellung zu geben: Das Leiden Jesu zu vergleichen mit dem Leiden anderer Menschen nach medizinischen, psychologischen, soziologischen oder politologisch-historischen Gesichtspunkten ist weder gemeint noch angemessen. Hier geht es um den theologisch-biblischen Aspekt, bei dem es keine Vergleichsmaßstäbe zu unseren Leiden gibt. Das *einzig Vergleichbare* ist, daß das Leiden grundsätzlich der Vergänglichkeit, der Endlichkeit, dem Tode zugeordnet ist.
In solchem Grundverständnis formuliert der Heidelberger Katechismus (Frage 37), daß Jesus „an Leib und Seele, die ganze Zeit seines Lebens auf Erden, besonders aber an dessen Ende, den Zorn

Gottes über die Sünde des ganzen Menschengeschlechts getragen hat." Damit ist auf Gott hingewiesen, der uns Befreiung aus Angst, Versagen und aus dem Tod anbietet. Statt dessen will er uns in den Bereich, „da Fried' und Freude lacht", holen. Wir aber verachten Gottes Angebot und wollen nicht. Wir verwerfen Jesus und zugleich mit ihm Gott. Wir weisen die guten Möglichkeiten ab und *beleidigen* damit Gott. Das Schlimmste ist: es *tut uns nicht einmal leid;* aber das schafft ihm *Leid;* wegen unserer sündhaften Abwendung von Gott hat Christus *gelitten.* Er sah, wie wir in unser Verderben rannten und das Rettungsangebot nicht annahmen.

33.3. Gottes Absicht mit dem Leiden Jesu

Es geht jetzt nicht um die Gewogenheit eines Menschenfreundes, dessen Hauptbestreben die Wohltätigkeit für andere ist. Hier zeigt sich der *Rettungsplan Gottes* für uns. Die erwähnte Katechismusstelle gibt als Begründung für Jesu Leiden an: „Damit er mit seinem Leiden, als mit dem einzigartigen Sühneopfer für die ganze Welt, unseren Leib und unsere Seele von der ewigen Verdammnis erlöste und uns Gottes Gnade, Gerechtigkeit und ewiges Leben erwürbe". Biblische Belegstellen gibt es dafür viele. In ihnen scheint immer *ein Muß* hindurch, eine heilsgeschichtliche Notwendigkeit dieses Lebensweges und Lebensendes Jesu am Kreuz. Weil das der einzige Weg ist, auf dem Menschen vom Leiden im Kern und endgültig befreit werden können, steht *das Kreuz* als entscheidendes Zeichen der Christen über aller Welt. Daher ist auch der Höhepunkt des Leidens Christi, sein Tod, nicht ein tragisches Scheitern, sondern wichtigste Durchgangsstufe im Rettungsplan Gottes. Weil wir Gott *leid sind,* geht er den Weg, auf dem diese *Beleidigung* aufgehoben wird. Durch sein Blutopfer auf Golgota (Röm 5,9; Eph 1,7 u. ö.) bewirkte er die Befreiung = Erlösung der Menschen von ihrer Sünde.

Unser Nachdenken darf nicht daran vorübergehen, daß *Christi Leiden zusammenhängt mit dem Leiden der Christen,* seiner Nachfolger. „Christus hat gelitten für euch und euch ein Vorbild gelassen, daß ihr nachfolgen sollt" (1 Petr 2,21; auch Hebr 13,12f.). Bei aller menschlich verständlichen Leidensscheu bleibt die Kirche Jesu immer Kirche des Leidens. Zugleich bekämpft sie in diakonischer Öffnung zur Welt und Gesellschaft hin deren Leiden.

Es geht hier jetzt nicht um das bekannte verstehende *Mitleid* (womit ein weiterer Begriff der Wortfamilie Leiden eingeführt ist). Es geht wirklich um das Mit-Leiden, also das aus voller Vertrautheit mit der Ernsthaftigkeit der Lage stammende Mitfühlen. Es verlangt Liebe zum anderen; zuerst die Liebe zu Jesus selbst, der für uns litt; sodann die Liebe zum Nächsten, an dessen Seite wir gewiesen sind, denen wir solidarisch werden müssen. Es verlangt von uns die Entscheidung zur *Sympathie;* denn Sympathie ist das griechische Wort für Mitleid. In Hebr 4,15 wird es auf Jesus Christus angewendet, der als der erhöhte Hohepriester die Verbindung zwischen Gott im Himmel und uns Menschen auf Erden (denen er leidend solidarisch ward) schafft.

33.4. Was uns das Leiden Jesu nützt

„Vielleicht besteht eines der größten Leiden der westlichen Christenheit darin, daß sie nicht in Verfolgung lebt, daher äußerlich kaum zu leiden hat und mithin die übliche christliche Predigt vom Leiden und Sterben Jesu Christi auch nicht auf sich beziehen kann... Was soll der Prediger tun?" fragt B. Gärtner. „Er soll die *Verstehensschwierigkeit nicht verharmlosen,* sondern redlich zugeben... Das Geheimnis von Gottes Offenbarung in Jesus Christus... liegt nicht darin, daß die Bedeutung von Jesu Leiden und Sterben nicht verstanden werden kann, sondern darin, daß diese Offenbarung Gottes menschlichem Wollen und Wünschen zuwiderläuft und mithin auch in unerwünschtes Leiden führen kann. In dem Gekreuzigten aber kommt Gott in die gottlose Welt, leidet mit ihr an ihrer Gottesferne, leidet also mit ihr an der Abwesenheit Gottes. So und nur so wird Gott mit dem Menschen solidarisch. Der Christ kann wie der Gekreuzigte unter der Abwesenheit Gottes leiden. Aber er leidet mit dem Gekreuzigten zusammen – zu anderer Zeit, in anderer

Art, aber in gleicher Sache. Gerade dies verbindet ihn mit Gott." Die Gottesferne und Gleichgültigkeit gegenüber Gott treiben ins Leiden; das Suchen nach der Liebe und Gottes Nähe im Heiligen Geist – wie es in den Kreuzesworten Jesu selbst laut wird – ist der Anfang zum Rettungsweg aus allem Leid und Leiden heraus. Das Nachdenken darüber, daß Jesu gelitten hat, gewinnt trinitätstheologische Weite.

34. Gekreuzigt und gestorben

Heutzutage vom Kreuzigen und *vom Kreuz zu reden*, bewirkt verschiedene Gedankengänge. Viele gebrauchen das Wort in Redewendungen wie jemanden „aufs Kreuz legen", ihn also besiegen oder überlisten. Andere müssen (oder wollen) „zu Kreuze kriechen". Jedermann hat „sein Kreuz zu tragen", sei es eine zerrüttete Ehe, Not im Beruf oder eine lästige Krankheit. Das Eiserne Kreuz war eine Kriegsauszeichnung; wir kennen das Bundesverdienstkreuz ebenso wie das Kreuz im Kartenspiel, das Verkehrskreuz, das Kreuzfeuer oder die Drei Kreuze, die man hinter jemandem hermacht. – Was ist nun mit dem Kreuz als wichtigstem Zeichen der Christenheit?

34.1. Das Kreuz als Mitte der Verkündigung

In der Passionszeit singen wir: „Der am Kreuz ist meine Liebe". Er ist „unschuldig am Stamm des Kreuzes geschlachtet". „O Welt, sieh hier dein Leben am Stamm des Kreuzes schweben", weil „wir durchs Kreuz ins Leben gehen".

Aus dem Zusammenhang genommen mag uns diese Kreuzestheologie seltsam vorkommen, auch wenn wir wissen, daß jenes alte Hinrichtungswerkzeug historisch mit dem Tode Jesu Christi in so enge Verbindung kam. Zu Jesu Zeit war das nichts Sensationelles. Ungezählte Menschen starben damals diesen Tod. Es war Rebellen, Sklaven und gemeinen Verbrechern vorbehalten. An einem Römer

durfte diese Strafe nicht vollstreckt werden. So starb Jesus von Nazaret. Sein großer Plan schien damit gescheitert. Statt ein Weltreich des Friedens aufzurichten, war der Herr und Meister plötzlich tot. Für die Jünger, die ihn nach Jerusalem begleitet hatten, bedeutete das einen schweren Schock. Auch danach, als sie durch die Nachricht von Jesu Auferstehung erneut geschockt wurden, brauchte es einige Zeit, bis sie begriffen: der ‚skandalöse' (d.h. ärgerlich-anstößig, im Sinne neutestamentlichen Verständnisses) Vorgang der Kreuzigung Jesu ist Erfüllung von Gottes Willen, ist Durchgangsstation auf dem Wege zum Heil aller Menschen. Der Kreuzestod Jesu hat sühnende Bedeutung und Wirkung. Er steht im Zentrum der Versöhnung.
Mancher Prediger quält sich zu Karfreitag damit ab, *klarzumachen, wie das möglich sein soll* und hat regelrecht „Angst vor dem Evangelium". Noch ärgerlicher ist die Verniedlichung des Kreuzes als Marterwerkzeug, wie wir es als Schmuck und als Würdezeichen kennen. Das alles vermag aber das Geheimnis des Welt und Menschheit umspannenden Opfertodes Christi nicht zu berühren, geschweige denn zu deuten. Dennoch bleibt es dabei: Christliche Verkündigung ohne die Botschaft vom Kreuz Jesu Christi ist keine, ihr fehlt der Kern.

34.2. Jesu Sterben als endgültiger Sieg

Zum Gekreuzigt Jesu gehört sein *Gestorben* hinzu. Es beweist – was man sooft schon behauptete – daß Jesus *nicht scheintot* war. Und das im Glaubensbekenntnis folgende *‚Begraben'* unterstreicht seinen Tod am Kreuz noch einmal. Was aber ist das Sieghafte an seinem Tod? Der Kreuzestod Jesu vollendet die Fleisch- und Menschwerdung des Wortes. Als *Erhöhung* (Joh 12,32f.) ist er das Zeichen der göttlichen Todesüberwindung. Für die frühe Christenheit war Jesu Sterben kein historisch-biographisches Phänomen, das anzuzweifeln sei. Sein Sterben wird „vielmehr als einmaliges, grundlegendes Heilsgeschehen verstanden und verkündigt" (W. Schmithals). Christus hat sich zu unseren Gunsten „um unseretwillen" geopfert (vgl. Röm 6,10ff.). Gott hat durch den gekreuzigten Christus Nein zur Feindschaft der Menschen gegen ihn gesagt; mit anderen Worten: Gott hielt daran fest, daß sein Bund gilt. Jesu Tod ist das „Neue Testament (= Bund) in seinem Blut" (1 Kor 11,25).

Anhand der Kreuzigungsszene, wie sie in den Evangelien dargestellt und mit *sieben Kreuzesworten Jesu* ergänzt ist, kann uns klarwerden, worum es geht und was uns das alles angeht.

34.2.1.

Jesus wird ausgestoßen und verworfen. Doch er *beweist seine Überlegenheit* durch den Hinweis auf die eifernden Schergen: „Vater, vergib ihnen, denn sie wissen nicht, was sie da tun." Um ihn ist Getümmel, Neugierde, Geschäftigkeit. Er ist einsam in der Mitte. Wer an ihn glaubt, ihm vertraut, sieht in dem Hingerichteten seinen Herrn, den Herrn der Welt.

34.2.2.

Vor dem Kreuzesgeschehen und sogar während Jesus am Kreuz hing, *blieb er Heiland, Helfer und Retter*. Dem mitverurteilten Verbrecher sagt er zu, er werde mit Jesus „heute" noch im Paradiese sein. Maria unter dem Kreuz versorgt er durch ihre Bindung an Johannes eine gesicherte Zukunft, die soziale Versorgung, die es damals noch nicht gab. Im Wort an den Verbrecher zeigt sich die Rettungsaufgabe Jesu, die eine Zusammengehörigkeit (mit mir im Paradiese) über den Tod hinaus meint. Die Schuldigen, also wir Menschen alle, gehören zu ihm, haben die Möglichkeit, Gemeinschaft mit ihm zu haben. Und die Sozialregelung für seine nun alleinstehende Mutter zeigt uns, wie Diesseits und Jenseits zusammengehören und beide als gleich wichtig bedacht werden müssen.

34.2.3.

Das tatsächliche *physische Leiden und Dahingegeben-Sein* Jesu signalisiert der Ausruf, daß ihn dürstet und daß er mit einem lauten Aufschrei starb.

34.2.4.

Als Sterbender erweist sich Jesus erneut – wenn auch wieder geheimnisvoll – als *der Sohn Gottes.* Er befiehlt seinen Geist in die Hände seines Vaters. Dorthin gehört er. Und kurz vorher ruft Jesus, sich an die gleiche Adresse wendend: „Mein Gott, wozu hast du mich verlassen?" Wir wissen aus der biblischen Botschaft die Antwort: Damit das göttliche Rettungs- und Heilswerk zum Ziele kommen kann. Die kosmischen Erschütterungen, von denen die Evangelien berichten, begleiten Jesu Sterben, und das Zerreißen des Tempelvorhanges ist das Zeichen: von jetzt ab ist Menschenkult nicht mehr nötig und nicht mehr möglich. „Es ist vollbracht" auf Golgota. Von da an vermögen wir nur noch anzunehmen, was uns durch Jesus geschenkt wurde. Das *„Ein für allemal"* des Sterbens und Opfers Jesu gilt (vgl. Röm 6,10; 1 Petr 3,18; Hebr 7,27; 9,7.12.26ff.).

Läßt sich dies alles *beweisen?* Nur vom nachfolgenden Auferwecktwerden Jesu läßt sich die Rede vom „Gekreuzigt und Gestorben" überhaupt erfassen. „Es war darum nicht Spekulation, sondern die Erfahrung des göttlichen Geschehens der Auferstehung Christi, die zum *Verständnis des Todes Jesu* als für unsere Sünden geschehen führte" (W. G. Kümmel). „Die Frage freilich, ob dieses Verständnis des Todes Jesu den Willen Gottes in Christus sachgemäß deutet oder eine Verfremdung darstellt, kann der Historiker nicht beantworten, sie wird aber vom Glauben an die göttliche Wirklichkeit der Auferstehung Jesu Christi her mit Zuversicht bejaht werden können und müssen."

35. Hinabgestiegen in das Reich des Todes

So heißt heute der Text unseres Glaubensbekenntnisses. Sonst kennen wir den uns immer noch vertrauten Satz: *Niedergefahren zur Hölle.* Doch was ist Hölle? Ganz zu schweigen von der Frage nach dem Ort der Hölle. Dann ist uns heutigen Mitteleuropäern schon eher ein „Reich des Todes" vorstellbar, wenn man wiederum nicht auf die Suche geht, dieses Reich irgendwo im Universum zu wähnen. Was vermögen wir indessen mit der Mitteilung anzufangen, Jesus Christus sei ins Totenreich gegangen? Dies ist ungenau: er stieg hinab, so heißt es, in das Reich des Todes, zu den Toten. Die lateinische Textüberlieferung läßt hier bereits im Wortlaut verschiedene Verständnisse zu; wie sollen wir Heutige damit zurechtkommen?

35.1. Höllenfahrt nach dem Neuen Testament

Im Neuen Testament finden wir *keine Schilderungen* solchen Abstieges, aber eine Anzahl von Andeutungen, die eine ‚Höllenfahrt Jesu' als geschehen voraussetzen. Man denkt an einen vorübergehenden *Aufenthalt Jesu im Hades*, also im Reich des Todes. Jene Zeit vor 2000 Jahren konnte sich diesen Ort nur unten, und zwar mitten in der Erde vorstellen. Dort sei das Totenreich. Die Vorstellung ist keineswegs töricht, denn wir pflegen unsere Verstorbenen immer noch in die Erde zu versenken. So sind die Bibelstellen Mt 11,23; Lk 10,15 oder auch 1 Petr 3,19 (dort ist vom Gefängnis geredet) zu verstehen. Hier geht das biblische Denken mit den Vorstellungen der Antike in gleicher Richtung. Dem Hades haftet allerdings das Merkmal eines Zwischenzustandes und Zwischenortes an.

Nun gibt es *zwei unterschiedliche Ansichten*, die sich in den verschiedenen Konfessionen festsetzten. Die einen meinen, Jesus sei unmittelbar mit seinem Sterben am Kreuz in das Todesreich gekommen. Das ist dann ein weiterer Ausdruck für seinen Weg von göttlicher Herrlichkeit herkommend in die völlige Verlassenheit, Verworfenheit und Vernichtung des Lebens samt allen hehren Zielen. Anders ausgedrückt: Kreuzigung und Tod sind die untersten und *Endstufen der Erniedrigung*, die Jesus Christus auf sich nahm, um uns Menschen zu erlösen und zu befreien für die wahre Gotteskindschaft. Und aus dieser absoluten Todesverfallenheit hat Gott den Sohn auferweckt.

Andere sagen so: Jesus starb, wurde begraben und dann auferweckt. Am *Wendepunkt* steht der Satz von der Höllenfahrt. Sie ist aber bereits der Anfang des Wirkens unseres auferstandenen Herrn und Heilandes. Wer die Kunstgeschichte kennt, weiß um viele mit-

telalterliche Darstellungen dieser Szene: Der lebendige Christus *schreitet als überlegener Herr durch die Höllenfinsternis* und erweist sich als Sieger über Tod und Teufel. Er ist zugleich derjenige, für den – oder gegen den – sich die Toten entscheiden müssen, die zu Lebzeiten nichts von ihm gehört haben.
Nach Apg 2,27.31 oder Lk 16,23.26 sind alle Toten im Hades. Bei Lukas wird bildhaft ein Hinweis auf die verzweifelte Lage derer gegeben, die ohne klare Entscheidung für Christus starben. Hebr 2,14 und 7,16 oder Röm 14,9 (das berühmte Wort: „Dazu ist Christus gestorben und wieder lebendig geworden, daß er über Tote und Lebendige Herr sei") und andere Stellen im Neuen Testament zeigen deutlich Hinweise auf *Christi Befugnisse* und Bestimmungsgewalt *über das Reich des Todes.* Das ist eine spezifisch christliche Aussage und Botschaft. Das Rettungswerk Jesu Christi ist allumfassend.

35.2. Zur Entwicklungsgeschichte der Rede vom Absteigen ins Todesreich

Viel Phantastereien und Ausmalungen haben die Jahrhunderte der Kirchengeschichte gerade an diesem Glaubensgegenstand überwuchert. Entgegen den Vorstellungen vom Jenseits bis hin zu Dantes „göttlicher Komödie" oder zu zeitgenössischen Sektenlehren hat das Neue Testament *keine Jenseitsvorstellungen ausgemalt.* Es schweigt über das Wie und Wo, ja strenggenommen auch über ein zeitliches Wann des Jenseits von unserem Erdendasein. Auch die Höllenqualen werden kaum ausgemalt, an denen sich Jahrhunderte geradezu weiden konnten und hohe Hitzegrade dabei ins feurige (Gedanken-)spiel brachten.
Die oben erwähnten unterschiedlichen Ansichten haben jeweils ihre Bedeutung. Wenn wir bedenken, daß Jesus hinabstieg ins Reich des Todes, meint das *einerseits eine Zusammenfassung des Leidensweges Christi in unsere Gottferne,* Gottlosigkeit, in unsere menschliche Todeswelt. Es ist die uns umgebende, aus uns kommende Schuld der Welt, in die Jesus hineinging. Es sind „seine unaus-

sprechliche Angst, Schrecken und Schmerzen, die er auch an seiner Seele am Kreuz zuvor erlitten" hat, wie ein Zeuge der Reformationszeit formulierte. Mit anderen Worten: Jesus Christus, Gottes Sohn, ist *uns gänzlich nahe gekommen.* Er gehört zu uns und wir zu ihm. *Andererseits* ist die Betonung der Höllenfahrt Christi als des Auferstandenen für uns eine hilfreiche, tröstliche Nachricht: Er kommt zwar zu uns in unsere Verlorenheit und Hilflosigkeit, in unsere Todeswelt; aber er *kommt als Sieger und Lebensbringer.* Tod, Schuld, Hölle und Gottesferne sind für ihn keine unüberwindbaren Grenzen und Feinde. Wir sind ihnen unterlegen. Jesus ruft und holt uns aus alledem heraus. Er macht „die Toten lebendig und ruft dem Nicht-Seienden, daß es sei" (Röm 4,17) und „auch den Toten ist das Evangelium verkündigt" (1 Petr 4,6). Ist das nicht *wichtig für uns* alle zu wissen? Erstens gibt die Bibel damit eine Antwort auf die manchem so wichtige Frage, was denn mit denen sei, die nicht von Jesus erfahren hätten, und ob sie auch ‚gerettet' werden könnten. Und zweitens kann jeder von uns wissen, daß es nie für ihn selbst ‚hoffnungslos' zu sein braucht, weil Gott *alle* Menschen meint und niemals ein Gott der Toten ist (Mt 22,32). Wir sind mitten im Leben von dem Tod umfangen, sagt ein bekanntes Kirchenlied. Wer beruflich mit leidenden Menschen zu tun hat, weiß das. Und die Kunde, daß Jesus hinabgestiegen sei ins Reich des Todes, in unser Leben, das manchem zur Hölle gemacht wurde oder das er ohnmächtig als Hölle auf Erden erkennen muß, diese Kunde *kann uns aufatmen lassen,* weil sie Todesüberwindung meint und gutes Leben schafft.

35.3. Die Bedeutung dieser Botschaft

Damit leiteten wir schon zu dem über, was wir davon haben. In Stichworten sei es systematisch dargetan.

(1) Das Hinabsteigen ins Todesreich zeigt an, daß Jesus Christus *kein himmlisches Schauspiel* spielte, sondern in die gänzliche Todverfallenheit geriet. Er nahm sie freiwillig auf sich, weil das sein Weg zum totalen Sieg für uns war. Es war das *göttliche Risiko,* für das wir ihm ewig dankbar sein müssen, sollen und wollen.

(2) Das Hinabsteigen Christi ins Todesreich *zeigt seine Qual* an, die er zu erleiden hatte. Es *spiegelt gleichzeitig die traurige Wirklichkeit unseres Lebens* und unserer Welt. Mag sie nun Rassenkonflikte, ideologische Politik, Rüstung, Krebs, Ehezerrüttung oder Alkoholsucht heißen. Alles das gehört auf die Todesseite des Lebens. Alles das ist ein *Stück Hölle auf Erden.* Es war nicht unbedingt nötig, daß beim Neufassen des Glaubensbekenntnisses das Wort Hölle durch Todesreich ersetzt wurde. Wir hätten schon begriffen, worum es geht. Christi Erniedrigung ging bis in diese Nähe zu uns. Wir staunen und freuen uns dankbar, weil er *uns dann dort auch abholt,* wo wir wirklich sind. Wagen wir als seine Nachfolger uns ebenfalls weit in die vorderste Linie?

(3) Auch in der Höllentiefe, im Reich des Todes, wo alles zu Ende ist oder scheint, da ist Jesus noch lange nicht am Ende. Er bleibt der Herr und Helfer. Er kann die Toten auferwecken. *Im Reich des Todes wird der Sieg des lebendigen Gottes verkündigt* und verwirklicht. Das sollten wir Verzweifelten und scheinbar Hoffnungslosen sagen, auch im Krankenhaus, wo wir statt dessen oft den Schwerkranken über die Todesstunde fachgerecht hinwegmogeln. „Er hat nichts gemerkt", heißt es dann wohl. Doch er hätte jedenfalls dieses merken und wissen müssen: was auch kommen mag, der Herr über Leben und Tod, der Geist Gottes ist bei dem Sterbenden und begleitet ihn durch den Tod zu unvergänglichem Leben.

(4) Auch in der Höllentiefe, etwa im Grauen moderner Kriege oder in der Ausweglosigkeit heutiger Drogensüchtiger, *bleibt Christus Herr* über alle sonstigen Herren, Mächte und Diktatoren jeder Gestalt, also auch über Teufel und Tod.

(5) Das *gilt in kosmischem Maßstab.* Das Erlösungswerk Christi ist universal, *gültig für alle Zeiten, alle Menschen, alle Situationen.* Es gilt auch vor und außerhalb der von uns erkennbaren Reichweite des Evangeliums, wie wir Menschen es weitersagen. Deshalb überrascht es Christen nicht, sondern es erfreut sie, wenn sie gelegentlich hören, in völlig gottloser Umwelt gäbe es Christen, ja christliche Gemeinden. *Gott versöhnte* in Christus *die Welt* mit sich selber (2 Kor 5,19). Und Welt bedeutet in der Bibel häufig gerade die verlorene Welt, die erwähnte Hölle auf Erden, dasjenige in der Welt, das

vergänglich und dem Tode verfallen ist. Aber eine Art *Allversöhnung* ist damit nicht behauptet. Der Ernst des Entweder-Oder bleibt.

(6) Und schließlich bekennen wir mit dem Satz vom „Niedergefahrensein Jesu Christi in das Reich des Todes" etwas vom *Geheimnis des Weges und der Überlegenheit Gottes, der uns dennoch* helfend und liebend *nahe* ist.

36. Am dritten Tage auferstanden

Bis zu dieser Stelle ist vieles vom Glaubensbekenntnis der Christen einigermaßen mit gedanklicher Bemühung und mit Analogien aus der Umwelt zu begreifen. Das wird schwierig, wenn es um die Bedeutung einer Auferstehung von den Toten geht. Das gilt auch für die Fachtheologen. Wir haben uns zu bemühen, im Rahmen der Wissenschaftlichkeit der Theologie das Problem der Auferstehung Jesu anzugehen. Dabei muß man wissen, daß *nicht jede wissenschaftlich stellbare Frage* (und welche Frage wäre formal nicht stellbar?) *auch theologisch sinnvoll ist.* Oft bereitet einem also schon die Fragestellung Schwierigkeiten, weil eben die Frage falsch gestellt ist. Dann kann es keine hilfreiche und treffende Antwort geben. Eine theologische Grundvoraussetzung ist die Betonung der Macht Gottes gegenüber einer angeblichen Überlegenheit, in Wirklichkeit aber einer Vergötzung von Wissenschaft, Forschung und Technik.

Wer bereit ist, sich dieser Vorbemerkung über die Anfänge der wissenschaftlichen Theologie anzuschließen, mag offen dafür sein, was es bedeutet, daß Jesus Christus „am dritten Tage auferstanden" ist.

36.1. Das Ostergeschehen

Nach den Berichten von der Kreuzigung Jesu auf Golgota folgen in den vier Evangelien Auferstehungsberichte. Doch auch die neutestamentlichen Briefe handeln davon, und zwar derart zentral, daß

Paulus in Röm 10,9 erklären kann: „Sofern du mit deinem Munde bekennst, daß Jesus der Herr ist, und mit deinem Herzen glaubst, daß Gott ihn von den Toten auferweckte, wirst du selig und gerettet werden".

36.1.1.

Der älteste biblische Bericht von der Auferstehung Jesu findet sich in *1. Korinther 15*. Er entstand etwa 20 Jahre nach dem Geschehen, von dem darin geredet wird. Paulus schreibt: Die Mitteilung von der Auferstehung Jesu von den Toten habe er selbst auch „empfangen". Petrus hat ihn gesehen, die zwölf Jünger haben ihn gesehen, „mehr als fünfhundert Brüder auf einmal, von denen die meisten noch leben", haben ihn gesehen; Jakobus und alle Apostel haben ihn gesehen. So zählt Paulus Zeugen auf und schließt sich selbst an. Die Berichte über Jesu *Erscheinungen* sind das einzige zur Auferstehung Jesu, das mit den Maßstäben der Historie zu erfassen ist. Nach der Aufreihung von Bürgen und Augenzeugen fängt Paulus andersherum erneut an und stellt fest: Da gibt es Leute, die eine Auferstehung glattweg leugnen. Paulus sagt nicht, ob diese Leute eine Existenz nach dem Tode überhaupt abstreiten oder eine Art Weiterleben der Seele (im platonischen Sinne) in Frage stellen.
Vielleicht verspotten sie beides. „Wenn es jedoch keine Auferstehung von den Toten gibt", erklärt Paulus kategorisch, „ist auch Christus nicht auferweckt worden" (Verse 13 und 16). Dann aber sind die Christen irrende Toren, dann wäre die Predigt, das ganze Christentum nichtig und überflüssig. Mit solcher Schärfe werden die Leser des Korintherbriefes zum Nachdenken gezwungen.
Die Konsequenz ist sogar: die Leugner der Auferstehung sind Phantasten und Illusionäre und zutiefst zu bedauern. Das gilt im gemeinten Verständnis des Paulus noch heute. Wenn Jesus nicht den Tod durch Auferstehung besiegt hätte, wären auch alle Aktionen zugunsten des Friedens und des Wohles der Menschen letztlich vergeblicher Wahn.

36.1.2.

Der älteste Evangeliumsbericht steht bei *Markus 16*. Er berichtet vom Besuch dreier Frauen am Grabe Jesu. Sie wollten den Leichnam der Sitte gemäß salben und kamen nach dem Sabbat gleich nach Sonnenaufgang dort an. Ihr Problem war das Öffnen des verschlossenen Grabes. Sie sahen aber, daß der Stein fortgewälzt war, gingen ins Grab hinein und bemerkten „einen jungen Mann rechts sitzen, der ein weißes Gewand trug, und entsetzten sich. Er aber sprach zu ihnen: fürchtet euch nicht; ihr sucht Jesus von Nazaret, den Gekreuzigten; er ist auferweckt. Er ist nicht hier; da ist der Platz, wohin sie ihn gelegt hatten." Wir merken, daß Paulus anders argumentiert. Vom *leeren Grab* lesen wir bei ihm kein Wort. Der Markus-Bericht enthält einige historisch-kritische Schwierigkeiten, die wir hier übergehen müssen. Die Berichte bei Markus und Mattäus zum leeren Grab sind allerdings derart betont, daß man sie nicht als nachträgliche Gemeindebildung abtun darf. Das leere Grab bleibt ein unübersehbarer Hinweis (mehr nicht) auf Jesu Auferweckung.

Aber auch hier stellen wir fest: Über den Vorgang einer Auferwekkung oder Auferstehung – was dasselbe ist – schweigen die biblischen Texte. Sie konstatieren sie nur. Wichtig ist vor allem, was dem erwähnten Zitat aus Mk 16 folgt, nämlich die Anweisung an die Frauen: „Geht hin und sagt es seinen Jüngern. Er geht euch voran nach Galiläa; dort werdet ihr ihn sehen, wie er es euch gesagt hat." Die natürliche erste Reaktion der Jünger war nach dem Bericht von Lk 24,11 „Märchen", „leeres Geschwätz" (das Wort kommt in Neuen Testament nur an dieser Stelle vor). Einen ebenfalls nur einmal erwähnten Ausdruck wählt Lukas später in Apg 17,32, wo er die Auswirkung bei der Erwähnung von Christi Auferstehung schildert: Spott. Die Auferweckung des Herrn als solche entzieht sich dem Menchenverstand, ist aber trotzdem Tatsache.

36.2. Der Osterglaube

Die Jünger haben sich dennoch nicht sehr lange nach Jesu Kreuzigung wieder gesammelt und seine Auferweckung gepredigt. Mit einer etwas vordergründigen *Testfrage* wollen wir uns der Osterbotschaft und dem Osterglauben nähern.

36.2.1.

Wenn es damals zu Ostern in Jerusalem schon *Kameras gegeben hätte* und man automatische Kameras am Grab Jesu zusammen mit den erwähnten Wachen aufgestellt hätte, *was wäre auf dem Film* zu sehen? Wir können *drei Antworten* geben, die alle drei gleich sind, aber unterschiedliche Begründung haben.
Erste Antwort: Man sehe auf dem Film nichts, weil gar nichts geschehen ist; das Grab war nicht leer und blieb verschlossen. So antworten die Rationalisten aller Zeiten. Sie können mit einer Auferstehung Jesu in diesem Sinne nichts anfangen.
Zweite Antwort: Man sehe auf dem Film nichts, weil er total überbelichtet sein würde. Das meinen die Fundamentalisten jeder Richtung und wollen damit sagen: Das göttliche Licht war derart blendend, daß jede Filmschicht wie von einem Atomblitz getroffen sofort zerstört worden wäre.
Dritte Antwort: Man sehe auf dem Film nichts, weil ein transzendentes, jenseitiges (d.h. jenseits irdisch-zeitlichen Fassungsvermögens) Geschehen nicht mit immanenten, also dieser unserer Welt zugehörigen Mitteln erfaßt werden kann. Die eschatologische Ewigkeit ist nicht in die historische, dem Raum und der Zeit unterworfene Kausalgeschichte einzufangen.
Dieser Gedankentest will verdeutlichen, daß sich die Auferstehung Jesu von uns durch nichts beweisen läßt. Es bleibt Gottes Handeln, und als solches für uns unverfügbar. Der Götze Wissenschaft, Forschung und Technik zählt hier nicht, gilt hier nicht. Und dennoch bleibt die Auferstehung unleugbare Wirklichkeit und zentrales Geschehen in der Weltgeschichte.

36.2.2.

Was ist nun aber jene behauptete Wirklichkeit, *was ist der Osterglaube*? Die Botschaft heißt „Er lebt". Und die Folge davon ist, auch wir brauchen nicht im Tode unser endgültiges Ende zu wissen und zu erfahren. Gewiß ist Jesus nicht ins irdische Leben zurückgekehrt, dennoch lebt er. Wer diesem Faktum vertraut, bekommt Anteil an dem Leben Jesu. Für den ist der irdische Tod zwar schrecklich und schwer, aber nicht das Schlimmste, das man zu befürchten hat, sondern im Gegenteil: Durchgang zum wahren Leben. Die „Kraft seiner Auferstehung" (Phil 3,10) wirkt und durchdringt unsere Welt. Das gilt es anzuerkennen und zu bekennen.

36.2.3.

Zum Festhalten des Bekenntnisses, daß Jesus am dritten Tage auferstanden ist, gehört die *entscheidende Abkehr von der Meinung, alles sei diesseitig.* Dabei dennoch mit dem Phänomen Tod fertig zu werden, kann nicht gelingen, wie es beispielsweise Ernst Bloch in seinem „Prinzip Hoffnung" versucht. Er meint seine „roten Helden" dadurch trösten zu können, daß sie „in der Erinnerung der Mit- und Nachwelt eine Berge finden, eingeschreint im Herzen der Arbeiterklasse". Auferstehung ist für ihn das Quartiermachen der Zukunft und zeigt sich in Glück oder Freiheit, im Ewig-Weiblichen oder im Trompetensignal der Oper Fidelio. Wichtig sei, daß der Mensch in der Geschichte arbeitet, schafft und die Gegebenheiten stetig umbildet und überholt. Solches Denken kann die Diesseitigkeit niemals überschreiten.

36.2.4.

Der biblische, christliche Glaube als Folgerung von der Auferstehung Jesu klingt anders. Die Rede der Bibel von der Auferweckung Christi und der Auferweckung der Toten weist auf das *Wunder der Neuschöpfung* hin. Der Mensch wird durch den Tod hindurch aus Gottes Kraft zu einem neuen Leben geführt. Damit ist Jesu Auferstehung das Ende der Welt und Geschichte. Alles Umbildende und Wirkende oder Schaffende, letztlich aber den Menschen weiterhin bindende Treiben der Gesellschaft kann diesen Weg in die endgültige Freiheit der Kinder Gottes und in sein Reich nicht bewirken.

In Joh 11,25 steht der bekannte Satz Jesu: „Ich bin die Auferstehung und das Leben. Wer an mich glaubt, der wird leben, selbst wenn er stirbt; und wer lebt und an mich glaubt, der wird niemals sterben". Das ist das außerordentliche, einmalige und unwiderrufliche Angebot, welches uns gemacht wird. Es ist ein *Ja Gottes zu uns* als den Vergänglichen. Es ist das *Nein Gottes zum Tod.* Unser

Planen, unsere Wissenschaft, unser Fortschritt erreichen dieses ‚ewige Leben' niemals. Wir können es uns schenken lassen. Solches Geschenk annehmen, das ist Osterglaube. Die Auferstehung Jesu ist der Anfang der Neuschöpfung und des Reiches Gottes.

37. Aufgefahren in den Himmel

Daß Himmel und Himmel nicht dasselbe ist, weiß jeder. Im Englischen bereits unterscheidet die Umgangssprache wenigstens die beiden Himmel im geographisch-astronomischen Sinne (sky) und im religiösen Verständnis (heaven). Infolgedessen übersetzt die neue englische Bibel den Leitvers Apg 1,11 durch Unterscheidung der Himmel-Begriffe (was nicht einmal der griechische Urtext vermag; wo aber Denkweisen der damaligen Zeit zu berücksichtigen sind). Im englischen Text heißt es demgemäß im Zusammenhang: „Während Jesus dies sagte – indem die Jünger zuschauten – wurde er aufgehoben (lifted up) und eine Wolke entzog ihn ihrem Blick. Und als er fort war und die Jünger angespannt zum *Himmel (= sky = Firmament)* starrten, standen plötzlich zwei weißgekleidete Männer neben ihnen und sagten: Was steht ihr Galiläer da herum und guckt in den *Himmel (= sky)? Dieser Jesus, der von euch hinweggenommen wurde auf in den Himmel (= heaven)*, wird auf dieselbe Weise, wie ihr ihn gehen saht, wiederkommen".

Damit unsere Überlegungen nicht schon an dieser Begrifflichkeit fehlgehen, gilt es von vornherein zu unterscheiden. Im übrigen wäre ein Auffahren in den Himmel *im Sinne der Weltraumfahrt* ein technischer Vorgang, bei dem man wenigstens das Ziel der Reise Jesu irgendwo im Weltraum finden oder erahnen müßte. Kurioserweise redeten die ersten sowjetischen Kosmonauten tatsächlich davon, sie hätten im Weltall ebensowenig eine Wohnung Gottes entdecken können, wie es auf Erden der Fall sei. Also sei nun endgültig die Behauptung der Christen, es gäbe einen Himmel irgendwo im Weltraum, als Verführung und Verdummung nachgewiesen. *Solche Fehlurteile* hätten sich die kosmonautischen Techniker schon deshalb nicht leisten dürfen, weil in unserer Zeit die Physik mit der Quantenmechanik und der allgemeinen Relativitätstheorie gänzlich andere Dimensionen und Denkweisen erschlossen hat. In diesem Bereich bekommt die theologische Aussage von der Himmelfahrt Jesu ein neues, anderes Gewicht.

37.1. Der Himmelfahrtsbericht

Den weitestgehenden Text in der Art einer Reportage haben wir zitiert. Er ist denkbar nüchtern, gänzlich unsentimental (immerhin berichtet er die Abschiedsminuten des Meisters von seinen anfangs rat- und hilflosen Schülern). Lukas lenkt als Berichterstatter die Aufmerksamkeit auf die Tatsache der Himmelfahrt selbst (was sie auch gewesen sein mag). Er erläutert nicht eigentlich die Himmelfahrt, wie man zunächst erwarten sollte, sondern korrigiert die Haltung, welche die Jünger dazu einnehmen. Man darf diese Haltung nicht psychologisch erklären. Lukas nimmt die Jünger als Modell eines bestimmten Verhaltens, das auch in seiner Gegenwart noch in mancher christlichen Gemeinde vorherrschte: der Naherwartung des Endes. Lukas stellte dar, wie Jesus zu Gott ging, wie er sein Messiaswerk und sein Offenbarungswerk vollendete. Der Blick und das Denken der Jünger, die erste Boten und Missionare werden mußten, wird in *die zutreffende Richtung* gelenkt: „Er ist nicht hier, er ist auferstanden", hieß es Ostern. „Was steht ihr hier... Jesus wird wiederkommen; da wandten sie sich um", heißt es im Himmelfahrtsbericht. Mit dem Herumstehen und in den Himmel Starren verpassen die Jünger ihren Auftrag. Christen gehören ins volle Menschenleben hinein, sie haben davon Bericht zu geben (durch Wort und Tat), daß Jesus Christus nicht mehr greifbar (schon gar nicht mehr ergreifbar) unter uns, aber dennoch ‚da' ist.
Himmelfahrts-Geschichten finden sich in uralten Mythen ebenso wie in neueren europäischen Märchen (z.B. Hanneles Himmelfahrt). Was Lukas berichtet, ist völlig anderer Natur, es ist weder in eine Linie zu bringen mit gnostischen Erlösungsvorstellungen und deren Himmelfahrt der Seele, mit jüdisch-israelitischen Entrückungsvorstellungen noch mit irgendwelchen Behauptungen einer Himmelfahrt im Laufe der christlichen Kirchengeschichte. Die

Verkündigung der Himmelfahrt will „den Zusammenhang zwischen Auferstehung (Jesu) und der Erwartung vom Himmel herstellen. Sie kennzeichnet den Abschluß jener Erscheinungen" des Auferstandenen nach Karfreitag und Ostern (H. Traub).

37.2. Dreifache Bedeutung der Himmelfahrt

37.2.1.

Sie bezeichnet erstens das *Ende der sogenannten Offenbarungszeit Jesu,* seines Lebens und Wirkens vor rund 2000 Jahren in Palästina. Nun ist er wiederum der Erhöhte, der Herr des Himmels und der Erde. Alles Geschaffene zielt auf Jesus Christus hin und ist ohne ihn nicht denkbar. Alle Schöpfung und Heilsgeschichte sind von Christus her zu verstehen (vgl. Kol 1,16f. 20; Eph 1,10–22).

37.2.2.

Zweitens sagt die Verkündigung von der Himmelfahrt den Hörern der Urgemeinde, die inzwischen schon jahrelang auf Jesu Wiederkunft als Weltenherrscher warteten, die Gemeinde müsse *umdenken.* Sie darf nicht in Verzagtheit und Resignation verfallen. Die Christen haben zwar in der jeweiligen Zeit zu leben – ob sie nun arm oder reich, politisch zufrieden oder verfolgt, gesund oder behindert sind. Aber sie haben damit zu rechnen, daß ihr Leben, genauer: daß die ganze Welt Christuswelt ist und als solche niemals seiner Gewalt entgleiten kann. Wer das bei der Himmelfahrtskunde bedenkt, weiß: Sie *ist kein Ende und Abschied* von Jesus Christus, dessen wir uns allenfalls als genialen Anreger, Religionsstifter oder Vorbild und Superstar zu erinnern hätten. Sie ist die Erklärung, daß der an Jesus Glaubende in seinem Sinne sogar noch größere Werke als er tun kann (Joh 14,12). Jesus ist mit seiner bewußten Entscheidung zum Kreuzestod eben nicht gescheitert.

Daß solche Gedanken vom Scheitern Jesu überhaupt aufkommen, kann damit zusammenhängen, daß die Christenheit tatsächlich nicht klar genug an die mit Jesu Himmelfahrt *beginnende Heilszeit der Welt* und sein Reich der Freiheit glaubt und damit lebt. Sie schaut sich immer noch – gewiß nach oben starrend und dabei die Hände faltend – ratlos um, statt die Aufgabe zu erfassen, die ihr aufgetragen wurde.

37.2.3.

Drittens ist die sogenannte Legende von der Himmelfahrt Jesu für uns ein Hinweis auf das *Faktum eines Jenseits* unserer, mit dem Verstand erfaßbaren, Bereiche. So real unser Firmament und Weltall, unser Globus und der ganze Kosmos sind, so real ist auch der Ort, den die Bibel als *Bereich Gottes* eben Himmel nennt. Da nützen uns keine dreidimensionalen Vorstellungen (in denen wir nur zu denken pflegen). Alle Weltbilder sind eben nur Bilder. Wichtig ist, daß dieser ‚Ort' (wir können ihn nur in Anführungszeichen setzen) aber nicht anderswo ist und damit der Menschenwelt fern, sondern wir sind beteiligt. Luther erklärt daher die Himmelfahrt Jesu so: „Was es aber ist... wissen wir nicht... Das ist's, daß er *über* allen Kreaturen und *in* allen Kreaturen und *außer* allen Kreaturen ist".

38. Er sitzt zur Rechten des Vaters

Dieses Stück vom Apostolischen Glaubensbekenntnis hängt inhaltlich – dogmatisch – *eng zusammen mit* dem voraufgehenden Satz: Jesus Christus ist *„aufgefahren in den Himmel"*. Der auferstandene Christus erscheint während jener vierzig Tage zwischen Ostern und Himmelfahrt den Jüngern nicht als „wiederbelebte Leiche", sondern als der Erhöhte, als unverfügbarer Gott aus dem Himmel. Er gehört nicht mehr der Welt mit ihren Gesetzen der Vergänglichkeit und der Todesverfallenheit an. Wie mit der Rede von der Himmelfahrt Jesu seine Erhöhung, seine Inthronisation zum Kyrios, zum Allherrn bekundet wird, so ist das „Sitzen zur Rechten Gottes" die Bildrede von der Ausübung dieser Weltherrschaft.

38.1. Jesus Christus ist der Herr

Allein im Neuen Testament kommt an 718 Stellen das griechische Wort Kyrios vor. Auf Deutsch bedeutet es Herr. Damals war das

Wort noch mit Gewicht und eindeutigem Sinn gefüllt. Heute, im Zeitalter der Wortinflation, wird jedermann mit Herr und Namen angeredet. Jeder Mann hat Anspruch darauf. Selbst hilflose, völlig abhängige Menschen, ja verhaftete Verbrecher, werden mit „Herr" angesprochen. Daher ist für uns schwer zu erfassen, was mit dem in Neuen Testament gemeinten Herr-Sein Christi ausgesagt ist. Der englische Sprachraum wählte für Christi Herr-Sein nicht etwa „Mister", sondern hervorhebend „the Lord"; und im Französischen wird „le Seigneur" angebetet.
Paulus schreibt 1 Kor 8,5f. im Vergleich mit Göttern der Völker: „Wenn es wirklich sogenannte Götter gibt, sei es im Himmel oder auf Erden – wie es überhaupt viele Götter und Herren gibt –, so gibt es doch für uns nur einen Gott, den Vater, von dem alle Dinge sind, und einen Herrn, Jesus Christus, durch den alle Dinge sind und wir durch ihn". Also: Jesus übt die Funktion Gottes als Herr aus. Die Weltherrschaft liegt bei ihm, Gott übertrug sie Jesus. Er ist die gebietende, alles Leben umfassende Autorität. Der Titel Herr für Jesus Christus weist indessen darauf hin, daß er seinerseits vom Vater unterschieden, ja ihm untergeordnet ist. Die Macht ist an ihn delegiert. Im Herrsein Jesu begegnen wir der Trinität Gottes.
Das älteste und auch kürzeste Bekenntnis der Christen hat nur die beiden Worte „Kyrios Jesus", zu Deutsch: „Jesus ist der Herr". Wie ist der Zusammenhang mit dem Sitzen zur Rechten Gottes? Jener Sitz zur Rechten ist der Ehrenplatz. Der lebendige Jesus Christus ist also nach christlichem Glauben „gleich" Gott, Gott selbst. Er übt die Herrschaft aus, die ihm der Vater übertragen hat.
Bei Paulus begegnet häufig für Jesus Christus die Bezeichnung „der Herr". „Jede Zunge (= jedermann) soll bekennen, daß Jesus Christus der Herr ist" (Phil 2,11). So exklusiv ist das! Niemand kann sich um diese Anerkennung herumdrücken. Wann, wo und wie es geschieht, darüber ist vorerst nichts ausgesagt. Für die Gemeinde Jesu war er von Anfang an stets „der Herr". Im gottesdienstlichen Gebet redete man ihn damit an und wußte sich stets unter seiner ‚Herr'schaft, die ganz nahe ist. Für Paulus bedeutet Jesu Herrsein gegenüber dem Christen – genauer über alles und jeden – die Beschreibung der *christlichen Existenz.* „Wenn du mit deinem Munde

Jesus als Herrn bekennst und in deinem Herzen glaubst, daß Gott ihn von den Toten erweckt hat, wirst du gerettet werden" (Röm 10,9).

Die neutestamentlichen Texte gehen hinsichtlich des Herrseins Jesu weiter. Dieser Herr herrscht über die Menschheit (Röm 14,7–9), jede Macht „im Himmel und auf Erden" hat sich ihm zu beugen (Eph 1,19; 1 Petr 3,22; Offb 1,5; 17,14; 19,15 f.). Damit ist erklärt: Jesus Christus haben Christen zu gehorchen. Irdischen Herren – seien es Könige, Diktatoren, Präsidenten, Landesväter, Parteisekretäre, Chefs oder wie sie sich nennen mögen – ist im Konfliktfall (d.h. wenn es um ein Entweder-Oder zwischen Jesus und denen geht) nicht zu gehorchen. Diese menschlichen Herren und Machthaber haben ihre Gewalt nur geliehen, vorübergehend und üben sie meist nur unzulänglich aus.

Wir merken hier schon die Eindeutigkeit der Entscheidung, die uns für oder gegen Jesus Christus abverlangt wird. Sie dürfte uns aber nicht schwerfallen; denn jeder Vorgesetzte unter uns Menschen ist befangen in Vorurteilen, ist kurzsichtig, ist niemals total informiert, ist vor allem absetzbar und ersetzbar, zuletzt durch seinen Tod. Dann kommt ein anderer, der es vielleicht ähnlich probiert, häufig aber völlig anders.

Die Entscheidung für Jesus als Herrn unseres Lebens und Wirkens hat solche Mängel nicht. Denn *bei ihm* ist *uneingeschränkte Überlegenheit und Übersicht*, bei ihm ist das Anstreben eines Zieles, das Vollendung heißt. Solche Worte klingen predigthaft; sie sind aber ganz unmittelbar zu verstehen. Einst wird Jesus alle ihm widerstrebenden Mächte und Gewalten, auch den Tod, überwunden haben (1 Kor 15,25 ff.). Dann wird er – der zur Rechten des Vaters sitzt – sich Gott dem Vater unterwerfen. Das ist das Ziel der Herrschaft Jesu, des Herrn: die Vollendung des Reiches Gottes.

Wenn Paulus (unser Kronzeuge) immer wieder von Jesus als dem Herrn spricht, denkt er nicht nur an den vom Tode auferstandenen Herrn Jesus, sondern auch an den Menschen Jesus, der in Palästina seinen Weg ging und sein besonderes Heilswerk vollbrachte. Für uns bedeutet diese Verbindung wiederum das Wissen, dabeizusein. Denn um unsere Rettung aus Not und Vergänglichkeit geht es, um unsere Verbindung zu diesem Herrn, der uns zu einem Ziel jenseits unserer Wünsche und Planungen weist und führt.

38.2. Jesus ist höchste Autorität

Weil man in unseren Jahren, sofern einer modern denkt und lebt, vielfach *antiautoritär* und vor allem *demokratisch* ist, mag die Rede von einer höchsten Autorität ärgerlich und veraltet, überholt wirken. Hier wird Verschiedenes miteinander verwechselt.

Der ehemalige Bundespräsident Gustav Heinemann hat einmal parlamentarische und synodale (= kirchliche) Prinzipien, demokratische Regierungsweise und Leitungsordnung in der Gemeinde Jesu miteinander verglichen. Er legt dar, daß hier Unterschiede seien. Demokratische Leitungsformen sind Ordnungen menschlichen Zusammenlebens in Staat und Gesellschaft; die Kirche Jesu hingegen ist von anderen Prinzipien bestimmt. „Kirche ist die Gemeinde, und sie ist Gemeinde von Brüdern... die Kirche ist kein vereinsmäßiger Zusammenschluß von Anhängern einer bestimmten Religion aus deren persönlicher Entscheidung, sondern Stiftung Christi. Ihre Grundlagen und Aufgaben sind darum menschlicherseits unverfügbar". Demokratie im landläufigen Sinne ist keinesfalls zwingend die Form, in der Jesus seine Herrschaft ausübt, auch wenn manches Gemeindeleben demokratische Züge an sich tragen kann (aber nicht muß).

Wir folgern: (1) *Jesu Autorität ist unantastbar.* Sie vermag durch keine pädagogische oder staatspolitische Lehre und Doktrin beseitigt oder gar überholt zu werden. Wir können froh sein, daß wir diese Autorität in unserem Herrn Jesus Christus unwandelbar und hilfreich haben.

(2) In dieser Autorität, die ihm vom Sitzen zur Rechten Gottes des Vaters zukommt, erklärt und *schafft er Neuanfang.* Schon in Jes 57,15 heißt es dazu: „So spricht der Hohe und Erhabene, der ewig wohnt: ich wohne in der Höhe und im Heiligtum (also auch im Gottesdienst der Gemeinde, wo sie von Gottes Wort erfährt!) und wohne bei denen, die zerschlagenen und demütigen Geistes sind, daß ich sie erquicke" (vgl. auch Hebr 2,11–13).

(3) Jesu Regiment *zielt ab auf „Friede* denen in der Ferne und in der Nähe" (Jes 57,19). Ob jemand also fern auf den Sundainseln im Pazifik lebt oder ob jemand fern vom Glauben mitten in unseren Großstädten lebt: beide sind gemeint. Und dieser Herr will sie alle *heilen*. Jesu Sitzen zur Rechten Gottes ist uns also lebensnotwendig und unentbehrlich.
(4) Dem folgt selbstverständlich, daß diesem Herrn auch *Anbetung, Dank und höchstes Lob* gebührt.

39. Er wird kommen zu richten

In der Linie von *Jesu Autorität*, die in seinem „Sitzen zur Rechten Gottes" ausgedrückt wird, liegt der lapidare Satz, daß dieser selbe Jesus Christus einmal zum Gericht kommen wird. Dies Gericht wird sich auf uns Menschen beziehen. Damit habe die Kirche – so hält ihr mancher Kritiker vor – jahrhundertelang ihre Macht ausgeübt. Die Leute wurden, so heißt es, mit dem Hinweis auf das Jüngste Gericht in Furcht und Zittern gehalten. Für viele Maler war das Endgericht über die Menschheit ein unerschöpfliches Thema. Man erinnere sich nur an Michelangelo, der in der Sixtinischen Kapelle *den alles richtenden Christus mit unabänderlicher Geste* die Trennung vollziehen läßt. Die Bösen, Ungehorsamen, Glaubenslosen müssen zur Linken in die ewige Qual; die ihn aber liebhaben, die Glauben halten, kommen zur Rechten in eine unaussprechliche Herrlichkeit.
Mit grellsten Farben sind diese Trennungs-Szenen durch die Geschichte der Christenheit hindurch dargestellt. Und Folgerungen zog man daraus. Erwähnt sei nur die Praxis des *Eides*. Wer einen Eid spricht, erklärt damit vor dem irdischen Richter, sein Wort (das im Augenblick nicht nachprüfbar ist und also Gewicht aus sich selbst bekommt) stimme; doch wenn dem nicht so ist, verpfände sich der Schwörende gleichsam nach dem Erdendasein mit Leib und Seele dem Strafgericht Gottes, welcher genau weiß, was wahr und unwahr ist.
Wie haben wir Menschen des ausgehenden 20. Jahrhunderts uns zu

dem alten Glaubenssatz, Jesus wird kommen zum Gericht, zu verhalten?

39.1. Teil der Heilsbotschaft

Belegstellen gibt es manche, die zeigen, wie häufig Jesus über einen Gerichtstag Gottes sprach. Einigen sittenlosen Städten „wird es erträglicher gehen am Gerichtstag als euch" (Mt 11,22). „Ich sage euch, die Menschen werden für jedes nichtsnutzige Wort, das sie sprechen, am Gerichtstage Rechenschaft ablegen müssen" (Mt 12,36; vgl. auch Lk 17,26–37). Auch Paulus redet unmißverständlich vom Gericht über alles. „Wir werden alle vor den Richterstuhl Gottes gestellt werden" (Röm 14,10) und „der Herr ist ein Rächer über das alles" (1 Thess 4,6). Wir sind gehalten, derartige Hinweise ernst zu nehmen. Jesus mahnt einmal „Fürchtet euch nicht vor denen, die den Leib töten, die Seele aber nicht töten können; fürchtet euch vielmehr vor dem, der Leib und Seele in der Hölle verderben kann" (Mt 10,28).
Bekanntlich *heißt Evangelium* alles andere als drohendes Gericht, sondern frohmachende *Heilsbotschaft*. Dennoch gehört beides nach christlichem Glauben zum Wort und Wirken Gottes. Das kommende Gericht Gottes über uns ist die andere Seite der Gottesliebe. Strenggenommen geht die biblische Botschaft von einer Menschheit aus, die grundsätzlich dem Gottesgericht verfallen ist. Wollte das einer in unsren Tagen anzweifeln? Kann jemand Menschen oder ein Land, ja nur ein Dorf nennen, wo alles in Ordnung und kein Unrecht ist? Wo niemand Schuld auf sich lädt, wo eitel Freude, Friede und Liebe herrschen? In die bedrückende Wirklichkeit unserer Menschenwelt hinein ergeht Jesu Angebot. Er sagt uns: wir haben zwar jeglichen Lohn verwirkt und nur Gottes Zorn und Strafe verdient; aber er selbst regelt das vor Gott, er befreit und rettet uns aus dem Gericht aufgrund seiner Versöhnung. Seine ‚Methode' dabei ist der stellvertretende Tod am Kreuz. Daher ist das im Zentrum der Bibel stehende *„Wort vom Kreuz"* gleichzeitig Gericht und Erlösung für uns. Wir Menschen brauchen dieses Angebot nur noch anzunehmen.

39.2. Teil im Glaubensleben

Das fromme Volk hat schon vor tausend Jahren das Jüngste Gericht und vor allem gewisse *Vorzeichen* aus der Bibel abgelesen, berechnet und auf die Weltereignisse angewendet. Unter jenen kosmischen Hinweiszeichen fanden sich solche wie Massensterben, Schwinden des Wassers und der Luft, Tod der wilden Tiere und Vögel, Zerstörung der Pflanzenwelt. Erstaunt merken wir, daß damit Erscheinungsweisen der globalen Umweltverschmutzung aufgezählt sind. Wir haben also immer noch Hinweise genug – und mancher befaßt sich eifrigst mit dem Aufspüren sogenannter Zeichen der Endzeit – auf das in der Bibel angekündigte Kommen Jesu zum Gericht.

Wir versagen uns weiteres Aufzählen und Hinweisen auf die Chronologie der Endzeit unserer Welt, und schon gar versagen wir uns Angaben über den derzeitigen Stand der Weltzeituhr. Trotz aller Hinweise auf *„den Anti-Christ"* auch in unserer Zeit, können wir keine Art von Katastrophen-Geschichtsdeutung beginnen. Es genügt, daß ein solches ‚Weltende' viele Male angekündigt ist mit dem Zusatz, Tag und Stunde wissen wir nicht, vermögen wir auch *nicht zu berechnen.* Wer es versucht, will in Gottes Geheimnisse eindringen, die er uns offenbart, wann und wo er selbst es will.

Höchst wichtig ist die Feststellung im Glaubensbekenntnis, daß Jesus unser Herr und Heiland zum Gericht über uns kommen wird. Er kennt uns, wurde Mensch mit allen menschlichen Erfahrungen. Er versteht uns und – vor allen Dingen – er liebt uns als die zur Herrlichkeit geführten Kinder (Hebr 2,10f.), auch wenn wir es nicht verdienen. Die biblischen Hinweise auf den *Guten Hirten* illustrieren das vielfältig. Das alles gibt uns den Mut, *ohne Angst* seinem Gericht entgegenzugehen. Das gibt uns auch Halt, wenn es der letzten Lebensstunde auf Erden entgegengeht.

Das große Endgericht Gottes kommt am *Jüngsten Tag,* was besagen will, dann ist unsere kosmische Ordnung von Raum und Zeit an ihr Ende gekommen. Dann beginnt eine Existenzweise (kann man es so ausdrücken?), die mit unseren wissenschaftlichen Maßstäben nicht faßbar, aber dennoch Wirklichkeit ist.

Weil Jesus zum Gericht kommt, müßte unser Alltagsleben entsprechend aussehen; denn des Herrn Gerichtstag ist ein Tag des Sieges Gottes über alles Gegengöttliche und Dunkle. Wer das wirklich glauben könnte, sagt H. Thielicke, könnte anders leben: „Der weiß, welcher neue Atem des Lebens uns dann erfüllt, *welche Umwertung aller Werte* erfolgt, und wie uns manches wichtig erscheint, was wir bisher verachteten, manches andere aber belanglos und lächerlich, bei dem wir früher die Nerven verloren".

39.3. Lebenshilfe für den Alltag

So widersprüchlich es erscheinen mag: Das Wissen um Christi Richteramt befreit uns von viel Krampf und Not. Das Gericht Gottes – welches gewiß *am ‚Ende' steht, aber schon jetzt* unter uns begonnen hat – ist „die Chance für die Zukunft in dieser Freiheit, ohne Illusion, im Bekenntnis der Schuld, vor Gott zu stehen. So verstanden setzt sich die Erwartung des Gerichtes um in die Freiheit in der Welt; Freiheit zunächst gegen mich selbst, von der Illusion, als könne ich mich durch die Schuld durchmogeln. Freiheit, für die Wahrheit zu stehen, wo das aussichtslos ist; für den Menschen einzustehen, wo das nichts einträgt oder mich selbst gefährdet. Die Erwartung des Gerichts führt in die Freiheit zum Tode" (H. Conzelmann).
Das vermag der göttliche Richter selbst in uns zu schaffen, wie die älteste Schrift des Neuen Testamentes das ausdrückt als Segenswunsch: „Er aber, der Gott des Friedens, mache dich gänzlich heilig, er bewahre dich mit Geist, Seele und Leib untadelig für das Kommen unseres Herrn Jesus Christus" (1 Thess 5,23). Paulus schließt den Satz mit der Bemerkung: Der uns dazu ruft (als Heiland im Gericht!) ist vertrauenswürdig; er wird es auch tun.

40. Seine Herrschaft wird kein Ende haben

Von Tausendjährigen Reichen hörten wir in unserem Jahrhundert schon mehrfach. Dabei ist nicht nur an das Hitlerreich zu denken, in dem gigantische Bauwerke geplant waren und generationenweit die Menschheit bestimmen sollten. Auch früher schon bauten manche Herrscher für die Ewigkeit. Heute wie einst blieben nur Trümmer, drückende Erinnerungen oder schlicht Vergessen. Im Bewußtsein dieser historischen Tatsachen scheint es verwegen, wenn unser Nizänisches Glaubensbekenntnis von Jesus Christus erklärt, die von ihm ausgeübte Herrschaft in seinem Reich wird keinesfalls ein Ende haben. Worauf stützt sich eine derartige Aussage und was für Hinweise gibt es dafür in unserer Welt?

40.1. Christi Reich ist da und wird vollendet

Die gesamte Kirchengeschichte und der Verlauf des Abendlandes zur modernen Welt hin sind das große Beispiel für das Regiment Christi in seinem Reich. Die Entfaltung von Kultur und Gerichtsbarkeit, von Politik und modernen Staatsformen, von Medizin und übriger Naturwissenschaft, von Technik und Gesellschaftswissenschaften: alles ist veranlaßt oder bestimmt durch die christliche Religion, durch die Botschaft und Entfaltung des Reiches Jesu Christi auf Erden. Der Atheist Machoweč (um nur einen Zeugen von außerhalb zu nennen) bestätigt nach gründlichem Studium der Bibel und des Christentums in der Geschichte, „daß alle ursprünglich sehr konkreten Erneuerungsbemühungen (nämlich in der Menschheit unter den Völkern) schließlich im religiösen Bereich *endeten, im Bereich des Glaubens* an das erlösende Werk Jesu". Dieses Reich Gottes hat also die *Grenzenlosigkeit* der Liebe Gottes enthüllt. Es bricht vor allem auch die Mauern und Zäune ab, die Menschen errichteten, seien es Mauern zwischen Rassen, Kulturen, Geschlechtern oder Nationen, Gottesfeinden und Sündern. Die Lehre von der Höllenfahrt Jesu bekundet das von einer anderen Seite her.

Jesus ist also ‚Anfang und Ende'. Er begegnet uns täglich. Wir werden täglich aufgefordert, ihm und seinem berechtigten Herrschaftsanspruch Folge zu leisten. Solcher Appell erfolgt nicht etwa nur durch Predigten. Unsere westliche Welt hat Jesu Anrecht ebenso vor Augen wie die östliche, in der die Realität Jesu Christi durch den Kampf gegen ihn stets gegenwärtig ist. Dabei dürfte es Jesu gegenwärtiges Reich nach der dort gültigen Weltanschauung gar nicht (mehr) geben können.

40.2. Jesu dreifache Herrschaftsweise

Früher teilte man genau ein. Jesus führt – so wurde gesagt – *verborgen sein Weltregiment*, das äußerlich sichtbar die jeweiligen Machthaber, Fürsten oder Präsidenten innehaben, aber in Jesu Auftrag. Und er führt *offen sein Kirchenregiment*, allerdings auch wieder durch die Mittel der Verkündigung und der Sakramente.

Die Frage nach dem *Wie der Herrschaftsweise* bekommt eine dreifache Antwort. (1) Jesus regiert im Reich der *Macht*. Darin ruft er uns auf, ihm zu dienen in den Ordnungen und Gesetzen, wie sie diese Welt hat und jeweils neu festlegt. (2) Jesus regiert im Reich der *Gnade*, durch die er jeden Christen bindet und verpflichtet, Bote seiner Vergebung, Hilfsangebote und Freiheitsweise zu werden. (3) Jesus regiert im Reich der *Herrlichkeit*, womit gesagt ist, daß sein Reich auf keinen Fall ein Ende hat oder haben wird. Das Wort Ende hat doppelten Klang: *Weder zeitgeschichtlich noch räumlich* wird Jesu Herrschaft jemals von Menschen beendet und begrenzt werden.

40.3. Jesus als Beweger der Welt

Die Geschichte hat nichts Statisches an sich. Und die Bibel zeigt, wie Gottes Zukunft schon immer dramatisch in die Gegenwart einbrach und sie veränderte, jede menschliche Situation neu gestaltete. Ein paar Beispiele seien dazu aufgezählt.
(1) Immer mehr muß die Magie der Vernunft weichen, der Aberglaube echter Wissenschaft. Die Gesellschaft ist so zu organisieren, daß sie rational formulierte Ziele erreicht. Jesus befreit dazu.

(2) Die Möglichkeiten der Kultur sind in einer immer besser zu durchdenkenden Erziehungsweise für alle Menschen zu erschließen. Jesu Wille ist universal. Er will, daß allen Menschen geholfen werde.

(3) Die menschlichen Bedürfnisse, die seine Würde erhalten, müssen überall erfüllt werden; dabei ist an die Not durch Hunger, Krankheit, Benachteiligungen in Beruf, Wohnort oder einer Rasse gedacht. Jesus hat sich aller erbarmt und will die Hilfe, will das Lösen der Sozialprobleme.

(4) Die Gerechtigkeit ist in den jeweils sich ändernden Gegebenheiten unter Vorrang der Menschenwürde nach den Regeln der Liebe zu gestalten. Jesus ruft uns auf, „am ersten nach Gottes Reich und seiner Gerechtigkeit zu trachten" (Mt 6,33), wodurch wir auf dem Wege zum vollendeten Menschsein sind.

(5) Neben den wirtschaftlichen und äußeren (= materiellen) Faktoren in der Weltentwicklung sind die geistigen, musischen und psychologischen Werte nicht zu vergessen. Das Aufeinander-Abstimmen der (echten) Werte unter den Völkern ist der Anfang zum Erstreben eines Zieles, das wahre Menschlichkeit, Humanitas heißt. Durch beständigen Wandel des Denkens, Verhaltens und Bestrebens bleiben wir auf diesem Wege, den Jesus mit seiner Botschaft, seinem Herrschaftsanspruch vorangeht. Wo er als „Licht der Welt" alle Aufklärung fördert, ändert sich die Welt. Ganz am Schluß der Bibel heißt es dazu deutlich: „Und der auf dem Thron (!) saß, sprach: siehe, ich mache alles neu. Das schreibe, denn diese Worte sind zuverlässig und wahr" (Offb 21,5).

Jesus Christus, Gottes Sohn, ist mit dem Vater der *Pantokrator*, der Allherrscher, der Allmächtige, dessen Reich kein Ende haben wird. Wenn das vollendet ist, wird sein Weg als der Versöhner an sein Ziel gekommen sein.

Neben dem Festhalten an der hier wiederum zum Ausdruck kommenden Einheit Gottes als des Dreieinigen erkennen wir noch die Bedeutung Jesu Christi als des *Mittlers* (vgl. 1 Tim 2,5; Hebr 8,6; 9,15 u. 12,24). Er bewirkt und schafft die endgültige Erfüllung zum ‚neuen Bund' hin. Jesus ist die grundsätzliche Entscheidung Gottes zu Rettung und Versöhnung aller Menschen und der ganzen Welt.

Außer ihm ist keine Mittlerfunktion des Heils mehr möglich. In ihr erfährt die Anselm'sche Frage „Warum wurde Gott Mensch?" eine Antwort, die der Heidelberger Katechismus in klassischer Kürze in seiner Frage- und Antwortfolge 12–18 aufnimmt. Die „Bezahlung" zur Erlösung der Menschen aus ihrer Sündenschuld *muß* (vgl. Mt 16,21; Lk 22,37 u. ö.) ein „Mittler (erbringen), der zugleich wahrer Gott und ein wahrer, gerechter Mensch ist". Denn nur Gott kann das bezahlen und der Mensch muß es bezahlen. Jesus Christus als Gott und Mensch zugleich ist daher weniger an seinem Personsein erkennbar als in seinem Heilswerk für uns.

IX. Die Kirche

In unserem Lande gehen zur Zeit höchstens 2–5 % der Kirchenmitglieder häufig und regelmäßig zur Kirche. Dabei ist gedacht an das ehrwürdige Gebäude, das bei uns in Mitteleuropa leider so selten durch seinen Raum den für rechte Kommunikation nötigen Gruppenprozeß in Gang zu setzen vermag. Das ist aber nicht die Kirche, von der im folgenden zu reden ist. Kirche ist viel weiter zu fassen. Allerdings bleibt für uns die Aufgabe bestehen, nachdrücklich zu überlegen, was zu tun ist, um in unserem Volk die leider nicht seltene Assoziation von Kirche mit Langeweile überwinden zu helfen. Das wäre bereits eine Frucht des Nachdenkens über die wahre Kirche Jesu Christi, die weltweit ist.

41. Ursprung, Auftrag und Gestalt der Gemeinde

Die christliche Gemeinde ist die Kirche. *Jeder kennt* die Kirche. Man weiß von ihr. Sonntags hört man ihr Glockengeläut, erlebt Gottesdienste in den Kirchengebäuden. Die Kirche bringt sich auch durch Kirchensteuern in Erinnerung. Diejenigen sind bekannt, die die Kirche (angeblich) repräsentieren, voran die Bischöfe, die Kirchenräte, die Pastoren, die Pfarrer. – In Radio und Fernsehen ist der Kirchenfunk zu hören und zuweilen ein ‚Wort der Kirche' zu aktuellen Fragen.

Noch viel *mehr* läßt sich *aufzählen*. Früher ging man in den Kindergottesdienst der Kirche und in den kirchlichen Unterricht. Danach kam die Trauung in der Kirche. Auch zu Taufen oder anläßlich von Trauerfällen gab es Kontakte mit der Kirche. Viele Gemeindemitglieder – es sind mehr als mancher ahnt – gehen jedoch regelmäßig zum Gottesdienst und zu Veranstaltungen der Kirche. Schließlich ist bekannt, daß die Kirchen außerordentliche Sozialleistungen vollbringen.

Die Frage wird immer drängender: Ist das wirklich ‚die Kirche'? Fehlt da nicht Wesentliches? Ließe sich manches von dem Erwähnten entbehren? Ist die Aufzählung einer Fülle von Merkmalen nicht zu oberflächlich? Was ist die Kirche? Theologisch präziser gefragt: Wie ist die Kirche, die *ekklesia Gottes*, von uns zu erkennen und zu bekennen?

41.1. *Stiftung der Kirche*

Sie ist uns immer und grundsätzlich vorgegeben. Wir begründen nicht die Kirche, etwa durch eine Organisation vieler, die sich zur Kirche zusammenfinden. Wir kommen stets in die (schon bestehende) Kirche hinein. Denn sie ist von Gottes Geist gestiftet, ein besonderer Ausdruck der Liebe Gottes zu uns.

41.1.1.

Nachdem Jesus gekreuzigt, auferstanden und „gen Himmel gefahren" war, geschah es, daß einige Tage später die Anhänger Jesu von Nazaret im Tempel vom Heiligen Geist Gottes über‚fallen' wurden. Die bekannten Berichte der *Pfingstgeschichte* geben davon Kunde. Sie besagen, Jesus lebt und setzt sein Werk fort. In uns Menschen wirkt Gottes Geist.

41.1.2.

Durch seinen Geist und sein Wort *versammelt, schützt und erhält* sich Christus zu allen Jahrhunderten und an allen Orten der Welt die Kirche. So ist diese Kirche garantiert. Sie wurde aber immer bekämpft und verfolgt. Beispielsweise in China rottete man sie mit einer für uns unvorstellbaren Radikalität aus. Dennoch dringt durch die Ritzen der sonst hermetisch abgeschlossenen Mauer um ein Viertel der Menschheit zuweilen die Nachricht, es gebe dort noch Christen. Ähnliches gilt für die Weiten Sibiriens, aus denen vor Jahren einer höchst erstaunten westdeutschen Adresse die Bitte zukam, man möge doch Konfirmationsscheine senden. Die Kirche Christi lebt, und zwar überall. Christus versammelt nicht nur die

Glieder der Kirche, er schützt und erhält sie auch. „Ein Schiff, das sich Gemeinde nennt", singt M. G. Schneider, „fährt durch das Meer der Zeit... durch Angst, Not und Gefahr, Verzweiflung, Hoffnung, Kampf und Sieg. So fährt es Jahr um Jahr... Bleibe bei uns, Herr; denn sonst sind wir allein... So läuft das Schiff nach langer Fahrt in Gottes Hafen ein". Mit diesem Ziel ist der Vollzug der Erwählung, nämlich des Menschen Seligkeit, erreicht.

41.1.3.

Die Rede von der Kirche als Stiftung ist mißverständlich; denn ein Stifter im üblichen Sinne wirkt allenfalls mit seiner Idee und seinem Anfangskapital mehr oder weniger lange nach. Doch Jesus Christus als Stifter seiner Kirche ist allezeit in ihr *gegenwärtig*. Sie ist eine Gemeinschaft, die sich beständig reformiert (Lateinisch: societas semper reformanda). In einem weiteren Bild, das im Neuen Testament neben verschiedenen sich ergänzenden anderen (z.B. Herde in Joh 10,1ff., Braut in Offb 21,9ff., Haus in 1 Petr 2,5 und vierfach in Hebr 3,1–6 oder Volk in 1 Petr 2,9) vorkommt, läßt sich Kirche erfassen.
Paulus nennt mehrfach die Kirche den *Leib Christi*. Das Bild ist leicht zu füllen: Die Christen sind *die Glieder* des Leibes. Jesus Christus, der lebendige Herr, ist das Haupt dieses Leibes. Das Glieder-Sein regelt und begründet allerdings sogleich eine Ordnung; denn jedes Glied hat seine besondere Funktion. „Wir sind durch einen Geist alle zu einem Leib getauft. Der Leib ist nicht ein Glied, sondern viele. Wenn der Fuß spräche: ich bin keine Hand, darum bin ich kein Glied des Leibes, sollte er deshalb nicht doch Glied des Leibes sein? Und wenn der ganze Leib Auge wäre, wo bliebe das Gehör? Wenn er ganz Gehör wäre, wo bliebe das Geruchsorgan? Nun aber hat Gott die Glieder bestimmt, jedes besonders am Leibe, wie er gewollt hat" (1 Kor 12,13ff.).
Die Zusammengehörigkeit der Glieder an dem einen Leib weist darauf hin, daß alle am Heil teilhaben, das durch die Auferstehung Jesu Christi begann und der Vollendung entgegengeht. „Ich hang und bleib auch hangen als Christo als ein Glied. Wo mein Haupt durch ist gangen, da nimmt er mich auch mit". So dichtete Paul

Gerhardt vor 300 Jahren und dachte dabei an das paulinische Bild von der Kirche. Solange das lebendige Wort Gottes in der Gemeinde Christi laut wird, ist die Kirche erlebbar institutionell da. Infolgedessen kam der Soziologe H. Schelsky zu der Feststellung, die Kirche beruhe auf „institutionalisierbarer Dauerreflexion". Das steckt auch im Artikel VII der Augsburgischen Konfession, in dem auf Verkündigung und Sakramentsverwaltung verwiesen wird.

41.2. *Prädikate der Kirche*

Wir bezeichnen die Kirche als „eine, heilige, allgemeine, apostolische und christliche Kirche". Was meint solche Aufzählung? In Andeutungen sei das Entscheidende der Antwort gegeben.

41.2.1.

Die *eine* Kirche sehen wir nicht. Vor unseren Augen liegt eine schier unübersehbare Vielfalt und Zerspaltenheit. Wir wissen auch nicht, wer nun tatsächlich zur Kirche Christi gehört und wer sich (äußerlich und innerlich) von ihr trennte. Taufschein und Kirchensteuer oder reger Gottesdienstbesuch sind – zumindest in Ländern ohne Christenverfolgungen – nicht die entscheidenden Kriterien (aber auch nicht das Gegenteil!).
Die Diskussion dreht sich hierbei um Begriffspaare, mit denen unsere Denkschwierigkeiten bewältigt werden sollen. Seit Jahrhunderten unterschied man eine *sichtbare und unsichtbare* Kirche, wobei zuweilen nur die vom unsichtbaren Heiligen Geist gesammelte und uns Menschen unsichtbare Kirche als die wahre angesprochen wurde. Aber eine solche Unterscheidung oder gar Scheidung führt nicht weiter. Außerdem sind Menschen, aus denen die Kirche besteht, sichtbar. Es fragt sich nur, welche Menschen zur Kirche Christi faktisch gehören. Die Antwort steht allein Gott zu (vgl. Jesu Gleichnis vom Unkraut unter dem Weizen in Mt 13,24ff.). Uns genügt im Blick auf die *eine* Kirche zu wissen, daß der Herr die Seinen kennt (2 Tim 2,19).
In neuerer Zeit modifizierte man das Problem durch das Begriffs-

paar *manifeste und latente* Kirche. Hier wird der vorige Gedanke erweitert durch die Feststellung, daß die ganze Menschheit Gottes Schöpfung und Gegenstand seiner Erlösung sei und infolgedessen ein latentes (verborgen-verdecktes) Christentum aller Menschen, auch der Ungetauften, der Heiden, Humanisten oder Juden zu behaupten sei. Überall wo Menschen (persönlich unbewußt) mit Christus und dem Wirken seines Geistes zu tun haben, wo Menschen die christlichen Barmherzigkeiten (aus Mt 25,31ff.) ausüben, da ist die latente Kirche. Sie ist aber wiederum nicht neben oder gar gegenüber der manifesten (d.h. institutionalisierten) Kirche zu sehen. Die eine Kirche Jesu Christi ist sein einer Leib mit vielen Gliedern. Kirche Christi ist grundsätzlich eine *wirkliche Gemeinschaft*, die *Gott dient* (ihn lobt in vielfältiger Weise) und die *der Welt* in ihren sozialen, kulturellen, ethischen und auch politischen Bezügen *dient* (ihr diakonischer Aspekt).

41.2.2.

Was ist die *Heiligkeit* der Kirche? Das Prädikat heilig hat mit der Person Gottes zu tun. Heilig ist, was zu Gott gehört. Jetzt geht es um *die Aussonderung* der Kirche und ihrer Glieder in die Gottesgemeinschaft. Das neutestamentliche Wort für Kirche, nämlich ekklesia, besagt das auch: Es sind die Herausgerufenen, die fortan nicht mehr nach den Gesetzen von Umwelt, Natur und Menschentum allein leben, sondern sich rufen ließen durch den Geist Gottes in eine neue, weitergehende Ordnung. Christen als Glieder der Kirche gehören auf die Seite Gottes. Von ihm her wird ihr Leben bestimmt und geregelt. Der uralte Irrtum, mit solcher Heiligkeit und Absonderung müsse Weltflucht einhergehen, ist immer wieder abzuwehren. Wenn sich die allerersten Menschen, denen man den Titel Mönch geben könnte, abseits von den Mitbürgern in Öden verzogen, einzelne sich sogar einmauern ließen oder einer angeblich über 40 Jahre oben auf einer Säule von einem zerfallenen Tempel zubrachte, dann ist das zwar eine Aussonderung, aber eine falsche. Das meint Gott nicht. Allerdings sind und bleiben Christen als Herausgerufene „Gäste und Fremdlinge auf Erden" (Hebr 11,13; 1 Petr 1f.), eine mit Logik und Vernunft nicht faßbare Wirklichkeit.

Die Heiligkeit verstehen wir aber auch dahin, daß Christen das Bedürfnis haben, einander zu treffen, sich auszutauschen, sich miteinander zu freuen über ihr Glück, Gotteskinder zu sein. Dann ist die Ekklesia = Kirche als Versammlung der Gläubigen zutreffend und nötig. Der häufig zu hörende Satz, ein Christ müsse nicht „dauernd in die Kirche rennen", mag sein Rechtes haben. Dadurch wird niemand fromm. Jedoch anders formuliert, ist der Gedanke höchst wichtig: Wer wirklich Christ ist, sucht die Gemeinschaft der Mitchristen, sucht den Kontakt zu den übrigen Gliedern des Leibes Christi, fragt also doch nach dem Gottesdienst der Gemeinde und möchte ihn nicht entbehren, selbst wenn es nur „zwei oder drei" sind (Mt 18,20).

41.2.3.

Die *allgemeine* Kirche heißt auf griechisch die ‚katholische' Kirche. Im evangelischen Bereich wird der Ausdruck so verstanden: er meint räumliche und zeitliche Ausdehnung. Er meint die volle, organische Wesenseinheit in der Mannigfaltigkeit von Funktionen und vielfältigen Ausdrucksformen (jenes Leibsein!). Er meint, daß Ferne und Nahe, Arme und Reiche, Sozialisten und Kapitalisten, Alte und Junge, Eskimos und Südamerikaner, Einfältige und Kluge, Gesunde und Kranke, Verbrecher und Brave, daß alle zur Gliedschaft in der Kirche Jesu Christi eingeladen und gerufen sind. Sie brauchen nur zu kommen; denn die Kirche ist allumfassend.

41.2.4.

Die Kirche ist wesentlich auch *apostolisch*. Der Ausdruck findet sich nicht im Apostolikum (trotz des Namens), sondern im Nizänischen Bekenntnis. Dahinter steckt die Tatsache, daß Kirche Jesu durch *Mission* und Sendung, durch Boten und Verkündigung begründet und entfaltet wird. Das gepredigte Wort ist erstes Kennzeichen der Kirche, worauf die reformierten presbyterianischen Kirchen Nachdruck legen. Die Jünger, später Apostel genannt, wurden von Jerusalem aus kurz nach dem Pfingstereignis in alle Welt zerstreut. Sie kamen nach Indien (wie Thomas) ebenso wie nach Afrika und nach Asien (Paulus) oder nach Europa (Petrus, Paulus). Gleich in der ersten Generation, in der Urgemeinde, waren schon vier der Erdteile von Jesu Boten besucht. Doch wir brauchen nicht zu meinen, die Botschaft und der Heilige Geist Gottes gingen jetzt lückenlos und wie ein nicht unterbrochener elektrischer Strom (oder wie die Fackel mit dem Olympischen Feuer) durch die Welt. Die Apostel hatten selbstverständlich Nachfolger; diese waren ihrerseits wieder Missionare der Heilsbotschaft. Aber der Geist Gottes „weht, wo er will". Und vielfach fand sich dort lebendiger Christenglaube, wo ihn keiner sonst vermutete. Die Freiheit und Weite der wirkenden Liebe Christi dürfen wir nicht einengen.

Das unwiederholbare und wegen der Augenzeugenschaft *einmalige Amt der Apostel* Jesu ist Basis der erkennbaren, ‚sichtbaren' Kirche. Eph 2,19–22 faßt das bildhaft (anders geht es nicht) zusammen: „Ihr seid Gottes Hausgenossen, erbaut auf dem Grund der Apostel und Propheten, in dem Jesus Christus der Schlußstein ist. Durch ihn wird der ganze Bau zusammengehalten und wächst zu einem heiligen Tempel im Herrn. Durch ihn werdet auch ihr miterbaut zu einer Wohnung Gottes im Geist". Hier finden sich die Elemente des Kirche-Seins und Kirche-Werdens in zwingender Reihenfolge vereint: Apostolat als Zeugenamt, grundlegender Eckstein (Urfundament, ‚Schlußstein') ist der Kyrios Christus (vgl. Mt 16,18; 21,42), die wahre Gemeinde besteht aus den Gott zugehörigen Heiligen. Und in trinitarischer Zusammenfassung nennt der Epheserbrief abschließend die Gemeinde eine *„Wohnung Gottes im Geist"*, worin der Charakter der Gemeinden als Schutzgemeinschaft unter Gottes Leitung mit angesprochen ist.

Die Formen der ursprünglichen Apostolizität hinsichtlich der Gemeindeorganisation im einzelnen wandelten sich. „Der apostolische Charakter der Kirche hängt nicht davon ab, daß sie sich Zustände und Denkweisen der Apostelzeit möglichst unverändert bewahrt. Veränderung ist unvermeidlich im Fortgang der Geschichte. Entscheidend ist, daß die Kirche an der auf die ganze Menschheit gerichteten Sendung der Apostel festhält und sie fortführt" (W. Pannenberg).

41.2.5.

Seltsam, daß auch noch von der *christlichen* Kirche geredet wird.

Darin wird allenfalls erneut und nachdrücklich bekannt, daß Christus die Mitte, der Herr und das Haupt der Kirche ist. Von ihm her lebt die Kirche. Von ihm her sind auch die einzelnen *Ordnungen und Ämter* innerhalb der Kirche zu verstehen.

41.3. *Auftrag der Kirche*

Der Auftrag der Kirche ließe sich ganz einfach durch Zitieren von Worten aus der Bergpredigt (Mt 5,13ff.) beschreiben. Sie hat das „*Licht der Welt*" und das „*Salz der Erde*" zu sein. In den Bildreden ist zusammengefaßt, daß Kirche-Sein und damit Kirchenmitglied-Sein *verpflichtet*. Wer Christ und Kirchenglied ist, wird das erkennbar werden lassen. Der kann gar nicht anders, er muß auffallen, er *muß Licht sein*, das besagt: Ich strahle einen hellen Schein wider, der von Christus ausgeht, der mich von Sünde und Last befreit; der auch andere befreien kann. Diese Haltung bleibt bis in schwerste Verfolgungen und bis in den Tod hinein. Es ist kein gesuchtes Helden- und Märtyrertum, sondern eben Reflektieren des Lichtes aus Gottes Gnade.

Und im Ausdruck von *Salz-Sein* ist angedeutet, daß die Kirche in den Strukturen dieser Welt wirkt. So haben die etwa ein bis zwei Prozent Christen in Japan einen erkennbaren Einfluß auf das Leben in dem fernöstlichen Staat. Salz in der Suppe ist bekanntlich auch nur wenig, und doch durchsetzt es das Ganze. Hier wäre auch der weite Bereich der Diakonie, also die kirchliche Sozialarbeit, zu nennen. Die Nächstenliebe gilt sowohl dem einen, der Hilfe braucht, wie den vielen, die von der Hilfe aus dem Glauben vorher oft nichts ahnten. Die ‚Salzkraft' aus Gott bewirkt „Frieden untereinander" (Mk 9,50).

Wir müssen hier schon auf die Mittel, die Werkzeuge der Kirche hinweisen. *Durch Predigt* (also Weitersagen der Bibelbotschaft auf vielerlei Weise) sowie durch *Taufe und Abendmahl* baut und fördert Gott seine Kirche.

Wir müssen zugleich sagen, daß wir hiermit nicht einer grundsätzlichen Minorität der Christen-Anzahl unter einer erdrückenden

Majorität der Nichtchristen das Wort reden wollen und dürfen. Entgegen christlichem Wunsch und Mühen bleibt – geheimnisvoll genug – Jesu Wort stehen, daß die Gemeinde mit kleinen Zahlen zu rechnen hat, aber einst eine unübersehbare Menge (Offb 7,9) als Gottes Gemeinde in der Vollendung ihn preisen wird.

41.4. Gestalt der Kirche

Es gibt zwei Grundformen. Die eine ist die erkennbar im *Gottesdienst sich versammelnde Gemeinde.* Gewiß kann nicht jeder stets dabeisein; doch dazugehören ist unerläßlich.
Die andere Grundform ist die Gestalt der Kirche als bestimmte *Gruppe von Menschen* in der Gesellschaft. Dies ist die soziologische Betrachtungsweise der Kirche. In ihr muß es dann verschiedene Typen geben. Wir kennen sie als *Konfessionen.* Allein innerprotestantisch droht ihre Zahl unübersichtlich zu werden. Es sind einerseits die hochkirchlichen, bischöflich (und hierarchisch) organisierten Kirchentypen; und andererseits sind es die presbyterial (sozusagen demokratisch) geprägten Kirchen. Es gibt Kirchen lutherischer Prägung (die einzigen unter den erwähnenswerten christlichen Kirchen, die sich nach einer historischen Persönlichkeit nennen; Luther wehrte sich vergeblich dagegen) und die Kirchen fundamentalistischer und solche reformierter Grundprägung. Wichtig ist allemal, daß nicht staatliche Kriterien (etwa Demokratie) den Maßstab für das wahre Kirche-Sein abgeben, sondern die im Gehorsam des Glaubens an Jesus Christus sich zeigende Kirche, in der es Ämter, Ordnungen und Befugnisse geben muß. In ihr kann und wird der Heilige Geist die Fülle seiner Gaben und Kräfte zur Entfaltung bringen. Er muß aber Mitte und Ziel bleiben. Alle Ehre in der Kirche gebührt Gott.

42. Ordnung und Ämter in der Kirche

Indem die Kirche aus Menschen als reale Gemeinschaft besteht und sich als Gemeinde versammelt, ist zugleich offenkundig, daß in ihr auch eine *äußere Ordnung* bestehen muß. Im Nachdenken über die *Leitung der Kirche* – um sie geht es hierbei – und über Ämter in den Gemeinden werden Folgerungen zu ziehen sein.

42.1. Gleichrangige Ordnungstypen

Eine Orientierung aus dem Neuen Testament zu finden ist leicht hinsichtlich der Feststellung, daß Jesus Christus als das Haupt seines Leibes in der Kirche sein Regiment ausübt. Er will und schafft nicht Unordnung, sondern Frieden (1 Kor 14,33). Eine Orientierung aus dem Neuen Testament ist schwer zu fixieren im Blick auf das Mandat Christi zur Leitung, das er in Menschenhände legt; denn im Neuen Testament finden sich *mehrere gleichrangige Ordnungstypen* für die Gemeinde. Heidenchristliche Gemeinden überließen die sich herausbildenden Ämter und Dienste meist dem Führen des Heiligen Geistes. Jemand sah eine Aufgabe und griff sie auf. Die Gemeinde respektierte das und kam später damit immer wieder zu dem Betreffenden hin. Die aus judenchristlicher Tradition erwachsenen Gemeinden regelten die Beauftragung zu Ämtern in den Gemeinden durch Ordinationshandlungen. Für die Gemeindeleitung haben die neutestamentlichen Schriften den *bischöflichen* Typ (‚Bischof' war damals – sogar mancherorts noch in nachreformatorischer Zeit – das, was man heute Gemeindepfarrer nennt), den *kollegial-pneumatischen* (d.h. geistgewirkten) Typ und den *presbyterial-charismatischen* (d.h. durch begnadete Älteste repräsentierten) Typ. Die Kirchengemeinschaften unserer Zeit spiegeln die unterschiedlichen Typen wider. Wichtig bleibt, daß sie alle gleichrangig sind, also jede Kirche (etwa im ökumenischen Gespräch) zur wechselseitigen Anerkennung der Ämter, welche nur Funktionen am Leibe Christi sind, verpflichtet sein muß. Von sekundärer Bedeutung ist, ob eine Kirche überwiegend papale (die römisch-katholische Kirche), episkopale (anglikanische und lutherische Kirchen), presbyteriale oder synodale (reformierte und sogenannte Freikirchen) Verfassung hat. Die Vielfalt an Formen widerspricht nicht der Einheit der Kirche Christi. Die institutionelle Prägung einer Einzelkirche hat diejenige Gestalt, „die die Sendung in einer bestimmten Zeit und an einem besonderen Ort verlangt" (Presbyterianisches Bekenntnis von 1967).

42.2. Dienstamt und Charisma

Jedes Amt in der Kirche ist als *Dienstamt* abgeleitet vom Auftrag des Herrn der Kirche. „Unsere Befähigung kommt von Gott" (2 Kor 3,4ff.). Hinter dem Amt steht, sofern es legitim ist, das Wirken des Geistes und damit ein *Charisma*, mit anderen Worten die Begabung und Befähigung dazu. Der Volksmund drückt das schlicht so aus: „Wem Gott ein Amt gibt, dem verleiht er auch die Fähigkeit dazu". Nicht übersehen werden darf, daß jeder seine je besondere Gabe hat (1 Kor 7,7). Jedes Amt als Dienstamt – vgl. die „Regel von hoch und niedrig im Reiche Gottes" (P. Philippi) und das Beispiel der Fußwaschung in Joh 13 sowie die Lehre aus dem Rangstreit der Jünger in Mk 9,33 par – hat als Leitungsamt in der Gemeinde nicht Administration (und damit die Gefahr der Herrschaft von Menschen über Menschen) zum Inhalt, sondern hat Ordnung und Frieden im umfassenden Sinne zu schaffen und zu halten. Die neutestamentlichen Begriffe Dienst = Diakonie und Niedrigkeit eröffnen dabei Leitlinien. Es ist kein Zufall, wenn Jesu neue ‚Grundregel' fünfmal in den Evangelien vorkommt: „Wenn jemand der Erste sein will, soll er von allen der Letzte und aller Diakon sein" (Mk 9,35 par).

In dieser Linie liegt die Formulierung aus dem Bekenntnis der Batak-Kirche (Sumatra) von 1951, die abgrenzend die Auffassung verwirft, „nur die Amtsgewalt der Leitung oder der verschiedenen Körperschaften oder das Recht der Glieder regieren die Kirche. Denn nur Christus hat Vollmacht in der Kirche, und nur derjenigen Ordnung, die mit seinem Wort übereinstimmt, hat man zu folgen. Nicht die Demokratie regiert die Kirche, sondern die ‚Christokratie'". Diese Ordnungsweise führt zu jener seit einigen Generationen im außerchristlichen Bereich (aber dem Christentum entstammenden) geforderten Trio von allerdings richtig zu verstehender Freiheit, Gleichheit und Brüderlichkeit. Die erwähnte Christokratie ist keine Art von Monarchie, die angeblich von Gott gewollt sei. Das verwehrt unter anderem bereits der alttestamentliche Bericht aus 1 Sam 8, in dem das Volk Israel gegen Gottes (und seines Propheten) Willen ein Königtum ertrotzt mit der Begründung, die anderen hätten es auch.

42.3. Das gegliederte Amt

Nach alter Überlieferung hat das *Werk Christi* eine *dreifache* Gestalt: sein prophetisches Amt (Verkündigung des Reiches Gottes), sein *hohepriesterliches* Amt (als des sich opfernden Erlösers) und sein *königliches* Amt (als der die Welt und seine Kirche Regierenden). Hieraus abgeleitet wird *das gegliederte Amt* der Kirche. Man beachte die Einzahl: das eine Amt ist gegliedert in eine Reihe voneinander unterschiedenen Ämtern, die im Ansatz keine Hierarchie bilden. „Es gibt verschiedene Dienste", so leitet Paulus seinen großen Abschnitt über die Ämter und Gnadengaben in der Gemeinde ein (1 Kor 12–14), „aber es ist nur ein (auftraggebender) Herr". Es gibt Kirchen, die in ihrer Verfassung die aus den neutestamentlichen Briefen (z. B. aus 1 Kor 12. 28 und Eph 4, 11 f.) abgelesenen Gemeindeämter als für jede Zeit gültig und zureichend festlegen. Man nennt also Hirten, Lehrer, Älteste, Diakone, Evangelisten, Helfer, Regierer, Wundertäter. Die drei Ämter Christi werden danach abbildhaft auf Gemeindeämter verteilt und der Gedanke vom allgemeinen *Priestertum aller Gläubigen* praktiziert (nach 1 Petr 2, 5 u. 9). Ihm kann im Denken an einen verantwortlichen Umgang mit Geld und Gütern in der Kirche das *Rentmeistertum aller Gläubigen* (Ausdruck von Roscam-Abbing) und ein *Diakonentum aller Gläubigen* hinzugesellt werden.
Nach lutherischer Tradition wurde *gegenüber den* vielerlei *Ämtern* stark *das eine*, der Gemeinde gegenüberstehende Amt betont, welches die *Wortverkündigung* und Sakramentsverwaltung als Auftrag hat. Es ist das herkömmliche Hirtenamt des ‚Pastors'. Und ein Hirte kann nicht Schaf sein; der Hirte ist der Gebende, die Ge-

meinde die Empfangende. Hierbei geht es um den in der Tat entscheidenden „Dienst der Versöhnung", um die die Gemeinde konstituierende Botschaft vom Heil in Christus (2 Kor 5,18–20). Doch dieses Amt ist ebenfalls Mandat des einen großen, guten Hirten Christus, es ist Dienst und nicht Rang. Der durch Beauftragung (wie solche *Ordination* auch immer gestaltet sein mag) in diesen Dienst gerufene Mensch übt einen Fremdauftrag aus. Das sogenannte geistliche Amt ist „Kanal der Gnade, nicht Bassin der Gnade" (H. G. Pöhlmann).
In einer Zeit, in der die meisten Gesellschaften partnerschaftlich und arbeitsteilig strukturiert sind, ist jedoch diejenige Leitungsordnung in der Kirche zu betonen, die ein gegliedertes Amt vertritt, nach dem jeder seinen eigenen mit Kompetenzen ausgestatteten Funktionsauftrag und seine eigene Amtswürde hat, und wobei niemand in ein fremdes Amt eingreifen darf (vgl. 1 Petr 4,15). Alle Ämter sind um Christi willen gleichrangig und gleichwertig. Dahingestellt sei, ob in den Gemeinden Ämter einzelnen Menschen auf Zeit oder auf Dauer übertragen werden. Das ist mehr ein Verfahren menschlichen Rechtes, sofern die Gemeinde bestrebt bleibt, ihre Ordnung nach Gottes Wort verantwortlich zu gestalten. Innerhalb dieser Ordnung wird indessen konkrete Macht ausgeübt, die als Bevollmächtigung eine reale Macht zum Binden und Lösen ist (vgl. zur *‚Schlüsselgewalt'* u.a. Mt 16,19; 18,18f.; 1 Kor 5; Gal 1,6–9). Nicht erst aus den neutestamentlichen Briefen, sondern schon in Ex 18 findet sich ein Bericht, der *das Wie der Gemeindeleitung* in konkreten Vorschlägen und für bestimmte Situationen dartut. Ein Vergleich zeigt, daß der orientalische Oberpriester Jitro seinem Schwiegersohn Mose eine Lehre gab, in der alle wesentlichen Elemente der arbeitsteiligen, effektiven und menschenwürdigen Führungspraxis enthalten sind, wie sie das moderne Management allmählich entwickelte.

43. Gemeinschaft der Heiligen

Die Kirche hat eine vielfältige Gestalt und existiert in sehr unterschiedlichen Erscheinungsformen – Konfessionen genannt. Kirche hat mit Gemeinsamkeit (und Gemeinsamkeiten) von Menschen zu tun. Sie versammeln sich zu gemeinsamem Singen, Beten, Predigthören und zum gegenseitigen Helfen, Kontaktpflegen, Trösten und Erfreuen. Sie haben ein bestimmtes Glaubensverständnis gemeinsam, auch wenn meist nur wenige genauer darüber Bescheid wissen. Ob solche Gemeinschaft freiwillig ist oder eine Art Zwangsgemeinschaft (wie in neuester Zeit politische Meinungen es kritisch behaupten), ob man in diese Gemeinschaft hineingeboren wird oder ihr in reiferen Jahren freiwillig beitritt, das sei dahingestellt. Ob jemand in dieser Gemeinschaft höchst aktiv ist oder ob er mehr unter den sogenannten Mitläufern einzustufen ist, mag vorerst unberücksichtigt bleiben. Auf jeden Fall *hat* es die *Kirche mit Gemeinschaft zu tun.*

43.1. Gemeinschaft womit und woran?

Die Wendung ‚Gemeinschaft der Heiligen' kam erst spät als Zusatz ins Glaubensbekenntnis. Sie ist doppeldeutig zu verstehen. Einmal faßt sie den Gedanken, daß die *Christen* (dieser, vom Messiastitel abgeleitete Ausdruck, entstand schon früh; vgl. Apg 11,26) *eine Gemeinschaft bilden,* sich also kennen und zusammenfinden, gemeinsame Interessen (nämlich um das Bibelwort) pflegen und nach außen einen Common sense entwickeln. In den reformatorischen Bekenntnisschriften wird die Gemeinschaft der Heiligen oder Gläubigen wesentlich als Hinweis auf die Versammlung im Gottesdienst gesehen. Etwas verkürzt läßt sich eine Gleichung aufstellen und sagen: Christsein = Praktizieren der Gemeinsamkeit mit Gleichgesinnten im Gottesdienst, in dem Gott lobend gedient wird, weil er uns in seiner Bundestreue dient. Die Gemeinschaft besteht also *mit* anderen Christen, die das „Geheimnis, das wir verehren" (1 Tim 3,16), kennen und gemeinsam darüber reden.
Als wesentliche Ergänzung kommt hinzu das Wissen um die weitergehende Gemeinschaft mit denen, die als *Märtyrer* für Jesus Christus starben und als Heilige ihren *Glaubensweg* (vgl. die berühmte „Pilgerreise" von John Bunyan) vollendeten.

Sodann verstand man schon früh die Gemeinschaft in Verbindung mit dem *Anteilhaben an* den *Heilsgütern.* Die Gemeinschaft der Heiligen pflegt miteinander auf die Auslegung des Wortes Gottes zu hören, im Gebet den Heiligen Geist zu erwarten und erfährt in den Sakramenten in besonderer Weise Anteil = Gemeinschaft am Heil in Jesus Christus. (Die doppelte Auslegungsmöglichkeit bietet sich schon im Sprachlichen an; denn die ursprüngliche lateinische Formel „communio sanctorum" kann auf die „sancti" = die Heiligen wie auf „sancta" = das Heilige zurückgeführt werden.)

43.2. Gemeinschaft durch Wirken des Heiligen Geistes

Eine kirchliche Gemeinschaft besteht also aufgrund dessen, daß sie eine Darstellung des Wirkens vom Heiligen Geist ist. Das bedeutet: wir können den Geist Gottes weder sehen noch unmittelbar festhalten. Er wirkt, und zwar wo er will. *Sein Wirken* ist oft *überraschend,* wie viele Beispiele zeigen. Eines ist in unserer Generation die Entfaltung der christlichen Kirche in Indonesien. Vor einer Generation wurden dort die deutschen Missionare durch die damalige Kolonialverwaltung vertrieben. Die verwaisten Gemeinden aber wuchsen danach außerordentlich an Zahl. Und in den 60er Jahren schien jener volkreiche Inselstaat kurz vor der Vernichtung allen Christenglaubens zu stehen und ein betont nichtchristliches Regime die totale Macht zu ergreifen. Da kam ein Umschwung, der dem Evangelium wieder Möglichkeiten einräumte. Zu Tausenden kamen die Menschen, um nach kirchlichem Unterricht die Taufe zu empfangen, um also teilzuhaben an der Gemeinschaft der Heiligen. Die Kirchengemeinden dort vermehrten sich innerhalb der letzten Generation stark. Wie das kam? Eine menschlich-logische oder soziologische Erklärung gibt es dafür nicht. Die Erklärung ist einzig im Wirken des Gottesgeistes zu finden.
Das Johannesevangelium betont mehrfach die unbedingte Bindung der Menschen an Christus selbst, wodurch die Gemeinschaft der Heiligen entsteht und erhalten wird. Bekannt ist – um nur eines zu zitieren – die *Bildrede* vom *Weinstock und den Reben:* Jesus erklärt,

„ich bin der Weinstock, ihr seid die Reben. Wer in mir bleibt und (Joh 15,5).
Die Fortsetzung dieser Johannesstelle zeigt, daß hier nicht etwas Mystisches als Gemeinschaft mit Christus (oder mit den Heiligen) gemeint ist, sondern daß das Bleiben in Christus das *Festhalten am Glauben und der Liebe* bezeichnet. Der wesentliche Unterschied zwischen solcher christlichen Gemeinschaft und einer durch menschlichen Willen zusammengekommenen Gemeinschaft ist darin zu suchen, daß die kirchliche Glaubensgemeinschaft „in Christus" vorgegeben und geschenkt ist. Wir schaffen und bewahren sie – leider – nicht. Doch das Leider ist gleich zu verwerfen; denn wir müssen richtiger sagen: Gott sei Dank. Er selbst schafft jenes Dabeibleiben, „denn ohne mich könnt ihr nichts tun".

43.3. Gemeinschaft zwischen Soll und Haben

Unser Bekenntnis von einer Gemeinschaft ausgerechnet der Heiligen stieß schon immer auf Kritik und Unverständnis, ja Haß und Verfolgung. Daran ist geradezu zu erkennen, daß die Gemeinschaft vom Geist Christi gewirkt hat. Mit den Heiligen ist es jedoch nicht so weit her; denn sie sind auf jeden Fall Sünder, aber solche, denen das Heil Gottes geschenkt ist. Die Gemeinschaft der Heiligen ist als solche letztlich zu glauben und zu erleben.
Konflikte und Zweideutigkeiten des Gemeinschaftslebens der Christen sind allbekannt. Paul Tillich zählt einige auf. Er sagt, „die Heiligkeit der kirchlichen Gemeinschaft gerät mit dem Prinzip der Gerechtigkeit in Konflikt", wenn sie Ungerechtigkeiten zuläßt oder gar begeht. Zum Beispiel jede „religiöse Hierarchie führt fast unvermeidlich zu sozialer Ungerechtigkeit". Das ist ein leicht anzugreifendes Erscheinungsbild. Oder: „Nichts in der menschlichen Geschichte hat Wirklichkeit ohne gesetzliche Form ... Das gilt auch von den Kirchen, aber ihre gesetzliche Form hat nicht den Charakter eines unbedingten Gebotes. Der göttliche Geist gibt keine Gesetze für die Verfassung der Kirche, aber er führt die Kirchen zu dem

rechten Gebrauch praktisch notwendiger Ämter und Institutionen".

Wenn wir konsequent dem Verständnis der Gemeinschaft folgen, wie es Paulus versteht, werden wir aus jenen Konflikten und Zweideutigkeiten dadurch herausgeführt, indem die Realisierung der Glaubensgemeinschaft streng auf die Verbindung mit Christus bezogen wird. Die „Christusgemeinschaft kommt durch einen schöpferischen Eingriff Gottes zustande; sie geschieht als Umwandlung des Menschen, die bis in die Wurzeln des Seins hinabreicht... Es kommt *nicht* zu einer *Auslöschung der Persönlichkeit* und *nicht* zu einer *Verschmelzung der Persönlichkeiten*, sondern zu einem neuen, in der Vergebung der Sünden begründeten Verhältnis" (J. Schattenmann).

43.4. Gemeinschaft hat Konsequenzen

Dietrich Bonhoeffer schrieb seine Doktorarbeit über die Gemeinschaft der Heiligen. Darin vertritt er ebenfalls die Grundlegung der Kirche als in und durch Christus gesetzt. Er redet von ihrer Realisierung. Bonhoeffer sagt dazu: „Der Glaube anerkennt die Herrschaft Gottes und nimmt sie auf. Die *Liebe aktualisiert das Reich*".
Diese Aktualisierung der Glaubensgemeinschaft in Liebe wird dann näher entfaltet: „Die christliche Liebe ist keine menschliche Möglichkeit. Sie hat zunächst nichts zu tun mit der Humanitätsidee oder mit Sympathiegefühlen, der Erotik oder dem Mitleid. Sie ist nur möglich aus dem Glauben an Christus und aus dem Wirken des Heiligen Geistes... Sie ist nicht grundlose Zuneigung, sondern die Kraft der völligen Anspruchslosigkeit in sich tragend, ebenso eine Sache der rationalen Besinnung wie der menschlichen Einfühlungsmöglichkeit. Der Zweck der Liebe ist bestimmt ausschließlich durch Gottes Willen mit dem anderen. Dieser Wille ist, den anderen seiner (Gottes) Herrschaft zu unterwerfen".

Mit diesem Gedanken mündet unsere Überlegung zur Gemeinschaft der Heiligen als einer Konkretisierung dessen, was Kirche Jesu Christi ist, ein in die Prinzipien der Ethik, also des Handelns der Christen miteinander und füreinander. Denn die Gemeinschaft derer, die das Glaubensbekenntnis mit den Heiligen meint – und das sind diejenigen, die wirklich Christen sein wollen – ist kein Selbstzweck. Sie hat Konsequenzen, die helfen und die einem selbst Freude vermitteln. Gemeinschaft der Heiligen hat die stets mit im Visier, „die Leid tragen" (Mt 5,4). Unter diesen – in der Gemeinde, am Rande von ihr oder außerhalb von ihr – sind Unzählige, die sich quälen in Verstrickungen durch Lüge und Diebstahl, durch hetero- oder homosexuelle Bindungen, durch Geiz und Lästerung, durch Krankheit und Sucht, ganz zu schweigen von denen, die unter politischer Verfolgung leiden. In dem allen miteinander die Lasten tragen ist Erfüllung von Christi Gesetz (Gal 6,2), ist Konsequenz der Gemeinschaft.

44. Die Ökumene

Zu jeder Zeit gibt es Begriffe, die allgemein bekannt werden, während sie bis dahin nur einem kleinen Kreis von Fachleuten vertraut waren. Dazu gehört das Wort Ökumene. In steigendem Umfang gewinnt es in unserer Generation an Bedeutung. Wer heutzutage allgemein Bescheid wissen will, muß etwas von der Ökumene kennen. Das gilt insbesondere von den Christen.

44.1. Zum Wort Ökumene

Aus dem Neuen Testament wurde es übernommen, wo sich ‚Ökumene' an sehr bekannten Stellen findet. In der Weihnachtsgeschichte steht vom Gebot des Kaisers Augustus, es solle *„alle Welt"* (= die Ökumene) sich für die Steuer eintragen lassen. Oder in einem Weissagungsspruch Mt 24,14, der besagt, Jesu Evangelium vom Reich werde „in der ganzen Welt (= in der Ökumene) gepredigt werden".

In der Kirche der ersten Jahrhunderte nach Christi Geburt gab es ökumenische Konzilien, also Versammlungen von Kirchenvertretern aus allen Gebieten, um über gemeinsame Probleme zu verhandeln. Als im Jahre 1054 die Alte Kirche auseinanderbrach in eine Ostkirche und in eine Westkirche, war es vorbei mit echten, das heißt totalen ökumenischen Kirchenversammlungen. Bis in unsere Zeit hinein fand die Christenheit noch nicht wieder ganz zusammen. Doch überall ist ein *Sehnen nach Einheit und Vereinigung* (wohlgemerkt: es ist nicht ‚Wieder'vereinigung gesagt) zu erkennen.

44.2. Wurzeln der Ökumenischen Bewegung

Im Kern der Botschaft Jesu Christi findet sich der Satz, sein Wunsch und Gebet zum Vater im Himmel sei, die Christen mögen wahren Glauben haben und „alle eins sein" (Joh 17,21), damit die Christenheit vor der Welt glaubwürdig erscheine.
Bekanntlich wurde dieser Auftrag, diese Erwartung Christi viele Male nicht oder nur unzureichend befolgt. Wir leben mit einer sehr großen Zahl von christlichen Kirchen, Gemeinschaften, Gruppen und Sekten. Nur wenige von uns überschauen die Vielfalt, die Abirrungen und Unterschiede.
Dies Ärgernis hat ernste Christen zu allen Jahrhunderten bedrückt. Sie besannen sich auf Einigung und begannen die Einheit zu suchen. Besonders im 19. und 20. Jahrhundert erwuchs daraus eine regelrechte *ökumenische Bewegung*. Die äußeren Bedingungen kamen dem entgegen: Die zunehmende Technisierung förderte den internationalen Austausch, alle Völker der Erde wurden durch neuzeitliche Verkehrs- und Nachrichtenmittel miteinander in engeren Kontakt gebracht. Bevölkerungsverschiebungen großen Ausmaßes fanden statt, wodurch Religionen und Konfessionen vermischt wurden und die Menschen einander wenigstens aus der Nähe kennenlernten. Die Vermischung der Bevölkerung ergab gleiche Nachbarschaft, Schulzeit, gleiche Berufe und aus alledem zunehmend sogenannte Mischehen. Dies alles ist ein weiterer Anstoß auf dem weiten Wege der Ökumenischen Bewegung. Sie selbst jedoch läuft noch andere Bahnen.
Neben der Evangelischen Allianz und dem Christlichen Verein Jun-

ger Männer (CVJM – YMCA) entstanden im vorigen Jahrhundert *konfessionelle Weltbünde*, und zu Beginn dieses Jahrhunderts war die erste *Weltmissionskonferenz*. Anlaß zu ihr war ein seltsames Problem. Vielen Missionaren wurde die Tatsache unerträglich, daß in afrikanischen oder asiatischen Orten sich verschiedene Missionsstationen ansiedelten und jede auf ihre Weise und nach ihrem Glaubensverständnis missionierte. So wurden die Einwohner konfus: sie sahen drei oder mehr christliche Kirchen in ihrem Ort, in jeder wurde Jesus Christus verkündigt, aber die Missionare machten sich regelrecht Konkurrenz. Wer hatte Recht? Wurde hier das Evangelium nicht unglaubwürdig? Jedenfalls konnte es so nicht weitergehen.
Nun entwickelten sich zwei Richtungen. Die eine suchte die Einheit durch Vergleichen und *Studieren der unterschiedlichen Glaubensformen*. Man denkt also über die Lehre nach, um Wege zur Einheit zu finden. Die andere Richtung meinte, „Lehre trennt, Dienst verbindet". Daraus entstand eine Bewegung für *praktisches Christentum*. Praktische Zusammenarbeit vieler bringt unterschiedliche Glaubenstraditionen einander näher. Damit ist der einfachen Vermischung noch nicht das Wort geredet. Beide beschriebenen Gruppen brauchen einander, und jede hat davon auszugehen, was die eigene, tradierte Glaubensrichtung ist. Andernfalls findet sich nicht die Wahrheit, und man vermischt oberflächlich Unterschiedliches. Ökumenische Praxis betonte somit die zwei Elemente wahren Glaubens: wissentliche Erkenntnis und vertrauensvolles Tätigsein.

44.3. Der Weg des Ökumenischen Rates der Kirchen

1948 endlich wurde die erste Weltkirchenkonferenz nach *Amsterdam* einberufen. Ihr folgten Weltkirchenkonferenzen in *Evanston*/USA (1954), in *Neu Delhi* (1961), in *Uppsala* (1968) und in *Nairobi*/Afrika (1975). Anfangs kamen aus 44 Ländern insgesamt 147 Kirchenvertretungen zusammen. Jetzt sind es 271 Mitgliedkirchen; einige Kirchen bleiben beiseite, weil sie der Ökumenischen Bewegung gegenüber Mißtrauen haben. Alle fünf bisherigen Weltkirchenkonferenzen schlossen mit einer *Botschaft*. In ihnen können die Entwicklung der Ökumenischen Bewegung und wichtige Hinweise abgelesen werden.

Dort heißt es zuerst 1948: „Wir sind voneinander getrennt nicht nur in Fragen der Lehre, der Ordnung und der Überlieferung, sondern auch durch unseren sündigen Stolz: National-, Rassen-, Klassenstolz. Aber Christus hat uns zu Seinem Eigentum gemacht, und in Ihm ist keine Zertrennung. *Wo wir Ihn suchen, finden wir einander*... Wir haben den festen *Willen, beieinander zu bleiben*". Nicht vollmundige Deklarationen, sondern die Delegierten sagten, wir sind uns wenigstens darin einig, daß wir Ökumene *wollen*.

1954 in Evanston ging die Konferenzarbeit weiter. In ihrer Botschaft heißt es unter anderem: „Wir haben (vor sechs Jahren) den Willen bekundet, zusammen zu bleiben... Es genügt nicht, beieinanderzubleiben. *Wir müssen vorwärts*. Je mehr wir unsere Einheit in Christus erkennen, um so schwerer ist es zu ertragen, wenn wir vor der Welt im Widerspruch zu dieser Einheit leben. Gott läßt keinen von uns allein. An allen Orten hat Er uns zur Gemeinde der Kinder Gottes vereinigt, in der wir Seine Gaben und Seine Vergebung empfangen. Wir wissen nicht, was kommt, aber wir wissen, wer kommt: Jesus Christus – unser Herr".

1961 kam in Neu Delhi ein neuer Akzent in die Botschaft, in der es hieß: „Wenn wir als Christen zu den Menschen sprechen, müssen wir die Wahrheit unseres Glaubens zum Ausdruck bringen... Auf diesem Weg begegnen wir unausweichlich unserem Bruder... Es gibt kein wirkungsvolleres Zeugnis als ein Leben, das im Dienst hingegeben wird... Wir haben Fortschritte gemacht; uns ist gelungen, die Einheit, die wir suchen, klarer auszusprechen. Darum laßt uns *überall das ausfindig machen, was wir schon jetzt gemeinsam tun können*".

1968 hat die Vollversammlung des Ökumenischen Rates in Uppsala hierzu formuliert: „Im Vertrauen auf Gottes erneuernde Kraft rufen wir euch auf: Beteiligt euch an der Vorwegnahme des Reiches Gottes. Jeder ist jedermanns Nachbar geworden... Deshalb werden wir Christen *die Einheit, die wir in Christus haben, dadurch bezeugen*, daß wir, *jeder an seinem Platz, in die Gemeinschaft* mit Menschen

anderer Rassen, Klassen, Altersgruppen oder religiöser oder politischer Überzeugungen eintreten... Die ökumenische Bewegung muß mutiger werden... Die gegenwärtigen Pläne, die auf Einheit der Kirche zulaufen, verlangen Entscheidungen".
1975 wurde in Nairobi darüber nachgedacht, daß „Jesus Christus befreit und eint". *Bibelarbeit und Gebet „brachte uns zusammen.* Ideologien und scharfe Gegensätze rissen uns auseinander". Die Botschaft erhielt daher die Gestalt eines Gebetes, worin vor Gott erschrocken ausgesprochen wird, „das Überleben der Menschheit steht auf dem Spiel"; denn wir beuten Gottes Schöpfung aus. Wir sehnen uns aber nach einer neuen Frömmigkeit, nach erneuernder Osterfreude. Gottes Geist gebe uns Macht, „mit Glauben und Humor in Deinem Dienst auszuharren".

44.4. Die Basis

Die zusammengeschlossenen christlichen Kirchen gaben sich eine Verfassung, der eine Basis-Formulierung vorangestellt ist. Jahrelang wurde um ihren Text gerungen. Er brauchte sowohl hinreichend *Weite,* damit er die extremen Glaubensauffassungen umspannt und keine christliche Gemeinschaft ausschließt, wie auch *eindeutige* Aussagen, um Schwärmerei und Libertinismus (Freigeistigkeit), Synkretismus (Religionsvermischungen) und auch Proselytismus (Übertrittsbewegungen) abzuweisen.
So ergab sich schließlich *ein einziger Satz* als Basis, in dem jeder Ausdruck hohe theologische Bedeutung hat. Er lautet: „Der ökumenische Rat der Kirchen ist eine Gemeinschaft von Kirchen, die den Herrn Jesus Christus gemäß der Heiligen Schrift als Gott und Heiland bekennen und darum gemeinsam zu erfüllen trachten, wozu sie berufen sind, zur Ehre Gottes, des Vaters, des Sohnes und des Heiligen Geistes."
Was hier für eine Gemeinschaft von Kirchen bekannt wird und sachgerecht in den trinitarischen Lobpreis einmündet, kann und sollte in unseren je einzelnen Kirchen auch direkt Verfassungsrang erhalten, tunlichst auch im Konfirmandenunterricht behandelt werden.

44.5. *Ökumene in bezug auf uns heute*

Die vorangegangenen Zitate aus den bisherigen Botschaften der Vollversammlungen zeigen die Bewegung. In ihr gibt es Rückschläge, Enttäuschungen, Blockbildungen, also Sünde im Ursinn von Absonderung und Schuld. Aber das wurde erkannt, und man richtet sich stets wieder auf Christus hin aus, woher Weiterführung und Hilfe erwartet wird. – Sodann zeigen die Botschaften, daß Ökumene nicht nur eine Sache der Kirchenleitungen und Synoden ist, sondern *jeden einzelnen Christen berührt* und angeht. Im Hochhaus und am Arbeitsplatz, auf Auslandsreisen und in engster Freundschaft begegnet uns heutzutage das Problem der verschiedenen Konfessionen. Am meisten erkennbar bei uns ist das *Unterschiedensein in evangelisch und katholisch.* Wir dürfen und können beides nicht primitiv miteinander vermischen. Wir können einander aber vertrauensvoll begegnen, auch wenn die römisch-katholische Kirche (noch) nicht Mitglied im Ökumenischen Rat der Kirchen ist.

Ökumene hat noch andere Seiten. Erinnert sei nur an das viel zu lange dauernde Nebeneinander – leider oftmals auch Gegeneinander – von lutherisch und reformiert. Früher erkannte man solche Unterschiede als Laie nur an den Kerzen im Gottesdienst, am Singen der Liturgie, an kleinen Unterschieden beim Abendmahl oder am Text des Vater Unser (bzw. Unser Vater). Hier änderte sich seit einigen Jahren vieles. In den äußeren Formen und Texten ist man sich endlich im ganzen deutschsprachigen Raum einig. In Fragen des Glaubensverständnisses nähert man sich einander an. Konfessionelle Gräben, die noch in den 50er Jahren unüberwindbar schienen, sind verschwunden. Die Jüngeren unter uns wissen oft gar nichts mehr davon, und sie wollen es auch nicht mehr wissen, nicht nur zum Vorteil! Das alles scheinen solche Fortschritte zu sein, von denen die Weltkirchenkonferenzen sprachen. In der Ökumene vollzieht sich heute Kirche.
Daß die *organisierte Ökumene* samt dem Ökumenischen Rat nicht nur grundsätzliche Konfessionsfragen auf hoher Ebene praktiziert oder in vielen Gemeinden traktiert, soll durch einige Hinweise in

Form von Aufzählungen angedeutet werden. *Ins Arbeitsprogramm* gehören unter anderem die Stichworte (und hinter jedem stecken ganze Organisationen mit weltweiten Bemühungen) zwischenkirchliche Hilfe, Entwicklungshilfe, Notmaßnahmen; Interkommunion, Kirchenunions-Verhandlungen, Evangelisation, Kontakte mit anderen Weltreligionen; Gerechtigkeit und Frieden in internationalen Angelegenheiten, politische und kriegerische Konflikte in der Welt, Menschenrechte, Revolutionen, Massenmedien und Massenkommunikationen; die junge Generation, die Laienfrage, Zusammenarbeit von Mann und Frau in Familie und Gesellschaft und Kirche (hier ist an asiatische Traditionen zu denken!), Suche nach neuen Lebensstilen.

Gibt es jemanden, der sich selbst nicht im Programm dessen wiederfindet, das Ökumene heißt? Mancher hat Kritik an ihr; aber die Ökumenische Bewegung ist eine Chance unserer Zeit, die Gott uns gibt. An uns liegt es, sie auszunutzen.

X. Heilsmittel

Im Ablauf des Nachdenkens über den biblischen Glauben pflegt auf die Darstellung dessen, was Kirche ist, meist ein Abschnitt über die Heilsmittel zu folgen, worin insbesondere die Sakramente besprochen werden. Hier wird der alte Fachausdruck Heilsmittel (media salutis) weiter gefaßt gemäß der Wortbedeutung *Medium*, und zwar wie es unsere Zeit oft verwendet. Die (Massen)medien bewirken eine Verbindung zwischen Partnern im (zuweilen wechselseitigen) Geben und Nehmen. Die Heilsmittel sind im strengen Sinne *Wirkmittel*, und zwar des Lebensmittlers Jesus Christus.
Dahinter finden sich im folgenden zusammengefaßt neben den Sakramenten der Gottesdienst mit der Predigt als Zuspruch des Heils – in dem jene ihren vornehmsten Ort haben –, Beichte und Gebet. Die beiden letzteren Stücke haben außer dem Bezug auf die Gemeinde besonders den des einzelnen Menschen vor Gott zu bedenken. Mit solcher Zusammenordnung ist die Begrenztheit der geschlossenen Ordnung überlieferter Heilsmittel aufgebrochen und dem Gemeindeglied samt seiner Frömmigkeitspraxis nähergebracht.

45. Gottesdienst

Wenn sich die Zahl der Besucher von Sonntagsgottesdiensten in Mitteleuropa auf rund 5 % aller Kirchenmitglieder einzupendeln scheint, ergibt sich bei manchem die Frage nach seiner heutigen Bedeutung. Wie steht es um diesen *Säkularisierungsprozeß*, der zwei Seiten hat. Einerseits kam das Licht in die Finsternis, wurde Gottes Sohn Mensch/Fleisch, trat ein in unser Säkulum. Andererseits erscheint die Säkularisierung in der Befreiung der Welt von religiöser Bevormundung. In beiden Fällen läßt sich ein Abrücken ‚jener Welt', des Jenseits also von dieser unserer irdischen Welt erkennen. In beiden Fällen hat der christliche Gottesdienst eine *unaufgebbare*

Funktion; darin ist er eine *Brücke,* die gebaut werden muß. Der Gottesdienst hat jedermann die Existenz der *anderen Welt zu bezeugen,* die „das gegenwärtige Zeitalter an das zukünftige erinnert, die die Gegenwart alarmiert und gleichzeitig beruhigt, indem sie sie mit ihrer Zukunft konfrontiert. Nur die Kirche kann in ihrem Gottesdienst diesen wesentlichen Dienst leisten, weil nur die Kirche weiß, daß die Zukunft schon begonnen hat" (Uppsala 68).

Daneben wird der Gottesdienst die *mündig gewordene Welt in Frage zu stellen* haben, um sie vor Irrwegen und Selbstüberschätzung zu bewahren, um in ihr zu protestieren – das heißt von der mit Christus in die Welt gekommenen heilschaffenden Wandlung Kunde zu geben.

Gottesdienst ist also nach *zwei Richtungen* hin zu verstehen und zu versehen: (1) Die Angelegenheiten, Nöte, Freuden und Fragen der Menschen werden *vor Gott gebracht.* Unter Anrufung seines Namens und in seinem Namen wird das alles angesprochen. Ihm wird gedankt, er wird angebetet. Hier dienen Menschen ihrem Gott. (2) Umgekehrt *dient Gott* auch und vornehmlich uns Menschen. Diese Richtung des Gottesdienstes begegnet der ersten. Durch die Predigt und Sakramentsfeiern, durch Gebetserhörung und Tröstung, durch die Sendung des Heiligen Geistes gibt Gott uns Menschen Leben und die nötige Weisung.

Das sind einige Grundlegungen. Die Kirchen haben je nach ihrer Tradition Gottesdienstformen – *Liturgien* genannt – entwickelt, die sich teils mehr ans Alte Testament hielten, teils sich mehr nach Vorbildern aus dem Neuen Testament entfaltet haben. Damit hängt zusammen, daß ein christlicher Gottesdienst gegen Veränderungen höchst empfindlich ist. Kirchenspaltungen haben das immer wieder erwiesen. An den Formen liegt es letztlich nicht, sondern am Inhalt, der bei manchen durchaus begrüßenswerten Ansätzen der Formwandlung nicht hinreichend beachtet wird. Welches sind die aus der Bibel überkommenen Grundelemente des christlichen Gottesdienstes?

45.1. *Als Opfer*

Gleich auf den ersten Seiten der Bibel werden Opfer vorausgesetzt. Aus der Dunkelheit vorgeschichtlicher Kulte ragen Menschenopfer in die alttestamentlichen Berichte hinein. Kain und Abel stehen in ihrer Nähe; durch die Erzählung von Isaaks Opferung, die in ein Tieropfer abgeändert wurde (Gen 22), erhebt sich die dahinter stehende Frage, wie hoch die Forderungen Gottes an den Menschen sein können. So zeigt sich, daß auch die Praxis des Opferkultes mit Tieren sich fragen lassen mußte, wozu es nutze: „Was soll mir die Menge eurer Opfer? spricht der Herr. Ich bin satt der Brandopfer" (Jes 1,11; Ps 50,8ff. u. ö.). Gott kann und will nicht durch magische Riten beeinflußt werden.

Im Alten Testament findet sich neben den Darstellungen des Opferkultes eine andere Linie des Gott-Dienens, die auch mit anderen Vokabeln belegt wird. Es ist die Weise der Hinwendung an Gott, hinter der die Bejahung Gottes durch den Menschen mit seiner ganzen Existenz steht. Wo der einzelne nicht mit seinem ganzen Wollen und Wünschen wirklich Gott nahen möchte und von ihm seinen helfenden Geist erhofft, wobei die äußeren Riten zweitrangig werden, da nützt alles Bemühen nichts. Noch so genaues Beachten der vielen Kultvorschriften (und es gab im alten Israel sehr viele) kommt nicht über die Schwelle hinweg, daß alles nur menschliches Werk, Werkerei ist. Der wirkliche, „Gott wohlgefällige" Gottesdienst *achtet* genau und gern auf Gottes Gebot, *auf Gottes Willen* für die jeweilige Situation. So wird der Gottesdienst – wiederum als Brükkenbau mit doppelseitiger Richtung – ein ausgesprochenes Wechselgeschehen.

45.2. *Als Versammlung*

Ein Merkmal *neutestamentlicher* Gottesdienstformen ist die Versammlung der Gemeinde. Wer sich liebt, wer gemeinsame Interessen und Anschauungen hat, trifft sich gerne. Das ist generell so. Gleiches gilt für die christlichen Gemeinden. Die ‚Gemeinschaft der Heiligen' gab es von Anfang an.

Alle neutestamentlichen Hinweise auf Gemeindegottesdienste zeigen dies: man kommt oft stundenlang zusammen, liest aus der Bibel, singt und betet miteinander, unterhält sich aber auch und ißt miteinander. *Man ist beisammen*, wie es häufig heißt (Apg 1,15; 2,1.44; 1 Kor 11,20 u.ö.). Was anläßlich jener Versammlungen der Urgemeinde im einzelnen geschah, ist nicht mehr voll zu rekonstruieren. Einige Elemente sind aber zu erkennen, die auch für unser heutiges Gottesdienst-Verständnis Bedeutung haben.
Voran erfahren wir von *Geistesgaben*, unter denen solche hervorragen, mittels der prophetische und andere alttestamentliche Texte sowie Evangelienberichte und Apostelbriefe besprochen wurden, zur *Auferbauung* der Gemeindeglieder. Daraus entwickelte sich unsere *Predigt*, deren Gestalt vielleicht als besondere Form der Kunstrede allzustark fixiert wurde. Daneben findet man Hinweise auf das *Gebet*, und zwar in den Formen des Lobpreises, des Dank-, Bitt- und Fürbittgebetes. Deutliche Hinweise auf *Gesänge und Hymnen* finden sich in den ganz alten christlichen Schriften bis zurück ins Neue Testament. Nöte werden besprochen und Abhilfe erörtert, wozu auch früh schon *Geldkollekten* nötig und selbstverständlich wurden. Wie selbstverständlich Sammlungen dazu gehören, zeigt der scheinbar jähe Übergang des Paulus in 1 Kor 15 und 16, vom Auferstehungskapitel zu Kollektenanweisungen. Neben der äußeren Hilfe stand vor allem der Zuspruch von Sündenvergebung durch den Herrn des Gottesdienstes, durch Jesus Christus, in dessen Namen jeder Gottesdienst geschieht. Und dadurch unterscheidet sich diese Versammlung von jeder anderen Versammlung unter Menschen.

45.3. Als Lebensmittel

Das ist wörtlich und umfassend zu verstehen: Wahrhaft menschliches Leben, Eröffnung des ewigen Lebens ver‚mittelt' der christliche Gottesdienst, der in einer möglichst ganzheitlichen Liturgie Kräfte wecken will. Er hat aber geordnet zu sein. Das gilt auch dort, wo (wieder) die Zungenrede (Glossolalie) geübt wird (vgl. 1 Kor

14,4–6.18f.). Und in allen rechten Gottesdienstordnungen der vielen Kirchengemeinschaften zeigen sich dieselben Strukturelemente im Aufbau und Verlauf, sofern diese Gottesdienste auf Dauer bestehen und Gemeinde entstehen ließen.
Wo das gegeben ist, kann das Fragen danach einsetzen, ob die Sprache und die Zeremonien angemessen sind, ob der Gesamtstil wirklich jede soziale Gruppe anspricht und auf Dauer dort heimisch werden läßt, ob Trauernde ebenso berücksichtigt werden wie junge Paare in den Flitterwochen; ob Fragen bedacht werden, die aktuell sind und dringend aus Gottes Wort eine Weisung brauchen; ob neben dem Reden und Wiederholen mehr Schweigen und Stille nötig sind, ob die übliche Tageszeit passend ist, ob Taufe und Abendmahl im Gottesdienst ihren Ort haben und für alle (nur Konfirmierte, auch Angehörige anderer Konfessionen oder gar Religionen?) dazu gehören.

46. Sakramente

Jeder Kirchenchrist weiß, was mit Sakramenten gemeint ist. Jeder Theologe weiß um die Herkunft des Begriffes aus dem Sprachschatz des altrömischen Militärwesens. Dort war mit Sakrament der *Fahneneid* gemeint. Das Wort ist also *kein biblischer Begriff*, und zuweilen wird im evangelischen Denken das Wort Sakrament ganz abgelehnt. Allenfalls wäre man bereit, es als *Oberbegriff* für die beiden kirchlichen Handlungen Taufe und Abendmahl zu verstehen. Dann aber wäre das (Fremd)wort *Mysterium* aus dem Neuen Testament (in 1 Tim 3,16 lateinisch mit sacramentum übersetzt) ungleich treffender. Weitere Sakramente zählen in den evangelischen Kirchen bekanntlich nicht, weil einige Kriterien als nicht erfüllt gelten.

46.1. Die Gnadenmittel

Sakramente sind – sehr allgemein formuliert – *Äußerungen kirchlichen Lebens*, die sich nicht auf die Wortverkündigung beschränken und doch zum gottesdienstlichen Leben und zum Christsein überhaupt hinzugehören. Sakramente sind also reguläre Mittel (im Sinne von Vermittlung und Medium), durch welche der Mensch mit Gott und seinen Gaben in Verbindung gebracht wird. Die Sakramente weisen uns zugleich auf das *Heilsgeschehen* hin, also auf Jesus Christus und das, was er für uns tut und wirkt.

46.1.1. Der Herr des Sakramentes

Fraglos vollziehen wir Menschen in gottesdienstlichen Handlungen die Sakramente; doch der Pastor oder andere Gemeindeglieder sind dabei nicht in der Rolle von jemandem, der durch sein Wirken (in der Taufe oder beim Abendmahl) dem Empfänger das Entscheidende gibt. Auf solcher Linie würden die Sakramente in die Nähe dessen geraten, was in den Umkreis des *Magischen* gehört. Und jede – sich allerdings nahelegende – Suche in Parallelen zu magischen Hintergründen in der allgemeinen Religionsgeschichte führt in die Irre.

Die Sakramente Taufe und Abendmahl sind *Stiftungen Jesu Christi,* des Herrn der Sakramente. Sie sind immer Hinweise in die Zukunft und eröffnen eine große Hoffnung mit Gott. Die Sakramente vergegenwärtigen mit und neben der Wortverkündigung das Christusgeschehen: er wurde Mensch für uns, er litt und starb für uns, er wurde auferweckt für uns, er wird wiederkommen zu unserer Vollendung. Insofern bleibt der Herr der Sakramente ihnen gegenüber auch frei. Der Geist Gottes weht (= wirkt) wo er will, und der Mensch kann nicht über ihn verfügen. In Taufe und Abendmahl kommt die Gnade Gottes auf uns zu, und der Mensch kann nicht über sie verfügen.

46.1.2. Gott handelt und beauftragt

Als *Fundament* des Sakramentsverstehens erkennen wir den *Befehl Christi.* Er gab seinen Jüngern den Auftrag zum Taufen und den Auftrag zur Abendmahlsfeier. *Neben dem verkündigten Wort in der Predigt* sind die Sakramente durch Christus eingesetzt. Der Christ erfährt seinen Gott in eigener und unmittelbar ‚körperlicher' Weise. Damit ist auf die Sichtbarkeit und materiell-reale Handlung

unter Verwendung von Elementen hingewiesen. Ziel dabei ist allemal die *Vergebung der Sünden* und das *ewige Leben*, ein Geschenk Gottes, das die Aufnahme in sein Reich und Teilhabe an ihm bedeutet. Die Kirche hat den Auftrag, dieses Geschenk weiterzureichen und jedermann anzubieten.
Unter diesen Vorzeichen kann man nicht umhin festzustellen, daß wir die Sakramente als *nicht* absolut und *schlechthin als notwendig* auffassen müssen. Wo Gottes Freiheit und Überlegenheit in seiner Gnade betont wird, kann nicht gleichzeitig von uns behauptet werden, ohne Taufe und ohne die Teilnahme am Abendmahl könne man nicht Christ sein oder werden. Sofort ist aber hinzuzufügen: Bewußtes Verachten und Meiden der Sakramente, also ein Verzicht auf Taufe und Abendmahl ist uns ebenso verboten. Damit würde man Gottes Gnadenmittel, also seine Liebe zu uns, schuldhaft abweisen.

46.2. *Hauptmerkmale der Sakramente*

„Um den einzelnen Erwählten (= Christen), der wegen der natürlichen Zaghaftigkeit seines Herzens auf das ihm verkündete Wort Gottes hin an seine Erwählung und Rechtfertigung nicht mit der rechten Zuversicht glauben kann, zu vergewissern, daß auch er in den Gnadenbund wirklich aufgenommen sei, und um ihn zugleich persönlich an die Pflichten zu erinnern, die er als Kind Gottes in der Gemeinschaft des Gnadenbundes zu erfüllen habe, hat Gott neben dem Wort auch sichtbare Zeichen geordnet, mit denen er das Wort und die Verheißung der Gnade in sinnfälliger Weise anbietet und den Erwählten den Besitz der Bundesgnade versiegelt" (so 1861 H. Heppe). In diesem Satzgefüge ist heute noch gültig zusammengefaßt, was wir unter einem Sakrament verstehen.

46.2.1.

Sakramente sind *sichtbare Zeichen und Elemente*, und zwar Brot und Wein einerseits und Wasser andererseits. Es geht dabei nicht um die Materie als solche; sie ist Bestandteil eines vorgezeichneten Geschehens, in welchem Heilszeit sichtbar wird. Die Elemente sind neben der gehörten (oder gelesenen) Zusage der Sündenvergebung und Kundgabe der Gotteskindschaft das *„sichtbare Wort"*, wonach jeder persönlich ißt und trinkt oder mit dem Wasser getauft wird. Hier gibt es keine Stellvertretung; jeder ist selbst gemeint. Die Zeichen sind nicht etwa nur hinweisende Symbole, sondern sie gehören zum Bund Gottes mit uns konstituierend hinzu.

46.2.2.

Im Sakrament vollzieht sich eine rituelle Handlung, die von Gott selbst angeordnet ist. Im *Taufbefehl* bei Mt 28,18ff. und in den *Einsetzungstexten* des Herrenmahles nach 1 Kor 11,23ff. sind diese Handlungen vorgezeichnet. Die Sakramente sind *Verkündigungshandlungen*, das gepredigte und zugesprochene Bibelwort wird mit den Handlungen verbunden.

46.2.3.

Im Sakrament wird der Mensch durch *Gottes Bundestreue* fest gebunden, *versiegelt*. Das will besagen, der Mensch bekommt ein Pfand, durch das Gott sich in seinen Zusagen für alle Ewigkeit bindet. Hier ist zu betonen, daß die Sakramente nicht aus sich selber heraus wirken; das führte unser Denken alsbald auf die Irrwege der Magie. Sie wirken auch nicht durch die Person, die das Sakrament spendet, wobei zum Beispiel der Pfarrer eine spezielle Würde und Wirkungsmacht zugesprochen bekäme. Im Zeichen des Sakramentes wirkt durch die Handlung hindurch und durch die Elemente hindurch und durch die Verkündigung hindurch Gott selbst. Er öffnet uns eine hoffnungsvolle Zukunft.

46.3. Bedeutung der Sakramente

Sind die Sakramente nötig? Kann man sie einem kleinen Kreis von Christen überlassen, die sich Kerngemeinde nennen? Sollen sie einfach weiterhin zelebriert werden, weil es Sitte und feierlich ist? Die Fragen so stellen bedeutet schon den Hinweis auf eine andere Richtung der Antwort.

Die erwähnte Versiegelung des Menschen im Sakrament rückt das Argumentieren verdächtig nahe an die Psychologie heran. Das Argument wird aber gleich wieder durchgestrichen von dem Satz, an der Handlung und schon gar am Element für sich läge es nicht. Im übrigen erscheinen die Sakramente dem heutigen Menschen eher noch fremdartiger als es vielen Leuten die von ihnen ohnehin selten besuchten üblichen Gottesdienste sind. Dennoch gelten die Sakramente und dürfen – das sei wiederholt – vom Christen nicht leichtfertig mißachtet werden. Gott hat sich durch seinen Sohn Jesus Christus nun einmal dieser Weise bedient, dem Menschen und der Welt *seine Gnade nahezubringen.* Die Sakramente sind also Handlungen der Kirche zur *Ermutigung,* zum *Bekennen* und zum *Freuen.* Sie sind Zeichen und Riten der Hinzugehörigkeit. Sie haben dank ihrer Offenheit nach vorn den Charakter des *Appells zur Tat.* Sie weisen die Gemeindeglieder in die Welt zu allen Mitmenschen hin, denen die Zuwendung und Liebe Gottes gilt.

47. Taufe

Ein Taufkleid gehört dazu, und zwar mit rosa oder blauem Band. Die Angehörigen (hoffentlich endlich auch beide Eltern) und die Paten *bringen das Kind zur Taufe.* Meist wird sie in einer Kirche vollzogen. Der Pfarrer hält eine kurze Tauffeier, bei der die Paten und Eltern ihren Willen bekunden, das Kind christlich erziehen zu wollen. Dann tauft der Pfarrer das Kind unter Nennung von dessen Namen. Das geschieht, indem dreimal Wasser über den Kopf des Täuflings gegossen wird und herabfließt, wobei gesprochen wird: „Ich taufe dich im Namen des Vaters und des Sohnes und des Heiligen Geistes".

Was ‚die Leute' *sich dabei denken,* gab eine Untersuchung vor einigen Jahren wieder: Taufe bedeute die Aufnahme in die Kirche oder in die Familie oder „ins Leben". Mit der Taufe werden böse Geister abgewehrt, das Kind bekomme dadurch von Gott einen Namen. „Wir sind ja schließlich alle getauft", „schaden kann's auf keinen Fall", es gehört sich einfach so, und jeder tut es doch. Das Kind wird in den Schutz einer höheren Macht gestellt.

Zu diesen Meinungsäußerungen lassen sich allerhand *Fragen stellen:* Was steckt hinter dem eingangs beschriebenen Ritual? Wird in der Taufe etwas Geheimnisvolles vollzogen? Sollen überhaupt kleine Kinder getauft werden, die bei uns sich fast niemals an die eigene Taufe zu erinnern vermögen? Muß nicht erst geglaubt werden, bevor getauft werden kann? Wer muß bei einer richtigen Taufe denn glauben, der taufende Pfarrer oder der Täufling; oder kommt etwa alles auf die vorschriftsmäßig ausgeführte Handlung an? Was tut Gott bei alledem? Sowohl die äußere Beschreibung wie auch die Meinungen und Fragen zur Taufe umkreisen das *grundlegende Problem* für die christlichen Kirchen: Wird im Sakrament der Wassertaufe das Christusbekenntnis eines Menschen zum Ausdruck gebracht, das im Falle der Unmündigkeit die Paten oder die ganze Gemeinde äußern? Oder ist die Wassertaufe ein Ritus, worin sich die jedem Bekenntnis voraufgehende Heilstat Gottes an uns Menschen manifestiert? In einigen Gedankengängen sollen im folgenden die hauptsächlichen *Verstehens- und Erklärungsmöglichkeiten* dargestellt werden.

47.1. *Heilsbedeutung der Taufe*

In den meisten reformatorischen Kirchen ist – wie in der katholischen und der Ostkirche – die Taufe für den Christen *heilsnotwendig.* Das heißt, wer nicht getauft ist, kann nicht selig werden und in die Vollendung Gottes kommen. Doch nicht jedes Bibelverständnis kommt zu diesem exklusiven Ergebnis. Seine Bedeutung ist jedoch diese:

47.1.1.

Wir sehen in der ordnungsgemäß vollzogenen Taufe mit Wasser *nichts,* das *aus sich selbst wirkt.* Das wäre Abgleiten in magische

Vorstellungen. Die verantwortliche und personhafte Beteiligung der Anwesenden bleibt unerläßlich. Doch am ‚richtigen' Glauben des taufenden Pfarrers hängt die Wirkung der Taufe auch nicht.

47.1.2.

Aus einem zweifachen Herkommen leitet sich unser Taufen ab: es ist *einmal* die in Israel vollzogene *Beschneidung* (Trennung der Vorhaut bei den wenige Tage alten Knaben) als einem Zeichen der Verheißung Gottes zur Bewahrung und zum Reinsein. *Sodann* ist auf die *Johannestaufe* im Jordan hinzuweisen, die im Symbol vom Absterben des alten und Auferstehen des neuen Menschen Hinweis auf das Erlösungswerk Christi ist. Die „Taufe des Johannes" aber ist nicht maßgebend (vgl. Apg 19,3–5).

47.1.3.

Taufe ist infolgedessen auch *Teilhabe an Christi Tod und Auferstehung* (vgl. besonders Paulus in Röm 6,1ff.). Das Geschehen damals in Jerusalem am Kreuz wird ein Geschehen ‚in uns' heute. Taufe wird so zum Anfang, den Gott in Christus mit uns macht (Tit 3,5ff.).

47.1.4.

Taufe ist – um ein neutestamentliches Bild zu wählen – infolge der mit ihr zugesagten und damit gültigen Sündenvergebung eine *Tür* in Gottes Reich. Taufe ist also die Erbschaftszusage Gottes an uns; wir sind damit *in die Gotteskindschaft* durch Adoption in sein Reich unwiderruflich aufgenommen.

47.1.5.

Mit dem Hinweis auf den wichtigen Gedanken vom *Bund* – „das neue Testament in Christi Blut" – ist die Taufe zu verknüpfen. Es ist kein Bund, bei dem der Täufling dem Partner gegenübersteht; sondern dieser Gottesbund umgreift uns völlig mit unserem Glauben, Hoffen, Handeln und Zagen. Dieser Bund Gottes als eine unverbrüchliche Zusage wird in der Taufe besiegelt. Der Getaufte gehört zur Gemeinde Jesu Christi.

Mit dem Ausdruck *Siegel* sind sowohl die bestätigende Beglaubigung als auch das verschließende Bewahren auf den verheißenen Tag hin und die Vollendung von Gottes Reich gemeint.

47.2. Glaube und Taufe

„Wer glaubt und getauft wird, der wird gerettet werden; wer aber nicht glaubt, der wird verdammt werden" (Mk 16,16). Von diesem Satz leiten sich *unterschiedliche Lehrmeinungen* ab. Die einen pochen auf die Reihenfolge der Geschehnisse: zuerst muß geglaubt werden, dann kann sich einer als Christus-Bekenner taufen lassen zur Versiegelung des Glaubens und zur Vergebung der Sünden. Alle Vertreter der Glaubenstaufe oder Erwachsenentaufe weisen auf diese Bibelstelle hin. Andere sprechen die Ernsthaftigkeit des Taufgeschehens als solches an, wonach der Getaufte – wann das bei ihm auch geschehen mag – sich um den rechten Glauben und ein Leben in der Christusnachfolge zu bemühen hat.
Soviel ist klar: *direkte Beweise für* die Praxis der *Kindertaufe* in der Urgemeinde gibt es nicht. Man liest, daß Jesus die Kinder zu sich kommen ließ (Mt 19,14) und daß später mancher „sich und sein ganzes Haus" (alle Seinen) taufen ließ. Es gibt auch uralte Zeugenaussagen über die Kindertaufe, deren älteste in die Zeit von Justin dem Märtyrer (um 165) reichen, der sich erinnerte, in seiner frühen Jugend alten Christen begegnet zu sein, die als Kinder getauft wurden (also bis zur Apostelzeit reichen müssen). *Direkte Beweise gegen* die Kindertaufe in der Urgemeinde gibt es jedoch auch nicht.

Auch mit der *Logik* kommen wir *nicht weiter:* Wenn erst Taufe und dann Glaube sein muß, nähert man sich der Magie. Wenn das Umgekehrte gefordert wird, ist die Taufgnade schließlich von des Menschen Intelligenz abhängig. Und wie steht es hier mit den geistig schwachen Menschen, um deren unzureichende Aufnahmefähigkeit wir wissen? Sie würden danach niemals getauft werden können. Die Taufe aber ausdrücklich unterlassen, ist uns verboten.
Die Entscheidung ist auf einem anderen Gebiet zu fällen. Die *zen-*

trale Bedeutung der Taufe liegt in der Teilhabe am Weg und Werk Christi. Unser Zeitverständnis faßt die Gleich‚zeitigkeit' von Taufe und Glaube nicht. Der Glaube gründet im Heilswerk Christi. Die Taufe ist daher auch *nicht wiederholbar*. Wer sie wiederholt – einige Bekenntnis-Gruppen in unserer Zeit wagen die Taufe zu wiederholen – mißachtet den Anfang Gottes mit uns, der ohne unser Zutun und ohne unsere Leistungen uns vorausgeht. Zu behaupten, die Säuglingstaufe sei keine richtige Taufe gewesen, die zweite Taufe sei infolgedessen keine Wiederholung, ist ebenfalls ein Vorbeidrükken an dem Hinweis auf Gottes gnädige Überlegenheit und zuvorkommende Gnade.
Wir kommen daher zum Ergebnis: wenn auch in unserer Gemeindepraxis das Taufalter flexibler sein könnte, wird hier mehr für die Taufe im frühen Kindesalter plädiert. Die Vielfältigkeit der Taufpraxis kann im Grunde von keiner Seite in der Ökumene mehr als trennendes Problem vertreten werden.

47.3. Wirkung und Auftrag in der Taufe

Wir können also weder zu einer Taufe im Sinne des verobjektivierten Heilsmittels kommen noch die Taufe an einen subjektiven Glaubensakt (wir ‚werden' getauft) als wesentliches Element binden wollen. Wir sehen beide Momente und haben auf beide zu achten. Gott hat den Bund mit uns gesetzt, und wir dürfen, können und sollen in ihn eintreten, weil Gott uns selbst hineinzieht. In dieser Hinsicht gilt nach dem neuen Testament die Zusammengehörigkeit von *Geisttaufe* (Gottestat) und *Wassertaufe* (der Menschen Tun).

47.3.1.
Taufe wird so die „Ermächtigung zur Freiheit" (J. M. Lochman). In dieser Freiheit wird uns die *Lösung von allerlei Mächten* und Bindungen unguter Art in dieser Welt geschenkt. In dieser Freiheit liegt der *Appell zum Mitgehen* auf dem Jesus-Weg. Daher ist es zutreffend, wenn die Eltern und Taufpaten zum Versprechen angehalten

werden, ihr Kind als Christ zu erziehen, was durch das Kennenlernen des Evangeliums begonnen wird.
So gewinnt unsere Taufe einen verpflichtenden Charakter; denn sie ist wirkliches Absterben gegenüber der Sünde, aber noch nicht die Auferstehung zum Ewigen Leben (Röm 6 und Kol 2,11ff.). Systematisch gesehen gehört die Taufe als Beginn aktiver Nachfolge Christi daher mit der Ethik zusammen.

47.3.2.

Wenn wir Taufen miterleben oder eigene Kinder zur Taufe bringen – und bis auf wenige Menschen geschieht das bei den sogenannten christlichen Völkern nach wie vor –, werden wir jedesmal an die eigene Taufe und die darin versiegelte Bindung an Christus *erinnert* mit der *Aufforderung* zum Glauben, Lieben und Hoffen.

47.4. *Nottaufe*

Zuletzt ist noch auf die Frage einzugehen, wie es bei drohendem Tod eines noch nicht Getauften zu halten ist. Wer von der absoluten Heilsnotwendigkeit der Taufe überzeugt ist, kann nur die Nottaufe (auch Jähtaufe oder – modifiziert – Eiltaufe genannt) vertreten. Über andere Formen wie Begierde- und Geisttaufe ist hier nicht zu reden. Daß die Nottaufe nur vorschriftsmäßig vollzogen gültig ist, versteht sich von selbst. Die evangelisch-reformierte Tradition wies die Nottaufe als unangemessen ab, weil man der Gefahr magischen Denkens wehren und die unseren menschlichen Nöten überlegene Gnade und Freiheit Gottes nicht schmälern wollte, indem Menschen selbst Riten zum Gewinn der Seligkeit einführen.
Über die Taufe hat die Leuenberger Konkordie reformatorischer Kirchen zusammenfassend erklärt: „In ihr nimmt Jesus Christus den der Sünde und dem Sterben verfallenen Menschen unwiderruflich in seine Heilsgemeinschaft auf, damit er eine neue Kreatur sei. Er beruft ihn in der Kraft des Heiligen Geistes in seine Gemeinde und zu einem Leben aus Glauben, zur täglichen Umkehr und Nachfolge".

48. Abendmahl

Große Verlegenheit entsteht bei vielen, wenn vom Abendmahl die Rede ist oder wenn sie im Gottesdienst zur Teilnahme an der Feier aufgefordert werden. Sie blicken scheu auf die anderen, begreifen nicht viel von der Bedeutung des Herrenmahles (so kann man auch sagen), wissen etwas von Unterschieden, meiden möglichst die Teilnahme an der Abendmahlsfeier. Manche Gemeinden experimentieren mit dem Abendmahl, unter anderem mit Feiern nur für kleinere Kinder.

Beim Gespräch unter den verschiedenen christlichen Denominationen wird gerade beim Thema Abendmahl die *Tragik der Kirchentrennung* sichtbar. Sie beginnt schon beim mangelnden Gespür mancher evangelischer Christen für ‚Kultgegenstände', obwohl sogar J. Calvin verlangte, das „Maß zu halten, das die Natur der Heiligtümer vorschreibt und das uns auch die Apostel ... vorgezeichnet haben". Als in der Reformationszeit Martin Luther durch sein Bibelstudium zu neuen Erkenntnissen kam, griff er alsbald die römische Meßfeier an. Das führte zu den Kirchenspaltungen, die heute noch als schmerzliche Tatsache zwischen uns stehen. Allerdings zeigten intensive Forschungen der letzten Jahrzehnte, daß manche überlieferten Gegensätzlichkeiten auf irrigen Voraussetzungen beruhten, und die lutherischen, reformierten und römisch-katholischen Christen im Blick auf die *Eucharistie einander näher sind*, als sie es derzeit sehen.

Was ist nun *evangelisches Verständnis* des Abendmahles heute in seinen wesentlichen Aussagen?

48.1. Ursprung des Abendmahles

Während der Ursprung der Taufe im Dunkeln liegt, gibt es für die Anfänge des urchristlichen Herrenmahles gesicherte Überlieferungen, zu denen einige wenige Worte Jesu hinzugehören.

48.1.1.

Das Abendmahl ist kein kultgeschichtliches Produkt der ersten Gemeinde, sondern es gründet in der *Stiftung und im Befehl Jesu Christi.* Vorbildhaft dabei sind neben der Passahliturgie vom Auszug Israels aus Ägypten und dem folgenden Manna-Essen auch die kaum beachteten ‚Schaubrote' auf dem Tisch des Herrn (vgl Lev 24,5–9 und Lk 6,3f. par). Jesus hat vor seinem Kreuzestod auf Golgota mit seinen Jüngern das altisraelitische Passahmahl gefeiert, er aß und trank in der Tischgemeinschaft mit den Jüngern zusammen. Sie sprachen miteinander. Dabei änderte Jesus plötzlich den Passahritus ab. Er formulierte die bekannten *Einsetzungsworte.* Es sind die sich alle voneinander unterscheidenden Berichte bei Mt 26,26–29; Mk 14,22–25; Lk 22,14–20; Joh 6,48–58 und 1 Kor 11,23–29. Jesus sprach aramäisch, worin die sogenannten Deuteworte ohne Hilfszeitwort übersetzt wahrscheinlich lauteten: „Dies mein Leib". Man beachte: der Streit darum, ob es heißen müsse: dies *ist* oder *bedeutet* oder *wird verwandelt in* mein(en) Leib, hat zwar Millionen Menschen im Glauben entzweit; aber er hat keine neutestamentliche Stütze.

Die Diskussion war meist auf die *Elemente* Brot und Wein gerichtet. Dabei zeigt der biblische Befund, daß das entscheidende Stiftungsgeschehen *im Wort und im Handeln Jesu* liegt. Um es anders auszudrücken: es geht um die Gegenwart Jesu im Abendmahl, doch diese Gegenwart ist nicht durch Untersuchen der Materie Brot und Wein zu ergründen. Wie Jesus gegenwärtig ist, wird anders zu fassen nötig sein. Deshalb ist die Praxis der alkoholfreien Feier mit Traubensaft theologisch nicht illegitim und wegen der Suchtgefährdung mancher Kommunizierenden naheliegend.

48.1.2.

Was bei der Einsetzung geschah, erläutern die Arnoldshainer Abendmahlsthesen von 1957/62 folgendermaßen: „Die besondere Weise, in der uns im Abendmahl die Gaben des rettenden Evangeliums zuteil werden, besteht darin, daß Jesus Christus sich uns in seinem Leib und Blut durch sein verheißendes Wort hier in der Darreichung von Brot und Wein gibt. Dabei ist vorausgesetzt, daß in der Verkündigung des Evangeliums, in Taufe und Abendmahl derselbe Herr sich uns schenkt, aber in verschiedener Weise".

Wichtig ist also, daß im Abendmahl – und zwar in jeder Wiederholung gemäß Jesu Auftrag: „Dies tut, sooft ihr daraus trinkt, zu meinem Gedächtnis" – Jesus Christus *als der gegenwärtige Herr handelt* durch sein Wort im Heiligen Geist. Der Begriff Gedächtnis (griechisch = anamnesis) meint damit auch unsere ‚Gleichzeitigkeit' mit ihm, was umfassender mit ‚Vergegenwärtigung' verdeutscht werden könnte.

48.2. Abendmahl als Heilsgeschehen

In der Mitte des christlichen Glaubens steht die göttliche Zusage, daß er uns Vergebung der Sünde, Freiheit zum Leben und Teilhabe an seinem Reich für immer schenkt. Das kommt im Abendmahl zentral zum Ausdruck; denn darin „gedenken wir des Todes Christi, durch den Gott *ein für allemal die Welt versöhnt hat;* in ihm bekennen wir die Gegenwart des auferstandenen Herrn unter uns und warten in Freude auf seine Wiederkunft als die zur Herrlichkeit in der Vollendung Berufenen".

(1) Erstens ist uns im Abendmahl ein historisches Geschehen (Kreuzigung und Auferstehung Jesu ‚für uns') als verbindliches Geschenk angeboten und zugeeignet. Jeder einzelne Teilnehmer bekommt persönlich Brot und Wein zugeteilt. Keiner kann meinen, die Zusagen beträfen nicht ihn, sondern meinten die anderen, die wohl frömmer seien als man selbst. Das Blut Jesu Christi ist *„auch für dich* vergossen".

(2) Zweitens haben wir es im Abendmahl mit einer Zukunft zu tun, die nicht dunkel und bangemachend ist. Das Abendmahl verspricht, genauer: *garantiert uns* eine gute *Zukunft* mit Gott. In der Gemeinschaft der Kommunizierenden wird das gewissermaßen vorwegnehmend erlebt. Hierin unterscheidet sich die Abendmahlsgemeinschaft von jeder anderen Tischgemeinschaft in Familien oder Vereinen, die jeweils nur Gemeinschaft für den jeweiligen Augenblick pflegen können, aber niemals als Vorgeschmack einer „Herrlichkeit in der Vollendung".

(3) Drittens ist die Abendmahlsfeier ein *Fest der Freude.* Nach dem

vorher Gesagten kann das nicht anders sein. Wie kommt es nur, daß die meisten unserer (jedenfalls abendländischen) Abendmahlsfeiern derart feierlich sind, daß man nur gehemmt oder todernst daran teilnimmt? Man hat eine Reihe von *Barrieren* aufgebaut (auch baulich in manchen Kirchen als ‚Lettner' um den Altar herum; etwa in Skandinavien), die jene Freude nicht recht aufkommen lassen. Man hört die Mahnung (aus 1 Kor 11,27ff.), daß der *‚unwürdig' Teilnehmende* „schuldig wird am Leib und Blut des Herrn". Infolgedessen meidet mancher das Abendmahl, weiß aber nicht, daß die Unwürdigkeit sich auf das Mißachten der Heilstat Jesu bezieht. Andere haben nicht über die Zusammenhänge nachgedacht, die ihn mitten in einer Kirche unter oft fremden Mitkommunizierenden einen kleinen Schluck Wein und ein winziges Stück Brot (oder eine Hostie) zu sich nehmen lassen. Dabei steht oder kniet man, seltener wird an Tischen gesessen. – Die Andeutungen mögen genügen zur Überprüfung, was wir tun sollten, um aus der Entwicklung zum oft befremdlich abgeschlossenen Zelebrieren im kleinen Kreis wieder ein offenes, aussagekräftiges und Ausstrahlung habendes Fest der Freude zu machen. Denn das ist im Abendmahl gemeint.

48.3. Abendmahl und Gottesgegenwart

Gründend auf dem bisher Gesagten haben wir uns dennoch der Frage zuzuwenden, wie die *Gegenwart Jesu im Abendmahl* zu verstehen sei. Die Leuenberger Konkordie reformatorischer Kirchen von 1973 formuliert dazu: „Im Abendmahl schenkt sich der auferstandene Jesus Christus in seinem für alle dahingegebenen Leib und Blut durch sein verheißendes Wort mit Brot und Wein. So gibt er sich selbst vorbehaltlos allen, die Brot und Wein empfangen; der Glaube empfängt das Mahl zum Heil, der Unglaube zum Gericht. Die Gemeinschaft mit Jesus in seinem Leib und Blut können wir nicht vom Akt des Essens und Trinkens trennen". Diese den Arnoldshainer Abendmahlsthesen ähnliche Aussage ist näher zu entfalten.

48.3.1. Realpräsenz als Spiritualpräsenz

Wichtig ist die Feststellung, daß zum Gesamtverständnis des christlichen Glaubens das Wissen um Gott als dem *dreieinigen Gott* gehört. Das bedeutet hinsichtlich des Abendmahls: alle Kirchen vertreten die sogenannte *Realpräsenz* Christi, auf deutsch: die tatsächliche Gegenwart Christi im Abendmahl. Generationenlange Behauptungen, bei den Reformierten feiere man lediglich ein Erinnerungsmahl, wobei Brot und Wein allenfalls Leib und Blut Jesu ‚bedeuten' (= vergleichend ersetzen), war eine unzutreffende Unterstellung. Auch die reformierte Lehre weiß mit den anderen Protestanten – und mit der römisch-katholischen Kirche –, daß Christus im Abendmahl real und wirklich anwesend ist. Die Realpräsenz ist jedoch eine *Spiritualpräsenz*, Christus ist als der auferstandene Herr im Heiligen Geist gegenwärtig. Auch im Abendmahl gilt die Trinität: Gott Vater, Sohn und Heiliger Geist sind der eine sich uns offenbarende Gott.

48.3.2. Die Elemente und das Geschehen

Es liegt genau in der Linie der hebräisch-aramäischen Denk- und Sprechweise, wenn das Abendmahl *nicht* vom Betrachten der *Elemente* Brot und Wein her begriffen und erfahren werden kann. Wesentlich ist das Handeln und Geschehen im Abendmahl. Daher ist die *Wirkung* des Mahles fern jeglicher Parallele zum Einnehmen von einem *Medikament* zu verstehen, wie es von den alten Kirchenvätern her bis in unsere Tage oft (miß)verstanden wurde. *Wesentlich ist* hingegen *das Geschehen* im Abendmahl: Jesus opfert sich für unsere Rettung, er schafft Gemeinschaft mit uns; die Christen pflegen Tischgemeinschaft untereinander und mit ihrem Herrn, sie helfen einander (denn über die Feier im engen Sinne hinaus geben sie einander Speise, also Lebensmittel im doppelten Sinn).

48.3.3. Unangemessene Umschreibungen

Evangelisches Abendmahlsverständnis hält das *Abendmahlsgeschehen* für *unangemessen beschrieben*, wenn gelehrt wird, leibliches und ‚seelisches' Essen liefen nebeneinander her, oder es würde ein übernatürlicher Stoff empfangen, oder die Christusgemeinschaft sei neben dem Essen her nur ein geistiger Vorgang. Oder Brot und Wein würden durch die Stiftungsworte in eine übernatürliche Substanz verwandelt, oder das Abendmahl wiederhole jenes „ein für allemal" geschehene, gültige Golgota-Ereignis. Christi „Gegenwart ist die Gegenwart einer Begegnung, nicht eines Naturphänomens, ist Handeln Christi mit und an uns, nicht die Bildung einer neuen Substanz, deren man habhaft werden könnte" (E. Schweizer).

48.3.4. Einmündung in einen dreifachen Auftrag

Schließlich ist noch zu betonen, was beim Abendmahlfeiern fast immer übersehen wurde. Es ist nicht Selbstzweck, sondern mündet in einen dreifachen Auftrag.

Die feiernde Gemeinde lebt noch in einer Welt voller Not und Lieblosigkeit, voller Schmerz und Verzweiflung. „Darum speist uns der Herr durch sein Mahl, um uns zu stärken in dem Kampf, in den er die Seinen sendet". Das bedeutet *erstens* Ermutigung, sich als Christ vor aller Welt zu *bekennen.* Im Abendmahl wird uns die Kraft dazu geschenkt. *Zweitens* hat das Abendmahl in seinem Sendungsauftrag die *diakonische Hinwendung* zum Nächsten. Folgerichtig teilen in der streng reformierten Tradition Diakone beim Abendmahl Brot und Wein aus. Das Christusgeschenk will und soll durch die feiernden Christen hindurch im sozialen Bereich wirksam werden. Auch hier gehören das Heil und Wohl der Menschen unzerreißbar zusammen. Die Abendmahlsgemeinschaft ist weit offen für jedermann, denn Christus ist für alle gestorben und will, daß allen geholfen werde. Hiermit ist *drittens* das sehnsüchtige Warten auf die *Vollendung nach diesem Erdenleben* und dieser Weltzeit angerührt. Insofern hat es tiefen Sinn, wenn Menschen im Angesicht des Sterbens die Stärkung und Verheißung des Herrenmahles wünschen und wissen, daß jemand in Christo alles als neu geworden erlebt (2 Kor 5,17).

49. Beichte

Für evangelische Christen bringt das Stichwort Beichte *Schwierigkeiten.* Gut evangelische Tradition redet hier lieber vom seelsorgerlichen Gespräch und Zuspruch oder vom ‚Amt der Schlüssel'. Man weiß durchaus etwas von der Beichte und bestreitet auch nicht ihre Notwendigkeit. Das zeigt sich im Alltagsleben und in der Umgangssprache, worin öfter zu hören ist „Ich will Ihnen die Sache jetzt mal beichten", also endlich zugeben oder freimütig aussprechen.

Die Beichte gibt es auch noch *im gottesdienstlichen Bereich.* Immer noch heißt es vielerorts, „am nächsten Sonntag ist mit dem Gottesdienst verbunden Beichte und Abendmahl". Dem zweiten Sakrament voraufgehen muß danach – als Vorbereitung zum Empfang von Brot und Wein – die Beichte und Absolution, (obwohl im Abendmahl auch Absolution liegt). Das geschieht häufig in Form der allgemeinen Beichte, wonach der Pfarrer vorformulierte Fragen stellt und die Gemeindeglieder gemeinsam sinngemäß antworten: Ja, diese Schuld und Sünden reuen mich, ich erbitte von Gott Vergebung. In der Absolution wird sie den Bekennenden zugesprochen, wobei der Pfarrer kraft seines Amtes die Vergebung unter Hinweis auf Gottes Wort und im Namen des Dreieinigen Gottes zuspricht.

Für viele ist damit schon alles gesagt, was Evangelische dazu zu sagen vermeinen. Doch schon Martin Luther sah die wahre Beichte für einen Christen als nötig und selbstverständlich an. So fragen wir im Zusammenhang mit den beiden Sakramenten anhangsweise nach ihr.

49.1. Formen der Beichte

Wie schon angedeutet, gibt es bei der Beichte als einer *speziellen Form der Seelsorge* verschiedene Weisen, die sich nach äußeren Merkmalen einteilen lassen.

(1) Da ist zuerst die *Herzens- oder heimliche Beichte.* Sie ist ein Vorgang, bei dem ein einzelner Mensch im Gebet vor Gott seine Schuld ausspricht und darlegt, wobei er Gott unter Hinweis auf seine Vergebungszusagen durch Jesus Christus um diese Vergebung bittet. Ob andere Menschen davon erfahren, ist hierbei nicht wesentlich.

(2) Die *rein menschliche Beichte* ist jene oben erwähnte freimütige Aussprache und damit Zugeben einer Schuld gegenüber einem anderen oder in Gegenwart mehrerer. Vom Beichtenden her wird damit die Erwartung verknüpft, der andere möge es ihm nun auch nachsehen oder, wie es manchmal heißt, vergeben und vergessen. Man arbeitet das Problem (im gruppendynamischen Prozeß) auf und setzt einen Neuanfang miteinander. Diese Form hat erst in weiterem Sinne Verbindung mit der hier angesprochenen kirchlichen Beichte als spezielle Seelsorge.
(3) Auch die *öffentliche Beichte* wurde eingangs erwähnt. Sie ist in dieser Charakterisierung allerdings so zu sehen: ein einzelnes Gemeindeglied tritt vor die Versammlung und bekennt allen Mitchristen seine Sünde, die es bereut und für die es vor der Gemeinde von Gott Vergebung und Neuanfang erbittet. Höchst selten finden wir diese Form noch bei uns in der Volkskirche. Ihre Modifizierung jedoch wurde zur Regel: Das Bekennen in der sogenannten *Offenen Schuld* geschieht von allen Gemeindegliedern gemeinsam (wobei sich die Gemeinde festliegender Formeln bedienen muß, in denen jeder für sich selbst im Sinne der heimlichen Beichte das ihn jeweils Betreffende, richtiger Treffende, mitzudenken hat). Dies ist die *allgemeine Beichte*.
(4) Die *Einzelbeichte* ist das alte Angebot kirchlicher Seelsorge. Faßt und regelt man sie für jedermann in der Gemeinde, weil für jeden das Schuldbekenntnis wichtig und eine Stufe zum Heil ist, kommt man nicht um eine gewisse Ritualisierung herum. Dabei wird die Frage nach dem geistlichen Geschehen darin problematisch. Sie behält aber ihre Bedeutung als Beichte eines einzelnen Menschen vor einem Seelsorger – er braucht kein ordinierter Theologe und Pfarrer zu sein, aber ein wahrhaft seelsorgerlicher Mensch.

(5) Anhangsweise sind *Fehlentwicklungen der Beichte* zu erwähnen, die heutzutage manchem als zutreffend erscheinen. Obenan steht die Psychologisierung der Seelsorge als Beichte. Weil das Beichtgespräch als solches nicht unwesentlich vom Beachten der Regeln angemessener und zielgerichteter Gesprächsführung abhängt, bemühen sich Pfarrer zu Recht hierum. Hinzu kommt die

Beobachtung, daß wirkliche Fragen der Beichte und Seelsorge heutzutage mehr dem Arzt und Psychologen vorgelegt werden als dem Pfarrer. Für beide Berufsgruppen ergibt das Probleme. Für die Beichte im engeren Sinne ist zu beachten, daß moderne Methoden die eine Selbstfindung des einzelnen zu seiner Lebensbewältigung und Konfliktbewältigung zum Ziel haben (eine psychotechnische Sache besonders für den Intellekt), das Wesen des schlichten Zuspruchs der Vergebung aus Gottes Wort nicht übersehen dürfen, welchem ein Neubeginn im Glauben folgt. Im geistlichen Gebiet gelten noch andere Zusammenhänge als im natürlichen; denn Beichte hat unerläßlich den ‚transzendenten Bezug'. Den aber gibt es nicht ohne weiteres in gruppendynamischen Prozessen oder in solchen der sogenannten Selbstfindung. Beichte und Seelsorge sind nicht pfarramtliche Instrumente zum Abbauen von Ängsten Sozialgeschädigter in einer fehlgeleiteten Gesellschaft. Das kann eine Folge und Frucht des theologisch zu verstehenden Befreiungsprozesses sein. Seelsorge als solche ist Glaubenshilfe und Hinführung zum „Gott allen Trostes" (2 Kor 1,3f.).

49.2. Gestalt der Beichte

Wenn deutlich wurde, daß Beichte zwar der Psychiatrie benachbart und beide Formen der Hinwendung zum Hilfebedürftigen ihre eigene Würde und eigene Bedeutung haben, kann in Kürze umrissen werden, was Beichte meint. Es soll am Darstellen dessen geschehen, was die *Hauptelemente* einer Beichte in ihrem Verlauf sind. Sie sind in allen Konfessionen gleich.

Neben dem sorgfältigen Studieren des Wirkens und *Sprechens Jesu* in den Evangelien ist die Lektüre der *Psalmen* eine wichtige Schule dessen, was Beichte und Zuspruch der Vergebung sind, wobei meistens auch im offenen Bekennen und Berichten des Frommen die guten Folgen einer Beichte erkennbar werden.

Die Beichtsituation kann für einen Seelsorger jederzeit eintreten. Mitten im Gespräch kann das Aussprechen der Sünden erfolgen. Es kann aber auch angemeldet geschehen, wozu der angemessene

Raum und Zeitpunkt zu wählen sind. Beiden Beteiligten muß deutlich sein, daß in solchen Situationen nicht bloß eine bedauerliche Menschlichkeit ausgesprochen wird, sondern es um wirkliche Beichte geht. Wirkliche, das heißt mit vollem Gewicht: jetzt und hier wirkt etwas, genauer, wirkt jemand, nämlich der Heilige Geist Christi.

Nach dem *Aussprechen aller Schuld* (ohne ‚Rest') und dem tatsächlichen *Bereuen* folgt die *Absolution,* das heißt die auf Gottes Wort bezogene Zusage der Vergebung. Im förmlichen Zuspruch geht es darum, daß der Beichtende „frei, ledig und los" ist von seiner Schuld. Sie ist durch Gott um Jesu Christi willen erledigt, vorbei, ausgestrichen.

Zu den *Folgerungen* gehören vor allem zweierlei: Für den Beichtenden ist sie nur dann als ernst verstanden erkennbar, wenn er nun auch „hingeht und nicht mehr sündigt" (Joh 8,11) wie zuvor. Das sagt Jesus wiederholt.

Ob das Klarwerden mit demjenigen oder den mehreren, an dem man unmittelbar schuldig wurde, möglich ist, wird der jeweilige Fall erweisen. Wenn es sogar um strafrechtliche Dinge geht, wird ein befreiter, aus der Vergebung lebender Mensch anders entscheiden als der bange, die Schuld und Untat verbergen wollende Sünder. Und wenn ein solcher Mensch künftig selber ein Helfender wird und aktiv in der Gemeinde und ihrer Diakonie tätig wird, sind das ebenso Folgerungen aus dem veränderten Leben.

Und für den die Beichte abnehmenden Seelsorger gilt weiterhin die Fürbitte und selbstverständlich unbedingtes Schweigen über das Erfahrene. Das *Beichtgeheimnis* ist streng zu wahren. Und sollte das Gehörte ihm schwer auf der Seele liegen, ist wiederum Gott selbst die Adresse, bei der er das Mittragen all dessen erfährt.

50. Gebet

50.1. Die Situation

Peinlich berührt oder mit einem *schlechten Gewissen* wendet sich mancher vom Thema Gebet ab. Er findet sich dabei in bester Gesellschaft; denn bei der Weltkirchenkonferenz 1968 hieß es dazu: „Wir wissen, wie sehr die Frage des Gottesdienstes und des Gebetes viele Menschen persönlich bedrängt. Manche Christen versuchen es immer wieder mit einem regelmäßigen Gebetsleben, trotz häufigen Versagens. Die meisten haben ein schlechtes Gewissen, weil sie zu wenig beten. Manche haben *den Versuch zu beten* fast ganz aufgegeben".

Ist also die bekannte *christliche Einstellung* zum Gebet noch verantwortbar? Die Bibel redet ganz anders: *Jesus* „blieb (öfter) die ganze Nacht über im Gebet" (Lk 6,12). *Paulus* verlangt: „Betet, ohne nachzulassen" (1 Thess 5,17 u.ö.). Die *Urgemeinde* war „stets einmütig beieinander im gemeinsamen Gebet" (Apg 1,14; und Offb 4,8; 7,15 spricht vom Beten „Tag und Nacht").

Daneben wissen wir, daß die allermeisten Menschen auf der Erde beten. 400 Millionen *Muslim* (viele Gastarbeiter!) beten fünfmal täglich; die *Buddhisten* und die *Animisten* beten regelmäßig zu ihren Göttern, wobei sie keine Nachlässigkeiten dulden. Wir *Christen* hingegen haben intellektuelle Zweifel. Wir fragen, warum überhaupt Gebet? Was ändert sich dadurch? Ist Beten sinnvoll und eines mündigen Menschen überhaupt würdig?

Der *Unterschied zwischen Gebet und Psychotherapie* ist an dieser Stelle zu erwähnen. H. J. Fritzsche nennt dazu dreierlei:

(1) Gebet ist kein Mittel zum Zweck – wie autogenes Training –, sondern es folgt einem Imperativ und Gebote Jesu (Mt 7,7ff.).

(2) Es ist keine Autosuggestion oder eine Anleitung dazu, um sich selbst zu erlösen oder seine Probleme zu bewältigen; sondern Subjekt des Gebets bleibt der Heilige Geist Gottes (vgl. Röm 8,26).

(3) Gebet hat nicht den Charakter des distanzierten Gegenüber wie in der psychotherapeutischen Konsultation; sondern Gebet ist Vergegenwärtigung der wahren Gemeinschaft mit Gott dem Vater und unter den Christen, also in der Gemeinde.

50.2. *Die Grundlage*

Nachdem wir uns klarmachten, daß Beten nach wie vor modern und sowohl menschen-würdig als auch -notwendig ist, besinnen wir uns auf die Probleme um die *Begründung zum Beten.* Was treibt zum Gebet? Was gibt uns Grund und Recht zum Gebet?

50.2.1. Einordnung des Gebetes in den Glauben

In den Glaubenslehren fällt im deutschen Sprachbereich der evangelischen Kirchen auf, daß ein Kapitel Über das Gebet selten vorkommt. Anders ist es im anglikanischen (englischen) und im römisch-katholischen Bereich. Liegt es daran, daß wir das Beten als selbstverständliche Begleitung des gesamten Nachdenkens über den Glauben verstehen? Dennoch ist zu fragen: welchen Ort nimmt das Gebet systematisch ein? Man hat hier aufzuzählen:

(1) Gebet ist *Antwort auf Gottes Wort* und Offenbarung, die uns in der Bibel begegnen. Weil und insoweit Gott sich mit uns in Verbindung begibt, kann der Mensch seinerseits Beziehung zu diesem Adressaten seines Betens knüpfen. Sein Gegenüber ist unmittelbar der lebendige Gott. Das vollzieht sich jenseits von Psychologie oder von Mystik und Kontemplation (Versunkenheit). Gebet durchstößt sogar die scheinbar festliegenden Bezüge von Vergangenheit, Gegenwart und Zukunft.

(2) Im Gebet haben wir es mit dem *dreieinigen Gott* zu tun. Gottes Schöpferwort trifft den kreatürlichen Menschen, sein Versöhnerwort trifft den Sünder, und sein Erlöserwort trifft das Gotteskind. Im Gebet „erweist sich die Wahrheit der trinitäts-theologischen Aussage" (P. Jacobs).

(3) Gebet ist wesentlich ein Geschehen innerhalb der *Gemeinde,* weil es um Fürbitte und Anbetung, um Glaubensstärkung und Gottes‚dienst' geht.

(4) Das Gebet ist Nachfolgen und *Befolgen von Gottes Willen,* es hat daher mit der Vorsehung und Erhaltung aller Dinge und Wesen durch Gott zu tun, wozu die ganze Natur und Weltgeschichte gehören. Insofern ist Beten nicht nur nützliche oder pflichtmäßige Übung, „sondern vielmehr eine gewirkte, dem Glauben selbst zugehörige Antwort gleich dem ersten Vortasten und der späteren Zuversicht der Liebe. Es muß als ein *Eindringen des Glaubens in den Zweifel* und als das suchende Vortasten des Zweifels in den Glauben verstanden werden" (Uppsala 1968).

50.2.2. Gebet, Glaube und Zweifel

Unser Zweifel an Gott bei so viel Not und Schrecken, Unrecht und Versagen, Schuld und Bosheit in der Welt ist groß. Schon die *Warum-Frage* dabei hat als Adressaten nur Gott, dessen Schöpfung „sehr gut" sei. Das ist schon eine *Vorform des Gebetes*, die bei Christen weiterführt zum Wozu im Wissen, daß er sich durchaus gänzlich Gott und seinem Leiten anvertrauen kann.

Andererseits war soeben die Rede vom „*Vortasten des Zweifels* in den Glauben". Das meint, vom Glauben her gesehen ist der Zweifel umschlossen durch die Güte Gottes. An einem Paulus-Text sei das erläutert. Es heißt in Röm 1,21: „Trotz ihrer Erkenntnis priesen sie Gott nicht als Gott und dankten ihm nicht, sondern sie haben ihre Gedanken dem Nichtigen zugewandt, und ihr unverständiges Herz verfinsterte sich". Das bedeutet, wenn jemand auch nur von ferne von Gottes Existenz ‚weiß', kann auf Gottes Zuwendung nur Dank und preisende Anerkennung folgen. Der Mensch – im Unterschied zum Tier, das nicht betet! – ist das zum Antworten geschaffene Lebewesen. Wer Gottes Führungen erkennt, wird sie auch anerkennen. Selbstverständlich ist Gott kein Automat oder Computer, den der Mensch mit seinen Gebetswünschen füttert, worauf Gott entspechend zu reagieren habe. Gott erhört zu seiner Zeit und wie er es will und plant. Daher ist unser Schicksal nicht blind oder eine sinnlose Folge von Geschehnissen, und die Weltgeschichte ist kein Lotteriespiel. Gott sitzt im Regiment. Durch unser Gebet werden wir jedoch gerade *mündige Partner* Gottes, deren (im Gebet ausgesprochener) Wille sich zwar Gottes Willen nachordnet, aber dennoch in ihn aufgenommen (besser: angenommen) wird.

Beten ist also ein *Befreiungsakt*, in dem der Mensch jenseits von aussichtsloser Angst und Ziellosigkeit erfährt, daß sein Rufen nicht ins Leere geht und schon gar nicht ein Selbstgespräch bleibt, sondern bei dem ankommt, der Treue und Liebe wahrt. Daraus erwächst dem Beter Kraft und Zuversicht für sein Tun oder Lassen, für seine Pläne und seine Arbeit, für sein Denken und Spielen (man erinnere sich an Fußballspiele im Fernsehen, bei denen mancher Champion sich betend bekreuzigt).

Beachtenswert ist hierzu ein Gedanke, den ausgerechnet der Atheist

Friedrich Nietzsche formulierte: „Du willst niemals mehr beten, niemals mehr anbeten, niemals mehr in Gott ausruhen? Dann versagst du es dir, deine Gedanken abzuschütteln, dann hast du keinen Wächter für die sieben Einsamkeiten. Dann gibt es keine Vernunft und keine Liebe mehr für dich in dem, was dir geschieht. Dann steht deinem Herzen keine Ruhestatt mehr offen – Mensch, alledem willst du entsagen? Wer wird dir dann Kraft geben?"

In den Zusammenhang von Gebet und Zweifel gehört die Besinnung über den jeweiligen Intellekt oder Erkenntnisstand des einzelnen. In Jak 1,5 f. wird empfohlen: „Wenn jemandem unter euch an *Weisheit mangelt (!)*, so bitte er Gott darum, der jedem gern gibt und keine Vorhaltungen macht; dann wird sie ihm gegeben werden. Er bitte aber im Glauben und zweifle nicht; denn wer zweifelt, der gleicht einer Meereswoge, die vom Winde getrieben und hin und her geworfen wird".

Dieser fast wie ein Patentrezept für Prüfungen anmutenden Aufforderung ist im *weiteren Rahmen* Röm 8,26f zuzuordnen. Paulus beschreibt dort eine Erfahrung: „Der Geist Gottes *hilft* auch *unserer Schwachheit auf*. Denn wir wissen nicht, was wir beten sollen, wie sich's gebührt; sondern der Geist selbst tritt für uns ein mit unaussprechlichem Seufzen. Der aber die Herzen erforscht (nämlich Gott), der weiß, was der Geist will; denn er tritt für die Heiligen ein, wie es Gott gefällt". Hinter der erwähnten Schwachheit verbirgt sich unsere Menschlichkeit in ihrer Begrenzung (das Kindsein, Behinderungen, der Intelligenzquotient, die Verkalkung, die Ohnmacht in Beruf, Familie, Politik). Und uns Menschen ist grundsätzlich die Unfähigkeit zum rechten Beten eigen. Christen brauchen sich daher nicht zu schämen, wenn es mit ihrem Beten scheinbar nicht klappen will. Hier brauchen wir uns nur des Angebotes vom *Helfen durch den Heiligen Geist zu bedienen*, ja wir können nur einfach „Abba" rufen (die altisraelitische Koseform für Vater; vgl. Röm 8,15, Gal 4,6). Im Abba-Ruf *erkennen wir unsere Gottes‚kindschaft' an*. Dort wird der schwache Mensch auch als Sünder Befreiung zum Wirken und dankbaren Leben vor Gott erfahren.

Kein Gebet verhallt einfach im Leeren, es sind auch keinerlei menschliche Voraussetzungen und Gebets-Fähigkeiten erforderlich. Denn vorweg geht der Anruf Gottes in seinem Wort mit der Hilfezusage. Alles, was wir tun, kann nur Instrument für das Wirken des Geistes sein, und Christus nimmt unser armseliges Gebet in seine vollkommene und endgültige Selbsthingabe hinein.

50.3. Zur Gebetspraxis

Jesus gab seinen Jüngern auf ihre Bitte hin (der wir uns anschließen) verständliche, ermutigende und hilfreiche *Gebetsanweisungen* (Lk 11; Mt 6 u. 7). Wir nennen einige, wobei die heutige Praxis gleich eingeschlossen wird.

(1) *Das Vaterunser:* Die *Anrede* im bekannten Wortlaut bindet an Gottes Wirklichkeit und Überlegenheit. Sie bestimmt Inhalt und Umkreis aller Gebete. Sie bezeugt, daß „die Gottesgnad alleine steht fest und bleibt" (wie es im Choral heißt).

Die folgenden *sieben Bitten* des Vaterunser stehen in einer theologisch wichtigen Folge, wie sie der durch Gottes Wort gebundene Beter wählen soll. Man erkennt im Herrengebet die „*Rangordnung* christlicher Gebetsanliegen, indem es vor unseren – wohlgemerkt leiblichen und geistlichen – Anliegen die Bitte um die Sache Gottes setzt. Kein Gebet entfernt sich ungestraft von dieser Rangordnung (was nicht dasselbe wie Reihenfolge ist). Diese Rangordnung ist das inhaltliche Kennzeichen eines christlichen Gebetes" (H. Benkkert).

(2) *Der Psalter:* Die Bedeutung der 150 alttestamentlichen Psalmen als Gebetbuch (und Gesangbuch) ist nicht zu übersehen. Sie meinen stets den in der Gemeinde stehenden Frommen.

(3) *Biblische Lobgesänge* kennen wir auch als spezifische Gebetsformen. Z.B. Lk 1 (von Maria und Zacharias), der Gesang der Männer im Feuerofen oder das Mose- und Mirjam-Lied aus Ex 15.

(4) *Gottesdienstliche Gebete* begegnen uns in längerer oder kurzer Gestalt, vorformuliert und in sogenannten Agenden gedruckt oder frei formuliert, zuweilen aus dem Augenblick heraus.

(5) *Bibellese und Beten* gehören unbedingt zusammen. Die Bibellese ist die Keimzelle der Gebetsübung und -sitte. Hierbei kann die *Meditation* (das eindringende Bedenken des Textes) ins Beten übergehen, ist aber selbst noch nicht Gebet.
(6) *Gebetbücher:* Außer den, strenggenommen dahin gehörenden, biblischen Texten, gibt es seit eh und je solche Gebetbücher, die Gebetsanweisungen sind.
(7) *Formen und Ordnungen christlichen Gebetes:* Weil das Leben umfassend und bunt ist, kann das Gebet für den Glaubenden praktisch alles und jedes zum Inhalt und Gegenstand haben, ob das nun Freuden oder Nöte sind, Sorgen oder Beglückungen, Kleinigkeiten oder die Weltpolitik; alles kann im Gebet vor Gott an- und ausgesprochen werden, weil Gott Herr über alles und alle ist. So kam es neuerdings zu dem Satz: aus der Zeitung erfahren wir, *was*, und aus der Bibel, *wie* wir beten sollen.
An *Gebetsformen* gibt es vor allem *Anbetung* als Annäherung an den heiligen Gott / *Anrede*, weil es ein echtes Gespräch ist / *Bitte* / *Fürbitte*, also denken an andere und nicht nur drehen um sich selbst / *Dank*, auch für die geringsten Kleinigkeiten, aus denen das Leben sich weithin zusammensetzt / *Lob* als Weitersagen der Hilfen und guten Erfahrungen beim Vertrauen auf Gott / *Augenblicksgebete* als Stoßseufzer oder bewußtes Gott-sei-Dank-Sagen / *einsames Gebet*, wie es jeder Fromme laut, leise oder denkend pflegt / *gemeinsames Gebet*, zu dem zwei oder drei, eine Gemeinde oder eine riesige Versammlung sich verbinden.
Damit leiten wir zu den *Gebetsordnungen* über. Sie sind ebenso vielfältig wie die Menschen und Veranlagungen oder die Gegebenheiten sind. Ob man einmal oder dreimal täglich betet, ob man in seiner Familie oder grundsätzlich ‚für sich' (so formuliert klingt es bereits widersprüchlich) betet, ob man zu den Mahlzeiten (vorher oder nachher oder beidemal oder zu bestimmten Mahlzeiten nur) betet, ob man zur Nacht oder beim Aufstehen noch im Bett liegend betet: alles das ist eine Frage der *jeweiligen Situation und Sitte*. Es ist ferner sehr verschieden, wie die *Körperhaltung* der Beter ist. Man kennt Beter mit geschlossenen oder offenen Augen, mit gefalteten Händen oder vor der Brust verschränkten Armen, mit Armen

auf dem Rücken oder einfach dort liegend, wo sie zu Beginn des Gebetes gerade waren. Wer beispielsweise unterwegs im Auto betet, wird die Hände selbstverständlich am Lenkrad lassen. Entscheidend bleibt: diejenige Gebetshaltung ist recht, die zum wirklichen Beten dienlich ist.

(8) *Das Gebet im Kämmerlein:* Mit dieser Rede, die auf Jesu Wort in Mt 6,6 zurückgeht, ist gemeint, daß im eigenen Zimmer, also beim Gebet ohne menschliche Zeugen, die Bewährungsprobe echten Gebetes abgelegt wird. Dort sind jegliche Heuchelei, alle Selbstrechtfertigung und der Selbstbetrug gänzlich fehl am Platz. Dort steht oder liegt der Beter vor Gott, der ihn und die Umstände besser kennt, als er selber, und der zuvor schon weiß, was der Beter braucht und bitten möchte. Denn beten ist ein „Gespräch des Herzens vor Gott".

50.4. Das Amen

Unser Gebet pflegt mit dem Wort Amen abzuschließen. Es entstammt dem *Hebräischen* und meint dort etwas, das sich als fest und zuverlässig erweist, das Bestand hat und wahrhaftig ist. Amen gewinnt besonders im Neuen Testament die Bedeutung eines bekräftigenden, bestätigenden und vertrauensvollen Abschlusses vom Gebet. Amen wird zum Ausdruck des Glaubensgehorsams gegenüber Gottes Treue.

Der Heidelberger Katechismus erläutert in klassischer Kürze die Bedeutung des Wortes Amen mit der Formulierung: „Amen heißt, das soll wahr und gewiß sein; denn mein Gebet ist viel gewisser von Gott erhört, als ich in meinem Herzen fühle, daß ich solches von ihm begehre".

XI. Das befreiende Heilswerk

Die folgenden Abschnitte handeln davon, wie das erlösende und bewahrende Wirken des dreieinigen Gottes sich bei uns Menschen *auswirkt*, wie wir Christen werden und dann zu leben aufgerufen sind. Dabei geht es um Bekehrung, Wiedergeburt und Rechtfertigung, um Gnade, Berufung und Heiligung, um Freiheit und um ihre Bewährung in der Nachfolge sowie im Gehorsam des Glaubens. Damit kommen wir an eine Grundlegung der Ethik, die von der Dogmatik nicht abgesetzt werden kann (vgl. Gal 5,1 u. 6) und in diesen Hauptabschnitt eingegliedert wird.

Wenn einzelne Begriffe nur beiläufig erwähnt sind, ist die in ihnen gemeinte Sache da oder wurde – wie es sich in der Dogmatik überall anbietet – bereits andernorts mit bedacht. Das Entfalten der biblischen Erkenntnis ist wie kreisendes Beleuchten eines Gegenstandes, wobei jeweils nur ein Teil und eine Seite des Ganzen in den Scheinwerferkegel geraten.

Welche Vokabeln im einzelnen für das befreiende Heilswerk verwendet werden, ist verhältnismäßig frei. Die Bibel entlehnt sie aus den Bereichen der Biologie, Jurisprudenz, dem Opferkult. Es muß und darf aber bei uns nicht immer „die Sprache Kanaans" sein.

51. Gnade und Gerechtigkeit

Wo begegnen uns die beiden *Ausdrücke* Gnade und Gerechtigkeit? Wir denken wohl zuerst an alles, was mit Recht, Justiz oder richterlicher Entscheidung zu tun hat. Wenn bei jemandem Gnade vor Recht ergeht, hatte er besonderes Glück. Aus der Sicht von Angeklagten ist dabei die Gerechtigkeit ohnehin eine höchst dehnbare Angelegenheit. Was als Gerechtigkeit anzusehen sei, wurde sehr unterschiedlich in den verschiedenen Kulturepochen oder unter politischen Systemen beurteilt.

In Verbindung mit Kirche und Glauben reden wir ebenfalls von

Gnade und Gerechtigkeit. Hier sind die einzelnen Vorstellungen oft ziemlich verschwommen. Es hat irgend etwas mit Gott zu tun, aber auch mit den Menschen. Gewiß wurde näher darüber nachgedacht, zum Beispiel vor 450 Jahren in der Reformationszeit. Damals brach die einheitlich gegliederte christliche West-Kirche letztlich am Streit um Gnade und Gerechtigkeit – genauer: um das Wie der Rechtfertigung des Sünders vor Gott – auseinander in einen katholischen und evangelischen Teil. Worum geht es?

51.1. Gottes Gnade als Geschehen

51.1.1.

Vom *allgemeinen Sinn* her ist Gnade ein Wohlwollen und Wohltun. Jemand erfährt eine freundliche Zuwendung und Gefälligkeit. Solches Geschenk ist einem angenehm, oft sogar erwünscht. Begnadung kann nach unserer Sprachgepflogenheit auch eine Art von Geschenk sein, das jemand als Begabung und Veranlagung in sich hat. Man redet dann von einem begnadeten Künstler oder Redner, einem begnadeten Chirurgen, Architekten oder Handwerker.

51.1.2.

Die Bibel bleibt mit ihrem Gebrauch des Begriffes Gnade (der nicht in den Bereich der Logik gehört) grundsätzlich im angegebenen Umfeld, akzentuiert aber in besonderer Weise. Damit wird Gnade zu einem Kernbegriff der christlichen Erkenntnis, die eng an Gottes Tun gebunden ist. Dieses Tun Gottes besteht in seiner unergründlichen Hinwendung zu Verlorenen, Kranken, Armen und Hoffnungslosen. In dem Verständnis reden die *Evangelien* von Gnade.

Die *Apostelgeschichte* nennt Gnade folgerichtig als eine von Gott (und damit vom auferstandenen Christus) ausgehende Kraft, die Voraussetzung für den Erfolg der Mission ist. Um ein modernes Bild als *Vergleich* zu nehmen: Das Licht kommt in einer Glühbirne nur dann zum Leuchten, wenn sie ohne die geringste Unterbrechung eine totale Elektrizitäts-Stromverbindung bis zum Kraftwerk hat.

Vom Elektrizitätswerk geht der Strom = die Gnade aus und ist die verursachende Kraft für den Effekt Licht.
Der Vergleich aus dem Bereich der Physik ist biblisch insofern nicht abwegig, weil das hebräische (alttestamentliche) Hauptwort für Gnade in seiner Wurzel *Verbundenheit* bedeutet. Etwas oder jemand ist angebunden, damit ist die Schutzfunktion sowie eine Funktion des Geleitetwerdens möglich. Wichtig ist, wer verbindet und leitet.

51.1.3.

Auf die Frage nach dem Subjekt der Gnade gibt *Paulus* eine entscheidende Antwort, die er in harten Auseinandersetzungen mit dem rabbinischen Werkgerechtigkeits-Denken formuliert. In seinem Briefanfängen und -schlüssen wünscht Paulus deshalb den Adressaten stets Gottes Gnade, ohne die sie nicht leben können. Zwei sich im Glauben ausschließende Gegensatzreihen finden sich in den Paulusbriefen: Gnade, Geschenk, Gerechtigkeit Gottes, Überfluß, Glauben, Evangelium, Berufung, in der Gnade, Hoffnung einerseits und Gesetz, Lohn, Sünde, Werk, geschuldete Leistung, eigene Gerechtigkeit, Ruhm, fleischliche Weisheit, Vergeblichkeit andererseits sind diese Kontroversen. Durch Gottes Gnade bekommen alle Menschen geschenkweise, also ‚gratis' das Heil in Christus (Röm 3,21–31). Wer Anteil an der freien Zuwendung Gottes hat – einfacher ausgedrückt: wer durch die Predigt von Gottes Weisheit gepackt ist und nicht mehr von ihm los will und kommt –, der lebt „unter der Gnade" (Röm 6,12–23). Solcher Mensch ist wirklich Christ, und das muß in seinem Verhalten sichtbar werden.

51.1.4.

Dies alles hängt selbstverständlich mit dem Tun und Werk Jesu Christi zusammen. Er ist entscheidender und einziger Vermittler der Gottesgnade. Gott erbarmt sich über uns elende, insbesondere sündige, das heißt von ihm abgefallene Menschen durch die seligmachende Kraft des Evangeliums (Röm 1,16f.). Auf unserer Seite haben wir nichts zu bieten, das liebenswürdig wäre; dennoch *stellt*

Gott die Verbindung zu uns her durch Christus. Wir sind nur (um nochmals im technischen Bild zu reden) Empfangsstation. Eine Eigenleistung unsererseits ist weder gefordert noch nötig oder möglich. Die Gnade ist eine einseitige, umfassende, zum Glauben ausreichende Gottestat.

51.1.5.

Unser Nachdenken, ja unser menschliches Selbstbewußtsein stört solches *strenge Auseinanderhalten* von Gnade und Mittun. Warum ist das so? „Weil der Ausschluß der eigenen Leistung den Menschen in Wahrheit von dem Zwang befreit, sich selbst zu rechtfertigen und zu bestätigen... Gnade sagt uns, daß wir nicht Atlas sind, der die Welt trägt, sondern Menschen, die ihre Bestätigung aus der Hand Gottes empfangen" (M. Linz). Hierbei rückt uns Gott sozusagen allzu nahe auf den Leib. Wir möchten ihn gerne ein bißchen mehr in Distanz zu uns haben. Wir möchten außerdem im Bewußtsein unserer Tüchtigkeit einen eigenen Anteil am Bau des Reiches Gottes, der Kirche, haben. Doch die Botschaft von der Gnade weist das gerade ab. „Die nicht mehr klassenbestimmte, pluralistische Struktur der modernen Gesellschaft erschwert die positive Verdeutlichung der Gnade als ungeschuldeter herablassender Zuwendung eines an Macht und Stellung unendlich Überlegenen zu einem bedingungslos auf ihn Angewiesenen" (H. H. Eßer). Folge dieser Erkenntnis heutiger Lage ist eine gründliche und beständige Übersetzungsaufgabe; denn „der biblische Begriff der Gnade wird nur in dem Maß verständlich werden, wie er durch die Verkündigung der großen Taten Gottes in Christus, an seiner Gemeinde und in der Schöpfung bei Redenden und Hörenden inhaltlich gefüllt und im Mitvollzug abgebildet wird".

51.2. Gottes Gerechtigkeit als Rettungswerk

Nachdem wir feststellten, daß die Gnade nach biblischem Verstehen ohne menschliches Zutun verstanden ist, nicht von Gott trennbar ist (auch nicht im Sinne treuhänderischer Verfügbarkeit durch

Menschen), jedoch durch die Zuwendung Gottes zum Menschen diesem Hilfen und Fähigkeiten (die sogenannten *Gnadengaben des Geistes*) vermittelt, haben wir jetzt nach dem benachbarten Begriff Gerechtigkeit zu fragen. Was bedeutet er? Was nützt sie uns? Wie bekommen wir heutigen Menschen einen Bezug zur *Gottesgerechtigkeit*?

51.2.1.

Stets bemühten sich Menschen um vollkommene, wenigstens um *mehr Gerechtigkeit auf Erden.* Das ist schon vom Arbeitsplatz oder von den Mietparteien im Wohnhaus her bekannt. Die Antike dachte sich eine überlegene Grundkraft, mit der die Welt und das Zusammenleben geordnet werden könne. Gewisse politische Systeme bemühen sich in unserer Generation um ähnliches. Man verfolgt seine (subjektiv gesehen gute, zumindest für den eigenen Lebenskreis nützliche) Idee, um die Gerechtigkeit in der Welt zu schaffen. Wer nicht mittut, wird bestraft oder kaltgestellt. Heute wie damals bleibt das Suchen nach einer Grundordnung des Daseins, die man in Gesetze und Rechtsdokumente zu gießen bestrebt war. Bei der Weltkirchenkonferenz 1975 war beispielsweise der Kampf gegen die „Strukturen der Ungerechtigkeit" ein Hauptthema.

51.2.2

Nicht die absoluten Normen, die eingehalten werden müssen, um Gerechtigkeit zu erreichen, stellt das alte Israel heraus; sondern im *Alten Testament* findet sich die Vorstellung vom *Handeln Gottes*, das sich der *Welt zuwendet* und in ihr *ordnend wirkt.*
Alle alttestamentlichen Schriften sind davon erfüllt. Das galt für ganze Volksstämme wie für einzelne. Der Fromme rief Gott um Hilfe zur Herstellung seiner Gerechtigkeit an. Viele Psalmen besingen das helfende und gerechte Wirken Gottes in der Welt und unter den Menschen. Wenn jemand im Alten Testament als gerecht gilt, bezieht sich das auf seine Zugehörigkeit und sein Bekenntnis zum Volk Gottes. Dabei bleibt eine enge Verbindung zwischen Gott und dem Menschen bestehen. Hier zeigt sich die Zusammengehörigkeit von Gnade und Gerechtigkeit Gottes.

51.2.3.

Gerechtigkeit ist in der Bibel also weder eine Eigenschaft, die Gott in sich selbst hält, noch die dem Menschen zur Verfügung gestellte Ordnungskraft für das Zusammenleben in Gesellschaft und Natur. Gerechtigkeit ist vielmehr ein „Wirken, durch das Gott zu sich selbst in ein Verhältnis setzt, und sie ist das Verhältnis selbst, das aus diesem Wirken entspringt. Gottes-Gerechtigkeit ist die *Wirklichkeitsmacht der Gemeinschaft*, die Gott den Menschen mit sich selbst gewährt, in der er ihnen Lebensrecht gibt und es mit ihrem Leben recht macht. Die Eröffnung dieser Wirklichkeit ist keineswegs nachträgliches Reagieren Gottes auf menschliche Vorgegebenheiten und Leistungen, sondern aktives, schöpferisches Handeln, und zwar heilschaffendes Handeln" (W. Joest). Es ist „die Gerechtigkeit, die vor Gott gilt" (wie Luther Röm 1,17 übersetzte).

51.2.4.

Von sich aus und unter seinesgleichen ist der Mensch ratlos, in der Welt hilflos, heillos und hoffnungslos im Blick auf das Sterbenmüssen. Der christliche Glaube dagegen verkündet die *Rechtfertigung des Gottlosen* und versteht darunter: Jeder Mensch hat dennoch eine Chance, die Gott ihm bietet. Es gibt keinen hoffnungslosen Fall; auch dem mitgekreuzigten Verbrecher ruft Jesus noch zu: „Heute wirst du mit mir im Paradies sein". Dieser Jesus Christus trat für den Sünder ein. Er erlitt anstelle des schuldigen Menschen (das sind wir selbst!) die *richtende* Gerechtigkeit Gottes. Im auferstandenen Christus offenbarte Gott zugleich seine *vergebende* Gerechtigkeit, die auf Neuanfang abzielt. „Gott sei Dank" ruft Paulus in Röm 6,17ff. aus, „ihr seid befreit von der Sünde und jetzt Sklaven (d.h. Gebundene) der Gerechtigkeit".

Im Kerngedanken der lutherischen Reformationstexte (Confessio Augustana IV) ist das so formuliert: Die Menschen „können vor Gott nicht gerechtfertigt werden durch eigene Kräfte, Verdienste oder Werke, sondern umsonst (gratis) um Christi willen durch den Glauben". Die *Gerechtsprechung* und *Gerechtmachung* (forensisch und imputativ) ist die Heilszueignung im Heiligen Geist allein durch Christi Werk.

Hier schlägt das liebende Herz Gottes. Er schafft uns den Freiraum zum Leben. Dabei spielt es keine Rolle, ob wir in unterschiedlichen Staatsformen oder Altersstufen leben, ob wir reich oder arm, gesund oder krank, schwermütig oder unbekümmert sind: Alle haben das Angebot von Gottes Gerechtigkeit und Rechtfertigung. Um es jedermann zu vermitteln, eilten die Apostel in der ersten Christengeneration durch die Lande, bemühten sich Missionare zu allen Jahrhunderten um die Menschen in allen Kontinenten. Und um dieser Gottesgerechtigkeit willen, die uns schon jetzt und in alle Ewigkeit – das bedeutet über den physiologischen Tod hinaus – das wahre Heil gewährt, ließen sich Menschen zu allen Zeiten nicht nur verspotten (von den Uneinsichtigen oder den Selbstgerechten), sondern auch verfolgen und hinrichten.

51.2.5
So wie die Gnadengaben Gottes für den Empfänger nicht eigennütziger Besitz sind, ist uns die *zugesprochene Gerechtigkeit Gottes* keine selbstbezogene Frömmigkeitsqualität, die wir verfügbar hätten. Es ist auch hier wie mit der Glühlampe, sie leuchtet nur, solange der ununterbrochene Stromkontakt da ist. Aber sie leuchtet dann auch! Ohne Bild gesprochen: wer auf der Seite Gottes lebt und von ihm her jeglichen guten *Antrieb zum Praktizieren der christlichen Freiheit* erhält, der tut auch einiges für den Nächsten, für die Welt. Anders ausgedrückt: Christen sind grundsätzlich aktive Leute. Wieder anders ausgedrückt: Gottes Gerechtigkeit ist zwar gratis, aber nicht unverbindlich; sie erwartet „Gott gewirkte Gegentreue des Menschen" (G. Nordholt), die sich im Mittun der Christen in Wirtschaft, Gesellschaft, Politik und Wissenschaft auswirkt.

51.3. Gottes Ruf zur Umkehr und Erneuerung

In den Umkreis der Rechtfertigungsbotschaft gehört die in neutestamentlichen Texten verankerte Rede von *Bekehrung*, von *Wiedergeburt* und auch von *Berufung*. Im Zusammenhang mit dem Nachdenken darüber, daß die Sünde des Menschen wesensgemäß

‚zentrifugal', also grundsätzlich Flucht vor Gott und damit Gottlosigkeit ist, muß hier das Entgegengesetzte gesagt werden: *Bekehrung* als Umkehr zu Gott ist *zentripetal*; sie ist also eine entschiedene und kompromißlose Hinwendung zur Mitte des Glaubens, zu Gott hin. Dieser hat längst zuvor schon das Seil seiner Gnade ausgeworfen (um es bildhaft von der biblischen Begriffswurzel her zu formulieren) und erwartet unsere Anbindung an sein Heil. Hier ist ein subjektives, persönliches Entscheiden jedes Menschen vonnöten. Eine Schlüsselgeschichte im Neuen Testament ist dazu das Gleichnis vom verlorenen Sohn (Lk 15,11–32), der eines Tages – als alle seine (Un)möglichkeiten vertan waren – erklärte: „Ich verderbe, ich will mich aufmachen und zu meinem Vater gehen". Das war seine Bekehrung und Heimkehr, das Umdenken und Hinwenden zum Heil. Der Vater wartete schon. Bekehrung ist sowohl totales Geschenk und Angebot Gottes als auch bewußte Entscheidung des Menschen, es ist die Annahme des dargebotenen Geschenkes. Jener Sohn tat *Buße*. Nun stimmt die Richtung; es gilt, sie lebenslang einzuhalten. Rechtfertigung, Bekehrung, Berufung (nämlich der Ruf zum Annehmen des Gottesgeschenkes) und die Heiligung sind verschiedene Seiten desselben Geschehenskomplexes. Ziel ist der umfassende Friede Gottes, der über unser Begreifen durch Vernunft weit hinausgeht (Phil 4,7).

Gott erneuert uns „nach seiner Barmherzigkeit durch das Bad der Wiedergeburt und Erneuerung im heiligen Geist" (Tit 3,5). Der Begriff *Wiedergeburt* – lateinisch regeneratio – findet sich noch in Mt 19,28, die Sache auch in Joh 3,3–5. Es ist damit dasselbe wie zuvor ausgesagt: Gott als der Neuschöpfer wirkt neues Leben, einen Heilszustand, der das Menschenleben für das kommende Reich Gottes bereitet und bestimmt. Ohne den Heiligen Geist zu empfangen, gibt es keinen wahren Christenglauben. Das lehrt deutlich jene eindrucksvolle Episode in Ephesus, wo Paulus einige Jünger traf, die noch nie vom Heiligen Geist gehört hatten und daher auch nicht gültig getauft waren (Apg 19,1–7). So wird der Mensch Christ; aber erklären (womöglich mit psychologischen Kategorien) können wir die Wiedergeburt und Bekehrung nicht. Das Neue Testament verwendet Ausdrücke wie Gottes Eigentum, Kindschaft und Erbe.

„Gott ruft durch sein Wort im Heiligen Geist alle Menschen zu Umkehr und Glauben und spricht dem Sünder, der glaubt, seine Gerechtigkeit in Jesus Christus zu. Wer dem Evangelium vertraut, ist um Christi willen gerechtfertigt vor Gott und von der Anklage des Gesetzes befreit. Er lebt in täglicher Umkehr und Erneuerung zusammen mit der Gemeinde im Lobpreis Gottes und im Dienst an anderen, in der Gewißheit, daß Gott seine Herrschaft vollenden wird. So schafft Gott neues Leben und setzt inmitten der Welt den Anfang einer neuen Menschheit" (Leuenberger Konkordie).

52. Freiheit

Gott schenkt uns in Christus Freiheit. Wissen wir überhaupt, was wir meinen, wenn wir nach Freiheit verlangen? Überall wird davon geredet, man vermißt sie bei sich, bei sogenannten unterdrückten Völkern, im Beruf, im Privatleben. Manchem, der über Freiheit redet, möchte man ins Wort fallen und ihn fragen, ob er sich über das, was er Freiheit nennt, überhaupt schon klar geworden sei.

52.1. Freiheit im Alltag

Im persönlichen Leben erfahren wir Freiheiten, die bei näherer Betrachtung oft zweifelhaft sind. Das kleine Kind befreit sich von der Hand der Mutter und rennt auf die gefährliche Straße. Der Schulabschluß bringt endlich die ersehnte Freiheit und führt unmittelbar in eine Berufsausbildung hinein. Ein Abiturient wird frei von Mathematik, Latein oder Chemie und muß alsbald Soldat werden. Der Verunglückte wird endlich vom Gips befreit und stellt fest, daß er nicht mehr laufen kann. Der Strafgefangene hat seine Jahre im Knast abgesessen, doch in der Freiheit fühlt er sich todunglücklich. Der ältere Mitarbeiter wird frei vom Beruf, doch als Rentner findet er sich – angeblich oder wirklich – ‚draußen' vor. Der Hauseigentümer ist frei vom Ärger des Mieterseins, hat aber jetzt andere Haussorgen. Der freie Ruheständler ist behindert durch Altersbeschwerden. Der revolutionär denkende Jugendliche befreit sich von den Zwängen der Gesellschaft und wird unter Umständen Gefangener des Rauschgiftes mit seinen grausigen Folgen, obwohl er sich gerade im Rausch herrliche Befreiung erträumt. Eine Frau ist endlich die Fesseln einer traurigen und schrecklichen Ehe los und findet sich im Stand der Geschiedenen wieder, der keineswegs nur Ideale bringt. Man sparte Geld, um die Freiheiten eines Urlaubs am einladenden, leeren Strand zu genießen; doch einige Tausende anderer begaben sich aus gleichem Grund ebenfalls dorthin.

So ließe sich noch vieles aufzählen. Jedesmal taucht eine andere Behinderung auf, wenn man wähnt, endlich sei die Freiheit errungen. Schließlich erhebt sich die Frage, ob es die wahre Freiheit im Menschenleben überhaupt geben kann. Vielleicht ist das Ganze nur ein großer, schöner aber unwirklicher Traum, der niemals Wirklichkeit wird. Die Welt hat allerdings immer und überall die Freiheit beschrieben, gesucht und erhofft. Wir werden sehen, auf welchen Wegen und Irrwegen man dahin zu gelangen versucht.

52.2. Freiheit in der Antike

In den Perserkriegen sagten einst die Spartaner einem feindlichen Boten: „Die Süßigkeit der Freiheit hast du noch nicht gekostet; sonst würdest du uns raten, für sie nicht mit Lanzen, sondern auch noch mit Küchenmessern zu fechten." Freiheit bei den alten Griechen bedeutet soviel wie *über sich selbst verfügen*. Das scheint einleuchtend, doch bald stößt man an Grenzen. Sie liegen bereits dort, wo meine Interessen mit denen eines Nachbarn oder Freundes kollidieren. Wo jemand über sich selbst verfügen will, droht Willkür und Tyrannei. Als das erkannt wurde, flohen antike Philosophen in die Innerlichkeit. „Lebe im Verborgenen", empfahlen sie; und wenn es gar nicht mehr geht, dann fliehe in den sogenannten Freitod, in den Selbstmord. Im alten Römischen Reich versuchten die Kaiser, Freiheit für alle einzuführen. Das klappte jedoch nur, wenn unliebsame Personen beseitigt wurden. Diese Praxis üben alle Diktaturen bis heute.

52.3. Freiheit in der Bibel

Das im *Alten Testament* verwendete Wort dafür bezeichnet das Ereignis einer Freilassung. Ein Sklave wird freigelassen, jemand wird von einer Abgabepflicht befreit. Das Volk Israel wird aus dem totalen Staat des alten Ägypten, wo Zwangsarbeit, Schikane und Unmenschlichkeiten an der Tagesordnung waren, befreit. Gott schenkte dem Volk Israel eine neue Heimat. Bei dem dazugehörenden großen Rechtsakt (um es einmal so zu bezeichnen), beim Ereignis am Sinai besteht der Freiheitsakt ausgerechnet in der Verkündigung der Zehn Gebote. So erstaunlich es klingen mag: die *Zehn Gebote* setzen uns Menschen in Freiheit.
Das *Neue Testament* verbindet die Rede von des Menschen Freiheit eng mit dem Befreitwerden aus dem Verhaftetsein an das Verderben und die äußeren Unfreiheiten sowie die Vergänglichkeit. Es geht um die Befreiung „vom Gesetz der Sünde und des Todes" (Röm 8,2). Paulus erklärt: „Zur Freiheit hat uns Christus befreit! So steht nun fest und laßt euch nicht wieder unter das Joch der Knechtschaft zwingen" (Gal 5,1). Die Bibel redet wiederholt von der Freiheit des Menschen. Was sagt sie zusammenfassend darüber?
Völlig klar ist, daß der Mensch nicht darum frei ist, daß er tun und treiben könnte, was ihm gerade wünschenswert erscheint. Freiheit im Sinne der Botschaft des Alten und Neuen Testamentes ist immer auf Gott hin ausgerichtet. Sie ist das Gegenteil von Sünde und schuldhaftem Gebundensein. Diese Freiheit ist Widerschein des zu uns gekommenen Lichtes und der Herrlichkeit Gottes (vgl. Jes 60,1), die vom Christen das ‚Lichtwerden' verlangen.

52.4. Frei von... frei für... frei in...

Wenn über die Freiheit wahren Menschseins geredet wird, denkt mancher kurzschlüssig daran, es ginge lediglich um allerhand Freiheiten *von* Zwang, autoritärer Beherrschung, Diktatur, von Geldmangel, Krankheit, Benachteiligung, von Not, Trauer oder Unwissenheit. Christliche Freiheit kann jedoch nur *in rechter Beziehung*

und Zuordnung erkannt werden. In 1 Kor 10 gibt es dafür ein Beispiel, das zwar aus der Problematik von damals stammt, jedoch für uns ein hilfreiches und weiterführendes Exempel ist. Man quälte sich damals mit der Frage, ob die Christen in den großen Städten auf den Fleischmärkten das Fleisch kaufen und essen dürften, das vorher Opfergabe für die verschiedenen Götzen gewesen war. Manche reife Christen aßen es in großer Freiheit. Für sie war dieses Fleisch – sofern es gut war – nichts anderes als eben genießbares Fleisch. Was vorher bei den Opferzeremonien damit getan wurde, war für sie nichts anderes als heidnisches, wirkungsloses Tun. Andere aber sind mit ihrem Gewissen enger. Sie sind unsicher und wollen dieses Opferfleisch nicht anrühren. In diesem Streit der Ansichten wird Paulus um Rat gefragt. Wer hat recht?
Er antwortet: Ich würde das Götzenopferfleisch essen. Es ist nichts anderes als normales Fleisch. Aber – und jetzt kommt das Entscheidende beim Anwenden der christlichen Freiheit – praktisch ißt er dieses Fleisch doch nicht. Warum? Paulus ist frei *für* die anderen Mitchristen. Das heißt, er nimmt Rücksicht auf die ‚Schwachen'. Persönlich denkt er anders, aber er hat Verständnis für diese Brüder, die auch beim Essen des Fleisches nichts mehr mit den heidnischen Kulten zu tun haben wollen. Um der Liebe zu ihnen willen, verzichtet er auch auf den Genuß solchen Fleisches.
Heute geschieht dasselbe, wenn die Mitglieder des Vereins Blaues Kreuz und die verwandten Gruppen, die sich um die Abwehr von Suchtgefahren mühen, um die immer größer werdende Not des Alkoholmißbrauches zu bekämpfen, selber Alkohol meiden. Sie tun das freiwillig. Sie wissen, daß solches Beispiel vielen durch die Krankheit Alkoholismus Gefährdeten Hilfe und Stütze bedeutet. Noch schwieriger haben es die Christen in Japan, die dem Kaiserkult und Schintoschrein gegenüber vor der Frage stehen, ob das Götzentum oder (nur) national-staatlicher Ritus sei.
Darum geht es also: Das Neue Testament redet deutlich von der Freiheit, zu der uns Jesus Christus durch sein Sterben und Auferstehen befreit hat. Daraus folgt, daß wir unsere *Freiheit in Verantwortungsbereitschaft* wahrnehmen. Paulus sagt in dem erwähnten Zusammenhang über die Freiheit als Christ „Mir ist alles erlaubt"

(1 Kor 10,23). Der höchst wichtige Zusatz lautet indessen: „Aber nicht alles ist nützlich, heilsam und auferbauend". Darauf kommt es beim Gebrauch der Freiheit an.
Das vermag jeder leicht einzusehen. Jeder darf sich ein Auto kaufen und damit fahren. Der Wagen hat viele PS und kann schnell fahren; aber jedes Tempo an jeder Stelle ist nicht gut, ja lebensgefährlich. Oder: man darf nach seinem Vermögen in unseren Landen essen, soviel man will; aber wir wissen genau, hier wird eine Freiheit von viel zu vielen mißbraucht zum eigenen Schaden.

52.5. Freiheit und Ordnung gehören zusammen

Nur Freiheitsausübung im eingangs erwähnten Sinn führt zur Willkür, Anarchie, zum Chaos. Wo jeder treiben kann, was ihm in den Sinn kommt, da gerät alles durcheinander, man hindert und schadet sich gegenseitig.
Nur Ordnungsstreben ohne freie Entscheidungsräume für die Menschen treibt in den Zwang, ins Konzentrationslager, in Grauen und Unmenschlichkeit. Allemal geht es um das rechte Verhältnis beider zueinander. Wo jemand sich im Geiste Christi selbst an Ordnung bindet, die ihm und dem Nächsten Nutzen und Hilfe bringt, da wird die Freiheit recht genutzt, und sie macht sogar glücklich, denn „geben ist seliger als nehmen" (Apg 20,35). Die Verknüpfung von Freiheit und Ordnung führt unmittelbar auf das, für lebendiges Kirchesein in ökumenischer Weite unerläßliche, Gebiet des vernachlässigten *Kirchenrechtes* und auf das weite Feld der *Diakonie.*

52.6. Stationen auf dem Wege zur Freiheit

In den letzten Tagen des Zweiten Weltkrieges wurde Dietrich Bonhoeffer erschossen. In der Haft gab er ein Beispiel wahrhaftiger, christlicher Freiheit. Im Kerker schrieb er ein Gedicht, worin er über die Freiheit meditiert und entdeckt, daß sie in *vier Stufen* verwirklicht wird. Sie spiegeln zunächst den tatkräftigen, jungen Menschen

wider, die Klärung und Läuterung der Freiheit in *Zucht* und *Tat*. Dann denkt er als Gefangener (das gilt auch für die in Krankheit Gefangenen) über das Freisein im *Leiden* nach. Schließlich erkennt Bonhoeffer, daß Freiheit sich in der Verheißung für Christen erfüllt, wie sie Christus uns durch den *Tod* hindurch erworben hat.
Solche Freiheit ist ein Leben aus der Zukunft Gottes, die das jeweilige Heute prägt. Es ist jenes „Haben (Tun) als hätte (täte) man nicht", von dem Paulus 1 Kor 7,29–31 mit fünffachem Beispiel redet. Mit Passivität oder gar Resignation hat das nichts zu tun.

53. Heiligung und Nachfolge

Die Probleme um das gebotene, angemessene und sinnvolle Tun des Menschen, der Christ genannt wird und den Christus befreit hat, faßt man zusammen in dem Begriff der *christlichen Ethik*. An den Augen, an der Haut, im allgemeinen Aussehen eines Menschen läßt sich nicht (oder doch?) erkennen, ob er zu denen gehört, die Christen heißen. Doch an seinem Tun und Lassen, an seinen Entscheidungen und Bemühungen sowie an seinem Reden und Schweigen wird das erkennbar. Somit entfaltet sich hier der weite Bereich der christlichen, d.h. biblisch orientierten und auf Christus bezogenen *Handlungslehre* = Ethik. Mit den Ausdrücken Heiligung und Nachfolge befinden wir uns am Ausgangspunkt des Nachdenkens darüber.
Beim Reden von der Heiligung ergibt sich sogleich die Gedankenverbindung zu den Heiligen, oft auch zu den angeblichen, also Schein-Heiligen und dahinter erhebt sich *der Heilige*, nämlich Gott als handelndes und bestimmendes Subjekt der Befreiung des Menschen zum Weg der Heiligung. Gott ist „dreimal heilig"; er läßt Menschen an seiner Heiligkeit teilhaben, indem er sie heilig macht. Dies ist die Basis des Folgenden.

53.1. Ursprung der Heiligung

Indem Heiligung ein *Zugehörigkeitsbegriff* ist, wird sichtbar, daß kein Mensch von sich aus heilig ist und dies wie eine Qualität tragen kann, die ihn vor anderen auszeichnet. Es ist – um einen Vergleich zu versuchen – wie moderne Schilder, die beim nächtlichen Angestrahltwerden besonders hell aufleuchten. Ihre Leuchtkraft haben sie nur solange, wie Licht auf sie fällt. Denn danach heben sie sich nicht mehr besonders aus ihrer Umgebung ab. Solche Schilder werden bekanntlich viel verwendet, damit jedermann davon Hilfe erfährt.

Nach *alttestamentlichem Verständnis* ist Heiligen also, was sozusagen in die göttliche Sphäre kommt. Damit wird es in der Regel von der Umwelt (die ‚profan' ist), abgetrennt. Im Opfer-, Tempel- und Priesterkult des alten Israel spielte das eine große Rolle. Der Kult kannte mancherlei Riten, durch die die Heiligung vollzogen wurde.

Und in solchem ‚Stande' wurden vom einzelnen Frommen oder vom ganzen Volk entsprechende Verhaltensweisen erwartet. Dazu gehörte von jeher das der Gebote Gottes.

Das *Neue Testament* versteht es in gleicher Linie, und zwar durchgehend. Voraussetzung bleibt, daß Gott heilig ist, daß er in Jesus Christus des Menschen Heiligung bewirkt und ihn damit in seinen Wirkbereich holt. Heiligung ist *Ziel des Handelns Gottes* mit den Menschen. Hebr 9,14 sagt dazu (als eine für viele Stellen): Wieviel mehr als frühere Opfertiere, die den „unreinen" Menschen heiligten, „wird das Blut Christi, der sich selbst als Opfer ohne Fehler durch den ewigen Geist Gott dargebracht hat, unser Gewissen von den todbringenden Werken reinigen, damit wir dem lebendigen Gott dienen". Das Neue Testament spricht davon, daß Christus in seiner Wirksamkeit die Teilhabe des Menschen an seiner Heiligkeit begründete. „Ich heilige mich selbst für sie, damit auch sie in Wahrheit geheiligt sind" (Joh 17,19).

So werden die Christen – zuerst durch ihre Taufe – „Mitbürger der Heiligen und *Gottes Hausgenossen*" (Eph 2,19). Hieraus folgt kein selbstzufriedenes Ruhen, sondern die Pflicht, danach zu leben.

Die Heiligung ist – kurz gesagt – das Leben der Christen als Menschen, die jeden Augenblick ihres *Lebens ‚auf der Seite Gottes'* führen. Sie sind Gottes Parteigänger. Und weil Gott ein Gott der Lebendigen ist, gilt diese Heiligung über den irdischen Tod hinaus. Hier setzt die ethische Komponente an.

53.2. *Nachfolge als Existenzweise*

Die beschriebene Zugehörigkeit des Menschen zur Gemeinschaft mit Jesus Christus, die mit dem Ausdruck Heiligung bezeichnet wird, hat als *Nachbarbegriff* den der Nachfolge. „Die einfachste Beschreibung dieser Gemeinschaft, in welcher doch sofort ihre besondere Ordnung und ihre Vollkommenheit sichtbar wird, ist die in den Evangelien bevorzugte: der Mensch wird in die Nachfolge Jesu Christi berufen" (K. Barth). Ein Nachfolger ist *immer ein Handelnder*. Damit ist er in Bewegung. Es ist ein Hinterhergehen, und zwar auf dem Wege, den Jesus vorausgeht. Er ging jedoch durch Leiden und Verspottung, durch Kreuz und Tod voraus. In dieser Linie wird das *Leiden* unter uns Menschen *sinnerfüllt*; denn der voraufgehende Jesus Christus durchschritt das Leiden und ist vollendet jenseits davon als Auferstandener. Und seine Nachfolger gehen mit ihm den ganzen Weg zum Ziel (vgl. Eph 2,8–10). „Weiß ich den Weg auch nicht, du weißt ihn wohl; das macht die Seele still und friedevoll", betet daher H. v. Redern.

Jesus ruft souverän Menschen zum Nachfolgen. Damit weist er sie in eine Zukunft, bei der nicht etwa nur überkommene Verhaltensweisen erlernt und praktiziert werden müßten. Es ist ein Irrtum zu meinen, *vorschriftsmäßiges Christsein* müsse so aussehen, wie man es selbst unverändert von „den Vätern ererbt" habe oder so, wie es die eigene Glaubensgemeinschaft (= Konfession) gerade ausgeprägt hat. Der Weg im Nachfolgen Christi ist für uns oft schwer und rätselhaft; es ist eben der „schmale Weg" (Mt 7,13f.). Christus verlangt jenes *Kreuztragen* und viel *Selbstverleugnung* (ein Wort, das längst über die biblische Ursprungsbedeutung hinaus zum ethischen Begriff wurde).

So sehr Nachfolgen neues Leben und eine stete Vorwärtsbewegung auf einem neuen Lebensweg bedeutet, ist es nicht ohne Verbindung zurück und zur Seite. Das meint, Nachfolge ist ein *Ausdruck der*

Gemeinschaft. Sie gilt – ebenso wie bei der Heiligung – mit Gott und seinem Sohn Jesus selbst. Sie gilt aber auch in der gebotenen Gemeinschaft zu den ungezählten anderen Nachfolgern Christi. Anders ausgedrückt: Nachfolge Jesu ist der Ruf in die Kirche Jesu Christi, wo die Gemeinschaft der Heiligen weltweit ist.

53.3. Christsein ist Freude im Nachfolgen

Der Heidelberger Katechismus formuliert über den Menschen, der durch die Heiligung ‚neu' wurde, etwas über diesen neuen Lebensstand, der jedoch gerade kein Stand, also nichts Festes und Ruhendes ist, sondern Bewegung, und zwar in positiver und froher Verfassung. Es heißt dort, zum neuen Menschen gehört „herzliche Freude in Gott durch Christus und Lust und Liebe haben, nach dem Willen Gottes in allen guten Werken zu leben". Die wesentlichen Elemente dieser Formel sind:

(1) Der Christ, also ein Heiliger genannter Mensch, hat eine Art *Frohnatur.* „In dir ist Freude (selbst) in allem Leide" heißt es im bekannten Choral. Und hintergründig findet sich mitten in der kirchlichen Passionszeit bis Karfreitag ein Sonntag namens Lätare. Und das bedeutet „Freuet euch". Solche Freude gibt es aber nur in Gott durch Christus. Wenn die Freude bei manchen Christen zuweilen (wirklich oder scheinbar) vermißt wird, liegt das nicht an dem Rufer in die Nachfolge, sondern am unnötigen Verhaftetsein im ‚alten' Wesen. Die sehr große Zahl an Äußerungen der *Freude,* Fröhlichkeit und des Frohseins zeigt eine große Spannweite in allen Bibelteilen. Diese Geistesgabe Gottes (vgl. Gal 5,22) berechtigt, ja verpflichtet den Christen zu einer Bejahung der Welt Gottes, die er gegenüber der jammervollen Tristesse so vieler Zeitgenossen nicht verbergen soll.

(2) *Lust und Liebe* haben, den Gotteswillen zu erkennen und ihn zu befolgen. Jesus gibt in den bekannten Gesprächen über die Nachfolge bei Lk 9,57–62 hierzu unmißverständliche Hinweise. Ablenkungen davon führen weg von solcher Lust, den Willen Gottes zu tun. Zu den Eigenschaften Lust und Liebe gehören hinzu Humor,

Phantasie und (unter den Menschen) ungeschützte Risikobereitschaft.

(3) „In allen *guten Werken* zu leben" ist vollends die Eröffnung des weiteren Bezirkes, den man Ethik heißt. Die Einzelheiten und Besonderheiten christlichen Lebenswandels in dieser unserer Welt – also nicht getrennt von ihr in falscher Absonderung der Heiligen – sind Gegenstand ausführlichen Nachdenkens über den „*handlungsorientierten Glauben*" (G. Strecker). Das große Ziel, zu dem die Heiligen, die Christus-Nachfolger aufgerufen sind, ist außerdem je eigenen christusgemäßen Lebenswandel ein Leben, das andere ebenfalls einlädt, ja lockt, ebensolche Bindung zu haben. Und zuletzt ist das Heraufkommen des vollkommenen Friedensreiches Gottes Ziel der Heiligung, die Gott selbst schafft, aber durch und mit uns Menschen. Gott fordert „die Seinen" dazu auf; denn „es läßt sich nicht leugnen, daß das biblische Zeugnis, auch das neutestamentliche, voller Imperative ist" (W. Kreck). Das Tun aus dieser Glaubensbindung ist anders als es die ‚herrenlos' gewordenen Grundwerte Menschenwürde, Solidarität, Emanzipation oder Pazifismus in einer säkularisierten Umwelt je vermögen.

54. Nächster und Nächstenliebe

Niemand ist für sich allein. *Alles*, was wir haben und sind, wurden und erreichten, *hängt mit anderen Menschen zusammen*. Das Haus, in dem wir wohnen, bauten andere, das Licht im Zimmer erzeugen andere, unsere Kleidung, Bildung, Nahrung, Unterhaltung, ja unser Leben hängt mit anderen zusammen. Es gibt keinen Gegenstand, der nicht auch durch andere Hände gegangen wäre. Selbst unser Denken bewegt sich in Bahnen, die von einer Sprache gerichtet wurden, die andere mit ihren Worten und grammatischen Verbindungen schufen.

Von den Schöpfungsberichten an, wo es heißt: „Es ist nicht gut, daß der Mensch (für sich) allein sei", gehört zum Menschsein die Gemeinschaft. Und jedes Handeln, das aus der guten Gesinnung kommt, erwartet eine Bejahung der Gemeinschaft unter den Men-

schen. Das viele Schreckliche, bis hin zu den sogenannten politischen Morden in der Welt, deutet nur darauf hin, wie sehr wir Menschen unsere *Hauptaufgabe der Menschlichkeit und Mitmenschlichkeit* versäumen. Doch beim Erkennen der Gemeinsamkeit als Grundbestimmung der Menschen, hängen wir schnell an der schweren Frage, was nun das richtige, helfende, mitmenschliche, erforderliche Tun ist? Wieso hat jene arme Witwe, über die Jesus in Mk 12,41 ff. redet, mit ihren paar Groschen bei der Tempelkollekte „mehr eingebracht" als die vielen anderen, unter denen manche hohe Beträge spendeten, womit sich für die Allgemeinheit viel anfangen ließ? Antwort: Es geht nicht um die absolute Höhe des Abgegebenen, sondern Gott schaut auf unsere Gesinnung, unser ‚Herz' beim Geben, beim Helfen und Dasein für den Nächsten. Er selbst gibt die Orientierung. „Wenn du mich leitest, treuer Gott, so kann ich richtig laufen den Weg deiner Gebot" (singt C. Becker in der Choralumdichtung von Ps 119). In dieser Richtung ist christlich über Nächstenliebe und den Nächsten zu reden.
Der in diesen Zusammenhang gehörende Begriff *Diakonie* (Dienst), der etwa hundertmal im Neuen Testament vorkommt, muß jetzt genannt, kann hier aber nicht näher entfaltet werden. In ihrer Diakonie schafft sich die Kirche die geordnete, organisierte Gestalt ihres Grundauftrages zur Liebe für den Nächsten. Das geschah schon früh in der Urgemeinde (vgl. Apg 6,1 ff.) durch die Einrichtung der Armenfürsorge als christlicher Nächstendienst.

54.1. Das Gebot der Nächstenliebe

Bekanntlich ist „das größte und vornehmste Gebot" die Zusammenfassung des Liebesauftrages zu Gott und zum Nächsten (Mt 22,35 ff.). Paulus nennt diese Liebe ‚Hauptsumme, Ziel' (1 Tim 1,5). In der Liebe erfüllt sich das Gesetz Gottes, wie Paulus Röm 13,10 erklärt. Gott lieben – was voraufgehen muß – bedeutet, dasselbe wollen und erstreben, was Gott will: sich selbst hingeben für andere. Damit stehe ich zuletzt meinem Nächsten gar *nicht mehr gegenüber*, sondern ich werde mit seiner Not und ihm selbst sozusagen einig. Den anderen liebe ich dann „wie mich selbst".

Wesentlich ist hierbei, wie Mensch und Mitmensch *einander zugeordnet* sind. Man kann nur einen Menschen lieben, der gleichzeitig mit einem lebt; eine Liebe zu Barbarossa oder Kaiser Wilhelm ist im gemeinten Sinne nicht möglich. Anders als bei solcher geschichtlichen Zueinanderordnung ist es mit der der räumlichen Nähe oder Ferne. Zuerst vermag man nur jemandem eine liebende Tat zuwenden, der einem nahe ist. Pflegen kann jemand nur denjenigen Kranken, bei dem er sich befindet. Doch helfen vermag man durchaus jemandem, der weit entfernt von einem wohnt. Das kann geschehen durch einen Rat, die Überweisung einer Geldsumme, durch ein Paket oder durch einen Boten, der dann die Funktion eines Vermittlers hat. Schließlich kann einer helfender Nächster für jemanden sein, den er überhaupt nicht kennt, von dem er lediglich um seine äußere oder seelische Not weiß. Hier ist gedacht an jenen ‚fernen Nächsten', von dem unter anderem die große Aktion „Brot für die Welt" spricht oder an jene Tausende, die von ihren Landsleuten um ihres Glaubens zu Gott willen gefoltert werden.
Das alles bleibt keine Theorie, kein frommes Wunschbild, weil Jesus Christus der Mensch ist, in dem sich Gott uns zu unserem Nächsten macht. Jesus wurde Mensch und Nächster, damit die durch unser falsches Verhalten und die durch unsere Schuld gestörte Beziehung zwischen Mensch und Mitmensch wieder in Ordnung kommt. Wir können das nur bedenken, indem wir dafür dankbar werden. Und die *Dankbarkeit* braucht wiederum Aktivität, sozusagen ein Ventil, um sich in der Freude über die Vergebung durch Christus zu äußern, sich dankbar zu erzeigen. Daher kommt es, daß viele Menschen nach einer tröstenden Andacht oder Predigt gar nicht anders können, als für andere eine Geldspende zu geben. Denn wer sich als Mensch Gottes erkennt und weiß, wird und ist Nächster, er denkt vom anderen her, er handelt zu jenem hin, er liebt seinen Nächsten.

54.2. Der Nächste ist mein Mitmensch

Leicht ist es zu singen „Seid umschlungen Millionen! Diesen Kuß der ganzen Welt!" Es ist auch kein Problem, die Menschheit zu lieben. Ziemlich bald sind wir uns auch in Zentraleuropa einig darüber, daß die Nationalitätenprobleme in Afrika oder Amerika, die politischen Kämpfe in Asien oder in Westeuropa unmenschlich sind. Doch wenn wir ihnen hautnah begegnen, scheiden sich schnell die Meinungen. Das gilt erst recht, wenn wir in Beruf und Nachbarschaft oder in der Familie die christliche Nächstenliebe zu praktizieren haben.

54.2.1.

Der andere Mensch ist – und da beginnen die grundsätzlichen Überlegungen – erst einmal *anders als man selbst.* Das mag interessant und anregend sein; nach einiger Zeit ist es aber auch lästig. Von Fall zu Fall entsteht eine Nächstenschaft, die unübersehbar ist und uns die Erwartung des Gebotes Gottes vor Augen rückt. Beim modernen Straßenverkehr haben wir es tagtäglich zu praktizieren. „Der rote Volkswagen da vorne" wird bei einem Stau mit sich ergebendem Gespräch plötzlich zu einem „netten Menschen". Und bei einem Unfall ist er plötzlich (als Nächster!) der Unglückliche, für den man etwas tun muß.

Eine psychologisch geschickte *Werbekampagne an unseren Autobahnen* zeigte in ihren einprägsamen Appellen, daß und wie wir uns als Nächste zu verhalten haben. Jedesmal wird dabei vorausgesetzt, daß der Leser (und Reisende) das ‚kann', was von ihm erwartet wird. Es ist wie beim Gebot der Nächstenliebe: Wir können sie üben, weil Gott selbst uns das Vermögen dazu eröffnet. So hieß es also an den Autobahnen: Könner nehmen Rücksicht, Könner halten Abstand, Könner tragen Gurte, Könner machen Pausen, Könner geben Zeichen, Könner sind höflich. Hier zeigte sich dem Vorbeifahrenden, wie die Andersartigkeit des anderen in Beziehung zu einem selbst gebracht wird. Und dann ist er schließlich gar nicht mehr soviel anders. In seinen Erwartungen und Hoffnungen ist er auf jeden Fall einem gleich.

54.2.2.

Der andere Mensch fordert durch sein Dasein innerhalb meines Blickfeldes grundsätzlich *meine Bejahung.* Solche Forderung kommt nicht aus ihm, sondern aus der Grundordnung Gottes, der Hilfe für alle und Frieden unter allen will. Wenn wir das bejahen (und wir können gar nicht anders), ergibt sich auf jeden Fall die Hinwendung zu ihm.

54.2.3.

Bekanntlich hat Jesus im grundlegenden Gleichnis vom Barmherzigen Samariter die Frage nach dem Nächsten umgedreht. Es geht nicht um die Frage „Wer ist mein Nächster?". Dabei steht mein Ich im Mittelpunkt und die Nächsten kreisen wie bei einem Karussell um die Mitte. Jesus dreht die *falsch gestellte Frage* in die richtige um: „Wem bin ich der Nächste?" (Lk 10,36). Das verlangt wiederum Wachsein und Hinsehen, wo mein Nächster ist, was er jetzt von mir an Zuwendung erwarten kann. Vielleicht ist das oft mitten im eifrigsten Helfen und Versorgen endlich die persönliche und damit mitmenschliche Zuwendung.

54.3. Zum Alltag der Nächstenliebe

Die christliche Ethik unterscheidet sich von der allgemeinen humanistischen fundamental. Hinter dem Begriff der Ethik steht die Nächstenliebe. Jede humanistische Ethik erstrebt Tugend, die menschliche Reife voraussetzt. Sie schließt die anderen durchaus mit ein, sie versinkt keineswegs in Selbstsucht; aber *Selbstliebe* gehört zu ihren höchsten Worten. In den „kleinen Proben des Alltages", wie W. Trillhaas es nennt, kann das verglichen werden.

54.3.1.

Der Nächste ist ein *verletzbarer Mensch*, dem wir uns nicht lieblos, sondern liebevoll (wie die deutsche Sprache so beziehungsreich ausdrücken kann) zuzuwenden haben. Je näher wir jemandem kommen, um so leichter ist durch Reibereien die Verletzlichkeit zu bewirken oder zu vergrößern. Das ewige Gezänk in vielen Familien und Ehen oder Gruppen gibt Beispiele zum Überdruß. Die Nächstenliebe verlangt daher Rücksicht, welche jedermann die ihm zukommende Ehre gibt.

54.3.2.

Damit wir dies schaffen, bildeten sich die Völker immer schon *Umgangsformen.* Die guten alten Benimm-Dich-Regeln haben sehr viel mit Nächstenliebe zu tun. Wer sie beachtet, wem sie in Fleisch und Blut übergingen, praktiziert die erste Stufe der Liebe zum Nächsten. Eine besondere Rolle spielt dabei auch das Respektieren der je eigenen Privatsphäre des anderen. Intensivste Zuwendung zum anderen in Nächstenliebe erkennt genau die feinen Grenzen, die nicht überschritten werden dürfen. Und das geht bis hin in die Rechte auf das Brief‚geheimnis' der zwölfjährigen Tochter.

54.3.3.

Sodann gehört zur Nächstenliebe in unserem Alltag das Beobachten der *Sitten anderer,* in die man sich respektvoll einzufühlen hat. Wenn der Japaner oder der türkische Gastarbeiter für uns seltsam erscheinende Gepflogenheiten haben, gilt es, diese zuerst einmal aus gewissem Abstand heraus zu beobachten. Sofern deren Verhalten nicht die Verlegenheit in der Fremde zum Hintergrund hat, ist es vielleicht die Äußerung einer aus anderer Lebenserfahrung erwachsenen Tradition. Behutsames Umgehen damit und mit diesem andersartigen Menschen ist eine Form der Liebe zu ihm. Taktvoll sind auch hier von beiden Seiten Grenzen einzuhalten, die bei aller nötigen Hilfeleistung stets die Menschenwürde des anderen wahren.

54.3.4.

Auch das, *was wir sprechen* und aussprechen sowie das, *was wir verschweigen,* gehört zum Umkreis der Nächstenliebe im Alltag. Es brauchen nicht immer gleich die Grenzfälle etwa der Wahrheit am Kranken- und Sterbebett zu sein. Beim gesprochenen und gedruckten Wort wird besonders oft übersehen, daß und wie es mit der Liebe zum Nächsten zusammenhängt. Das liegt unter anderem daran,

weil die Sprache primäres und menschlichstes Mittel der Kontaktaufnahme zum anderen hin ist. So wird sie auch die häufigste Waffe gegen ihn. „Hilf, daß ich rede stets, womit ich kann bestehen", sang einst Johann Heermann und fuhr fort: „Laß kein unnützlich Wort aus meinem Munde geh'n. Laß mich mit jedermann in Fried' und Freundschaft leben, soweit es christlich ist."
Hiermit wendet sich der Gedankengang über den Nächsten und die Nächstenliebe plötzlich wieder an *eine Voraussetzung*. Die Liebe zum anderen meint niemals die Bejahung und Solidarisierung mit der Schuld und Sünde des anderen. Sie meint – „im Namen Jesu Christi" – deren Überwindung und das Angebot zum wahren Leben, das aus Gott kommt. So bleibt auch heute jenes Trio des Paulus aus 1 Kor 13 bestehen, wonach die Hinwendung zum anderen möglich wird auf dem *Glaubens*grund der Befreiungstat Christi zum *liebe*fähig-Werden, die die *Hoffnung* der Verwirklichung nie aufgibt.

55. Die Zehn Gebote

Der moderne Mensch ist aufgeklärt, denkt und handelt eigenständig, wehrt autoritäre Verhaltensweisen ab, braucht keine von anderen aufgestellten normativen Weisungen, die obendrein aus vergangenen Gesellschaftsstrukturen stammen. – So selbstverständlich derartige Behauptungen klingen, *sie sind irreal* und gehen an der Wirklichkeit vorbei. Mag sich jemand noch so sehr wehren, wo von Weisungen, Aufträgen, Befehlen, Gesetzen, Geboten, Anordnungen, Ordern geredet wird: dem kann sich niemand entziehen, und er sollte es auch nicht tun.
Hiernach scheint sich die Folgerung anzubieten, jeder hätte also unbesehen jenseits von Menschengesetzen vor allem *blindlings* die biblischen Zehn Gebote zu achten und zu beachten. Aber so billig dürfen wir es uns nicht machen. Wenn wir schon über *den Dekalog* als eine immer noch Orientierung gebende Summa christlicher Ethik und Nachfolge Christi reden, muß sein Stellenwert erkannt

und einsichtig werden. Das „*Grundgesetz der Menschheit*" (H.-J. Fischer) ermöglicht nach wie vor menschliches Zusammenleben.

55.1. Bedeutung der Gebote

Bei ihrer Erwähnung denken wir zunächst an die alttestamentlichen Zehn Gebote oder – wie die Fachleute nach dem lateinischen Fremdwort sagen – den Dekalog (= Zehnwort). Die bekannteste Fassung steht in Ex 20,1–17. Der *Dekalog ist Kerngut* der christlichen und auch jüdischen Religion, in der er zum biblischen Kern der Thora gehört. Ein gebildeter Abendländer (mag er fromm sein oder nicht) müßte die Zehn Gebote genau kennen. Ob er sie befolgt – freiwillig, genötigt oder nicht – steht auf einem anderen Blatt.
Die Gebote finden sich mehrfach im Alten Testament, besonders noch in Dtn 5. An anderen Stellen der Bibel gibt es Zwölferreihen (z.B. Lev 19,13ff. oder Dtn 27) oder auch Gebotsreihen, die weniger Ziffern aufweisen. Unsere Zehn Gebote sind das Ergebnis einer intensiven Raffung und Generalisierung. Nach Form und Inhalt sind sie einschließlich ihrer Erweiterungen der ursprünglichen Fassung „so universal und so knapp geworden, um sie als zureichende Umschreibung des ganzen Willens" Gottes an Israel anzusehen (G. von Rad).
Hier bietet sich ein *Gedankenexperiment* an: Wenn behauptet wird, in unseren Zehn Geboten seien alle menschlichen Grundlebenszüge abgesteckt, sie umgreifen also die entscheidenden Ordnungen menschlichen Daseins, müßte sich das nachweisen oder widerlegen lassen. Man versuche daher, ein weiteres Gebot aufzustellen, das nicht im Rahmen des Dekalogs seine Verankerung hätte. Voraussetzung wäre bei einem solchen Versuch, daß die Gebote den Bedingungen der doppelten Relation zu Gott und zum Mitmenschen, also unser Heil und Wohl im Blick behalten.
In den Zehn Geboten steht *auch nichts Überflüssiges*. Das könnte vermutet werden, wenn man die bislang im katholischen und lutherischen Kirchenbereich gültige *Zählung der Gebote* vor Augen hat, die bekanntlich nicht der biblischen Einteilung entspricht. Die

Änderung kommt daher, weil das (alttestamentliche) zweite Gebot ausfiel (oder als im ersten Gebot enthalten behauptet wurde). Infolgedessen mußte ein Gebot geteilt werden, was beim letzten geschah: Man teilte das Verbot des Begehrens auf nach des Nächsten Weib und des Nächsten Hab und Gut (oder umgekehrt in der Zählung).

Nun steht außer Frage, daß der Dekalog zu einer bestimmten geschichtlichen Epoche innerhalb des Volkes Israel entstand. Wir ersparen uns hier das Eingehen auf jenen komplizierten Kultvorgang vor einigen Jahrtausenden. Der Dekalog wurde von Israel nicht als ein absolutes moralisches Sittengesetz verstanden. Für Israel war der Dekalog die *Urkunde über einen Bund*, eine Vereinbarung, welche Gott mit dem Volk durch den Vermittler Mose schloß. Gott bot seinem Volk in dem Bund eine *Garantie zum Leben* (vgl. Ez 20,11) an. „Aber auf keinen Fall waren diese Gebote dem Bund in einem konditionalen Sinn vorgeordnet, als hinge das Inkrafttreten des Bundes überhaupt erst von dem geleisteten Gehorsam ab. Die Dinge liegen vielmehr umgekehrt. Der Bund wird geschlossen, und mit ihm vernimmt Israel die Offenbarung der Gebote" (G. von Rad). Israel als auserwähltes Volk ist gleichzeitig das Exempel für alle Völker vor Gott zu allen Zeiten.

Das führt zur *auffallenden negativen Formulierung* der Gebote. Du sollt nicht! So heißt es (mit Ausnahme des Elterngebotes) durchgehend. Dazu ist zweierlei zu beachten. (1) *Erstens* begeben sich in dem Bund zwischen Gott und Mensch beide in eine Beziehung zueinander. Dabei sagt Gott dem Menschen Leben, Bewahren, Erfüllung und Vollendung zu. Wenn der Mensch das Angebot annimmt, kommt er zum guten, gesteckten Ziel. „Ich bin dein Gott" beginnen die Gebote; daraus folgt alles andere. Die ‚Front' verläuft also außerhalb der Verbindung von Gott und Mensch, wo die gottfeindlichen Mächte einsetzen. Das Gebot „ist nicht primär eine Aussage gegen diese Front, so daß es wesensgemäß negativ wäre; aber es ist Aussage angesichts des Teufels und insofern immer genötigt, die negative Konsequenz auf diese Front hin zu ziehen" (H. Thielicke).

(2) *Zweitens* wird das durch eine sprachliche Feststellung ergänzt.

Die Zehn Gebote sind uns aus dem Alten Testament, also in Hebräisch überliefert. Und in dieser Sprache ist grammatisch der Sinn keineswegs so negativ, wie in unserer Sprache. Es läßt sich so umschreiben: Wenn Gott dir verspricht, er wolle für dich bis in den Tod hinein dasein und sorgen, *brauchst du nicht* zu lügen, zu stehlen, begehren usw. Du hast das nicht mehr nötig, weil Gott dein Bundesgenosse ist. H. F. Kohlbrügge formuliert sogar „Du wirst nicht (mehr)..." und meint damit den *Zusammenhang von Evangelium und Gesetz* im Dekalog.
Damit werden die Gebote (nicht Verbote) letztlich doch positiv. Sie erweisen sich als eine *Chance zu einem überaus freien Leben*. Genau aus diesem Grunde stellt der Heidelberger Katechismus die Besinnung zum Dekalog unter die Gesamtüberschrift „Von der *Dankbarkeit*". Der Bund Gottes gilt; wir können dankbar sein. Die Gebote schützen uns vor Irrwegen; wir können dankbar dafür sein. Sie machen uns auf psychologische, humanitäre und soziologische sowie religiöse Abgründe aufmerksam; wir können dafür dankbar sein. – Im *Doppelgebot* der Liebe, wie Jesus es zusammenfassend ausdrückt, zeigt sich das noch deutlicher.

55.2. Tragkraft der Gebote

Eine Darstellung aller ethischen Probleme, die sich hinter jedem einzelnen Gebot auftun, gehört nicht hierher. Hier soll, am Dekalog entlanggehend, lediglich in bestimmten, sich jeweils wiederholenden Kategorien angemerkt werden, was nach *Gottes gutem, hilfreichen Willen für uns* im Dekalog ausgesagt ist. Der Wortlaut der Gebote wird vorausgesetzt. Beiseite gelassen wird auch deren exegetisch unergiebige Einteilung in ‚zwei Tafeln'.

1. Gebot
Gott ist nicht tot, er ist für uns da. Er hat Jesus Christus gesandt, der unser Retter und Heiland wurde. Gott schenkt uns Vergebung und will, daß wir ausschließlich zu ihm gehören.
Er ist unser Vater. Wieso kann ein Mensch da noch andere Stützen = Götter suchen, die Geld, Ausbildung, Politik, Versicherungen,

Gesundheit und wie sonst noch heißen? Jenseits von stumpfem Hinnehmen stellt uns das vorangestellte Gebot vor Augen, daß wir uns unserer unzuverlässigen Selbstherrlichkeit schämen müssen und allen Grund zu *vollem Vertrauen* in Gottes Bewahren haben können. Weder Naturwissenschaft noch Technik, weder Psychologie noch Politologie (als denkbare Gegenkonzeptionen zum 1. Gebot) haben soviel Tragkraft wie Gottes Zusage in diesem Gebot.

2. Gebot
Wer ist Gott? So fragt der Mensch gleich weiter, wenn er ihn zu begreifen meint. Das wehrt dieses (übergangene) Gebot ab. „Du sollst dir keinerlei Bild von Gott machen!" Weil man einst in Kirchen Gottesdarstellungen hatte („Bilder als der Laien Bücher", weil sie früher nicht lesen konnten), empfahl es sich, das Bildergebot im ersten verschwinden zu lassen.
Jede Theologie, jedes *Gespräch über Gott*, jede Religion und Konfession ist in Gefahr, sich ein Bild von Gott und seinem Wirken zu machen. Sie gehen alle in die Irre; die Unmenge an Religionsgemeinschaften und Glaubensansichten sind Zeichen für das Mißverstehen der Mahnung Gottes in seinem 2. Gebot: du Mensch kannst Gott *niemals in den Griff bekommen*! Laß es sein; vertraue ihm lieber. Jedes Nachdenken über Gott droht die Grenzen zu überschreiten und schadet dem Menschen. Ihm steht Anbetung und Lobpreis Gottes zu. Und das hilft ihm auch.

3. Gebot
Dieses Gebot steht wie das vorherige in enger Verbindung zur Lehre von Gott. Gottes Name wird andauernd mißbraucht. Es geschieht in gedankenlosen Reden („Gott sei Dank"; „mein Gott"), im Lästern über Gott und seine Welt, im erschreckend zunehmenden falschen Eid, im unverantwortlichen Schweigen, im feigen Nichtbekennen als Christ, im Herabziehen Gottes in mancherlei Gruppeninteressen, die bis hin zur Namensmagie der okkulten Massenbewegungen gehen. Das 3. Gebot hat zum positiven Inhalt die *Aufforderung zum Gebet*, das sich an Gott richtet: in Dank, in Erwartung der Hilfe, in Bitte oder Fürbitte, im Seufzen, in Anbe-

tung. ‚Um Gottes Willen' können wir täglich weiterleben, weil er eben will, daß alle Menschen das Heil finden. Unsere Hilfe steht „im Namen des Herrn" (Ps 124,8).

4. Gebot
Die Sonntagsheiligung im Sieben-Tages-Rhythmus scheint doch in langen Arbeitskämpfen gesichert zu sein. Aber wie sieht das lange Wochenende aus? Schon physiologisch ist der *Rhythmus 6:1* in Arbeitstagen zu Ruhetagen angemessen. Aber wir sorgen uns; wir zerstreuen uns, wir jagen dahin. Gott wird über alledem vergessen als derjenige, der uns das Leben und seinen vollen Inhalt garantiert. Der Sonntag ist auch *ein Geschenk*. Und wenn wir erzogen wurden, schon in Kleinigkeiten „Danke" zu sagen, warum nicht gegenüber Gott, und zwar im Gottesdienst! Mit dem 4. Gebot schenkt Gott uns Zeit und Sorglosigkeit, schenkt uns ein Zeichen seines kommenden Reiches.

5. Gebot
Hier geht es zunächst um das Versorgen (Ehren im Sinne von Honorieren) der Alten und Bedürftigen. Sodann soll allgemein das Ehren der Eltern kein Krampf sein. Eltern sind keine Idealmenschen. Dieses Gebot gilt auch umgekehrt für Eltern sowie für jede Über- bzw. Unterordnung. Hier werden also *Grundformen des mitmenschlichen Zusammenlebens* angesprochen bis hin zur Staatsethik. Es ergeben sich im einzelnen höchst komplizierte Probleme dabei, die angedeutet seien mit den Stichworten Individualismus und Gehorsam, Dienstordnung aber auch mit Familiengefüge bis hin zum Gegenüber von Mensch zu Gott als dem „himmlischen Vater", *dessen Wille universal geschehe*. Gerade und nur diesem Gebot ist eine Belohnung angefügt, nämlich Wohlergehen über ein langes Leben.

6. Gebot
Die eben angedeuteten Familienprobleme schließen die Fragen der Familienplanung bis hin zum Schuldigwerden vor Gott bei Abtreibung ein. Hier wird keine Stellung genommen, nur auf den sy-

stematischen Ort solcher Fragen hingewiesen. Gegen jede Radikalisierung in Staat und Gesellschaft sowie dem Zusammenleben der einzelnen wendet sich dies Gebot. Genau übersetzt lautet es: „Du sollst *nicht morden*", womit deutlich wird, daß beispielsweise das *Schlachten von Haustieren hier gar nicht* gemeint ist und auch nicht ohne weiteres jede Form von juristisch geordneter Hinrichtung. Doch schon öffnen sich wieder Abgründe. Weitere Stichworte aber zeigen die in neutestamentlicher Sicht akzentuierte Aktualität des Gebotes: Rufmord (z.B. in der Presse oder unter Arbeitskameraden), Krieg, Rüstung, Militär, auch Straßenverkehr mit Unfällen; Selbstmord; Selbstaufopferung im Streß; unheilvolles Zerstreiten mit anderen oder unter Gruppen. Gott aber will Erhaltung des Lebens. So ist dieses Gebot insbesondere dem diakonisch-karitativen Tun zugeordnet.

7. Gebot
Ehebruch und Ehescheidung sind auch schon Formen des ‚Abtötens' von menschlichen Verbindungen. Die Stichworte sind wieder Legion: Wie steht es um unsere Triebe, etwa die (keineswegs negativ etikettierte) *Sexualität* oder auch die *Erotik*? Wo liegen die zeitlichen und äußeren Grenzen der Ehegemeinschaft? Was ist es um Polygamie, Endogamie (d.h. Ehe nur mit Volkszugehörigen, also keine rassische Mischehe) oder außer- und voreheliche Geschlechtsbeziehungen? Was ist überhaupt Ehe? Wie ist die Stellung von Mann und Frau je für sich? Welche Bedeutung haben Pornographie oder Frühaufklärung mit dazugehöriger Großzügigkeit unter den Geschlechtern? Wie steht man zur Prostitution, zur Ehelosigkeit? Was ist insgesamt das Glück? Stoßen sich Natur und Kultur im Menschen oder nicht? Dieses Gebot will uns von Krampf befreien und hilft, den Egoismus zu überwinden, ruft zur Treue, zum Einüben in Gehorsam des Glaubens und auch zum vergebenden Neuanfang. Und es setzt in knapper Normierung den Rahmen, wie ihn jede ihrer Kultur verpflichtete Gesellschaft unerläßlich erfordert.

8. Gebot
Wer sich wirklich auf Gott verläßt, der „*braucht nicht zu rauben*".

So wörtlich dieses Gebot: Sozialethik und Eigentumsprobleme, gerechter Lohn und Spendenwesen, Nächsten- und Fernstenliebe, reiche und arme Völker, „Brot für die Welt“; Möglichkeit zur Arbeit: das alles findet sich beim Nachdenken zum 8. Gebot ein. Es befreit uns von jeder Sorge, vor allem auch von dem *Urtrieb Neid*, der Habgier, die eine Wurzel aller Übel ist (1 Tim 6,10).
Mancher Mensch verbringt – bei genauer Betrachtung – sein ganzes Leben mit Diebstahl. Der geistige (Gedanken)diebstahl ist dabei ebenso zugegen wie das stete Suchen nach eigenem Vorteil, sei es in der Steuer, beim Essen, in Gelddingen oder beim Kampf um den „Platz an der Sonne“ irgendwo. Auch die Ausbeutung von Menschen in jeder Art Wirtschafts- und Gesellschaftsform gehört hierher. Immer sorgt sich der Mensch, um nur ja nicht *zu kurz zu kommen.* Wer Gott vergißt, kommt zu kurz, der ist kleingläubig, wie Jesus es ausdrückte; dem fehlt die Verbindung zu Gott, woher wir volle Versorgung zugesagt bekommen nach jenem erwähnten Bund, der den Geboten vorangeht. Das 8. Gebot betont, daß jegliche Grenzüberschreitung Schaden stiftet und Vertrauensmangel gegenüber Gott ist.

9. Gebot
Eine andere Gestalt der Eigensicherung ist das „falsche Zeugnis“. Die *Lüge* gehört auch zum Leben vieler Leute, die ohne Gott durchkommen wollen. Dann müssen sie allerdings unaufrichtig werden, weil sie sich angesichts der versuchten Eigensicherungen keine Blöße geben dürfen. Der Dekalog spezialisiert sich auf die Schädigung des Mitmenschen durch falsche Zeugenaussagen.
Was ist zweckmäßig? Was ist Wahrheit (z.B. am Krankenbett)? Schein und Sein, Ehre und Unehre, alles das ist beim Mißachten des 9. Gebotes jeweils auf das Eigeninteresse bezogen. Und auch hier gilt wieder, daß solche Lebenshaltung letztlich scheitern muß.
Positiv findet sich beim Ehren des Nächsten der weite Bereich *aller sozialen Tätigkeiten* vor, weil nicht allein das Reden gemeint ist, sondern die ganze Haltung dem anderen gegenüber. Dienende Hinwendung macht froh und wahrhaft frei. Wer den Nächsten ehrt, ehrt damit auch Gott, seinen Schöpfer.

10. Gebot
Nächstenliebe statt Selbstsucht wird erneut mit dem Abweisen des *Begehrens* erwartet. Abkapselung ist keineswegs die Folge. Hier gilt in allen Sachen und Beziehungen (bis zu den unter Menschen unerläßlichen Rangunterschieden hin!) das Pauluswort vom „Haben als hätte man nicht" (1 Kor 7,29ff.). Mit anderen Worten: im 10. Gebot wird appelliert an den Verzicht auf anhäufendes An-sich-Bringen zugunsten vom Beschreiten des *Weges in die Freiheit* mit Gott und durch Gott.
Der Weg ist da und gangbar. Doch keine menschliche Leistung schafft ihn; aber Gottes Geist ermöglicht es, innerhalb des gesteckten Rahmens der Zehn Gebote zu leben. Wo Gott mit uns ist (und er ist es), sind die Gebote erfüllbar, lebbar.

56. Das Gewissen

Eine *systematische Vorüberlegung* hat den Standort des Nachdenkens über das Gewissen im Gefälle dieses Abschnittes zu umreißen. Wir befinden uns innerhalb der Darlegung zur Frage: Wenn Gott für und mit uns Menschen wirkt, was haben wir als Christen dann zu tun, zu entscheiden und anzustreben? So handelten wir über des Menschen Heiligung und über sein Mandat zur Nächstenliebe. In den Zehn Geboten wird das konkret. Hier schließt sich die Besinnung über das Gewissen an, das in vielen christlichen Kirchen traditionellerweise als die subjektive Norm christlich verantwortlichen Handelns gilt.
Über das Gewissen eine *(natur)wissenschaftliche Aussage* zu machen, ist *schwierig*. Man scheut sich vor fixierenden Aussagen, wodurch das Gewissen jedes einzelnen zur Entscheidungsbastion wird, in die sich einer nach Bedarf persönlich zurückziehen kann, von der her er seine gesellschaftlichen, persönlichen oder religiösen Ansichten und Handlungen meint ‚mit gutem Gewissen' begründen zu können. S. Freud kommt auf dieser Linie zu der Ansicht, das Gewissen sei das „Über-Ich".
Diese Schwierigkeit begründet W. Trillhaas so: „Einmal kennen

wir das Gewissen nur als *Funktion.* Es ist abgesehen davon, daß es so oder so funktioniert, *nicht objektiv feststellbar.* Es ist kein Datum, es hat nicht den Charakter der Realität, die man etwa im gemeinsamen Hinsehen beobachten könnte. Andererseits kann jeder sittlich wache Mensch für sich in Anspruch nehmen, das Gewissen zu kennen. In dem Maße, als dieses Gewissen sich jedem einzelnen so ausschließlich kundgibt, daß nur er selber diese Kundgabe zu vernehmen vermag, neigt der eine oder andere leicht dazu, sich auch für eine Wesensaussage über dieses Gewissen für kompetent zu erachten."

56.1. Der Begriff und der biblische Befund

Das Wort Gewissen ist nicht ursprünglich biblisch; es hat als Begriff seine Wurzeln im klassischen Griechisch.

56.1.1.
Seit dem *griechischen Philosophen* Demokrit, später bei Sokrates, kennen wir das Wort Gewissen (syneidesis). Es bedeutet Erinnerungsvermögen, Bewußtsein, Gewissenhaftigkeit. Man hielt Rückschau über das Erlebte und Beobachtete, versuchte daraus Folgerungen zu ziehen für die Gegenwart und das eigene Verhalten. So entwickelten sich Maßstäbe mit den Wertungen ‚gut' und ‚böse'. Dieser Vorgang bekam allmählich die Bezeichnung Gewissen und erhielt eine Wächterfunktion.

56.1.2.
Der biblische, zunächst *alttestamentliche Befund* (der weithin zeitgleich mit dem in Nachbarländern sich entwickelnden philosophischen Gewissensbegriff ist) hat eine andere Voraussetzung. Israel orientierte sich grundsätzlich nicht am Verhalten der einzelnen zu sich selbst (reiner Individualismus, der heutzutage in den Experimenten der Kommunen und verschiedenen Weltanschauungen ebenfalls abgewiesen wird), wobei Gott im Extremfall überhaupt keine Rolle mehr spielt.

Trotz des praktischen Fehlens vom Begriff (es gibt nur drei Stellen in der Weisheitsliteratur) kennt das Alte Testament das Phänomen Gewissen insofern, als der Mensch *Rechenschaft vor Gott* abzulegen hat, zu dessen Volk er gehört, dessen Gebote und Gesetze er kennt und zu befolgen hat. Der jeweilige Aufruf Gottes – in Form von Sprüchen, Ermahnungen, Tröstungen, Warnungen oder Predigten – muß von den einzelnen im Volk Israel persönlich im Gewissen vernommen werden. So kennt das Alte Testament manchen Beleg für das unruhige und schlechte Gewissen, dessen Sitz man ins *Herz* verlegt. Dieses Organ übernimmt im alten Israel die Gewissensfunktion: Ijob will „reden in der Angst meines Herzens" (7,11); schuldbewußt schlägt Davids Herz (1 Sam 24,6; 2 Sam 24,10); die „Angst meines Herzens ist groß" (Ps 25,17). Doch neben dem Herzen mit dem Herzklopfen (!) lokalisiert das Alte Testament die *Gewissensbisse* in die Eingeweide und in die Nieren. Noch heute sagt das Sprichwort – die psychosomatischen Zusammenhänge durchaus treffend – es gehe einem etwas an die Nieren oder jemandem ist eine Laus über die Leber gelaufen.

56.1.3.

Zahlenmäßig ist der *neutestamentliche Befund* ebenfalls bezeichnend. Das Tätigkeitswort steht nur in 1 Kor 4,4 (Sich-bewußt-sein) und in Apg 5,2 (Mitwisserschaft). Das Hauptwort vermerkt das Neue Testament hingegen 30mal. Zuweilen wird es wiederum im Herzen lokalisiert, das zu den kritikfähigen Organen rechnet. „Dabei fällt dem Gewissen die Rolle zu... das Bewußtsein von dem ins Herz geschriebenen Gesetz zu aktivieren. Das Gewissen erscheint – bildlich gesprochen – als Instanz, die kein Grundgesetz erlassen kann (das ist von Gott her vorgegeben), die aber über die Ausführungsbestimmungen zu befinden hat" (H. C. Hahn).
So ist im neutestamentlichen Denken das Gewissen nicht ein Ausdruck menschlicher Selbstbestimmung und Selbstbeurteilung. Durchgehend ist in der Bibel jede Rede vom Gewissen der Hinweis darauf, daß der Mensch in seinem Denken und Handeln niemals autonom (selbstbestimmend) ist. Der Mensch ist einer endgültigen Heteronomie (Fremdbestimmtheit) unterworfen, er lebt (ob er es

weiß oder nicht, ob er es wahrhaben will oder nicht) stets ‚vor Gott'. Die Norm für unser Sosein im Leben ist *gebunden an Gottes Urteil* und Ziel mit uns. Der *vom Evangelium getroffene Mensch* erlebt, wie sein Gewissen erwacht, und zwar so, daß ihm gewissermaßen ein Licht aufgeht, wie das Geschehene oder das Vorzunehmende anzusehen sei. Weil dieses Licht aber von Gott her kommt, der uns in Jesus Christus liebt, ist das Gewissen Instanz sowohl für das *verdammende* wie für das vergebende und *rettende* Urteil Gottes über den Menschen.

In dieser Linie kann es für den Christen durchaus ein *gutes* Gewissen und *gereinigtes* Gewissen geben (1 Tim 1,5.19; 3,9; Hebr 9,14; 13,18 u.ö.), es kann auch ein *unruhiges* Gewissen, aber im strengen Sinne kein *böses* Gewissen geben.

56.2. Menschsein und Gewissen

In seiner Anthropologie redet P. Jacobs nicht davon, daß der Mensch ein Gewissen habe, sondern gleich vom Menschen als Gewissen. Der Mensch als „Wesen, das in der Wahrheit (Gottes) gründet und sein Leben in der Todesverfallenheit führt, weiß um dieses sein Eigenstes nur in dem Maße, wie es über sich selbst wissend gemacht und in die Verpflichtung genommen wird, dieses Wissen zu vertiefen und auszubreiten. Das *Geheimnis des Menschen konzentriert* und repräsentiert sich – zusammengezogen wie die Sonnenstrahlen in einer Brennlinse auf einen Punkt – im Gewissen. Im Gewissen spricht die Ebenbildlichkeit wie die Erdhaftigkeit, die Individualität wie der Gemeinschaftsbezug, und dies alles in der Botmäßigkeit von Sünde und Tod. So ist das mehrschichtige Geheimnis des Menschen das Geheimnis des Gewissens". Es ist als in Christus befreites Gewissen ‚transmoralisch', wie E. Wolf zusammenfaßt und ethische Folgerungen zieht. J. Calvin unterscheidet daher in der Richtung: „Wie sich unsere Werke auf die Menschen beziehen, so bezieht sich das Gewissen auf Gott. Ein gutes Gewissen ist nichts anderes als die innere Lauterkeit des Herzens". Insoweit wie das vom Christenglauben geschärfte Auge den Menschen als Gottesgeschöpf erkennt, das nicht einsam in der Welt nur für ein paar Jahrzehnte existiert, sondern stets und überall von Gott her bestimmt und auf ihn hin bezogen ist, wird der Christ um die Intaktheit und Funktionstüchtigkeit dieses wesentlichen Instrumentes zum erfüllten Menschsein bemüht bleiben. Das aus Ps 51,12–14 entnommene (keineswegs nur) Kindergebet spricht die Wichtigkeit dieses Bezuges an: „Schaffe in mir, Gott, ein reines Herz, und gib mir einen neuen, gewissen (= beständigen) Geist. Verwirf mich nicht von deinem Angesicht und nimm deinen Heiligen Geist nicht von mir. Erfreue mich wieder mit deiner Hilfe, und mit einem willigen Geist rüste mich aus!" Aus dieser Grundbeziehung entwickeln sich die ‚gewissenhaften' Wechselbeziehungen in den vielfältigen Gruppenprozessen, in denen der Mensch wesensgemäß lebt.

56.3. Strukturen des Gewissens

Beim Nachdenken über das Gewissen kann die Erwähnung seiner verschiedenen Aufgaben zur weiteren Besinnung hilfreich sein.

56.3.1.

Das Gewissen ist *nachfolgend*. Rückschauend weiß man um das Falsche und Verderbende einer Handlung oder Verhaltensweise. Das unruhige Gewissen schlägt, man fürchtet Sühne und Strafe oder erwartet sie als gerecht. Zuweilen ist Wiedergutmachung möglich; Tröstung in der Beichte gehört hinzu.

56.3.2.

Vorausgehend wirkt das Gewissen ebenso. Es hat nicht nur gelernt aus Verfehlungen, die nachfolgend als böse erkannt wurden, sondern die bekannten sündhaften Erwägungen und Versuchungen vor einer möglichen Tat lassen das Gewissen schlagen. Es warnt und ruft zur Besinnung auf, das Falsche, Zerstörende zu unterlassen oder das Nötige endlich zu tun. Die gute Gewissensentscheidung ist allemal auch vernünftig.

56.3.3.
Das *unruhige* Gewissen wird nicht leichtfertig mit den Lebensereignissen und -entscheidungen umgehen. Wir wissen genau, der Vorteil des einen kann zum Schaden des anderen gereichen. Im Globalmaßstab – der uns bezeichnenderweise am wenigsten Gewissensbisse bereitet – wäre hier das schreckliche Gefälle zwischen armen und reichen Nationen zu nennen oder die Unfähigkeit zu dauerhaften Friedensschlüssen in der politischen Welt und die Mißachtung aller Menschenrechte. Hierher gehören auch die Umweltverschmutzung und das egoistische Ausbeuten der Rohstofflager unseres Globus' in einer einzigen Generation. Es ist schon nötig, daß hierin die großen Appelle unserer Zeit stets präsent bleiben, weil wir die Stimme unseres Gewissens alsbald übertönen lassen und es nur noch leise, aber unbeachtet ruft.

56.3.4.
Vom *befreiten* Gewissen läßt sich trotz des Wissens um die eigene Unzulänglichkeit reden, weil der in Verantwortung vor Gott für den Mitmenschen Lebende um die eigenen Grenzen einerseits wie um die grenzenlosen Möglichkeiten des Wirkens Gottes weiß. Und wo die beständige Bindung an die Autorität Gottes über uns anerkannt und gelebt wird, kann das unter Vergebung lebende Gewissen sich durchaus auch einmal den *Gewissensirrtum* leisten. Denn all unser Tun ist Stückwerk, zeitgebunden, der Unzulänglichkeit unterworfen, vom Mißerfolg bedroht.

56.3.5.
Das Gewissen ist *erziehbar*. Anfangs schläft es. Das ist beispielsweise aus Fällen bekannt, die einen noch jahrelang verfolgen, ja oft erst nach Jahren aufs Gewissen fallen. Eltern, Lehrer, Seelsorger oder ehemalige Arbeitskollegen mögen da in Frage kommen. Je früher ein getaufter junger Mensch mit dem Evangelium in Berührung kommt, um so eher wird sein Gewissen geschärft, geweckt und damit zur helfenden Instanz für Lebensentscheidungen. Es ist kaum zu begreifen, wieso angesichts dieser lebenswichtigsten Prägung heutige pädagogische Konzepte vor allem und fast ausschließlich

bei Heranwachsenden die Kritikfähigkeit beim einzelnen meinen fördern zu müssen. Schon der junge Mensch müsse in erster Linie gesellschaftliche, religiöse und politische Verhältnisse und Forderungen oder Gegebenheiten hinterfragen und kritisch sezieren. Dabei wird übersehen, daß solchem – autonom verfahrendem – Verlangen zwingend vorauszugehen hat die Grundlegung einer Basis, oder genauer: vorausgehen muß das Kennenlernen der zutreffenden Maßstäbe, die sich im heranreifenden Menschen entfalten als Gewissenhaftigkeit und als Erkennen der wirklichen Gewissensinstanz. Paulus erwähnt in diesem Zusammenhang „von seinen Vorfahren her ein reines Gewissen" (2 Tim 1,3).
Schlicht gesagt: bevor wir kritikfähig werden und von der eigenen Vernunft her urteilen und entscheiden wollen, müssen wir durch das Bekanntwerden mit dem Evangelium Jesu Christi die Bindung an Gott und das Leben im Wirkbereich seiner umfassenden Herrlichkeit erfahren und praktizieren. Wo diese Gewissensbindung in Ordnung ist, kann das abwägende Sondieren (= Kritisieren) einsetzen. Weil es heute oft umgekehrt versucht wird, gibt es eine zunehmende Zahl an Neurotikern. Bei vielen ist das Gewissen entartet, nämlich abgestumpft, totgeschlagen, verdrängt.
Abschließend ist festzustellen: Jede Rede vom Gewissen bewegt eine Fülle menschlicher Grundsätze. Das Gewissen beeinflußt die Vernunft, das Verhalten im Leben, den Glauben. Es verlangt Verbindlichkeit im Gewissensspruch, kann aber beim einzelnen irren. Es kann einerseits im Falle gewisser Alternativen unumstößliche Befehle geben. Es kann andererseits bei unterschiedlichen Situationen unterschiedliche Entscheidungen zulassen und dennoch jedem, dessen Gewissen vom Evangelium her getroffen ist, ein getröstetes, ja gutes Gewissen geben.

XII. Die zukünftige Vollendung

Jemand ist sterbenskrank. Die Nachbarn flüstern hinter vorgehaltener Hand „Wir befürchten das Schlimmste!" und meinen damit dessen nahenden Tod. Das ist – christlich gesehen – ein unmöglicher Satz; denn für einen Christen ist der Schritt über die Todesschwelle das Gegenteil davon: die Vollendung des Erhofften und das Schauen. „Sterben ist mein Gewinn" (Phil 1,21), erfahren wir bei Paulus.

Über die Vollendung von Gottes Heilsplan für das Individuum und den Kosmos – worin der geheimnisvolle Weg Israels eingeschlossen ist – muß im folgenden geredet werden. Damit ist auch über unsere, von Gottes ‚Ewigkeit' umspannte Zeit und Geschichte nachzudenken. Welches ist die biblische Erkenntnis von der Zukunft? Jede Antwort ist hierbei wiederum am Evangelium auszurichten, das stets in unsere Gegenwart hinein spricht. Es vertröstet damit nicht auf eine unerreichbare Zukunft, sondern meint die lebenschaffende, gegenwärtige Herrschaft und Herrlichkeit Gottes.

57. *Auferstehung der Toten*

Täglich haben wir Berührung mit dem Tod, sei es in Kliniken oder auf Friedhöfen, sei es bei Verkehrsunfällen, bei Angehörigen und Freunden, sei es bei den schwarz umränderten Anzeigen unterschiedlichster Größe. Wir mögen gegenüber dem Sterben noch so abgehärtet sein, die *Frage nach dem Tode und* vor allem nach *dem Danach* ist für die meisten Menschen keineswegs geklärt, erledigt oder gelöst. Fast jeder erhofft sich, daß es irgendwie weitergeht.
Unsterblichkeit ist ein *aufregendes Thema* in sehr verschiedenen Lebensbereichen. Das politisch-staatliche Bemühen will eine bestehende Staatsform durch Gesetze, Rüstung, Wirtschaftspläne oder durch die Ideen von politischen Messiassen verewigen.

Ebenso ist es mit dem *Verewigen* in persönlichen Belangen. Viel

Mühe wird aufgewendet um Lebensverlängerung durch die Medizin, Hygiene und die Lebenshaltung. Mancher wehrt sich gegen das Vergessenwerden nach dem Tode durch hinterlassene Werke, ja durch besondere Grabmäler. Schon die vielerlei Beerdigungssitten (und -unsitten) zeigen das Streben nach Unsterblichkeit. Der Mensch kämpft gegen die Grenze des Todes mit allen möglichen Mitteln an. Da verwundert nicht, daß sich alle Völker und Religionen besonders mit dem befassen, was Tod ist, und ob es für uns etwas danach, ob es eine Fortsetzung gibt.

57.1. *Fünf Antwortversuche*

Wir beschränken uns hier auf die im christlichen Denken liegende Beschäftigung mit den Fragen nach Unsterblichkeit und Auferstehung. Von den Tagen der Apostel an gibt es Antworten. Nach dem Stand unserer Kenntnisse und Erkenntnis haben wir sie auf ihren Gehalt am Maßstab der biblischen Botschaft zu prüfen.

57.1.1.

Schon im Neuen Testament findet sich die Haltung einer *Naherwartung* der sichtbaren Wiederkunft Jesu Christi, damit er das Reich Gottes aufbaue und vollende. Besorgt fragten die Gemeinden schließlich den Apostel Paulus, wie es darum stehe; denn infolge der – vermeintlichen – Hinauszögerung der Wiederkunft des Herrn waren inzwischen einige Gemeindeglieder gestorben. Antwort des Paulus: „Wir, die wir leben und übrigbleiben bis zur Ankunft des Herrn, werden denen nicht zuvorkommen, die entschlafen sind" (1 Thess 4,15). Die Wiederkunft Christi verzögert sich nun schon bald zweitausend Jahre; doch die Erwartung bleibt gültig.

57.1.2.

Die alten Kirchenväter haben davon geredet, daß die *Seelen im Hades*, also im Totenreich, warten müssen. Dort befinden sie sich außerdem in einem Straf- und Läuterungsprozeß. Diesen Gedanken können wir nicht mehr mitvollziehen, und zwar schon deshalb nicht, weil wir ein selbständiges Weiterexistieren der Seele nach dem letzten Atemzug als biblisch nicht begründet sehen. Damit hängt zusammen, daß die evangelischen Kirchen seit der Reformationszeit auch mit einer Lehre vom *Fegfeuer* nichts zu tun haben wollten.

57.1.3.

An Hand von neutestamentlichen Texten entwickelten fromme Leute eine Lehre, in der von den Toten als denen geredet wird, die „*entschlafen*" sind (z.B. 1 Kor 15,20). Viele Choräle haben entsprechende Wendungen. Auch das „Ruhe sanft!" (oder das „R.i.p.") auf Grabsteinen und Kranzschleifen hat hier seinen Ursprung. Dahinter steckt der Versuch, eine Erklärung für die ‚Übergangszeit' zwischen Tod und Auferstehung zu gewinnen. Leider verharmlost die Redeweise vom Tod als Schlaf dieses Phänomen in unguter Weise.

57.1.4.

Auferstehung als *endzeitliches Drama* war zu allen Zeiten ein Lieblingsthema der Christen. Dabei lassen sich biblizistische Nachzeichnungen und Berechnungen anstellen, deren ‚Genauigkeit' erstaunlich ist. Auf diesem Felde tummeln sich seit jeher viele Sektierer und brachten Furcht und Zittern, oft auch wirtschaftliche Fehlentscheidungen unter ihre Gläubigen. Aber auch die großen Maler des Mittelalters prägten Darstellungen, die bis heute das allgemeine Bewußtsein über endzeitliche Katastrophen bestimmen.

57.1.5.

Schließlich ist noch ein moderner Antwortversuch zu erwähnen. Auf die Frage nach Auferstehung und Unsterblichkeit kann die Antwort erfolgen: Das *gibt es gar nicht*; denn mit dem Tode ist es für den betreffenden Menschen aus und vorbei. Es bleibt höchstens für wenige Angehörige oder Bekannte mehr oder weniger lange eine Erinnerung an ihn. Aber mit dem, biologisch zu erklärenden, Mechanismus eines belebten Körpers als Komposition von ungezählten

Zellen, der sehr geistvoll gewesen sein kann, geht es ebenso zu Ende wie mit fortgeworfenem Küchengerät oder einem abgehackten Baum.

57.2. Vier endzeitliche Fehldeutungen

Bevor wir zu positiven Aussagen über die Zukunft und das Jenseits kommen, ist zu erkennen, daß es Anschauungen gibt, die auf eine verkehrte Fährte führen.

57.2.1.

Das Weltende oder die Wiederkunft Christi zu *berechnen ist unmöglich.* Obwohl Naturphilosophen in Verbindung mit astronomisch-physikalischen Forschungsergebnissen ein Weltende für denkbar halten, ist uns deren zeitliche Festlegung verwehrt. Jesus lehnt im Evangelium solche Berechnungen scharf ab. Der Versuchung dazu dürfen wir nicht erliegen (vgl. Mt 24, bes. Vers 36).

57.2.2.

Denkschwierigkeiten bereitet das logische Problem des sogenannten *Zwischenzustandes.* Wie gleicht man die Lücke nach dem irdischen Tod und vor der Auferstehung aus? Die jenseitigen Örter im Totenreich erweisen sich bei näherer Prüfung als Gedankengebilde. Dennoch wird nicht bestritten, daß der Verstorbene (dem gnädigen oder zürnenden) Gott begegnet.
Hier liegt letztlich ein philosophisches *Problem des Zeitverständnisses.* Zeit – um es in starker Verkürzung anzudeuten – ist dabei gedacht als eine lange, lange Linie von Zeitpunkten, die immer nacheinander kommen. Unser Verstand nötigt uns zu solchem Denken: was vorhin war, liegt hinter uns, wir befinden uns schon ein Stück weiter auf dem Weg in die Zukunft. Wir brauchen aber so nicht zu denken. Otto Weber führte eine Unterscheidung ein zwischen dem bekannten Zeit-Vergehen, das er die ‚Verlaufszeit' nannte, und der ‚Ewigkeit', genauer der eschatologischen Zeit. Dies

ist jener Ablaufbezirk, in dem unsere Uhren sinnlos sind, weil es darin keine Minuten oder Jahre (mehr) gibt.
Jede Geschichtsepoche ging dieses Problem an, sei es einst in der Mystik, sei es heute in der Existenzphilosophie. Für unser Nachdenken über das Jenseits mit dem Danach ist hier vorerst festzuhalten: Das Erdenleben ist *unwiederholbar* und einmalig. Und zur Entscheidung zum Heil in Jesus Christus oder gegen ihn gibt es ein Zuspät.

57.2.3.

Bekannt ist die populäre Rede vom *Tausendjährigen Reich*, wie es in Offb 20 und auch in 1 Kor 15,23ff. vorkommt. Wir müssen es innergeschichtlich und jenseitig betrachten. „Innerhalb der machbaren Geschichte und im Blick auf die Unberechenbarkeit des menschlichen Herzens muß sich der Glaube an eine bessere irdische Zukunft bewähren, welcher im Glauben an eine ewige Zukunft des Menschen wurzelt", schreibt H. Ott und ergänzt: „Weil die Geschichte machbar ist, dürfen wir das Heil innerhalb der Geschichte nicht von einem supernaturalen Eingriff Gottes erwarten." Die biblische Rede vom Tausendjährigen Reich (dem Millenium, Chiliasmus) bezeichnet also nicht Kalenderberechnungen, sondern sie meint vielmehr eine große Sicht des kommenden Gottesreiches, dem wir schon aktiv handelnd angehören.

57.2.4.

Gott will, daß alle Menschen gerettet werden. Das erklärt das Neue Testament wiederholt. Gottes universelle Heilsabsicht ist deutlich. Er hat für alle das Heil in Jesus Christus bereitet. Das führt zur Rede von der *Allversöhnung* (Röm 5,18; 11,32; Apg 3,21). Sie kann uns zum Leichtsinn verführen. Mancher Mensch trügt sich hiernach auf den „lieben Gott", etwa mit dem verführerischen, schrecklichen Karnevalslied „Wir kommen alle, alle in den Himmel". Doch neben der großartigen Möglichkeit, daß für alle tatsächlich das Heil bereitet ist, steht wiederum die Mahnung: Es gibt ein Zuspät! Wir bekommen auch hier wieder die einzelnen Sätze logisch nicht zusammen.

57.3. *Christi Auferstehung als Grund unserer Auferstehung*

Bisher konnte es scheinen, als fänden wir nur negative Antworten und Warnungen zum Thema der Letzten Dinge. Dem ist nicht so. Das bisher Gesagte wollte falsches Spekulieren abweisen und zugleich unser Denken auf die uns gegebenen biblischen Fakten ausrichten.

In Joh 11,25 heißt es von Jesus: „Ich bin die Auferstehung und das Leben." Jesus erschien damals den Jüngern nach seiner Kreuzigung. Das kann zwar historisch nicht erfaßt, aber theologisch dargelegt werden. Mit dieser Realität haben wir es im neuen Leben als Christen, in der Gemeinschaft der Heiligen, im Gebet und im Abendmahl zu tun. Die Auferstehung Christi ist also nicht Rückkehr eines Leichnams ins Erdenleben. Sie ist die Deklaration der Machtausübung über das Reich des Todes durch das unvergängliche Leben, an dem wir Anteil haben können; denn wir sind das Haus Christi (wie Hebr 3,6 in einer Bildrede sagt).

Wenn unsere eigene Auferstehung und Unsterblichkeit an der Auferstehung Christi hängen soll, ergibt sich die Frage nach Bedeutung und Nutzen von Christi Auferstehung für uns, nach einem *Wie oder Wo.* Evangelische Theologen geben unterschiedliche Antworten. Mit J. Moltmann kann man formulieren, Jesus Christus ist auferstanden „in jenen noch unausgemachten Vorraum der Zukunft". Seine Auferstehung ist also nicht eine mythologische Umschreibung für die Bedeutsamkeit des Kreuzestodes Jesu, sondern Jesus Christus ist leiblich auferweckt worden.

Mit dieser Feststellung fragen wir jetzt aber weiter nach unserer zukünftigen Auferstehung, die durch Karfreitag und Ostern ermöglicht worden ist. Der Heidelberger Katechismus sagt dazu einfach: „Die Auferstehung Christi ist uns ein gewisses Pfand unserer seligen Auferstehung." Mit dem Ereignis von Ostern begann der Prozeß, welcher zur Vollendung und Erfüllung der Weltgeschichte führt.

57.4. *Die Frage nach dem Jenseits*

„Vom Tod kann man wirklich nichts weiter sagen, als daß er kommt", schreibt H. Zahrnt und fährt fort: „Wir können uns *unsere Beerdigung nicht vorstellen.* Einen Moment lang mag uns dies vielleicht gelingen; da lassen wir unseren Gedanken ihren Lauf und stellen uns vor: den Friedhof, die Kapelle, die Angehörigen, den Pfarrer, die Kränze, den Sarg – aber mit einemmal halten wir inne, weil uns aufgeht: das alles können wir uns ja gar nicht vorstellen, weil wir selber nicht mehr da und also nicht mehr dabei sind." Hier bricht die große Frage auf, die schon manchen zur Verzweiflung (im ernsten Sinne des Wortes) trieb. *Wohin* soll man fliehen? Ins Vergessen? In den Strudel irdischen Treibens? Gar in den Selbstmord? In die Hände derer, die mittels Medikamenten dafür sorgen, daß man zuletzt ‚gar nichts merkt'? „Wen suchen wir, der Hilfe tu, daß wir Gnad erlangen?", fragt ein altes Kirchenlied. Es antwortet „Das bist du, Herr, alleine."

So findet sich der Mensch, der sich an Jesus gebunden hat, im Augenblick seines Erdentodes als solcher vor, den Gott seinerseits festhält. Wie das vorgeht? „Erfahrungen mit dem eigenen Tod" (so der Untertitel eines Buches von J. C. Hampe mit dem Titel „Sterben ist doch ganz anders") haben wir kaum. In einem prägnanten Satz formulierte die Weltkirchenkonferenz 1954 hierzu: „Wir wissen nicht, was kommt. *Wir wissen aber, wer kommt:* Jesus Christus." Hieraus ergeben sich einige Antworten, die uns Hilfe bedeuten können.

57.4.1.

„Auferstehung des Fleisches" hieß es bis vor einigen Jahren in unserem Glaubensbekenntnis. Die Rede vom Fleisch ist uns Modernen unverständlich, zumindest anstößig geworden. Wir wissen um das Verwesen des Leibes; wir wissen, daß der Körper wieder „zu Staub und Asche" wird. Schon nach wenigen Jahren ist von meinem Ich nichts mehr zu sehen. Ein paar Jahrzehnte später sind wir in der Regel völlig vergessen. Oder kennt jemand noch seine Ururgroßeltern?

Doch wenn schon Weiterleben durch Auferstehung möglich ist, wie soll jenes Fleisch aussehen? Im Gedankenversuch werden wir beispielsweise kein Lebensalter finden, in dem wir im Jenseits existieren möchten. So ist schon hilfreich, daß wir neuerdings, allgemeiner ausgedrückt, im Glaubensbekenntnis die „Auferstehung der Toten" bekennen.

57.4.2.

Also *keine Identität, aber Kontinuität* (bzw. Kontingenz) wird sein. Was meinen diese Fremdwörter? Es geht hier um eine geistliche Wirklichkeit, die wir Irdischen uns nicht vorstellen können. Aber wir werden sein, und zwar ein jedes Ich, das hier und heute Bewußtsein seiner selbst hat. Die Bibel umschreibt diese Tatsache mit einfachen Bildreden. Es heißt dazu etwa, daß man zusehen müsse, nicht aus dem *„Buch des Lebens"* ausgetilgt zu werden (Offb 3,5). Im Computerzeitalter ist das kein allzuschwer nachvollziehbarer Gedanke. Gott hat „dich bei deinem Namen gerufen" (Jes 43,1); er kennt uns und liebt uns. Das ist der bestmögliche Garantieschein für unsere Auferstehung. Ersatzlösungen (sei es die Seele oder das Mühen um große Werke und Leistungen unter der Menschheit, seien es Nachkommen oder in Büchern festgehaltene Gedanken) führen zu nichts und taugen nichts. Wichtig ist einzig und allein, daß ‚ich' – gegen allen Augenschein vom absoluten Ende – weiß, mit Gott geht es weiter. „Ich werde nicht sterben, sondern leben", sagt Ps 118,17. Das ist ein kühner Satz, aber er stimmt. Und wer an Gott glaubt, erfährt die Wahrheit dieses Satzes.
Wie das Samenkorn (vgl. 1 Kor 15,35–44) nicht dasselbe ist wie die reife Ähre, so besteht doch ein unbedingter Zusammenhang. Entscheidend ist, daß wir aufs engste verbunden bleiben mit dem auferstandenen Herrn Jesus Christus (Röm 14,8).

57.4.3.

Keineswegs drücken wir uns um eine Antwort nach dem *Wo und Wie* des Jenseits. Es gibt aber keine, und zwar deshalb, weil wir keine Mittel und Möglichkeiten haben, diesen ‚Bereich' (das vollendete Reich Gottes) zu erfassen. Torheit wäre jedoch, seine Existenz zu bestreiten. Unsere Begriffsmittel reichen nicht aus, das Dereinst des Reiches und das dem Tode verfallene Jetzt miteinander zu vereinigen. „Wir können aber wohl sagen, daß weder das Dereinst noch das Jetzt in den verlaufzeitlichen Begriffen Platz hat. Es gehört zum *Geheimnis Gottes*, welche ‚Zeit' er für uns wählt. Er hat kundgemacht, daß seine Zeit *die Fülle* (= Vollendung, Seligkeit) der Zeit ist. Damit kann und muß uns genug sein" (O. Weber).

Wir fassen zusammen und folgern: Es gibt ein *Jenseits*, „und der Todesmoment ist auch empirisch (= unserer Erfahrung und Untersuchung zugänglich) nicht das letzte, was wir von einem Menschen in Erfahrung bringen" (O. Weber). Aber das Jenseits irgendwo lokalisieren zu wollen, ist uns unmöglich.

Ebenso ist es mit der *Ewigkeit*, in der die Kategorien Zeit und Raum nicht gelten (eine beim Unbewußten der Tiefenpsychologie vertraute Vorstellung). Keinesfalls kann Ewigkeit als eine Zeit ohne Ende gedeutet werden. Dann strömten die vielen Zerrbilder ins Denken ein, nach denen viele sich die Unsterblichkeit der Seligen ausmalen. Meistens sieht der Betrachter dabei Gestalten in nachthemdähnlichen Gewändern dargestellt, die im Chor singen. So etwas muß ja gähnend langweilig wirken. Die Bibel hingegen redet hier in Vergleichen, die die schönstmöglichen Feste und Erlebnisse unserer Welt heranziehen. Ein solcher Vergleich ist die Hochzeit des Königssohnes (Mt 22), anderswo wird von „Entrückung" in eine – wörtlich zu nehmende – unbeschreibliche Herrlichkeit geredet (2 Kor 12,2ff.).

57.5. Christliche Hoffnung schon jetzt

Jede rechte Lehre „von den letzten Dingen" nimmt Bezug auf die Gegenwart. Das angeblich christliche Vertrösten aufs Jenseits mag in Ideologien einen Platz haben, aber nicht im Christenglauben. Die Hoffnung auf eine Zukunft mit Gott macht den Menschen froh, frei und innerlich unabhängig. Sie aktiviert und bewegt ihn, für andere da zu sein. Und das Denken an den Tod ist Lebensweisheit, „... auf daß wir klug werden" (Ps 90,12). Denn dabei bekommt alles Getriebe auf Erden den richtigen Maßstab und Stellenwert. Wir lernen zu unterscheiden zwischen Wichtigem und Nichtigem, zwischen Vergänglichem und Unvergänglichem. In der bekannten Weisheit des Alters spiegelt dieses Unterscheidungsvermögen zuweilen. Dahinter steckt sogar die *Vorfreude* auf – um es paradox zu sagen – die Vollendung des Lebens im Tode und die Auferstehung der Toten mit Christus. Es ist jenes geistliche Leben aus und mit Gott, für das unser biologisch-irdisches Leben nur ein vergängliches Gefäß ist.

Unsere christliche *Hoffnung* endet nicht (hier sei ein mißverständlicher Vergleich gewählt) wie eine Tragödie, sondern sie hat ein (seriös zu verstehendes) Happy-End und zielt auf die Ehre Gottes. Denn Hoffnung überholt jeden Pessimismus, sie hinterfragt Erfahrungen. Kurz gesagt: Hoffen heißt gutes Neues erwarten, und zwar von Gott, der es uns zugesagt hat. Die ganze Schöpfung (!) wartet mit den „Kindern Gottes" sehnsüchtig auf die verheißene Herrlichkeit (Röm 8,18f.).

58. Zeit und Ewigkeit – Profangeschichte und Heilsgeschichte

Von Vergangenheit, Gegenwart und Zukunft reden wir nicht nur in der Grammatik, sondern auch im Ablauf der Zeiten und Geschehnisse. Unser Leben *teilen wir ein* in Abschnitte wie Kindheit, Jugend, Schuljahre, Ehezeit, Ruhestand, Siechtum. Politiker richten sich nach Wahlperioden oder Regierungsepochen, Naturkundler nach Wachstumsperioden oder Jahreszeiten. Die einen richten sich nach dem Kirchenjahr, andere nach dem Geschäfts- oder Rechnungsjahr, die meisten nach dem Kalenderjahr, viele nach dem Schuljahr. Wir zerhacken das Jahr in Monate, Wochen, Stunden, Minuten und Sekunden.
So wird unser Umgang mit der *Zeit greifbar*, und mittels Ton- oder Filmkassette wird die Zeit *sogar wiederholbar*. Doch mindestens hier wird deutlich: so geht es nicht. Vergangenes Geschehen läßt sich zwar aufzeichnen, aber niemals wiederholen. Die Zeit selbst

fließt weiter und wir mit ihr. Zu *jedem Augenblick geschieht* viel, und ununterbrochen verändern sich die Welt, der Kosmos, die Menschheit und das Leben. Wie jeder einzelne Mensch sich vom Kind zum Erwachsenen und zum Sterbenden wandelt, vollzieht sich alles Leben im Wandel. „*Geschichte ist* das Geschehen, in dem wir selbst handeln und andere an uns, mit uns und gegen uns handeln. Geschichte wird also als Geschick erfahren, von dem wir zwanghaft abhängig sind oder gegen das wir aufbegehren, als der Zeitraum unübersehbarer Abhängigkeiten und schöpferischer Taten. Geschichte ist der Kreuzweg von Sinn und Sinnlosigkeit" (Neues Glaubensbuch).

58.1. Sinn der Geschichte

Mit den Ausdrücken Sinn und Sinnlosigkeit fiel das Stichwort, durch das wir eine Linie in unser Nachdenken zu bekommen versuchen müssen. Wir erwarten vom Geschehen um uns und mit uns eine *Zielstrebigkeit*, die sinnerfüllt ist. Es kann und darf doch nicht alles nach Zufälligkeiten und damit Sinnlosigkeiten verlaufen! Auch wenn wir es mit unserem begrenzten Überblick so meinen. Wie manches erwies sich später als höchst sinnvoller und nötiger Ansatz, worüber wir einst schimpften oder verzweifelten. Man redet dann von *Führungsgeschichte* im eigenen Leben oder im Leben ganzer Völker.

Den darüberliegenden Sinn gibt Gott als der Herr der Geschichte. Wer als Christ lebt, vertraut sich Gottes Geschichte an und weiß um ihren Sinn insofern, als alles auf ein Ziel zustrebt, das Gott selbst gesetzt hat. Ein Schlüsseltext dafür ist Gen 8,22: die vier Wortpaare deuten auf die Ermöglichung irdischen Lebens hin. Die Zeit verläuft in stets wiederkehrenden Rhythmen, aber nicht zirkulierend, sondern – vergleichbar der Wendeltreppe – darin linear fortschreitend. Die *Naturgeschichte* ist dadurch gefaßt als *Segenswirken* Gottes, „während das *Rettungswirken* Gottes ein Wirken in kontingenten Ereignissen ist" (C. Westermann). Davon redet Paulus in Andeutungen, die auf die Vernichtung des Todes als den „letzten Feind" hinweisen und darauf, daß schließlich „Gott sei alles in allem" (1 Kor 15,26–28).

Damit wird aus dieser Sicht die allgemeine (Profan)geschichte bezogen auf die sogenannte *Heilsgeschichte*. Für das Neue Testament steht in der Mitte des Zeitverlaufes die Gestalt Jesu Christi, in dessen Auferweckung die verlaufende Geschichte bereits ihr Ziel und Ende sichtbar werden läßt. In der zur neutestamentlichen Zeit verbreiteten Literatur der *Apokalyptik* wird das Moment des Sieges Gottes, und damit die Endgültigkeit Christi, stark betont, auch wenn der Augenschein der Vernunft in politisch atheistischen Epochen das Gegenteil zu beweisen scheint.

Hier ist erneut der Begriff *Ewigkeit* aufzugreifen, weil er in unserem Denken die Verbindung zwischen Gottes Wirken und unserer Weltzeit ‚irgendwie' herstellt. Zweierlei ist bei der Rede von Ewigkeit als falsches Denken abzuweisen: erstens ist Ewigkeit keine abstrakte, unanschauliche Zeitlosigkeit; zweitens ist Ewigkeit keine Vorzeitlichkeit oder Nachzeitlichkeit von unbegrenzter Ausdehnung (in der Sicht: nach der Erdenzeit kommt mit dem Tod eine unendliche, formlose und unfaßbare Zeitdehnung). Das Verlassen der Zeitlinie (durch das Sterben) ist sozusagen das Eintauchen in die allumgreifende Ewigkeit Gottes, in der kein Früher oder Später denkbar ist, in der also auch jener „garstige breite Graben", von dem Lessing redete, gar nicht da ist.

Was ist denn gemeint, wenn die Bibel redet „von Ewigkeit zu Ewigkeit" (z.B. Ps 90,2; Neh 9,5)? Wenn in Jes 40,28 vom „Gott der Ewigkeit" gesprochen ist, meint der Prophet damit im Sinne der Grundbedeutung des Wortes Gott als den Herrn der fernsten Zeit. Das hebräische Wort für Ewigkeit (= olam) ist gar kein reiner Zeitbegriff. Das ist es auch, „sogar in gesteigertem Maße, es umfaßt die ganze Zeitspanne von der fernsten Vergangenheit bis zur fernsten Zukunft. Wichtiger noch ist die theologische Auffüllung: olam ist die *mit Geschichte gefüllte Zeit*, ist die Welt als Geschichte, in der Jahwe wirkt und über die er der absolute Herr ist... Und wie Jahwe den Anfang der Weltgeschichte gesetzt hat, so sorgt er auch für deren Fortgang nach seinem Willen... Gott hat ganz persönlich die Hände im Spiel, er arbeitet in der Geschichte", ohne müde und matt zu werden (K. Elliger). So erhält Geschichte ihren Sinn durch Gott, der in ihr sich offenbarend und verhüllend, schaffend und zulassend gegenwärtig ist.

58.2. Menschsein in Geschichte

Wir Menschen sind *Naturwesen* wegen unserer Kreatürlichkeit und Abhängigkeit von Nahrung und Luft, von irdischen Bedingungen und dem Zusammenleben. Wir sind auch *Kulturwesen* als Gestalter unseres Zusammenlebens auf dem Globus, als Gestalter unserer Geschicke auf Erden, als Veränderer der uns umgebenden Natur. Und wir sind *Geschichtswesen* durch das Reflektieren unserer Handlungen, das Aufspüren der Ursachen einschließlich unserer selbst. So entwickelten sich Weltanschauungen mit unterschiedlichen Geschichtsphilosophien. Die einen sahen alles in einem ewigen Kreislauf, andere sahen die Menschheit irgendwelchen Göttermächten ausgeliefert, wieder andere hielten alles bis ins einzelne von einem brutalen Schicksal vorprogrammiert; nicht wenige landeten beim eingangs erwähnten Weltlauf als einer gigantischen Sinnlosigkeit, in der nur besonders verhängnisvoll sei, daß der Mensch kraft seines Bewußtseins sein Elend erkennt, ihm dennoch nicht ausweicht und es immer von neuem durchleiden muß. Erst im Licht des biblisch-christlichen Glaubens bekommt die Geschichte Sinn, wird im besten Verständnis des Wortes zu einer *Heils*geschichte. Denn auch Geschichtsanschauungen unseres Jahrhunderts sind weder beim überdenkenden Untersuchen noch angesichts ihrer Realisierungsbestrebungen erfolgversprechend oder sehr verlockend. Dabei ist z.B. der dahin gehörende Marxismus nicht ohne biblisches Denkgut konstruiert. Nach biblischem Wissen jedoch wird der Mensch (und damit die ganze Menschheit) innerhalb seiner Geschichte vor die Möglichkeit gestellt, das Heil zu ergreifen. Er braucht nicht mehr dem Strudel bösen Geschickes ausgeliefert zu sein. Gott hat durch sein Heilshandeln in Jesus Christus nicht jenseits, sondern mitten in der Geschichte „alles neu" gemacht. Und „denen, die Gott lieben, *dienen alle Dinge zum Besten*" (Röm 8,28), das wissen wir genau, sagt Paulus.

Profangeschichte und Heilsgeschichte, Zeit und Ewigkeit liegen also nicht nebeneinander, sondern ineinander. Die „Verlaufsgeschichte" – also das nach Kalenderdaten fixierbare und im Bericht oder Foto nacherlebbare Geschehen in Raum und Zeit – wird von der Entscheidungszeit berührt, erfüllt, vollendet. In Jesus nahm der ewige Gott, der jenseits und über unserer Verlaufszeit ist, an unserer historischen Verlaufszeit teil. Das faßt Joh 1,14 in dem bekannten Satz zusammen: Der Logos (= das Wort) wurde Mensch (= Fleisch). Er hielt sich in unserer Weltzeit und an sie gebunden auf. Gott kam ‚menschlich' in die Geschichte, um (es sei wiederholt) uns das Angebot einer Sinnerfüllung des Lebens und der Geschichte zu machen. Er bietet uns an, ihm und seinen Führungen inmitten der scheinbaren Wirren des Lebens zu vertrauen. Das Ziel ist klar: für die, die ihn lieben, muß sich alles Geschehen letztlich zum Besten (mehr gibt es nicht!) auswirken. Sucht jemand historische Beweise für dieses Angebot mit seiner wunderbaren Chance für jedermann? Uns stehen „für Gottes Gegenwart in der Geschichte keine Verstehenskategorien zur Verfügung" (O. Weber). Ist sie damit etwa nicht wahr?

58.3. Vollendung der Geschichte

Es ist keine Rede von Trägheit und gleichgültigem Treibenlassen. Wir *können und sollen handeln*, unsere Taten zuvor bedenken und planen. Wir müssen uns auch Zukunftsprojektionen machen. Mit andern Worten: zum Auftrag Gottes, der in unserer Zeit mitwirkt und immer dabei ist, gehört, aus unserem Schicksal Geschichte zu machen, die einen Sinn und ein Ziel erhält. Das hat sehr reale Gestalt (vgl. u. a. Jes 58,6–12). Wir werden viele Male irren und einander Schaden zufügen. Im Vertrauen auf die Verheißungen Gottes an uns können wir getrost jeden neuen Tag erwarten und danach suchen, wo und wie *Gottes Segen sichtbar* und erfahrbar wird. Hier hat auch *das Gebet* seinen Platz, weil in ihm die Beziehung zwischen unserer Zeitlichkeit und Gottes Einwirken in ihr geknüpft wird. Eine intellektuell nachprüfbare Gesetzesmäßigkeit der Geschichts-

abläufe (so wie wir Menschen sie uns ausmalen) ist uns nicht einmal für die Vergangenheit möglich, geschweige denn für die Zukunft. Vor einer Generation hat eine Gruppe seriöser Wissenschaftler aus verschiedenen Fachbereichen noch für mehrere inzwischen erreichte Techniken behauptet und bewiesen (!), daß sie naturwissenschaftlich unmöglich seien. Wie wird das nach einer weiteren Generation aussehen?
Wir bleiben bei dem schlichten Satz, der alle Wahrheit für sich hat: „Gott sitzt im Regimente und führet alles wohl". Das wird so bleiben, weil Gott sich treu bleibt und weil er sein großes Ziel weiter verfolgt. Es ist die Vollendung seines Heilsplanes im Reich Gottes. Und wir Menschen sind auch *nicht zum Zeitvertreib* auf Erden; wir haben mit dem uns gegebenen Ziel eine Verantwortung und eine Aufgabe in der Weltgeschichte. Unser Leben wird durch Gott orientiert. Da liegt auch der letzte Sinn im Rhythmus jenes alten „Ora et labora", im „Bete und arbeite" der Mönche: sie wußten um das Ineinander von Zeit und Ewigkeit, um die knappe Zeit (vgl. 1 Kor 7,29–31) und die Langmut, um das Haben und Loslassen.

58.4. Das Volk Israel in der Geschichte

Andeutungsweise ist hier etwas über die schwere Frage der *Stellung Israels* und des Judentums als auserwähltes Volk Gottes anzufügen. Gott hält ihm nach wie vor die Treue. Durch das Werk des Juden Jesus von Nazaret sind die ‚Heidenchristen' als wilde Triebe auf den Stamm Israel aufgepfropft worden – nicht umgekehrt (vgl. Röm 11,17ff.; auch 1 Kor 10). Gottes Heils- und Bundesgeschichte mit Israel geht aber weiter. Sie wird Quelle des Segens für andere auf Erden (siehe Jes 19,23–25). Wie der Messias aus Israel kam (was der fromme Jude bis heute heftig bestreitet), wird auch sein Friedensreich, von dem schon Jes 11,1–10 redet (der Abschnitt wird im Neuen Testament häufig zitiert), ein Ziel sein, dem die Völker sich zuwenden. Sein Geist wird auf denen ruhen, die an Christus glauben.
Wann und wie das „ganze Israel gerettet" wird, bleibt Gottes Ge-

heimnis (Röm 11,25 f.). Es wird freie, gnädige Tat Gottes sein. Für die zahlenmäßig weitaus größere Gruppe der Heidenchristen, die nichtsdestoweniger zur wahren Kirche Jesu Christi gehören, bleibt das Problem ‚Israel und die Kirche' eine Aufgabe, die fraglos anders aussieht, als es sich die Christenheit jahrhundertelang geleistet hat zu sehen. Die Vollendung der Geschichte Gottes ist erst erreicht, wenn auch das unter dem Geheimnis der Erwählung stehende Volk Israel (Gottes „Augapfel"; Sach 2,12) sich zum Bund Gottes in Christus als dem Messias bekennt.

59. Das Reich Gottes

Immer lauter ertönt *der Vorwurf*: Die Christen reden seit 2000 Jahren vom kommenden und beginnenden Reich des Friedens und des Guten für alle Welt; erreicht wurden aber bis heute nur Not und Mord, Krankheit und Hunger, Streit und Ungerechtigkeit. Wenn also das einst durch Jesus von Nazaret proklamierte Gottesreich nach so vielen Jahrhunderten immer noch nicht verwirklicht wurde, ist es höchste Zeit, andere Ideen und Weltpläne an dessen Stelle zu setzen. Wer sich in unserem Jahrhundert umschaut, erkennt mehrere Weltanschauungen und politische Konzeptionen, die solches anstreben. Allen gemeinsam ist die Verachtung oder Verwerfung der Botschaft Jesu Christi.

Wir kommen nicht schnellfertig an solchen, uns Christen heftig angreifenden Urteilen vorbei. Wir wissen zwar, daß sie schon deshalb falsch sind, weil sie von *verkehrten Voraussetzungen* ausgehen, aber der vordergründige Anschein hat offenbar viel für sich. Die lange Kirchengeschichte hat manches Beispiel dafür, daß auch in früheren Jahrhunderten Eiferer auftraten, die das von Jesus angekündigte Reich herbeizwingen und organisieren wollten (möglicherweise ist Judas Iskariot der erste unter ihnen gewesen). Zuweilen taten sich Fromme zusammen, die wenigstens in ihrem anfangs kleinen Kreis bestrebt waren, in den aus der Bibel abgeleiteten Ordnungen des Himmelreiches, des Reiches Gottes, zu leben. Doch alsbald entdeckte man den Teufel im eigenen Kreis und Bemühen.

Ist das Warten auf ein Reich Gottes also *nur frommer Wunsch*? Ist das Warten darauf nur eine „Hoffnung in Totalität", wie Ernst Bloch meint, und damit das Erstreben einer Utopie? So viel scheint jetzt schon erkennbar zu sein: das Reich Gottes hat es (auch) mit Zukunft zu tun (vgl. u. a. Offb 21,1–7). Womit aber noch? Was ist christlich-kirchlich gemeint?

59.1. Im Reich Gottes herrscht Gott

Mit dem Hinweis auf die Herrschaft, also das *Herrentum Gottes* ist einzusetzen. Das stellten viele Kirchenväter an den Anfang und ans Ende ihrer Besinnungen zum Reich Gottes. Wer davon redet, bekennt, daß *„sein Wille geschehe"* und tatsächlich geschieht; denn sein ist (schon jetzt) die Herrlichkeit. Im Herrengebet sprechen wir das aus; doch bei uns selbst, oft unbewußt, rücken wir das Heil und Wohl des Menschen vor die Herrschaft Gottes. Wir müssen lernen, daß in der Botschaft vom Reich Gottes gar nicht zuerst unser persönliches Seelenheil samt unserem eigenen ‚ewigen Leben' im Blick ist. Das Ziel bleibt und ist Gott mit seinem Plan der Weltgeschichte.

Hier *trennen sich* bereits *die Geister*. Alle Utopien und philosophischen oder politischen Systeme blicken auf den Menschen, und zwar nur auf den Menschen, für den als einzelnen, als Gruppe, Stamm, Volk oder eben als ‚Reichs'genosse ein Gutes erdacht und angestrebt wird. An sich ist das selbstverständlich zu bejahen. Heutzutage nennt man solches Bemühen auch *Fortschritt*. Wer wollte bestreiten, daß wir es nicht schon „herrlich weit gebracht" (Goethe) haben? Größte Anstrengungen werden dort gemacht, wo man den Fortschritt und ein Friedensreich zentral geleitet anstrebt. Wieso klappt es niemals? Die Antwort hierauf lautet: es kann nicht zum ausgedachten und erwünschten Ziel führen, weil man die *Rechnung ohne den Hausherrn macht*, weil man – ohne Bild gesprochen – Gott nicht einbezieht ins Bemühen und übersieht, daß Gott selbst Weg und Ziel zu seinem Reich bestimmt. Noch genauer: Denen, die Gott fürchten und vertrauen (das ist dasselbe), gibt,

schenkt Gott das Reich (Lk 12,32). Man kann es unversehens finden, wie Jesus in den Gleichnissen vom Schatz im Acker und der köstlichen Perle (Mt 13,44–46) sagt.
Das Reich Gottes ist jedoch nichts statisch Vorfindliches, sondern *ein Geschehen*, denn Gottes Regieren ist etwas Dynamisches. Sein Ziel ist die Vollendung durch Durchsetzung seines Schöpferwillens zum Besten der Menschen und ihrer Freiheit. Der Weg dahin ist das Erscheinen und Wirken Jesu Christi bis zum Kreuzestod und zur Auferstehung. Er will und wird „die Werke des Teufels zerstören" (1 Joh 3,8f.).

59.2. Das Reich Gottes ist schon da

In den Evangelien, in denen überwiegend vom Reich Gottes – oder vom Himmelreich – geredet wird, ist für den Glaubenden gesagt, Gottes Reich ist schon da und *„mitten unter euch"* (das bekannte, schwierige Wort aus Lk 17,21). Mit Jesu Kommen, Rufen und Wirken ist das Gottesreich angebrochen. Dennoch ist es verborgen und noch nicht in Vollendung (vgl. Joh 18,36). Die *Spannung bleibt:* Der Mensch, welcher Jesu Ruf vertraut und sich ihm vorbehaltlos anvertraut, ist im Reich (Mt 12,28). Zugleich predigte Jesus, das Reich sei „nahe herbeigekommen" (Mt 4,17; Mk 1,15; 13,29 u.ö.). Das ist unmittelbar Grund zu „unaussprechlicher und herrlicher Freude" (1 Petr 1,8), die sich nicht verbergen läßt und es auch nicht soll.
Die *Tatsache der Kirche* Christi in aller Welt ist ein Hinweis auf Gottes Herrschaft. Ebenso ist es mit der Tatsache, daß wir „noch nicht gar aus sind" (Klgl 3,22), daß die unmögliche Möglichkeit der Selbstvernichtung unseres Planeten durch atomare, chemische oder biologische (welcher Widersinn im Begriff!) Kräfte eben-(noch) nicht erfolgte. Die Tatsache der *sozialen Bemühungen* im kleinen und im großen Maßstab: sie sind auch Hinweise auf die hinter alledem verborgene Absicht Gottes zur Barmherzigkeit. Mag das alles noch so säkularisiert sein, die Quelle des Erbarmens unter Menschen ist Gottes Liebe zu uns und sein Anstreben des Reiches. Gott

will den Menschen – auch den säkularisierten (der Perserkönig Cyros wird „Knecht Gottes" genannt; vgl. u. a. Jes 44,24ff.) – dabei als *Mitarbeiter* haben. *In unserer Kirche* ist das weithin der große und vielschichtige Bereich der Diakonie und der der Mission, *außerhalb* von ihr unübersehbares Bemühen auf vielerlei Weise und in verschiedenartigsten Systemen, um das für alle Welt gültige und dauerhafte Friedensreich herbeizuführen.

59.3. Das Reich Gottes kommt noch

Unbestreitbar liegt in der biblischen Verkündigung vom Reich Gottes der Ton auf dessen *Zukünftigkeit.* Die Weltgeschichte und die Weltvollendung werden durch *das Mehr* des Reiches Gottes überhöht. Wir haben trotz der Gewißheit unserer Bewahrung und Führung durch Gott keine Chance, diese Vollendung zu berechnen. Und wir erfahren, das Kommen des Menschensohnes zum endgültigen Aufrichten des Gottesreiches beginnt *durch eine kosmische Katastrophe* (Mk 13; Lk 17,22ff.).
Auf jeden Fall aber ist das Reich Gottes *Heil und wahres Leben,* wie es „kein Auge je sah noch ein Ohr je hörte" (Jes 64,3; 1 Kor 2,9). Seit Christi Auferstehung ist Gottes Reich in diese Welt eingebrochen, es ist uns im Gekreuzigten nahe gekommen, wodurch wir zugleich vor sozialen, politischen oder Fortschritts-Illusionen gewarnt sind. Die wartenden und hoffenden Christen (und noch viel mehr die Sektierer) ersannen oft Zukunftsträume und Utopien vom Gottesreich. Angeregt war das durch Gleichnisse Jesu, der sein kommendes Reich umschreiben muß mit Bildern seiner Zeit. Am bekanntesten ist dasjenige von der Hochzeit des Königssohnes, zu der jedermann (das ist wichtig!) eingeladen ist: Wer sich gegen Gott wehrt, kommt in *sein Gericht.* Das darf nicht leichtfertig mißachtet werden.
Die *christliche Gemeinde* hat den Auftrag, in ihrer jeweiligen Gesellschaft und Umgebung die Liebe, Gerechtigkeit und Wahrheit Gottes durch Wort und Tat zu proklamieren. Sie ist berufen, auf diesem Wege des Glaubensgehorsams den Dienst des Endgültigen

in aller Vorläufigkeit zu tun. Damit ist gesagt: jenes Geschenk Gottes, das uns *Seligkeit* und befreiende Vollendung verheißt (vgl. Mt 5,1ff.), ist kein Ruhekissen, sondern die Aufforderung, mit der Annahme der Botschaft durch Umkehr und tätige Nachfolge im Dienste des Herrn Jesus Christus im Reich Gottes zu leben und zu wirken. Den Weltfrieden und die vollkommene menschliche Gerechtigkeit weltweit zu erreichen, entzieht sich unserer ‚Machbarkeit'. Das wird die vor uns liegende weltgeschichtliche Epoche hinreichend erweisen. Doch der Auftrag zum Erwarten des dennoch kommenden Friedens Gottes und für ihn tapfer und fröhlich einzustehen, bleibt.

Unsere Überlegungen zum schon gegenwärtigen und noch kommenden Reich Gottes sowie im weiteren Rahmen zum Ganzen des Nachdenkens über das biblische Zeugnis des Glaubens seien mit Kol 2,6f. abgeschlossen, das die Gestalt eines Appells hat. Dort ist konzentriert ausgesagt, worin unsere biblische Erkenntnis auch heute zum Lobpreis des dreieinigen Gottes mündet: „Wie ihr nun den Herrn Christus Jesus angenommen habt, so lebt auch in ihm, seid in ihm verwurzelt und gegründet und steht fest im Glauben, wie ihr unterwiesen wurdet, und seid von Herzen dankbar".